Deutschbuch

Handreichungen für den Unterricht

Neue Ausgabe

7

Herausgegeben von
Bernd Schurf und Andrea Wagener

Erarbeitet von
Gerd Brenner, Ulrich Campe,
Günther Einecke, Dietrich Erlach, Ute Fenske,
Karlheinz Fingerhut, Margret Fingerhut,
Heinz Gierlich, Cordula Grunow,
Rolf Kauffeldt, Hans Jürgen Kolvenbach,
Markus Langner, Monika Lenkaitis,
Angela Mielke, Kerstin Muth, Norbert Pabelick,
Bernd Schurf und Andrea Wagener

D1730646

Vorwort 4

1 Wer bin ich? – In Rollen sprechen

Konzeption des Gesamtkapitels 14

1.1 Ich bin nicht allein – Für andere
eine Rolle spielen?.............. 16
1.2 Irgendwie megastark –
Jugendsprache.................. 21
1.3 Streitschlichtung –
Rollenspiele 26

Lernerfolgskontrolle 29

2 Muss Ordnung sein? – Strittige Themen diskutieren

Konzeption des Gesamtkapitels 32

2.1 Benimm ist in? – Mit Sprache
Einfluss nehmen 34
2.2 Gehorsam im alten China –
Generationenkonflikt im
Jugendbuch 42
2.3 Diskutieren üben –
Genau zuhören................ 45

Lernerfolgskontrolle 46

3 Indien – Beschreiben und Erklären

Konzeption des Gesamtkapitels 48

3.1 Personen, Bilder, Dinge,
Vorgänge beschreiben......... 50
3.2 Fremde Kulturen begegnen sich –
Erzählungen untersuchen...... 60
3.3 Übungen zum Beschreiben
und Erklären 66

Lernerfolgskontrolle 69

4 Sport und Freizeit – Sachtexte schreiben und verstehen

Konzeption des Gesamtkapitels 74

4.1 Situation und Absicht entscheiden – Berichten 76
4.2 Sachtexte untersuchen........ 80
4.3 Projekt Freizeit.web 84

Lernerfolgskontrolle 85

5 Mit Sprache spielen – Wort und Bedeutung

Konzeption des Gesamtkapitels 90

5.1 Komische Wirkungen erzielen –
Fremdwörter, Lehnwörter,
Wortfamilien.................. 92
5.2 Wortspiele auf der Bühne....... 99
5.3 Warum Witze witzig wirken .. 102

Lernerfolgskontrolle 104

6 Fotografieren und fotografiert werden – Aktiv oder Passiv

Konzeption des Gesamtkapitels 108

6.1 Vom Motiv zum Bild –
Aktiv- und Passivformen 110
6.2 Der Fotograf von San Marco –
Passiv mangels Information ... 118
6.3 Übungen zum Passiv 123

Lernerfolgskontrolle 125

7 Der Natur auf der Spur – Gliedsätze

Konzeption des Gesamtkapitels 126

7.1 Forschen und Experimentieren –
Adverbialsätze verwenden 128
7.2 Die Schimpansenforscherin
Jane Goodall erzählt –
Temporalsätze................. 137
7.3 Sachbuchempfehlungen –
Inhaltssätze verwenden 141

Lernerfolgskontrolle 146

8 Über Tiere in Afrika – Richtig schreiben

Konzeption des Gesamtkapitels 152

8.1 Große Tiere – Wichtige Rechtschreibregeln.................. 154
8.2 „Die Girafe" – Ein anderer
Blick auf die Tiere, eine andere
Rechtschreibung 164
8.3 Rechtschreibschwächen
erkennen und bearbeiten...... 168

Lernerfolgskontrolle 172

SPRECHEN · ZUHÖREN · SCHREIBEN · SPRECHEN · ZUHÖREN · SCHREIBEN · SPRECHEN · ZUHÖREN · SCHREIBEN

NACHDENKEN ÜBER SPRACHE · NACHDENKEN ÜBER SPRACHE · NACHDENKEN ÜBER SPRACHE · NACHDENKEN ÜBER SPRACHE

9 „Kleider machen Leute" – Eine Erzählung aus dem 19. Jahrhundert

Konzeption des Gesamtkapitels 176

9.1 Ein Schneider macht Eindruck – Handlungsabläufe und Figurenentwicklung 178
9.2 Der Graf gerät ins Gerede – Inhalte zusammenfassen 186
9.3 Projekt: Kleider machen Leute 190

Lernerfolgskontrolle 193

10 Was ist richtig, was gerecht? – Geschichten aus alter und neuer Zeit

Konzeption des Gesamtkapitels 196

10.1 Richter-Geschichten – Unterhaltsames und belehrendes Erzählen 198
10.2 Wo kein Richter hinreicht – Erzähltempora in kurzen Geschichten 208
10.3 Unrecht hinnehmen? – Geschichten (weiter-) schreiben 213

Lernerfolgskontrolle 216

11 Reisen – Berichte und Reportagen

Konzeption des Gesamtkapitels 218

11.1 Fremde Welten entdecken – Von Reisen berichten 220
11.2 Große und kleine Reiseerlebnisse – Reportagen schreiben 232
11.3 Expeditionen im Film – Fernsehreportagen untersuchen 234

Lernerfolgskontrolle 235

12 Finster ist die Mitternacht – Moritaten und Balladen

Konzeption des Gesamtkapitels 240

12.1 Mordtaten und andere Verbrechen – Schauriges vortragen 242

12.2 Dramatische Ereignisse – Balladentexte umgestalten 251
12.3 Projekt: Balladen präsentieren 255

Lernerfolgskontrolle 261

13 „Die Zauberfee von Oz" – Jugendtheater

Konzeption des Gesamtkapitels 264

13.1 Suzan Zeder: „Die Zauberfee von Oz" – Den Aufbau eines Theaterstücks kennen lernen 266
13.2 Dramatische Verwicklungen – Figurencharakteristik und Szenenbewegung. 276
13.3 Die Inszenierung – Rollen umsetzen, eine Aufführung planen. 279

Lernerfolgskontrolle 282

14 Stars in den Medien – Sendungen, die Quote machen

Konzeption des Gesamtkapitels 286

14.1 Zwischen Show und Realität – Ein Fernsehstar werden. 288
14.2 Mediennutzung früher und heute – Recherchieren und Auswerten 296
14.3 Starkult – Werbekampagnen entwickeln 298

Lernerfolgskontrolle 300

15 Ein starkes Team – Texte überarbeiten und präsentieren

Konzeption des Gesamtkapitels 302

15.1 Teams bilden – Gemeinsam arbeiten 304
15.2 Textüberarbeitung im Team ... 306
15.3 „Jetzt rede ich!" – Vor der Klasse sprechen 308

Verknüpfungen mit der Software **„Deutschbuch 7 interaktiv"** 310

LESEN · UMGANG MIT TEXTEN UND MEDIEN · LESEN · UMGANG MIT TEXTEN UND MEDIEN · LESEN · UMGANG MIT TEXTEN UND MEDIEN

LESEN · UMGANG MIT TEXTEN UND MEDIEN · LESEN · UMGANG MIT TEXTEN UND MEDIEN · ARBEITSTECHNIKEN · METHODEN

1   Zur Grundkonzeption des Lehrwerks

Das „Deutschbuch" ist ein integratives Lehrwerk. Es trennt den Deutschunterricht nicht in Sprach- und Literaturunterricht mit den traditionellen Leitmedien Sprachbuch und Lesebuch, sondern geht von der Erfahrung vieler Lehrerinnen und Lehrer aus, dass die Binnengliederung des Fachunterrichts in die Teildisziplinen „Sprache" und „Literatur" weder von den Gegenständen her gerechtfertigt ist noch dem pädagogischen Grundsatz entspricht, alles erfolgreiche Sprachlernen entwickele sich aus komplexen und realitätsnahen Lernsituationen heraus. Mündliche und schriftliche Mitteilungen, Gebrauchs- oder Sachtexte eröffnen die Möglichkeit, ihre sprachliche Verfasstheit zu thematisieren sowie die Bedingungen sprachlichen Handelns zu reflektieren. Literarische Texte weisen eine besondere sprachliche Komplexität auf, insofern sind sie besonders geeignete Objekte, um Sprachaufmerksamkeit zu erzeugen. Entsprechend ist die Integration von Sprache und Literatur im Fach Deutsch ein didaktisches Konzept, zu dem es eigentlich keine Alternative gibt. Auch die neue Generation der Standards und Lehrpläne verlangt die Integration der Teilbereiche des Faches in der konkreten Planung von Lernprozessen. Integration im „Deutschbuch" heißt Integration von den Gegenstandsstrukturen her und Integration von den intendierten Lernprozessen her.

Ausgangspunkte der fünfzehn Kapitel, in die jeder Jahrgangsband gegliedert ist, sind im Sinne eines erfahrungsbezogenen Unterrichts Problemstellungen und Themen, die sich an der Alltagsrealität der Schülerinnen und Schüler orientieren. Sie erhalten ihre fachspezifische Ausprägung jeweils dadurch, dass in den auslösenden Lebens- und Lernsituationen Sprache zum Problem wird oder literarische Texte Erfahrungen anderer Menschen darlegen und zur Diskussion stellen.

Die konsequente Anknüpfung an die Lebenswelt der Schülerinnen und Schüler und an gesellschaftliche Schlüsselprobleme verlangt, dass das Integrationsprinzip an manchen Stellen auch die Bereiche des Faches Deutsch überschreitet und die Verbindung zu anderen Fächern herstellt. Dies gilt vor allem dann, wenn Unterricht handlungsorientiert (bis hin zum Projekt) angelegt werden soll und der zu erarbeitende oder zu erforschende Bereich nicht nur Sprache und Literatur umfasst. Hier schließt das fachimmanente Integrationsprinzip nahtlos an das fachübergreifende an. Das ist gerade im Deutschunterricht auch insofern gerechtfertigt, als in den Sachfächern ja häufig sprachlich und an Texten gearbeitet wird. Deswegen wird man im „Deutschbuch" Aufgabenstellungen finden, die auf Gegenstände, Textbeispiele oder Arbeitsergebnisse anderer Fächer zurückgreifen. Mit der Berücksichtigung der sprachlichen Dimension in den Sachfächern versucht das „Deutschbuch", einen Beitrag zur Überwindung der Aufsplitterung des schulischen Lernens und Arbeitens im künstlichen System der „Fächer" zu leisten. Dabei gewährleistet das Prinzip des exemplarischen Arbeitens eine angemessene Reduktion der Stofffülle.

1.1 Die Kompetenzbereiche und ihre Integration

Die neuen Bildungsstandards und Lehrpläne gliedern das Fach Deutsch in die Bereiche „Sprechen und Zuhören", „Schreiben", „Lesen – Umgang mit Texten und Medien" sowie „Reflexion über Sprache". Darüber hinaus heben die curricularen Standards die besonderen Anforderungen an Methoden und Lernstrategien des fachlichen und fachübergreifenden Arbeitens hervor. Das „Deutschbuch" berücksichtigt die Einteilung des Faches in Kompetenzbereiche bei der Anordnung der einzelnen Kapitel. Die Kompetenzbereiche werden dabei in unterrichtspraktischer Hinsicht gebündelt und sowohl systematisch entfaltet als auch im Sinne des grundlegenden Integrationsprinzips miteinander verknüpft.

Nach einem einleitenden Kapitel mit den Schwerpunkten „Sprechen – Zuhören – Schreiben", das anhand einer besonders wichtigen, altersspezifischen Fragestellung in das Deutschprogramm der jeweiligen Jahrgangsstufe einführt, folgen thematisch orientierte Kapitel zu den zentralen Arbeitsbereichen „Sprechen – Zuhören – Schreiben", „Nachdenken über Sprache" sowie „Lesen – Umgang mit Texten und Medien". Den Abschluss bildet ein Kapitel, das methodisches Lernen zum Gegenstand hat. Der Bereich „Arbeitstechniken und Methoden" ist im „Deutschbuch" besonders hervorgehoben. In den jeweils abschließenden Kapiteln der einzelnen Bände werden übergreifende Lernstrategien und -techniken an fachlichen Inhalten exemplarisch eingeübt, so z. B. basale Lese- und Verstehenskompetenzen, Textüberarbeitung, Teamarbeit sowie Techniken des Visualisierens und Präsentierens. Darüber hinaus kommt das Methodenlernen in allen weiteren Kapiteln integriert zur Anwendung, beispielsweise das Anlegen eines Portfolios im dritten Kapitel des Bandes 7 (*„Indien – Beschreiben und Erklären"*).

Die Entscheidung für eine angemessene Berücksichtigung der Leitprinzipien „Schüler- und Wissenschaftsorientierung" ist nach dem Grundsatz getroffen: „So viel Situations- und Erfahrungsanbindung wie möglich, so viel Fachsystematik wie unbedingt nötig." Die Folge des durchgehend geforderten Prinzips „Lernen in Zusammenhängen" ist, dass das Lehrgangsprinzip im „Deutschbuch" nur noch dort Gültigkeit für die Organisation von Lernprozessen hat, wo fachlichem Klärungsbedarf anders nicht zu entsprechen ist, z. B. beim Aufbau einer grammatischen „Verkehrssprache" in Sachen Wortarten und Satzbau. Aber auch dort geht es nicht um das systematische Lernen von Regeln und Definitionen, sondern um operatives Erarbeiten und „(sprach-)entdeckendes" Lernen, das Sprachaufmerksamkeit fördert und kontinuierlich Sprachbewusstsein entwickelt. Einheiten des Rechtschreibunterrichts können sich zum Beispiel im Gefolge eines Schreibvorhabens oder aber im Anschluss an eine Sprachreflexion ergeben. Natürlich wird man auch die Grammatik als thematisiertes Sprachbewusstsein wiederfinden: Warum und wie unterteilen wir Wörter nach ihrer Leistung im Satz und nach ihren Bildungsregeln in „Wortarten", warum lernen wir verschiedene Satzfunktionen kennen? Aber es gibt immer Angebote, die Sprachreflexion mit anderen Bereichen des Deutschunterrichts thematisch zu verklammern. Schreib- und Lesesituationen, kommunikative Anlässe oder auch Sprachspiele ermöglichen Einsichten in Bauformen, Funktionen und Leistungen der Sprache.

1.2 Das Prinzip der Integration in den einzelnen Kapiteln

Integration bedeutet im „Deutschbuch" nicht das Hintereinanderschalten von Arbeitsteilen aus den verschiedenen Sektoren des Deutschunterrichts, Integration bedeutet vielmehr, dass traditionell unterschiedlich zugeordnete fachspezifische Tätigkeiten der Schülerinnen und Schüler im Zusammenhang einer nachvollziehbaren Lernsituation gemeinsam entwickelt werden. Aus dem Umgang mit literarischen Texten z. B. kann eine produktive Schreibaufgabe, eine analytische Operation, eine Rechtschreibübung oder eine Sprachbetrachtung erwachsen – je nach der konkreten Unterrichtskonstellation.

Die einzelnen Kapitel des „Deutschbuchs" sind nach dem Prinzip des *Dreischritts* aufgebaut:
- Im ersten Teilkapitel dominiert das systematische Arbeiten in einem der Kompetenzbereiche.
- Im zweiten Teilkapitel wird ein weiterer Bereich integriert.
- Das dritte Teilkapitel dient dem Anwenden, Üben und Vertiefen des zuvor Gelernten (bis hin zur Organisation eines Projekts).

Ein Farbsystem informiert über das jeweilige Zusammenspiel von dominanten und zugeordneten Bereichen.

Die Arbeitsaufträge verknüpfen den dominanten Kompetenzbereich mit dem ergänzenden oder erweiternden Bereich. Der Ausflug über die Grenzen der Bereiche hinaus erfolgt also nicht nur auf der Ebene der Materialien, sondern konkret auf der Ebene der einzelnen Tätigkeiten der Schülerinnen und Schüler. Ersatz- und Umstellproben etwa sind nicht nur Operationen des Grammatikunterrichts zur Bestimmung von Satzgliedern, sondern sie haben eine weitere Funktion beim Verbessern eigener Texte und beim Analysieren von Literatur.

Im dritten Schritt, dem der Übung und Festigung, werden die integrativen Momente dadurch verstärkt, dass nicht mehr klassifikatorisch unterschieden wird, wohin nun eine vorgeschlagene Tätigkeit gehört. Gerade das dritte Teilkapitel bietet ein didaktisch abgestimmtes, reichhaltiges Angebot zum Üben, Vertiefen und selbstständigen Anwenden des Gelernten, wie es die neuen Bildungsstandards und Lehrpläne nachdrücklich fordern.

Die Entscheidung für die dreigliedrige Grundstruktur der Kapitel sichert eine Zentrierung auf wesentliche Aspekte. Die Transparenz der Schrittfolge ermöglicht nicht nur eine schnelle Orientierung für die Lehrerin/den Lehrer, sondern fördert im Besonderen den organischen Aufbau des Lernprozesses, sodass die Schülerinnen und Schüler erhöhte Chancen der aktiven Teilnahme und des produktiven Verstehens erhalten. Die Kapitel sind nicht darauf angelegt, vollständig erarbeitet zu werden. Je nach Lernsituation und vorgesehenem Zeitrahmen können einzelne Teilkapitel oder auch nur wenige Abschnitte in der gewünschten Schwerpunktsetzung behandelt werden.

2   Weitere Besonderheiten des Konzepts

2.1   Lernen in Unterrichtsprojekten

Jeder Jahrgangsband enthält Projektvorschläge, die zwar einen fachspezifischen Ausgangspunkt haben, sich aber nicht auf das Fach Deutsch beschränken, sondern Aspekte anderer Fächer miteinbeziehen. Aus der Didaktik des Projektunterrichts stammen die beiden wichtigsten pädagogischen Prinzipien des handlungs- und erfahrungsorientierten Lernens und des selbst organisierten und selbsttätigen Arbeitens in Gruppen. Aus der Fachdidaktik stammen die Prinzipien der besonderen Berücksichtigung des sprachlichen Anteils an den Lernprozessen. Dabei können unterschiedliche Texte, Schreib-, Lese- und Sprachverwendungssituationen zur Verständigung der Teilnehmer und zur Organisation der Arbeit dienen.

Der Anteil „Deutsch" ist weder zu unterteilen in „Sprechen – Zuhören – Schreiben" oder „Lesen – Umgang mit Texten und Medien" noch abzugrenzen gegenüber Fächern wie z.B. „Religionslehre/Ethik", „Geschichte" oder „Politik"; je nach Thema auch nicht gegenüber Fächern wie „Erdkunde", „Biologie" oder „Kunst".

2.2   Fachübergreifendes Lernen

Nicht nur in den projektorientierten Teilkapiteln ist fachübergreifendes Arbeiten sinnvoll. Auch in den übrigen Kapiteln finden sich Fachgrenzen überschreitende Arbeitsschritte. So sind zum Beispiel in Kapitel 7 (*„Der Natur auf der Spur – Gliedsätze"*) unter anderem die Fächer „Deutsch" und „Physik und Biologie" miteinander in Bezug gesetzt. Die fachübergreifenden Schritte sind so konzipiert, dass sie Absprachen zwischen den Fächern sinnvoll erscheinen lassen, dass sie aber auch von der Deutschlehrerin oder dem Deutschlehrer allein durchgeführt werden können.

2.3   Integration des Umgangs mit informationstechnischen Medien

Sowohl Medien- als auch Methodenkompetenzen können sich nur aufbauen und erweitern, wenn Anwendungen im Zusammenhang mit entsprechenden Lern- und Gegenstandsbereichen ermöglicht werden. Deshalb werden überall dort, wo der Lerngegenstand es erfordert oder sinnvoll erscheinen lässt, Aufgabenstellungen zum Umgang mit den und zur Verwendung der modernen Informations- und Kommunikationsmedien integriert. So liefert das „Deutschbuch" fachspezifische methodische Grundlagen zur Nutzung des PCs bei der Informationsbeschaffung sowie bei der Be- und Verarbeitung von Texten, z.B. in Kapitel 4.3 (*„Projekt Freizeit.web – Eine Homepageseite entwerfen"*), Kapitel 8.3 (*„Rechtschreibprüfung am PC"*) oder Kapitel 15.2 (*„Änderungen annehmen – Texte am PC überarbeiten"*).

3 Didaktische Prinzipien in den Kompetenzbereichen

Innerhalb der Kompetenzbereiche haben sich in den letzten Jahren eine Reihe fachdidaktisch begründeter methodischer Neuansätze ergeben, die in den Bildungsstandards und auch in einem aktuellen Lehrwerk wie dem „Deutschbuch" ihren Niederschlag finden. Im Bereich „Sprechen – Zuhören – Schreiben" sind das die Integration des darstellenden Spiels in den Deutschunterricht und die Reform des Aufsatzunterrichts zur prozessorientierten Schreibdidaktik, im Bereich „Nachdenken über Sprache" der integrative, funktionale und operative Grammatikunterricht und die neuen Wege im Rechtschreibunterricht. Im Bereich „Lesen – Umgang mit Texten und Medien" sind es der erweiterte Textbegriff, speziell die Integration des Umgangs mit den elektronischen Medien, der Aufbau einer basalen Lese- und Verstehenskompetenz im Umgang mit Sachtexten und literarischen Texten sowie der produktive Ansatz im Literaturunterricht.

3.1 Sprechen – Zuhören – Schreiben

Die didaktisch-methodischen Innovationen im Bereich des „Sprechens und Zuhörens" beziehen sich weniger auf den kommunikativen Grundansatz, der weiter ausgebaut wird, indem explizit Gesprächsregeln und bewusste Formen der Gesprächsführung angeboten und gelernt werden sollen, sondern auch auf die Berücksichtigung rhetorischer Fähigkeiten, die in den vergangenen Jahrzehnten vernachlässigt worden sind. Zu diesen gehören das gestaltende Sprechen, der freie Vortrag und die Präsentation von Texten sowie das szenische Lesen mit verteilten Rollen. Damit hängt zusammen, dass nun auch dem Zuhören und den dafür notwendigen Fähigkeiten und Fertigkeiten erhöhte Aufmerksamkeit zuteilwird.

Durch die systematische Berücksichtigung methodischer Möglichkeiten des „Darstellenden Spiels" bei den Aufgabenstellungen und bei den Vorschlägen zur Projektarbeit soll gewährleistet werden, dass die ästhetische Komponente in diesem Arbeitsbereich angemessen berücksichtigt wird.

Im Bereich „Schreiben" haben sich in der fachdidaktischen Diskussion erhebliche Veränderungen vollzogen. Nach der so genannten „kommunikativen Wende" in der Aufsatzdidaktik waren die traditionellen Aufsatzgattungen und deren Begründung als „Naturarten" der Schriftlichkeit stark in Zweifel gezogen worden. Die Einbeziehung des Adressaten, die Berücksichtigung der Schreibsituation und die Orientierung am Schreibziel beim Verfassen eigener Texte sind wesentliche Funktionen des Schreibvorgangs. Um den Prozesscharakter des Schreibens zu betonen, spricht das „Deutschbuch" vom Erzählen, Berichten, Beschreiben, Erörtern usw. als Tätigkeiten.

Kreative Formen des Schreibens erhalten im „Deutschbuch" einen besonderen Stellenwert. Das Spektrum reicht vom freien, spontanen, textungebundenen Schreiben bis zum produktiven Schreiben im Anschluss an Textvorlagen.

Wichtig und neu hinzukommend zu allen Formen des „Aufsatzschreibens" ist das funktionale Schreiben. Es handelt sich um Arbeitstechniken der Schriftlichkeit, die nicht zu in sich geschlossenen Texten führen, wohl aber im Alltag zur Bewältigung von Lernsituationen große Bedeutung besitzen. Dazu gehören nicht nur die bekannten „Notizzettel" und „Stichpunktsammlungen", sondern auch der schriftliche Entwurf von Argumentationsskizzen, die Mitschriften in Gesprächen und der Entwurf von Gliederungen für umfangreichere Ausführungen.

Eine besondere Art des funktionalen Schreibens ist das Verbessern von Geschriebenem. Der

Arbeitsschwerpunkt „Textoptimierung" (mit und ohne Einbezug computergestützter Schreib-programme) besitzt ein großes Gewicht im gegenwärtigen Deutschunterricht. Unter dem Aspekt des Selbstkontrollierens und der eigenen Überprüfung des Lernfortschritts reicht dieses Verfahren bis zur Möglichkeit, Texte von Schülern erst nach der vorgenommenen Textverbes-serung zu bewerten. Der Aufgabenschwerpunkt „Überarbeiten von Schülertexten" wird im „Deutschbuch" an zahlreichen Stellen integriert. Dabei ist es Aufgabe der Lehrkraft und der Lerngruppe, im Sinne einer inneren Differenzierung und Individualisierung die jeweiligen Hin-weise des Lehrbuchs, insbesondere auch zur Rechtschreibung, situativ angemessen zu nutzen.

3.2   Nachdenken über Sprache

Im Bereich „Nachdenken über Sprache" ergeben sich wesentliche Innovationen. Besonders wichtig ist der Schritt vom systematischen Grammatikunterricht hin zur situativen, funktio-nalen und integrativen Sprachbetrachtung. Es geht um die Abkehr vom Regel- und Auswendig-lernen hin zum operativen Lernen. Ausgangspunkt sind spontan gebildete subjektive („innere") Regeln, über die die Schülerinnen und Schüler verfügen, Ziel ist die Schreibentscheidung des erwachsenen und kompetenten Schriftbenutzers. Dementsprechend sind die dem Lernbereich „Nachdenken über Sprache" zugeordneten Kapitel des „Deutschbuchs" nach dem integrativen und themenorientierten Prinzip organisiert.

Der traditionelle und nachgewiesenermaßen für die Beherrschung der Muttersprache völlig wirkungslose Grammatikunterricht arbeitete an Definitionen von Wortarten und Satzformen. Er veranlasste die Schülerinnen und Schüler, aus Beispielsätzen unter der Leitung der Lehrerin/ des Lehrers „Regeln" abzuleiten und mit deren Hilfe die eigene Benutzung der Schriftsprache zu verbessern, Fehler zu erkennen und zu vermeiden. In den seltensten Fällen konnten dadurch sprachliche Defizite behoben werden; genauso wenig kam es zu einer hinreichenden Sicherheit in der Benutzung der grammatischen Terminologie.

Deswegen wird im „Deutschbuch" in Anlehnung an neuere didaktische Konzepte ein anderer Weg beschritten. Sprachliche Phänomene wie z. B. Wortarten werden nicht mehr über Definiti-onen gelernt, sondern funktional eingeführt. Dabei sind sowohl die grammatischen Merkmale wichtig als auch deren semantische, syntaktische, stilistische oder kommunikative Funktion. Entscheidend ist, dass es keine allumfassenden Definitionen mehr gibt, sondern Prototypenbe-schreibungen: Kann man ein Wort mit einem Artikel versehen, kann man es deklinieren und bezeichnet es einen in der Wirklichkeit vorkommenden Gegenstand, Vorgang oder Gedanken, dann ist es ein Nomen. Die Schüler lernen mit solchen prototypischen Beschreibungen als Prüf-instrument umzugehen. Ihr deklaratives und operatives Sprachwissen hilft ihnen, Situationen zu bewältigen, die metasprachliche Kompetenzen erfordern. Dies bezieht sich zum Beispiel auf die Erschließung von Texten, das Thematisieren sprachlicher Alltagssituationen und das Bewäl-tigen von Schreibaufgaben sowie auf die Beherrschung der Rechtschreibung. Demzufolge wer-den Aspekte der Sprachreflexion auch in die Kapitel der Bereiche „Sprechen – Zuhören – Schrei-ben" sowie „Lesen – Umgang mit Texten und Medien" integriert.

Damit ist zugleich für die Integration des Rechtschreibunterrichts in die Sprachreflexion das entscheidende Argument gefallen. Die deutsche Orthografie ist kein willkürliches Regelwerk mit vielen Ausnahmen, sondern eine auf wenigen und plausiblen Grundsätzen aufgebaute Ab-folge von Entscheidungen. Die Prinzipien der phonemischen und der morphematischen Schrei-bung stehen im Zentrum. Ziel ist es, Sprachaufmerksamkeit, das heißt Fehlersensibilität, bei Schülerinnen und Schülern zu wecken und eine sprachbewusste Lösungskompetenz zu vermit-teln, die zur Verbesserung der Schreibkompetenz führt. Das geschieht in Form von Übungen, die darauf achten, dass Phänomene, die zwar systematisch gesehen zusammengehören, einander im Lernprozess aber hemmen, nicht zusammen gelernt werden. Über die thematisch orientierten Rechtschreibkapitel hinaus, in denen Rechtschreibübungen aus Schreibsituationen, Schülertexten und Lesesituationen erwachsen, besteht in den übrigen Kapiteln des „Deutschbuchs" die Möglichkeit, Übungen zur Rechtschreibung integriert einzubringen. Dabei wird ein Schwerpunkt auf unterschiedliche Verfahren der Überarbeitung von Texten gelegt.

3.3 Lesen – Umgang mit Texten und Medien

Besondere Aktualität kommt dem Bereich „Lesen – Umgang mit Texten und Medien" nicht zuletzt nach der PISA-Studie zu. Das Lesen und Erfassen von Texten gilt als eine wesentliche Kompetenz zum Erwerb von Wissen und ist damit eine wichtige Voraussetzung für die Teilhabe an unserer Kultur, für die Mitgestaltung gesellschaftlicher Entwicklungen und für die personale und berufliche Weiterentwicklung. Im „Deutschbuch" wird dem Rechnung getragen durch die Auswahl unterschiedlicher Texte und durch vielfältige Anregungen zum Lesen.
Den Schülerinnen und Schülern begegnen Texte sowohl in kontinuierlicher, schriftlicher Form – zum Beispiel als literarische und anwendungsbezogene Texte – als auch in Form von diskontinuierlichen Texten – etwa als Grafiken, Tabellen, Schaubilder und Diagramme. Darüber hinaus rezipieren sie Texte sowohl in gesprochener Form (z. B. Reden) als auch in audiovisuellem Format (z. B. Medientexte wie Film und Fernsehen).
Bei der Textauswahl für das „Deutschbuch" werden unterschiedliche Gattungen, historische Zusammenhänge, Autorinnen und Autoren der Vergangenheit und Gegenwart sowie interkulturelle Themen berücksichtigt. Gleichfalls werden Texte aus dem Bereich der Kinder- und Jugendliteratur, Sachtexte und solche aus audiovisuellen Medien angeboten. Ausschnitte aus altersgemäßen Jugendbüchern und Lesetipps sollen zum Weiterlesen als Klassenlektüre oder zur individuellen Lektüre einladen.
Sach- und Gebrauchstexte werden vorwiegend unter dem Aspekt des Lesens, der Entnahme, Verknüpfung und Auswertung von Informationen angeboten. Entsprechende Aufgabenstellungen fördern das Sinn erfassende Lesen und das Sichern, Reflektieren und Bewerten von Informationen. Dabei werden auch diskontinuierliche Texte und Bilder einbezogen.
Das „Deutschbuch" widmet dem Umgang mit Medien jeweils ein eigenes Kapitel (Kapitel 14: „Stars in den Medien – Sendungen, die Quote machen"). Dabei werden sowohl medienpädagogische Aspekte als auch filmanalytische und produktive Verstehens- und Handlungskompetenzen entwickelt. Über das Medienkapitel hinaus wird der Umgang mit Medien in weiteren Kapiteln integrativ und projektartig verortet. Da Filmtexte nicht ausführlich dokumentiert werden können, verweist das „Deutschbuch" in den Aufgabenstellungen häufig auf einzubeziehendes Material (DVD und Angebote der Filmbildstellen).
Eine wichtige Form der Auseinandersetzung mit Texten ist das kreative und freie Schreiben im Literaturunterricht. Gemeint sind unterschiedliche Formen des Wechsels der Schüler aus der Rezipienten- in die Produzentenrolle. Das „Deutschbuch" entwickelt hier zahlreiche Vorschläge, bis hin zur Einbeziehung produktiver Aufgabenstellungen in Klassenarbeiten. Der Sinn dieses didaktischen Ansatzes ist es, den Schülerinnen und Schülern das Recht auf subjektive Formen des Verstehens zu verschaffen und ihnen nahezubringen, dass das fantasievolle Weiterdenken und das experimentierende Eingreifen in Gegenstände der Lektüre nicht deren Zerstörung bedeutet, sondern einen Weg zu besserem und tieferem Verstehen darstellen kann. Produktionsorientierte Arbeitsweisen beim Umgang mit Texten stellen eine wesentliche Ergänzung analytisch-hermeneutischer Methoden dar, die selbstverständlich ihre Berechtigung behalten.

4 Methodische Entscheidungen

Die methodischen Entscheidungen kommen in besonderer Weise in den Aufgabenstellungen und den dort impliziten Tendenzen zum Ausdruck. Leitend sind die Prinzipien des thematischen, induktiven und selbst regulierten Lernens. Den Benutzern des „Deutschbuchs" wird dabei vor allem die Mischung aus kreativen, handlungsorientierten und analytischen Aufgabenstellungen auffallen.

4.1 Selbstständiges Lernen/Aufgabenstellungen

Eigenverantwortliches und handlungsorientiertes Arbeiten der Schülerinnen und Schüler fördert die Effizienz des Lernprozesses und stärkt die Selbstständigkeit. Diese Zielsetzung wurde bei der Formulierung der Aufgabenstellungen besonders berücksichtigt. Oftmals kann die Aufgabenstellung von der Lehrkraft je nach situativem Unterrichtskontext problemlos modifiziert werden; sie enthält Alternativen oder sie lädt ein, einen Versuch zu unternehmen, der nicht unbedingt zu einem vorzeigbaren „Ergebnis" kommen muss. Insgesamt ist der Prozess des Lernens wichtiger als das jeweils entstehende Produkt.

Aufgabenstellungen haben im „Deutschbuch" oft einladenden Charakter, sie enthalten mehrere Vorschläge, von denen sinnvollerweise nur einer wirklich realisiert werden sollte. Darin liegt auch eine Aufforderung an die Schülerinnen und Schüler, selbst mit zu entscheiden, welche Variante der vorgeschlagenen Tätigkeiten sie für sich aussuchen. Besonders bei Vorschlägen für Gruppenarbeit und in den projektartig angelegten Teilen des Unterrichts ist es wünschenswert, dass die Lerngruppe aushandelt und selbst organisiert, was jetzt von wem zu tun ist.

Die Aufgabenstellungen des Lehrbuchs steuern den Verstehens- und Lösungsprozess nicht schrittweise. Materialarrangement und Aufgaben sind so angelegt, dass eigenverantwortliche Entscheidungen von der Lerngruppe getroffen werden. Anregungen zur Anwendung prozeduraler, metakognitiver und evaluierender Strategien fördern den kommunikativen Aufbau des Lernprozesses, sodass Wissen im Zusammenhang verfügbar wird und Ergebnisse nicht beziehungslos nebeneinanderstehen. In wechselnder Akzentuierung erfüllen die Aufgaben Funktionen des entdeckenden Lernens, des operativen analytischen und produktiven Arbeitens sowie der transferierenden Anwendung.

4.2 Orientierungswissen

Eine wichtige Rolle für das selbstständige Lernen – und dies gilt gleichermaßen für leistungsstärkere wie leistungsschwächere Schülerinnen und Schüler – spielt das Orientierungswissen. Dort, wo in den Kapiteln das von den Schülerinnen und Schülern erarbeitete Wissen gesichert werden muss, weil es die Grundlage für das weitere Vorgehen bildet, wird es zur Orientierung zusammenfassend dargestellt. Auf diese Weise festigt sich auch die eingeführte Terminologie, sodass den Schülerinnen und Schülern die notwendigen Begriffe für ihre weiteren Lernaktivitäten zur Verfügung stehen. Das Orientierungswissen bietet eine überschaubare Zusammenfassung von deklarativem, operativem und methodologischem Wissen. Daneben liefern „Tipps" und mit einem Ausrufezeichen versehene Regel-Kästen sowie Hinweise auf „Arbeitstechniken" Anregungen und Hilfen zur eigenständigen Problemlösung. In keinem Fall beeinträchtigen die Orientierungshilfen das Prinzip des entdeckenden Lernens.

Entlastende Funktion kommt dem Anhang zu: Dort wird das Orientierungswissen im Überblick dargestellt, sodass die Schülerinnen und Schüler es selbstständig nachschlagen können, wenn sie sich nicht im Kapitelzusammenhang bewegen. Gleichzeitig verschafft das Orientierungswissen den Lernenden einen Überblick über die in den Bildungsstandards und Lehrplänen festgelegten Kompetenzen. Es bietet somit einen wichtigen Hinweis für Leistungsanforderungen bei Lernstandserhebungen, Tests und Klassenarbeiten.

4.3   Hinweise zur Arbeitsorganisation

Die Arbeitsorganisation bleibt in den Aufgabenstellungen weitgehend offen. Ob etwas als Gruppenarbeit oder Einzelaufgabe gelöst werden soll, ist zunächst einmal Angelegenheit der Lehrerin/des Lehrers und der Lerngruppe. Aber das Lehrbuch macht Vorschläge, die sinnvoll sein könnten und praxiserprobt sind.

Arbeitsschritte, Materialien und Aufgabenstellungen sind im „Deutschbuch" so organisiert, dass Lehrerinnen und Lehrer phasenweise eine stärker moderierende und prozessbegleitende Rolle einnehmen können. Diese Lehrmethoden erlauben den Schülerinnen und Schülern zunehmend ein selbsttätiges und mitverantwortliches Arbeiten, das ihre sozialen und kommunikativen Kompetenzen stärkt.

Die Kapitel des „Deutschbuchs" eröffnen vielfältige Möglichkeiten für eine situations- und lernergerechte Aufbereitung im Unterricht. Je nach Lernsituation und vorgesehenem Zeitrahmen können einzelne Teilkapitel oder auch nur wenige Abschnitte in der gewünschten Schwerpunktsetzung sinnvoll behandelt werden.

4.4   Freiarbeit

Freiarbeit ist den Schülerinnen und Schülern vielfach aus den vorhergehenden Schuljahren vertraut. In der Sekundarstufe I wird diese Lernorganisation, bei der die Schülerinnen und Schüler weitgehend selbst gesteuert arbeiten, meist phasenweise eingesetzt. Das „Deutschbuch" lässt sich in dreifacher Weise für solche Freiarbeitsphasen nutzen:

– Das **Schülerbuch** bietet an zahlreichen Stellen Möglichkeiten des Einsatzes von Freiarbeit im Rahmen des themengebundenen Unterrichtsvorhabens. Übungsbezogene Materialien, Hinweise für Projektschritte und vielfältige Impulse für Einzelarbeit finden sich schwerpunktmäßig oft im dritten Teilkapitel, zum Beispiel *Projektvorschlag: Die eigenen Wörter finden* (S. 19), *Ein Portfolio erstellen* (S. 43–45), *Eine Homepageseite entwerfen* (S. 78–80), *Sachbuchempfehlungen* (S. 132–138), *Persönliche Fehlerschwerpunkte entdecken* (S. 155–159), *Ein Übersetzungs-Quiz durchführen* (S. 179–180), *Geschichten (weiter-)schreiben* (S. 199–200), *Eine Reisereportage erstellen* (S. 215–217), *Eine Werbekampagne für einen Star erfinden* (S. 276).

– Die **Handreichungen für den Unterricht** liefern zahlreiche Zusatzmaterialien, die zur Akzentuierung einzelner Aspekte oder auch zur Förderung besonders interessierter Schülerinnen und Schüler genutzt werden können. Am Ende jedes Kapitels bieten die Handreichungen für den Unterricht Vorschläge und Materialien für Lernerfolgskontrollen und Klassenarbeiten an.

– Das **Arbeitsheft** enthält ein besonders reichhaltiges Angebot an Freiarbeitsmaterialien. Da den Schülerinnen und Schülern zu sämtlichen Aufgaben die Lösungen in einem Beiheft vorliegen, ist hier die Chance des selbst gesteuerten Lernens im Sinne der Individualisierung und Differenzierung in besonderem Maße gegeben.

5   Zusatzmaterial rund ums „Deutschbuch"

Neben den vorliegenden Handreichungen für den Unterricht und dem **Arbeitsheft** bietet der Verlag weiteres Übungsmaterial zum „Deutschbuch" an:

– Das **„Deutschbuch – Hörbuch 7/8"** enthält ausgewählte Erzählungen und Gedichte, Märchen, Fabeln und Jugendbuchauszüge. Prominente Sprecherinnen und Sprecher, in einigen Fällen die Autoren selbst, tragen die Texte vor, machen sie hör- und erlebbar. Indem das Hörbuch an die lange Kultur des Erzählens und Vorlesens anknüpft, weckt es die Fantasie der Schülerinnen und Schüler und fördert das Hörverstehen. Es bietet vielfältige Möglichkeiten zum Einsatz im Unterricht, kann einen besseren Zugang zu langen oder schwierigen Texten vermitteln, Grundlagen für die Diskussion des interpretierenden Vortrags geben und Möglichkeiten für produktionsorientiertes Arbeiten schaffen. Das Booklet zum Hörbuch gibt methodische Hinweise zum Textverstehen auf der Basis des gestaltenden Sprechens.

– Die auf die Lerninhalte des „Deutschbuchs" abgestimmte Lernsoftware **„Deutschbuch 7 interaktiv"** ermöglicht die selbstständige Einübung und Festigung der Kenntnisse in Rechtschreibung, Grammatik und Zeichensetzung am Computer. Außerdem sind Übungen zur Textarbeit in einer Detektivhandlung (Bereich „Aktion") integriert. Die umfangreichen Übungsinhalte der Lernsoftware sind differenziert in die Schwierigkeitsstufen „leicht", „mittel" und „schwer". Abwechslungsreiche Methoden, gezielte Rückmeldungen und vielfältige Hilfestellungen fördern den Lernprozess. In der Handreichung zur Software sind die Lösungen sämtlicher Übungen aufgeführt. Die Übersicht am Ende des vorliegenden Handbuchs (S. 310 f.) zeigt Verknüpfungen einzelner Kapitel aus dem „Deutschbuch 7" (Neue Ausgabe) mit passenden Software-Übungen aus dem „Deutschbuch 7 interaktiv".

– Im Internet sind schließlich weitere Übungsmaterialien und Vorschläge für Klassenarbeiten zu einzelnen Kapiteln des „Deutschbuchs" unter **www.cornelsen.de/deutschbuch** zu finden.

Auf die zu dem jeweiligen Kapitel passenden Zusatzmaterialien wird im vorliegenden Handbuch auf der Konzeptionsseite jedes Kapitels verwiesen; die Vignette 🎧 und ein kurzer Hinweis im fortlaufenden Text machen außerdem gezielt auf die korrespondierenden Beiträge aus dem Hörbuch aufmerksam.

Zur Aufgabennummerierung in diesen Handreichungen

1️⃣ Diese Form der Nummerierung verweist auf die entsprechenden Aufgabennummern im Schülerbuch.

1 Diese Nummern kennzeichnen neue Aufgaben zu Zusatzmaterialien oder Lernerfolgskontrollen.

1   Wer bin ich? – In Rollen sprechen

Konzeption des Gesamtkapitels

Das erste Kapitel des Bandes stellt Fragen der Selbst- und Fremdwahrnehmung in den Mittelpunkt, die bei Schülerinnen und Schülern der Klasse 7 entwicklungsbedingt an Virulenz gewinnen. In Klassen- und Gruppengesprächen sowie in der Auseinandersetzung mit literarischen und nichtliterarischen Texten befassen sich die Schülerinnen und Schüler mit den sozialen Rollen, die ihnen zugedacht sind, und mit Rollen, die sie sich auf der Suche nach Selbstständigkeit selbst neu erschließen. Dabei werden insbesondere Rollen in Freundschaftsgruppen und die damit verbundenen jugendsprachlichen Experimente wichtig. Versuche, das noch labile jugendliche Ich zu behaupten, führen zugleich immer wieder zu aggressiven Überdehnungen der Selbstpositionierung, denen mit Methoden der Streitschlichtung begegnet werden kann.

Das erste Teilkapitel (**„Ich bin nicht allein – Für andere eine Rolle spielen?"**) bietet die Möglichkeit, die frühe Jugend als eine Phase der Ich-Entwicklung im Unterricht behutsam zu thematisieren. Die Herausforderung, biografisch bisher eher selbstverständliche Rollenerwartungen kritisch zu prüfen und ihnen eventuell im Interesse einer stabilen Ich-Entwicklung begründet entgegenzutreten, wird in einigen Texten und Bildern greifbar. Der Schwerpunkt des ersten Teilkapitels liegt im Bereich „Sprechen, Zuhören, Schreiben".

Das zweite Teilkapitel (**„Irgendwie megastark – Jugendsprache"**) verknüpft die eingeführte Rollenproblematik mit Aspekten aus dem Bereich „Nachdenken über Sprache". Die Schülerinnen und Schüler erhalten Anregungen, über jugendkulturell geprägte Sprachphänomene nachzudenken und zu diesem Bereich eigene Recherchen anzustellen.

Im dritten Teilkapitel (**„Streitschlichtung – Rollenspiele"**), das erneut seinen Schwerpunkt im Bereich „Sprechen, Zuhören, Schreiben" hat, steht das Bemühen im Mittelpunkt, gewaltsame Auswüchse jugendlicher Rollenfindung mit dem Verfahren der Streitschlichtung zu zivilisieren. Hier wird insbesondere ein angemessenes Zuhören in Streitsituationen und ein Spiegeln fremder Positionen angeleitet.

Inhalte	Kompetenzen

S.9   **1.1 Ich bin nicht allein – Für andere eine Rolle spielen?**

Die Schülerinnen und Schüler können
- ihre aktuellen Alltagsrollen beschreiben;
- reflektieren, inwiefern Rollenerwartungen im Interesse der Selbstentfaltung kritisch gesehen werden sollten;

S.9   **Selbstständig werden – Rollen hinterfragen**

S.10   Ernst Jandl **my own song**

S.10   Ingeborg Kiefel **Rollen und Masken**

- in der Analyse lyrischer Texte Rollenerwartungen anderer an sie reflektieren;
- Rollenbrüche erkennen;
- Konflikte zwischen Rollenkonformität und Individualität erkennen;

S.11   **Der Antimaterie-Kerl – Sich Rollen ausdenken**

S.11   Christine Nöstlinger **Bonsai**

- in einem erzählenden Text Rollen-Fantasien nachvollziehen;
- erkennen, dass Rollen-Fantasien Spielraum für die Ich-Entfaltung schaffen;

S.13   **„Mama bei Laune halten" – In der Familie eine Rolle spielen**

S.13   Kirsten Boie **Schummeltagebuch**

- am Beispiel eines erzählenden Textes Rollen in der Familie unterscheiden;
- die Funktion von Tagebüchern bei der Entwicklung einer Ich-Identität beschreiben;
- das Tagebuch als Medium der Selbstbehauptung im Jugendalter nutzen.

S.16   **1.2 Irgendwie megastark – Jugendsprache**

S.16   Susan E. Hinton **Rumble Fish**

S.17   **Es ist ein bisschen arm**

S.19   **Projektvorschlag: Die eigenen Wörter finden**

Die Schülerinnen und Schüler können
- Merkmale der Jugendsprache beschreiben;
- Funktionen der Jugendsprache benennen, z.B. die Herabsetzung von Erwachsenen bei der Konstruktion einer sozialen Rolle in jugendlichen Szenen;
- erkennen, welche Funktionen sprachliche Besonderheiten jugendlicher Soziolekte haben;
- aktuelle jugendsprachliche Phänomene untersuchen und beschreiben.

S.20   **1.3 Streitschlichtung – Rollenspiele**

S.20   **Streitpunkte**

S.20   Diemut Hauk **Rache**

Die Schülerinnen und Schüler können
- erkennen, wie Rollen in Cliquen zur Konfliktverschärfung beitragen können;
- Textvorgaben auf ihre eigene Situation beziehen;
- die Eskalationsdynamik sprachlich ausgetragener Konflikte erkennen;

S.22   **Einen Streit schlichten**

- das Verfahren der Streitschlichtung in Grundzügen anwenden;
- Gewalteskalation und -deeskalation erkennen und ihre Einsichten mit Hilfe von Rollenspielen vertiefen.

1.1 Ich bin nicht allein –
Für andere eine Rolle spielen?

Rollen dienen im Jugendalter dazu, sich neues lebensweltliches Terrain zu erschließen. Die Schülerinnen und Schüler wachsen in neue Rollen hinein. Dazu muss die Verbindlichkeit und Relevanz von Rollen, die aus der Kindheit mitgebracht worden sind, zum Teil relativiert werden, was oft nicht ohne Turbulenzen möglich ist. Die Jugendlichen „fallen aus der Rolle". Zugleich werden neue Rollen vom sozialen Umfeld der Jugendlichen – besonders auch von Gleichaltrigen – oft so rigide eingefordert, dass sie sich gerade auch in einigen der neu erschlossenen Rollen schnell gefangen fühlen können. Die Entwicklungsaufgabe der Jugendlichen besteht dann darin, angesichts der veränderten Rollenanforderungen an sie ihr Ich zu behaupten und angemessene Spielräume für Subjektivität und Individualität zu sichern.

S. 9

Selbstständig werden – Rollen hinterfragen

1 *Der Einstieg erfolgt über einen optischen Reiz.*
Mögliche Antworten auf die Frage, wem die Hände gehören könnten, die den Jungen fernsteuern:
- *Modemacher/ Textilgeschäfte*
- *Fußballstars/ Fußballtrainer*
- *Musikstars/ Musikproduzenten*
- *Schule (Buch in der Hand)*
- *Eltern*
- *Radioprogramme*
- *usw.*

2 a) *Die Schülerinnen und Schüler werden nun angeregt, die Problematik auf sich selbst zu beziehen.*
Genannt werden können – zusätzlich zu den zu Aufgabe 1 genannten Faktoren – zum Beispiel:
- *Fernsehen*
- *Internet*
- *Spielkonsolen*
- *Freunde/ Freundinnen*
- *usw.*

b) *Bei diesem Meinungsaustausch in der Klasse können verschiedene Positionen geäußert werden, die den unterschiedlichen Entwicklungsstand der Schülerinnen und Schüler bei der Rollenfindung in Familie, Freundesclique und Gesellschaft ausdrücken können.*

3 a–c) *Mit dieser Aufgabe können die Schülerinnen und Schüler das eröffnete Thema aktional umsetzen und erproben. Dabei wird herausgearbeitet, dass Rollenerwartungen, die an Rollenträger herangetragen werden, von diesen immer kritisch geprüft werden sollten, bevor man ihnen – eventuell – folgt. Um Reflexionsspielräume dafür zu eröffnen, sollen die Schülerinnen und Schüler jeweils mehrere mögliche Reaktionen auf Rollenanforderungen formulieren und im Spiel erproben.*

4 *Das Foto mischt Rollenattribute von Erwachsenen mit denen von Kindern und inszeniert auf diese Weise Rollenbrüche. Die Schülerinnen und Schüler können den Zwiespalt, in dem sie sich möglicherweise auch selbst sehen, in der subjektiv gefärbten Textsorte des Briefes zum Ausdruck bringen.*

Ernst Jandl

S. 10

my own song (mein eigenes lied)

Das Gedicht betont das Streben nach Eigenständigkeit und die Durchsetzung von Unabhängigkeit in der Auseinandersetzung mit Rollenanforderungen, die viele Jugendliche in der Klassenstufe 7 erfahren („nicht wie ihr mich wollt"). Daher werden die Schülerinnen und Schüler die Gedichtaussage auf die eigenen Alltagserfahrungen beziehen. Durch lautes Lesen kann die Bedeutung der beiden kursiv gesetzten Wörter („ich", Z. 16 und Z. 18, „sein", Z. 20) ebenso erschlossen werden wie die syntaktische Struktur des Textes, die auf Grund der fehlenden Interpunktion nicht unmittelbar klar ist.

Ingeborg Kiefel

S. 10

Rollen und Masken

Das Gedicht betont, dass die Erfüllung von Rollenerwartungen auch zum Versteckspiel, zum Verbergen von Persönlichkeitsanteilen führen kann, die von Schülerinnen und Schülern dieses Alters als problematisch eingeordnet werden („die Leute sollen nicht sehen, dass ich unsicher bin oder feige oder traurig", Z. 8/9). Das kann einen Verlust an Authentizität, Identitätsverluste und Selbstentfremdung zur Folge haben. Die Schülerinnen und Schüler können in diesem Gedicht ihre Erfahrung spiegeln, dass ein rollengeprägtes Alltags-Ich die Persönlichkeit des Rollenträgers eher verstellen als weiterentwickeln kann, was den Wunsch auslöst, Menschen zu treffen, denen gegenüber man sich unverstellt öffnen kann. Da solche Gedankengänge in dem Gedicht in einfacher Sprache ausgedrückt werden, kann dieser Aspekt der Rollenproblematik im Anschluss an das Gedicht erschlossen werden.

5 *Die Aufgabe erlaubt es, die zu den Gedichten von Jandl und Kiefel ausgeführten Rollenaspekte gedanklich mit den Bildern der Seite in Beziehung zu setzen und Beispiele aus der Lebenswelt von Jugendlichen zu benennen.*

6 *Diese Aufgabe kann eine detailliertere Textarbeit einleiten. Zu dem zu erarbeitenden Rollenverständnis vgl. die oben stehenden Ausführungen zu den beiden Gedichten.*

Weiterführende Arbeitsanregungen

Frageimpulse:

— *Wie kommt es, dass man sich manchmal „gegen seinen Willen" benimmt?*
— *Könnt ihr die Erfahrungen, die Ingeborg Kiefel wiedergibt, bestätigen? Habt ihr ähnliche Erfahrungen gemacht?*

Arbeitsaufträge:

— *Wenn wir eine Rolle spielen, erwarten andere bestimmte **Verhaltensweisen** und bestimmte **äußere Merkmale** von uns. Zeigt anhand der Bilder auf dieser Seite, wie man als Kind oder Jugendlicher solchen Rollenerwartungen gerecht werden kann.*

– Listet Gründe auf, wieso die Sprecher in den beiden Gedichten Rollenerwartungen ihrer Umwelt zurückweisen.

– Das lyrische Ich in Jandls Gedicht will nicht sein, „so wie ihr mich wollt". Macht in einer Beschreibung deutlich, wie andere euch haben wollen. Schlüpft in die Rolle einer Schwester/eines Bruders, eines Nachbarn etc. und schreibt aus deren/dessen Sicht in der Ich-Perspektive eine entsprechende Beschreibung von euch selbst.

Der Antimaterie-Kerl – Sich Rollen ausdenken

Christine Nöstlinger
Bonsai

In Nöstlingers Jugendroman will Bonsai, die Hauptfigur, die Rolle des Kindes verlassen, sich Rollenattribute eines Jugendlichen zulegen und damit Distanz zu den Erwachsenen aufbauen. Er, der Kleinste in der Klasse, entwickelt Größenfantasien und flüchtet sich in Gedanken in einen „Antimaterie-Kerl", der ihn aus misslichen Situationen heraustholt.

1 Bonsai versucht, seine geringe Körpergröße und den Spitznamen „Bonsai" herunterzuspielen, indem er die Erfinder dieses Spitznamens mit einer sprachlichen Verkleinerungsform herabsetzt („ein paar witzige Kerlchen", Z. 2) und sich selbst damit aufwertet.
Dem Leser gegenüber stellt er sich im allerbesten Licht dar („ein wirklich schöner Mensch", Z. 16 f.; „bei mir stimmt alles", Z. 20; „in Siegerpose", Z. 27; „Chancen als männliches Top-Model", Z. 36 f.). Er fantasiert sich in die Körpergröße hinein, die er sich für die Zukunft wünscht („ein ein Meter neunzig großer Kerl", Z. 33).

2 a) Der „Antimaterie-Kerl" rettet Bonsai aus Situationen, in denen er sich unwohl fühlt.

b) Der „Antimaterie-Kerl" kann Bonsais Willen durchsetzen und ihn damit aus demütigenden Situationen befreien. Er kann sich insbesondere gegen Bonsais Mutter behaupten.

3 „Charakterstärke" bedeutet für Bonsai, die Durchsetzungskraft (Willens-, Argumentationskraft) zu besitzen, die er benötigt, um eigene Vorstellungen gegen andere (hier: gegen die Mutter) durchzusetzen.

4 a) Die Formulierung ist insgesamt hochsprachlich und nutzt ein gewähltes Vokabular. Das umgangssprachlich-saloppe Wort „Klamottenkauf" (Z. 52 f.) fällt in diesem Umfeld aus der Rolle.

b) Dadurch ergibt sich eine ironische Wirkung: Das umgangssprachliche Wort lässt das erlesene Vokabular lächerlich erscheinen.

5 a) Denkbar sind z. B.: Popstar, Rennfahrer, Moderator/Moderatorin im Fernsehen usw.
Eventuell können für Jungen und Mädchen getrennte Rollen-Hitlisten zusammengestellt werden.

b) Diese Rollen garantieren in den Augen vieler Jugendlicher eine besondere öffentliche Aufmerksamkeit, einen hohen Bekanntheitsgrad, ein hohes Einkommen usw.

„Mama bei Laune halten" – In der Familie eine Rolle spielen

S. 13

Kirsten Boie

S. 13

Schummeltagebuch

Lange hat Lulu, die Protagonistin dieses Jugendromans, für die Eltern die Rolle des Kindes gespielt. Als Jugendliche will sie den Eltern gegenüber nun eine neue Rolle durchsetzen. In einem Tagebuch will sie dazu das eigene Ich, die Eigen-Art, vor den Rollenerwartungen der Eltern retten. Da die Intensität des Gesprächs mit den Eltern nachlässt, verfällt die Mutter auf die unglückliche Idee, heimlich das Tagebuch der Tochter zu lesen. Lulu ihrerseits sucht sich in ihrer Fantasie einen Ersatz-Gesprächspartner und unterhält sich in Tagträumen immer wieder mit der jung verstorbenen Bluessängerin Janis Joplin.

1 *Im Verlauf der Jahre verändert Lulu ihre Tochter-Rolle, da sie die Mutter nicht mehr wie noch in Kindertagen bei allem ins Vertrauen zieht (vgl. Z. 18 ff.), sondern sich nun immer häufiger von der Mutter abschottet, um sich als eigenständige Persönlichkeit zu behaupten.*

2 *a/b) Mögliche Lösung:*

Textstellen, in denen deutlich wird, dass Lulu mit ihrer Mutter nicht mehr sprechen kann	Gründe, warum kein Gespräch mehr zustande kommt
„irgendwie das Gefühl ..., dass Mama und Papa in dieser Situation kein Verständnis für mich aufbringen ..." (Z. 47 ff.)	Vermutung, dass die Mutter (und auch der Vater) ihre Lage nicht versteht
„Ja, ja, ja!', sagte ich wieder" (Z. 105) – Lulu sagt nicht, was sie wirklich denkt.	wachsende Gewissheit, dass die Mutter ihre Privatsphäre nicht achtet
„,Nö', sagte ich dann und verzog mich." (Z. 157) – Lulu weicht der Mutter aus.	heimlicher Spaß daran, dass sie die Mutter hereingelegt hat; natürlich kann sie darüber aber nicht mir ihr reden
„Und fragen kann ich sie ja schlecht." (Z. 187 f.)	die bisher nicht angesprochenen Vorkommnisse zwischen Mutter und Tochter können – noch – kein Gesprächsgegenstand sein, da Lulu noch nicht genügend zeitlichen Abstand dazu hat, noch nicht „darübersteht"
...	...

3 *Die Aufgabe kann als Hausaufgabe gestellt werden, da die Schülerinnen und Schüler möglicherweise Texte ganz unterschiedlicher Länge schreiben.*

4 *a) Zu dem Zeitpunkt, als ihr klar wird, dass die Mutter ihre neue, jugendliche Privatsphäre mit dem Tagebuch als Zentrum nicht achtet („Schnüffelaktion", Z. 87; „Tagebuchspionin", Z. 115), meint Lulu, ein Schummeltagebuch schreiben zu müssen („Und ich beschloss, sie auszutricksen", Z. 117).*

b) Die Bluessängerin Janis Joplin spielt für Lulu die Rolle der verständnisvollen, freundschaftlichen Zuhörerin und Vertrauten (Z. 1 ff., Z. 118 ff., bes. Z. 189 f.).

5 a) Die Erzählung zeigt, dass Lulu Sachverhalte, die sie für heikel hält, mit ihrer Mutter nicht mehr ohne weiteres besprechen kann, da diese in Lulus Augen einen Vertrauensbruch begangen hat. Da sie die Mutter als Gesprächspartnerin für heikle Angelegenheiten verloren hat, benötigt sie ein Tagebuch, das für sie eine fiktive Gesprächssituation darstellt.

b) Die Schülerinnen und Schüler können sich hier für oder gegen ein Tagebuch als Möglichkeit, sich mit Problemen auseinanderzusetzen, entscheiden. Als Alternative zum Tagebuch wird vermutlich das Gespräch unter vier Augen mit der besten Freundin/dem besten Freund angesprochen werden.

Weiterführende Literaturhinweise

Arbeitsgruppe Soziale Arbeit Universität GH Essen u. a. (Hg.): ich bin ich. Lebensweltorientierte Ideen und erlebnispädagogische Maßnahmen zur Stärkung der Selbstständigkeit und des Selbstwertgefühls von Kindern und Jugendlichen. Hoheneck-Verlag, Hamm o. J.

Asendorpf, Jens: Keiner wie der andere. Wie Persönlichkeits-Unterschiede entstehen. Edition Wötzel, Dreieich, 2. Aufl. 1999

Baacke, Dieter: Die 13- bis 18-Jährigen. Einführung in die Probleme des Jugendalters. Beltz Verlag, Weinheim und Basel 2000 (Taschenbuchausgabe)

Cocard, Yves: Vertrauen im Jugendalter. Theoretische Überlegungen und empirische Ergebnisse zur Vertrauensentwicklung bei 12- bis 21-Jährigen. Verlag Paul Haupt, Bern 2003 (Schulpädagogik, Fachdidaktik – Lehrerbildung, Bd. 6)

Kromer, Ingrid und Otto: Identitätssuche. Modelle für Projekttage mit 13- bis 15-Jährigen. Rex Verlag, Luzern und Stuttgart 1995

Redlich, Gabriele: Vom Ich zum Du. Junge Menschen begleiten. Tyrolia Verlag, Innsbruck und Wien 1996

1.2 Irgendwie megastark – Jugendsprache

Jugendsprache existiert nicht als ein einheitlicher sprachlicher Code, über den alle Jugendlichen einer Generation verfügen. Zwar gibt es einige sprachliche Merkmale, die in einer ganzen Generation verbreitet sind, die meisten sprachlichen Phänomene, die der Jugendsprache zugerechnet werden, variieren jedoch zum Teil sehr stark je nach Jugendszene und Gruppenzugehörigkeit. Hinzu kommt, dass viele dieser sprachlichen Phänomene nur kurzlebig sind und ihre identitätsstiftende Funktion für jugendliche Szenen verlieren, wenn sie von anderen Mitgliedern der Sprachgemeinschaft adaptiert werden.

Szenespezifische sprachliche Eigentümlichkeiten der Jugendsprache erlauben es Jugendlichen, mit einer besonderen Emphase und – im Rahmen von Idiolekten – zum Teil auch mit ganz persönlichen sprachlichen Färbungen eine soziale Rolle zu spielen, die in der eigenen, spezifischen Szene Anerkennung und Aufmerksamkeit verschafft. Inzwischen belegt die Sprachwissenschaft, dass eine sehr hohe Anzahl von Neuerungen in der Allgemeinsprache aus der Jugendsprache kommt und dass diese – besonders durch Adaptionen in der Werbesprache – mehr sprachliche Akzente setzt als die lange Zeit sprachlich dominierenden sozialen Oberschichten.

Susan E. Hinton

Rumble Fish

S. 16

In dem Jugendroman „Rumble Fish" sieht Rusty-James, die Hauptfigur, den größeren Bruder als Rollenvorbild. Ein besonderer Schwerpunkt des Romans ist das Spannungsfeld zwischen sozialer Rolle und Einsamkeit; es wird deutlich, dass die Übernahme sozialer Rollen einen Schutz vor Vereinsamung darstellt. Zugleich fallen in dem Werk innere und äußere Wirklichkeit eines Jugendlichen auseinander. Bemerkenswert an der Erzählung von Susan E. Hinton ist auch, dass sprachliche Elemente der Rollenausfüllung und Rollenstabilisierung (jugendsprachliche Eigentümlichkeiten) besonders akzentuiert werden.

1 *Rusty-James tritt in seiner Clique als „starker Typ" auf, aber er ist nicht wirklich stark, sondern erkennt, wie einsam und hilflos er als Individuum sein kann. Er erlebt seine Individuation auch als eine Belastung, der er alleine nicht gewachsen ist („Ich kann es nicht ertragen, mit mir allein zu sein. Das ist das Einzige, wovor ich wirklich und wahrhaftig Angst habe", Z. 54 ff.).*

2 *a) Vorschlag für ein Tafelbild:*

> *Merkmale der Jugendsprache*
> - *Übertreibungen („bringen sie mich um", Z. 51);*
> - *Übernahmen emphatischer/nachdrucksvoller Wörter aus dem Englischen („Yeah", Z. 27);*
> - *Verstärkungs- und Bekräftigungsfloskeln („und ob", Z. 27);*
> - *herabsetzende Bezeichnungen für Erwachsene („der Alte", Z. 68).*

b) Die Schülerinnen und Schüler könnten die folgenden Redewendungen aus dem Text nennen, die nicht alle Erwachsenen verwenden:

jugendsprachliche Redewendungen aus dem Text	Gründe, warum sie von Erwachsenen nicht gebraucht werden
Ältere Typen (Z. 7)	Das Wort „Typen" wäre für die meisten Erwachsenen herabsetzend; so ist es aber hier nicht gemeint.
von meinem Alten (Z. 19)	Erwachsene würden von ihren Eltern in der Regel nicht auf diese Weise herabsetzend sprechen.
absolut ähnlich (Z. 23)	Die meisten Erwachsenen würden auf das verstärkende „absolut" verzichten.
Yeah (Z. 27)	Erwachsene würden in diesem Fall eventuell kein englisches Wort verwenden.
angestochen worden zu sein (Z. 60 f.)	Die meisten Erwachsenen würden das nicht so drastisch ausdrücken.
Macke (Z. 66)	Viele Erwachsene würden statt dieses umgangssprachlichen Wortes ein anderes wie „Eigenheit", „Besonderheit" oder eventuell auch „Fehler" verwenden.
Okay (Z. 70)	Einige Erwachsene würden wohl eher „Na gut", „Einverstanden" oder „Von mir aus" sagen und das englische Wort (Anglizismus) vermeiden.

3 a) Eine weitere Bekräftigungsformel dieser Art könnte sein: „Aber hallo!". Auch diese Formeln sind zum Teil kurzlebig, sodass es hier darum geht, aktuelle Verwendungen zu finden.

b) Zum Teil werden solche Bekräftigungsformeln als wirkungsvoller angesehen, da sie Anleihen bei fremden Sprachen machen („yeah" stammt aus dem Englischen, „logo" ist von „logisch" abgeleitet, unter Verwendung der ursprünglich romanischen Endsilbe „o").

4 Die Übertreibungen werden verwendet, um eine besondere emotionale Betroffenheit auszudrücken oder zu simulieren. Zugleich wird eine Situation dramatisiert; sie erscheint also wichtiger, als sie ist.

Weiterführender Arbeitsauftrag

„Der Alte müsste auch bald zurück sein" (Z. 68 f.).
– Notiert ähnliche Formulierungen, mit denen Erwachsene von Jugendlichen herabgesetzt werden.
– Diskutiert, warum Jugendliche solche sprachlichen Herabsetzungen verwenden, wenn es in Unterhaltungen mit Gleichaltrigen um Erwachsene geht.
– Überlegt, wie die Redeweise von Rusty-James zu der Tatsache passt, dass er seinen Vater „irgendwie" liebt (Z. 81).
– Rusty-James spricht hier in der Rolle des Freundes. In anderen Situationen hat er ganz andere Rollen zu spielen. Nennt Rollen, in denen das Wort „der Alte" unangemessen wäre.

Es ist ein bisschen arm

S. 17

Der Text stammt aus der von der Deutschen Shell herausgegebenen Studie „Jugend 2000" (13. Shell Jugendstudie, Opladen 2000), in der eine ganze Reihe von Jugendlichen aus verschiedenen Szenen im O-Ton wiedergegeben wird. Mit den Schülerinnen und Schülern kann zunächst erarbeitet werden, dass Gruppen von Jugendlichen oft solche Soziolekte benutzen, weil das auffällige Vokabular bei anderen Jugendlichen und besonders bei Erwachsenen Aufsehen erregt.

1 *a/b)   Es könnten beispielsweise die folgenden Wörter bzw. Formulierungen und ihre Wirkungen genannt werden.*
Vorschlag für ein Tafelbild:

Wörter/Formulierungen	Wirkungen
korrekt (Z. 5, 7)	*Im Zusammenhang mit Mobbing in der Schule wirkt „korrekt" ironisch.*
oberkorrekt (Z. 20 f.)	*Im Zusammenhang mit einer Negativaussage das Wort zu verwenden, wirkt ebenfalls ironisch.*
fett (Z. 16 u. ö., s. u.)	*Eigenwillige und überraschende Bezeichnung für das Gemeinte.*
fängt (...) an, sich obermäßig zu bepissen (Z. 31 ff.)	*Der drastische Ausdruck für „lachen" wird in einen Metaphernbereich („bepissen") verlagert, der nur im allergrößten Extremfall etwas mit „lachen" zu tun haben kann.*

c)   Die in Soziolekten immer wieder neu auftauchenden Wörter dieser Art verschwinden meist verhältnismäßig schnell wieder, weil sie sich rasch abnutzen. Sie verlieren oft bald ihren provozierenden Charakter und das Flair des Originellen.

d)   Hier können die Schülerinnen und Schüler Aspekte nennen, wie sie in der Einleitung zu Teilkapitel 1.2 (vgl. S. 21 in diesem Handbuch) aufgeführt werden.

2 *a/b)   Vorschlag für ein Tafelbild:*

Beispiele für den Idiolekt der Jugendlichen	Ersatzwörter aus der Standardsprache
fett (Z. 10, 11, 16, 23)	*toll, ausgezeichnet, hervorragend, interessant, wichtig*
halt (Z. 3, 27, 31)	*eben, denn*
so (Z. 3, 10, 11, 24)	*Ein solches Füllwort ist in der Standardsprache überflüssig.*
...	*...*

3 a) Weitere Verstärkungen von Adjektiven durch Zusatzwörter finden sich im Text zum Beispiel in Zeile 20 f. („oberkorrekt") und in Zeile 32 („obermäßig").

   b) Weitere Zusammensetzungen mit verstärkenden Zusatzwörtern:
   megalaut, hyperlaut, ultralaut, turbofett, superfett, affenfett

   c/d) Die Schülerinnen und Schüler sind hier aufgefordert, noch einmal über die Rollengebundenheit jugendsprachlicher Verwendungen nachzudenken.

4 Die Schülerinnen und Schüler werden feststellen, dass es bei der Bezeichnung für Individuen aus dem jeweils anderen Geschlecht genderspezifische Unterschiede gibt; in der Regel wird es in einer Klasse einige Schülerinnen geben, die der Ansicht sind, dass Mädchen weniger zur sprachlichen Kraftmeierei neigen.

S. 19

Projektvorschlag:
Die eigenen Wörter finden

Das Projekt kann in kleinen Gruppen parallel zu den Erarbeitungen im Klassenverband ablaufen. Eingeleitet wird es durch einen angeleiteten Meinungsaustausch, in dem die Schülerinnen und Schüler eigene Positionen finden und abweichende Positionen wahrnehmen.

1 a) Mögliche Lösungen:
   Neu auftauchende Schimpfwörter sind interessant, weil
   – man sich mit ihnen gut von anderen abgrenzen kann und damit die eigene Gruppe aufwertet;
   – sie einem Werturteil mehr Nachdruck verleihen;
   – man mit ihnen bei anderen, die sie noch nicht kennen, Eindruck machen kann.

   b – d) Hier wird es in einer Klasse möglicherweise zu ganz verschiedenen Angaben kommen. Die Unterschiede erklären sich aus den unterschiedlichen jugendlichen Szenen und sozialen Schichten, in denen die Schülerinnen und Schüler leben.

   d) Hier soll geklärt werden, wie man mit Sprache andere verletzen kann und wie man auf sprachliche „Gewalt" reagieren sollte. Die Schülerinnen und Schüler erweitern in dieser Diskussion ihren Problemhorizont, bevor sie ihr Untersuchungsprojekt beginnen.

2 a–d) Eventuell können die Schülerinnen und Schüler als Anregung einiges Material aus dem aktuellen „Wörterbuch der Jugendsprache" (s.u.) erhalten.
   Ist die Klasse mit dem Projektverfahren noch nicht hinreichend vertraut, sollte eine kurze Einführung gegeben werden. Mögliche Quelle dafür:
   Brenner, Gerd/Brenner, Kira: Fundgrube Methoden I. Für alle Fächer. Cornelsen Scriptor, Berlin 2005, insbes. die Stichworte „Projekt" (S. 53 f.), „Erkundung" (S. 111 f.) und „Interview" (S. 122 f.).

   e) Die eigenen Recherche-Ergebnisse können z. B. an folgende Adressen geschickt werden:

PONS Wörterbuch der Jugendsprache
Ernst Klett Verlag
Postfach 10 60 16
70049 Stuttgart
www.pons.de

DUDEN Wörterbuch der Szenesprachen
Bibliographisches Institut & F. A. Brockhaus AG
Dudenstr. 6
68167 Mannheim
www.bifab.de

Mögliche Weiterführung

Die Schülerinnen und Schüler können das Nachdenken über die eigene Sprach- und Gedankenwelt fortsetzen, indem sie nichtsprachliche Elemente einbeziehen.
Mögliche Aufgabenstellungen zu einem kleinen Fortsetzungs- oder Parallelprojekt „Das gehört mir ganz allein":

1 *Bringt Gegenstände mit, die von euren Eltern – obwohl nicht mehr in Gebrauch – keinesfalls in den Mülleimer geworfen werden dürften, weil sie euch „heilig" sind und etwas Wichtiges in eurem Leben symbolisieren (z. B. alte, abgenutzte Turnschuhe, in denen man einen Pokal gewonnen hat).*

2 *Stellt eine Liste solcher Gegenstände zusammen, die Jugendlichen eures Alters „heilig" sein könnten.*

3 *Schreibt eine kurze Geschichte zu einem dieser Gegenstände. Darin soll deutlich werden, wieso ihr diesem Gegenstand eine besondere Bedeutung beimesst. Verwendet in euren Geschichten Besonderheiten der Sprache eurer Clique/eurer Klasse. Es sollen Wörter sein, die man in eurer Clique/eurer Klasse sofort versteht, die aber andere vielleicht zunächst verwirren könnten, bevor sie sie nach gründlichem Nachdenken begreifen.*

Weiterführende Literaturhinweise

Henne, Helmut: Jugend und ihre Sprache. Darstellung, Materialien, Kritik. Verlag de Gruyter, Berlin und New York 1986

Hoppe, Almut/Romeikat, Katharina/Schütz, Susanne: Jugendsprache: Anregungen für den Deutschunterricht. In: Neuland, Eva (s. u.), S. 463–483

Kaiser, Constanze: Körpersprache der Schüler. Lautlose Mitteilungen erkennen, bewerten, reagieren. Hermann Luchterhand Verlag, Neuwied/Kriftel/Berlin 1998

Neuland, Eva (Hg.): Jugendsprachen – Spiegel der Zeit. Internationale Fachkonferenz 2001 an der Bergischen Universität Wuppertal. Verlag Peter Lang, Frankfurt/M. 2003

1.3 Streitschlichtung – Rollenspiele

Als Reaktion auf Gewaltphänomene und Mobbing unter Schülerinnen und Schülern spielen Streitschlichtungsprogramme seit den 1990er Jahren in allen Schulformen eine wichtige Rolle. Manche Schülerinnen und Schüler bringen Erfahrungen mit Streitschlichtungsverfahren und entsprechende Ausbildungs-Zertifikate inzwischen bereits von Grundschulen mit. Auf diesen Erfahrungen kann insbesondere in der Klasse 7 aufgebaut werden; denn nun verursachen die entwicklungsbedingten Unausgeglichenheiten und Unbeherrschtheiten der Schülerinnen und Schüler einen besonderen Bedarf an Schlichtung. In dem Streitschlichtungs-Training, das in diesem Teilkapitel vorgeschlagen wird, werden besonders die Rolle der Schlichterin/des Schlichters sowie sprachliche Kompetenzen akzentuiert, die bei der Schlichtung von besonderer Bedeutung sind.

S. 20

Streitpunkte

1 *Diese Aufgabe macht den Schülerinnen und Schülern bewusst, dass Konflikte als alltägliche Phänomene zu betrachten sind und dass sie durchaus auch positive Seiten haben. Es kann z. B. die Tatsache benannt werden, dass Konflikte die ihnen zu Grunde liegenden Probleme zuspitzen, sodass sie erkennbar und bearbeitbar werden.*
Zum Verfahren des Brainstormings siehe Brenner/Brenner: Fundgrube Methoden I, S. 101 (vgl. Hinweis auf S. 24 in diesem Handbuch).

2 *Mögliche Ergänzungen der Liste – Vorschlag für ein Tafelbild:*

Bei der fairen Lösung von Konflikten kann man:	Nicht ausgetragene Konflikte führen zu:
- Argumente vorbringen - bessere Argumente akzeptieren - seine eigene Position gedanklich weiter klären - einen strittigen Sachverhalt ausdiskutieren - neue Seiten an Menschen entdecken, die man bisher nicht gemocht hat - ...	- Heimlichtuerei - verdeckten Angriffen - Intrigen - unverhofften Gefühlsausbrüchen - Niedergeschlagenheit - ...

3 *Mögliche Ergänzungen in der zweiten Spalte, die die Verhaltensweisen der Figuren aus den erzählenden Texten berücksichtigen:*

	Nicht ausgetragene Konflikte führen zu:
	- Flucht in Träume - Gesprächsabbrüchen - Tricksereien

Diemut Hauk

S. 20

Rache

Der Dialog beinhaltet einen eskalierenden Konflikt, der außer Kontrolle zu geraten droht. Er stammt aus einer Praxishilfe zur Streitschlichtung.

1 *Timo spielt in seiner Clique die Rolle des Anführers; er gibt den Ton an und schürt den Konflikt mit Patrick.*

2 *Timo verschärft den Streit, indem er Patrick auflaufen lässt, ihn körperlich attackiert, ihn beleidigt („Na, du Ratte?", Z. 8; „He, du Milchgesicht", Z. 17). Außerdem stellt er die Tatsachen auf den Kopf und wirft Patrick vor, er habe ihn körperlich attackiert („Was rempelst du mich an?", Z. 17 f.).*
Patrick trägt am Ende der Szene ebenfalls zur Eskalation des Streits bei, indem er Timo droht, ihn bei der Schulleitung anzuschwärzen.

3 *a) Offensichtlich hat es bereits eine heftige Auseinandersetzung zwischen Timo und Patrick gegeben, in die der Schulleiter zum Schutz von Patrick eingegriffen zu haben scheint („Kein großer Rektor, der dem armen Patrick hilft"; Z. 9 f.).*

  b–d) Die Teilaufgaben sollen dafür sorgen, dass die Schülerinnen und Schüler die Textvorgabe auf ihre eigenen Verhältnisse beziehen und dass sie sich zugleich verbale Formen der Konfliktzuspitzung vergegenwärtigen.
Zum Verfahren des Blitzlichts und des Rollenspiels vgl. Brenner/Brenner: Fundgrube Methoden I, S. 305 und 146 f. (vgl. Hinweis auf S. 24 in diesem Handbuch).

4 *Die Treppen-Grafik gibt den Schülerinnen und Schülern Anhaltspunkte, wie die gestufte Eskalation des Konflikts sich bisher entwickelt hat. Sie sollten zunächst in einem Gespräch erörtern, welche zusätzlichen Eskalationsstufen vorstellbar sind, bevor eine konkrete Ausgestaltung der Szene erfolgt.*

Einen Streit schlichten

S. 22

Nachdem die Schülerinnen und Schüler die Leiter der Konflikteskalation gedanklich und im Spiel hinaufgegangen sind, geht es nun darum, zu überlegen, wie die Eskalationsstufen wieder abgebaut werden können, bis eine erträgliche und produktive Stufe der Konfliktaustragung erreicht ist.

1 *a–f) Die Aufgabe wird erneut in Form eines Rollenspiels gelöst. Das Spiel wird gründlich vorbereitet, indem zunächst erörternde Gespräche zur Deeskalationsstrategie geführt, dann Rollenspielkarten geschrieben und schließlich Sätze zusammengestellt werden, die im Schlichtungsgespräch einen Beitrag zur Deeskalation leisten könnten. Das Verfahren des Deeskalationsgesprächs wird in dem Info-Kasten zur Streitschlichtung im Einzelnen erklärt. Die Auswertung einer solchen Schlichtung im Rollenspiel soll den realistischen Blick der Schülerinnen und Schüler auf Konfliktpotenziale und den Umgang damit schärfen. Dabei kann, wenn die technischen Voraussetzungen der Schule das ermöglichen, eine Videoaufnahme hilfreich sein.*

2 *In vielen Ratgebern zur Streitschlichtung wird für die Endphase eine kurze schriftliche Vereinbarung vorgeschlagen. Ein solcher „Vertrag" wird hier für den konkreten Streitfall entworfen.*

Weiteres Übungsmaterial zu diesem Teilkapitel im „Deutschbuch 7"

– Teams bilden – Gemeinsam arbeiten, S. 277 ff. im Schülerband (zu Gruppenarbeitsphasen)
– Sich in den Gesprächspartner versetzen – Zuhören trainieren, S. 40 ff. im Schülerband (zur Streitschlichtung)
– Genau zuhören und beobachten, S. 289 im Schülerband (zur Streitschlichtung)

Weiterführende Literaturhinweise

Brenner, Gerd: Mit Gewalt pädagogisch umgehen. In: deutsche jugend, 49. Jg., 5/2001, S. 229–235

Engelmann, Reiner (Hg.): Ihr habt ja keine Ahnung! Wie Gewalt entstehen kann. Schülerbiografien. Arena Verlag, Würzburg 2005

Fassbender, Ursula/Schumacher, Holger: Starke Kinder wehren sich. Prävention gegen Gewalt: Das Kindersicherheitstraining. Kösel Verlag, München 2004

Hauk, Diemut: Streitschlichtung in Schule und Jugendarbeit. Das Trainingshandbuch für Mediationsausbildung. Matthias-Grünewald-Verlag, Mainz 2000

Klees, Katharina/Marz, Fritz/Moning-Konter, Elke (Hg.): Gewaltprävention. Praxismodelle aus Jugendhilfe und Schule. Juventa Verlag, Weinheim und München 2003

Kuhlmann, Andreas: Faustrecht. Gewalt in Schule und Freizeit. PapyRossa Verlag, Köln 1998

Möller, Kurt: Coole Hauer und brave Engelein. Gewaltakzeptanz und Gewaltdistanzierung im Verlauf des frühen Jugendalters. Verlag Leske + Budrich, Opladen 2001

Morath, Rupert/Rau, Sandra/Rau, Thea/Reck, Wolfgang: Schlaglos schlagfertig. Der Gewalt entgegentreten. I. Bleib Cool. II. Anti-Aggressivitäts-Training. Trainings für gewalttätige und aggressive Kinder und Jugendliche. kopaed Verlag, München 2004

Müller-Fohrbrodt, Gisela: Konflikte konstruktiv bearbeiten lernen. Zielsetzungen und Methodenvorschläge. Verlag Leske + Budrich, Opladen 1999

Rogge, Jan-Uwe: Wut tut gut. Warum Kinder aggressiv sein dürfen. Rowohlt Verlag, Reinbek bei Hamburg 2005

Stickelmann, Bernd (Hg.): Zuschlagen oder Zuhören. Jugendarbeit mit gewaltorientierten Jugendlichen. Juventa Verlag, Weinheim und München 1996

Weidner, Jens/Kilb, Rainer/Kreft, Dieter (Hg.): Neue Formen des Anti-Aggressivitäts-Trainings. Beltz Verlag, Weinheim und Basel 1997

Weidner, Jens/Kilb, Rainer/Jehn, Otto (Hg.): Gewalt im Griff, Bd. 3. Weiterentwicklung des Anti-Aggressivitäts- und Coolness-Trainings. Beltz Verlag, Weinheim/Basel/Berlin 2003

Zitzmann, Christina: Alltagshelden. Aktiv gegen Gewalt und Mobbing – für mehr Zivilcourage. Praxishandbuch für Schule und Jugendarbeit. Wochenschau Verlag, Schwalbach/Ts. 2004

Lernerfolgskontrolle/ Themen für Klassenarbeiten

Vorschlag 1:
Einen literarischen Text mit Hilfe von Fragen auf Wirkung und Intention hin untersuchen

Johanna Nilsson

... und raus bist du!

„Stürmisches Meer" war angesagt. Die Klasse stürzte zum Geräteraum und zerrte alles heraus, worüber sich klettern ließ – Kästen, Trampoline, Matratzen und Bänke, Stricke, Balken
5 und Ringe. Katarina stand blass in einer Ecke und starrte den Kasten an. Torsten hockte schwer atmend auf der Bank. Einer musste jagen und abschlagen, wer abgeschlagen worden war, musste mitjagen, schließlich war nur
10 noch einer übrig, der nicht abgeschlagen war. Als der Sportlehrer zum Start pfiff, stand Hanna gerade auf einem Trampolin und balancierte hin und her. Vor Spannung wurden ihr die Knie weich. Sie nahm sich vor, so lange zu
15 rennen, bis sich ihr der Kopf drehte. Wenn die Welt sachte entglitt und schwarz zu werden drohte, war sie am besten. Nach einer Weile verschwand der Sportlehrer ins Lehrerzimmer, um sein Notizbuch zu ho-
20 len. „Los, jetzt werden die Weiber geküsst!", schrie Olle, der hoch oben auf einem Kasten stand und die Turnhalle und den Willen der andern beherrschte.
25 „Jaaa!", schrien alle Jungen, die nicht auf der Bank saßen. Torsten, Krister und Simon durften die Mädchen nicht küssen, das war ein ungeschriebenes Gesetz. Hanna sprang eben über einen Kasten, sie war verschwitzt und er-
30 schöpft und wollte viel lieber weiter durch die Turnhalle rennen, fand es grässlich, dass die dämliche Küsserei wieder losging. Wie immer würde sie sich auf die Bank setzen und zugucken müssen. Sie sprang noch schnell über ei-
35 nen Bock und nahm dann ganz außen auf der Bank Platz. Katarina und Ylva hockten ein Stück von ihr entfernt, sie flüsterten sich ge-

genseitig Geheimnisse ins Ohr, lachten, fühlten sich wohl. Hanna versuchte, die Welt auszusperren, die Welt und die andern, die 40 einander berühren durften. Geschrei und Gelächter, Hanna sah verstohlen zu den Jungen hinüber, die hinter den Mädchen herjagten, sie einfingen, küssten und mit ihren eifrigen Händen berührten. Sie machte 45 die Augen zu und beschloss, sich niemals berühren zu lassen. Plötzlich kam Peter in vollem Tempo direkt auf Hanna zugerast. Er rannte mit halb offenem Mund, hässlich wie immer, seine dunk- 50 len Haare standen ihm strähnig vom Kopf ab. Mit Karins Augen musste etwas nicht in Ordnung sein, wenn sie ihn süß fand. Hanna wandte das Gesicht ab. Er versuchte natürlich bloß, ihr Angst einzujagen. Er kam näher. Seine 55 Fäuste waren fest geballt. Gleich würde er ihr ausweichen. Peters Faust landete direkt in Hannas Bauch, unter der linken Rippe. Zuerst begriff sie überhaupt nicht, was passiert war, sondern dachte 60 nur, so was darf man doch nicht machen! Nicht mal, wenn man Peter heißt und einen Dachschaden hat, darf man so was machen. Der Atem blieb ihr weg, sie sank auf den Boden, vor ihren Augen begannen die Ränder des Kunst- 65 stoffbelags zu tanzen. Plötzlich verstummten alle weit entfernten Geräusche, die rennenden Gestalten blieben stehen. Dann wurde ihr schwarz vor Augen, Schmerz schnitt ihr durch den Magen. Vorsichtig atmete sie ein und aus, 70 dann holte sie tief Luft. In weiter Ferne wurden wieder Stimmen laut, wurde weitergelacht. Peter rannte davon, um Mädchen zu jagen, die geküsst werden wollten. Ylva und Katarina

75 hockten regungslos auf der Bank und gaben keinen Ton von sich, weil sie Peters Aufmerksamkeit nicht auf sich ziehen wollten. Torsten wieherte laut, das musste er tun, sonst würde er nicht zur nächsten Disko eingeladen.

80 Krister und Simon lachten, weil Torsten lachte.

(aus: Johanna Nilsson: ... und raus bist du!
Aus dem Schwedischen von Birgitta Kicherer.
© Carl Hanser Verlag, München, Wien 1998)

1 *Stelle in einer Tabelle dar, wer in der Turnhalle welche Rolle spielt, wer also von wem welches Verhalten erwartet.*

Figur	Welche Rolle von ihr/ihm erwartet wird	Wer dieses Verhalten erwartet
Torsten	Mitläufer	...
Olle	...	...
...	...	...

2 *Mache dir dann schriftlich einige Gedanken darüber, wie die Autorin die Jugendlichen in ihren verschiedenen Rollen darstellt.*

a) *Zeige, wieso einige der Figuren durch die Rolle, die sie spielen, in ihrer persönlichen Freiheit eingeschränkt werden.*

b) *Erkläre an einem Beispiel aus dem Text, wieso es schwer ist, eine Rolle zu durchbrechen und ein Verhalten zu zeigen, das andere von einem bisher nicht erwartet haben.*

Erwartungshorizont/Lösungshinweise:

Die Schülerinnen und Schüler haben bei der Erarbeitung von Kapitel 1 mehrfach darüber nachgedacht, wie Kinder und Jugendliche sich in Rollen bewegen und in welche Verhaltenszwänge sie dabei geraten können (z.B. auf S. 10 im Schülerband, Aufgabe 5/6; S. 12, Aufgabe 2/5; S. 15, Aufgabe 1; S. 21, Aufgabe 1). In diesem Text wird deutlich, dass viele Schülerinnen und Schüler für ihre Mitschüler eine Rolle spielen müssen und dass sie dem rollenbedingten Konformitätsdruck nachgeben. Einige profilieren sich auf Kosten anderer in ihrer Rolle. Deutlich wird auch, dass die Schülerinnen und Schüler spezifische Jungen- und Mädchenrollen spielen, die ihre freie Entfaltung behindern.

1 *Tabelle zum Rollenverhalten und zu den Rollenerwartungen:*

Figur	Welche Rolle von ihr/ihm erwartet wird	Wer dieses Verhalten erwartet
Torsten	Anführer der Außenseiter und rechtlosen Mitläufer („Torsten, Krister und Simon durften die Mädchen nicht küssen", Z. 26 f.; „Torsten wieherte laut, das musste er tun", Z. 78)	Mitglieder der Jungenclique, Mädchen in der Klasse
Krister und Simon	Nachahmer Torstens („Krister und Simon lachten, weil Torsten lachte", Z. 80 f.)	Torsten, Mädchen in der Klasse
Olle	Anführer der Jungenclique („der... den Willen der andern beherrschte", Z. 22 ff.)	Mitglieder der Jungenclique

| Peter | Cliquenmitglied | andere Mitglieder der Jungen-clique |
| Mädchen wie Hanna | Opfer | alle Jungen und viele Mädchen in der Klasse |

2 a) Die Mädchen sind in ihrer Entfaltung blockiert, weil die dominierende Jungenclique mit ihrem Küssen-Spiel die Szene beherrscht, die Mädchen jagt und zu Opfern macht. Torsten als Anführer der Außenseitergruppe kann sich nicht an allen Aktivitäten der Jungen beteiligen; das gilt auch für Krister und Simon, die zudem nur das tun (können), was Torsten ihnen vormacht. Peter hätte, wenn er es wollte, keine andere Wahl, als das von Olle ausgerufene Spiel umzusetzen.

b) Beispielsweise gelingt es Torsten nicht, seine Rolle des Mitläufers zu verlassen, da er die Vorteile, die damit verbunden sind, nicht aufs Spiel setzen will.
Auch die Mädchen, die Hanna nicht helfen und ganz still auf der Bank verharren, wagen es nicht, ihren inneren Empfindungen zu folgen, da sie sonst selbst Opfer werden könnten.

Vorschlag 2:
Eine Argumentation zu einem Sachverhalt verfassen

Johanna Nilsson
... und raus bist du!

(Text siehe oben)

1 Hanna entzieht sich dem „Rollenspiel" zwischen Jungen und Mädchen in der Turnhalle. Schreibe ihr einen Brief, in dem du ihr Verhalten mit einer Reihe von Argumenten entweder unterstützt oder in Frage stellst. Es ist auch möglich, sowohl Pro- als auch Contra-Argumente zu verwenden.

Erwartungshorizont/Lösungshinweise:

Eine solche Aufgabenstellung setzt voraus, dass die in Kapitel 1 enthaltenen Arbeitsanregungen, die eine Argumentation anleiten (z. B. S. 15 im Schülerband, Aufgabe 3, Aufgabe 5 b); S. 17, Aufgabe 3 b)), im Unterricht genutzt worden sind.

1 Mögliche Argumente:

Argumente für und gegen Hannas Verhalten	
Pro	Contra
- Hanna kann so deutlich machen, dass sie das Jagen und Geküsstwerden nicht mag. - Keiner kann gezwungen werden, bei etwas mitzumachen, das er/sie nicht mag. - Angesichts der Übermacht ist das Verhalten zunächst klug.	- Sie hätte besser vor der Eskalation des Spiels mit den Jungen energisch argumentiert, um sie zu stoppen. - Der Rückzug schwächt auch die anderen Mädchen. - Die Mädchen hätten sich besser solidarisiert.

2 Muss Ordnung sein? – Strittige Themen diskutieren

Konzeption des Gesamtkapitels

Orientiert am thematischen Leitfaden des „korrekten" Verhaltens in unterschiedlichen Situationen, befasst sich das Kapitel mit verschiedenen Formen der (vorwiegend mündlichen) Auseinandersetzung. Blicke über historische und kulturelle Grenzen – vor allem nach China – dienen der Konturierung des eigenen Standpunktes.

Im ersten Teilkapitel (**„Benimm ist in? – Mit Sprache Einfluss nehmen"**) geht es um die Frage des rechten „Benimms". Formen der sprachlichen Einflussnahme werden analysiert und systematisiert, um sie erkennen und anwenden zu können. Im Zentrum steht die Argumentation, den Einstieg bilden allerdings eher überredende Strategien der Beeinflussung. Der thematische Bogen spannt sich von der Familie bis zum Verhalten in öffentlichen Verkehrsmitteln.

Das zweite Teilkapitel (**„Gehorsam im alten China – Generationenkonflikt im Jugendbuch"**) setzt sich am Beispiel eines Jugendromans, der eine Kindheit im China des 13. Jahrhunderts beschreibt („Der Drachenflieger" von Geraldine McCaughrean), mit der Frage des Gehorsams und des Respekts gegenüber Älteren auseinander. Schwerpunkte sind sowohl eine Argumentationsanalyse als auch die Auseinandersetzung mit dem Thema vor dem Hintergrund der eigenen Erfahrungen. Als weiterführende Methode wird die Diskussionsform der Fishbowl-Diskussion eingeführt.

Den Abschluss bildet das dritte Teilkapitel (**„Diskutieren üben – Genau zuhören"**) mit Gruppenübungen zur Diskussion und zum aktiven Zuhören. Der inhaltliche Schwerpunkt ist auf Haus- und Schulordnungen gelegt. „Debatte", „Talkshow" und „Expertenpodium" werden als Diskussionmethoden vorgestellt und eingeübt.

Weiteres Übungsmaterial zu diesem Kapitel

Übungsmaterial im **„Deutschbuch Arbeitsheft 7"**
– Argumentieren: S. 16–17

Inhalte	Kompetenzen

Inhalte

Kompetenzen

S. 23 — **2.1 Benimm ist in? – Mit Sprache Einfluss nehmen**

Die Schülerinnen und Schüler können
– das Verhalten von Jugendlichen in unterschiedlichen Situationen beschreiben;
– dazu Stellung nehmen und ihr Urteil reflektieren;
– eine Tabelle angemessenen Verhaltens erstellen;
– ihre Erfahrungen in anderen Kulturkreisen vermitteln;
– Hypothesen zum Verhaltenserwerb bilden;

S. 24 — **Sonntag ist Familientag – Sprechen und Handeln**

– unterschiedliche Arten sprachlicher Einflussnahme anhand eines Familiengesprächs beschreiben;
– paraverbale Elemente sprachlicher Beeinflussung (z.B. Mimik) erkennen;
– die Form des Imperativs anwenden;

S. 26 — **Mehr Respekt in Bus und Bahn – Argumentieren**

– den dreigliedrigen Aufbau einer Argumentation erkennen;
– These, Argumente und Beispiele unterscheiden;
– diese Erkenntnis in einer Diskussion anwenden;
– einen Beurteilungsbogen zur Argumentation nutzen;

S. 28 — **Schüler-Guards – Argumente finden und schriftlich Stellung nehmen**

– Argumente in einem Zeitungsartikel und einem Werbeprospekt analysieren;
– Argumente nach ihrer Überzeugungskraft ordnen;
– Gegenargumente und stützende Beispiele finden;
– eine eigene schriftliche Stellungnahme verfassen.

S. 31 — **2.2 Gehorsam im alten China – Generationenkonflikt im Jugendbuch**

Die Schülerinnen und Schüler können
– einzelne Figuren charakterisieren;
– zwischen bewertenden und berichtenden Erzählpassagen unterscheiden;

S. 32 — Geraldine McCaughrean **Die Pflicht**

– gegensätzliche Argumentationen analysieren;
– die Bedeutung des Begriffs „Respekt" beschreiben;
– in einer festgelegten Form („Fishbowl") über den Stellenwert von Respekt in einer Gesellschaft diskutieren;
– Unterschiede und Gemeinsamkeiten ihrer Argumentation und weiterer Texte erkennen.

S. 38 — **2.3 Diskutieren üben – Genau zuhören**

Die Schülerinnen und Schüler können
– verschiedene regulative Stile analysieren und dadurch ihre Ausdrucksfähigkeit differenzieren;

S. 38 — **Hausordnungen untersuchen – Klassenregeln aufstellen**

– regelgeleitet diskutieren und üben dies anhand klassentypischer Streitfälle;
– ihre Erkenntnisse bei der Formulierung einer Klassenordnung umsetzen;

S. 40 — **Sich in den Gesprächspartner versetzen – Zuhören trainieren**

– Grundregeln aktiven Zuhörens in Partner- und Gruppenübungen umsetzen;
– die Regeln der Diskussionsformen „Debatte", „Talkshow" und „Expertenpodium" anwenden.

2.1 Benimm ist in? – Mit Sprache Einfluss nehmen

S. 23

1 *Das Verhalten der Jugendlichen auf den Fotos (von links oben nach rechts unten):*
- *während eines Gesprächs mit anderen telefonieren;*
- *überlaut Walkman hören, den Takt schlagen und nicht registrieren, dass man angesprochen wird;*
- *Einzelne aus Gruppenaktivitäten ausschließen;*
- *sich im Restaurant flegelhaft benehmen;*
- *einen Gruß (bewusst) missachten/nicht erwidern.*

Die Einschätzungen des Verhaltens dürften im Klassengespräch durchaus differenziert bewertet werden. Die Begründungen dienen dazu, das Thema „Welches Verhalten ist richtig?" zu problematisieren.

2 / 3 *Eine Vertiefung der Frage nach dem „richtigen" Verhalten könnte durch die Aufgaben 2 und 3 erreicht werden, da hier eigene Vorstellungen und Hierarchien (Aufgabe 3) erstellt werden. Der Austausch wird dabei vornehmlich dem Ziel dienen, so etwas wie den kleinsten gemeinsamen Nenner „unerwünschten" Verhaltens zu finden. Begründungen sind erwünscht, aber noch kein eigenes Ziel dieser Runde. Gerade in Geschmacksfragen wird das Begründen oft durch persönliche Vorlieben bzw. Abneigungen geprägt.*

4 *Mit dieser Aufgabe wird der Blick auf andere (europäische oder außereuropäische) Kulturkreise gelenkt. Einige Beispiele:*
- ***Umgang mit Messer und Gabel in den USA***
  Nordamerikaner verwenden bei Tisch das Messer anders als Mitteleuropäer, sie benutzen es nicht während der gesamten Mahlzeit. Vielmehr zerschneiden sie zunächst das Fleisch mundgerecht und essen dann allein mit der Gabel. Sieht man in den USA jemand mit Messer und Gabel essen, handelt es sich oft um einen Europäer.
  (Vgl. www.usatipps.de)
- ***Sich mit Handschlag begrüßen – sich auf die Wange küssen (z. B. in Italien)***
  Ein Deutscher, der eine italienische Freundin hat, berichtet, dass es während seiner ersten Besuche in Italien vorgekommen ist, dass er Freundinnen von ihr, die er überhaupt nicht kannte, zur Begrüßung die Hand geben wollte. Das löste oft Verwirrung aus, da beim Vorstellen von Freunden und Bekannten in Italien der doppelte Wangenkuss üblich ist.
  (Vgl. www.interculture-online.info)
- ***Naseputzen in Korea***
  In Deutschland ist Naseputzen nicht so schlimm wie Niesen. In Korea ist es genau umgekehrt. Naseputzen ist etwas Unappetitliches und sollte vor allem beim Essen vermieden werden.
  (Vgl. www.explorekorea.de)

5 *Denkbare Beiträge zu der Frage, wie man lernt, „was sich gehört" und was nicht:*
- *Vorleben und Erklären des angemessenen Verhaltens durch die Eltern und andere Erwachsene;*
- *Loben/Strafen für „angemessenes"/„falsches" Verhalten;*
- *selbstständiges Lernen auf Grund von unangenehmen Konsequenzen;*
- *Lektüre („Benimm"-Bücher);*
- *„Benimm"-Kurse.*

Sonntag ist Familientag –
Sprechen und Handeln

1 *Zuordnungsvorschlag – Vorschlag für ein Tafelbild:*

Vater	Johanna	Mutter	Malte
Versprechen	Versprechen	Beschwerde	Versprechen
Drohung	Bitte/Befehl	Verbot	Beschwerde
überhöhende Aufwertung der eigenen Positi-on/Person	Abwertung des Gesprächspart-ners	Bitte	Heranziehen der Argumente übergeordneter Autoritäten/Abwertung des Gesprächspartners
Schmeicheln	Schmeicheln	Beschwerde/ Vorwurf	Schmeicheln

2 *Nicht alle Gesichter können zugeordnet werden. Es geht allerdings bei dieser Aufgabe weniger um „richtige" oder „falsche" Zuordnungen als vielmehr um eine Sensibilisierung für die Mimik, die als paraverbales Kommunikationsmittel den Charakter einer Äußerung unterstreichen oder konterkarieren kann. Entsprechend kann experimentiert werden: Wie wirkt die Äußerung mit diesem oder jenem Gesichtsausdruck?*

3 *Die Aufgabe dient der möglichen Erweiterung, der Sensibilisierung für weitere paraverbale Ebenen, z. B.:*
   – *lautstarkes oder sehr leises Sprechen;*
   – *Nähe oder Distanz zum Gesprächspartner;*
   – *Schärfe der Betonung;*
   – *weinerliches Schluchzen.*

4 *Das Rollenspiel kann sowohl der Erarbeitung als auch der Kontrolle von Äußerungen und deren Wirkungen dienen: Einer Spielgruppe sollte stets eine Beobachtergruppe zugeordnet werden, die möglichst genau Aussagen, Mimik, Haltung und Stimmführung und die entsprechenden Reaktionen protokolliert. Wichtig erscheint hierbei der Hinweis, dass die Reaktionen nicht abgesprochen werden sollen, sondern einen möglichst spontanen Charakter behalten. Kurze Rollenzuweisungen mit Charakterzügen und Verhandlungsstrategien können vorher verteilt werden. Ein Beispiel:*

> **Vater der Familie**
> - *freut sich auf einen gemeinsamen Nachmittag*
> - *ist enttäuscht über das Verhalten der Kinder*
> - *droht ungern*
> - *setzt auf Einsicht*
> - *kann, wenn er resigniert, wütend werden*
> - *möchte „richtiges" Verhalten belohnen*

5 Der Imperativ als Befehlsform tritt in familiären und freundschaftlichen Gesprächssituationen selten in Reinform auf. In der Regel wird er durch Modalpartikel oder paraverbale Elemente (z. B. „Komm her!" mit ausgestreckten, offenen Armen und einem Lächeln) abgeschwächt. In der reinen Form wirkt er sehr bestimmend und provoziert Ablehnung oder den Wunsch nach Beendigung einer Kommunikation. In den Sprechblasen finden sich zwei Imperative:
- „Hört mir doch mal zu!" (Johanna)
- „Bleibt doch bitte noch etwas sitzen." (Mutter)

6 Umformulierungen der Aussagen der Familienmitglieder unter Verwendung des Imperativs:
- „Seid auch heute vernünftig!"
- „Zeigt wenigstens am Sonntag Familiensinn!"
- „Johanna, sieh dir diesen Film auf keinen Fall an!"
- „Sprich nicht in dieser Form mit deinen Eltern!"

S. 26

Mehr Respekt in Bus und Bahn – Argumentieren

1 Das Geschehen in der Bilderfolge:
- Ein Junge mit einem Kinderpullover sitzt im Bus.
- Perspektivwechsel: Er sieht einen anderen (größeren) Jungen einsteigen.
- Perspektivwechsel: Der größere Junge sitzt auf seinem Platz und lacht ihn aus, weil er niedergeschlagen im Gang steht: Offensichtlich hat er ihn von seinem Platz vertrieben.

2 Mögliche Gründe für solche Situationen und für die Untätigkeit der anderen Fahrgäste:
- Angst;
- Mangel an Zivilcourage;
- Desinteresse am Schicksal anderer;
- Zustimmung zu einer (wie auch immer gearteten) Hierarchie (Jüngere müssen stehen, Ältere dürfen sitzen);
- Erleichterung, dass es einen nicht selbst getroffen hat.

3 Bei dieser Aufgabe sollte größtmögliche Authentizität angestrebt werden, der Auftrag, über Verbesserungsvorschläge nachzudenken und sie zu begründen, sollte nicht unbeachtet bleiben, da er die folgenden Texte und ihren Ansatz einleitet. Hier wird vermutlich noch intensiv in eine Richtung gedacht werden, die die Verantwortlichkeit nicht beim Einzelnen, sondern eher bei den Organisationen sieht (z. B.: größere Busse, erwachsene Aufpasser, bessere Erziehung usw.).

4 a) Herrn Lambertis These lautet etwa: „Schülerinnen und Schüler sollen sich in Bussen für besseres Benehmen einsetzen, dann wird die Situation im Schulbus erträglich für alle."
Die Gegenthese wäre entsprechend: „Schülerinnen und Schüler als Streitschlichter oder ‚Kontrolleure' führen zu keinem erträglicheren Verhalten im Bus." (Vgl. die Schüleräußerungen in Z. 23 ff., 27, 34 ff.)

b) *Vorschlag für ein Tafelbild:*

These	Argumente	Beispiele
Lehrer Lamberti: Schülerinnen und Schüler sollen sich in Bussen für besseres Benehmen einsetzen, dann wird die Situation im Schulbus erträglich für alle.	A Auch viele Schüler fühlen sich gestört. (Z. 30 f.)	A' „Mich regt zum Beispiel immer auf, wenn sich zwei prügeln." (Z. 31 ff.)
	B Wenn sich viele beschweren, merken die Störer, dass sie anderen auf die Nerven gehen. (Z. 42 ff.)	B' „Mir hat einmal eine Frau ... gesagt ..." (Z. 45 ff.)
	C Wenn einige anfangen, machen viele andere mit. (Z. 52 f.)	C' Stein im Wasser (Z. 53 f.)

Gegenthese	Argumente	Beispiele
Thomas: Schülerinnen und Schüler als Streitschlichter oder „Kontrolleure" führen zu keinem erträglicheren Verhalten im Bus.	D Im Bus traut sich niemand, jemandem die Meinung zu sagen. (Z. 24 ff.)	–
	E Die meisten stört der Lärm gar nicht. (Z. 34 ff.)	E' „Hier in der Klasse versteht in der Pause auch niemand sein eigenes Wort, und keiner sagt etwas dazu." (Z. 37 ff.)
	F Jugendliche hören nur auf erwachsene Kontrolleure. (Z. 58 ff.)	–

Das entkräftende Gegenargument: „Aber das heißt doch nicht, dass uns das nicht stört!" (Z. 40 f.), greift die Logik des zweiten Argumentes an, die impliziert: Niemand sagt etwas → Es stört keinen.

5 *Mögliche Lösung – Vorschlag für ein Tafelbild:*

Beurteilungsbogen für die Diskussion

		xx	x	–	– –	
Behauptung	klar formuliert					unklar formuliert
Lamberti			X			
Thomas			X			
Argument	einleuchtend					unlogisch
A		X				
B		X				
C				X		
D		X				
E				X		
F			X			
Argument	wichtig, zentral					nebensächlich
A			X			
B				X		
C				X		
D		X				
E					X	
F				X		
Beispiel	allgemein verständlich, anschaulich, passend					unverständlich, unpassend
A			X			
B				X		
C					X	
E			X			

Die Gründe für einzelne Beurteilungen:

Behauptungen:
- *Lambertis Behauptung muss erschlossen werden.*
- *Thomas' Behauptung beginnt mit einem Schimpfwort, sie ist klar, aber überzogen.*

Sind die Argumente einleuchtend?:
- *C: Es gibt genügend Gegenbeispiele; eher eine Hoffnung.*
- *E: Eine reine Vermutung, eher unwahrscheinlich.*

Sind die Argumente wichtig, zentral?:
- *B: Geht von einer großen Gruppe aus.*
- *C: Die Aktion ist nicht als „Schneeballsystem" angelegt.*
- *E: Verneint die Notwendigkeit der gesamten Diskussion: Es gibt gar kein Problem.*
- *F: Generalisiert zu stark – keine weitere Diskussion notwendig.*

Beispiele:
- *A: Einzelfall.*
- *B: Passt nur eingeschränkt zur Gruppe.*
- *C: Zu poetisch.*
- *E: Vergleich möglich, bietet Angriffspunkte: Sind Bus und Klasse gleich?*

6 *Die Diskussion hat zwei Stufen: Zunächst wird das Thema (an)diskutiert, dann wird die Diskussion selbst zum Thema.*
In einer Metakommunikation über den Wert von Argumenten und Beispielen kommt die eigene Position natürlich stark zum Tragen. Man muss darauf hinweisen, dass eine Bewertung der eigenen Argumente die Position stärken kann, wenn weniger überzeugende Argumente geschärft oder bessere Beispiele gesucht werden.

Schüler-Guards –
Argumente finden und schriftlich Stellung nehmen

S. 28

Ähnliche Texte und Programme wie die im Schülerband abgedruckten lassen sich mittlerweile bei sehr vielen Verkehrsbetrieben finden.

1 *Die Grundidee von Schüler-Guards, SchulBusTramern und Fahrzeugbegleitern:*
Ausgebildete Schülerinnen und Schüler verhindern in Bussen und Bahnen mit den Mitteln der Streitschlichtung die Eskalation von Gewalt. Zum Teil sollen sie auch Zerstörungen vermeiden helfen. Sie werden dabei von den Verkehrsbetrieben, den Schulen und der Polizei unterstützt.

2 *Argumente für die Projekte:*
Text 1 „Bei Pöbeleien dazwischengehen" *(stark beschreibend, nur wenig begründend):*
- *Die Gefahr von Rangeleien ist auf Bahnsteigen sehr hoch, soll verringert werden.*
- *Das Aggressionspotenzial in den Zügen soll durch jugendliche Zugbegleiter verringert werden.*
- *Pilotprojekt „Herchen", weil dort die Gefahr besonders groß ist.*

Text 2 „SchulBusTramer" *(Begründungen liegen stärker im persönlichen Bereich; es gilt, die Absicht des Textes zu beachten: Es handelt sich um ein Flugblatt, das Jugendliche für die Mitarbeit gewinnen soll!)*
- *Alle sind genervt.*
- *Teamfähigkeit wird gelernt, sprachliche und körpersprachliche Kommunikationsfähigkeit werden gefördert.*
- *Das Selbstbewusstsein wird gestärkt, man lernt die eigenen Grenzen kennen.*
- *Das Zertifikat bringt Vorteile bei einer Bewerbung.*

3 *Gegenargumente zu der Frage, ob man selbst Fahrzeugbegleiter werden möchte:*
- *Man setzt sich der Gefahr aus, selbst Zielscheibe der Aggression zu werden.*
- *Jugendliche respektieren Gleichaltrige oder Jüngere nicht.*

– *Zugbegleiter spielen sich auf und provozieren noch zusätzlich.*
– *Die Verkehrsbetriebe sparen Kosten und wälzen Arbeit, die Kontrolleure machen müssten, auf Jugendliche ab.*

4 *Hier sollte auch der Beurteilungsbogen für eine Argumentation (vgl. S. 28 im Schülerband) noch einmal beachtet werden: Die Beispiele dürfen nicht reine Einzelfälle mit sehr speziellem Hintergrund sein, sie müssen Identifikation anbieten. Wahrscheinlich wirkende Fallkonstruktionen sind besser als authentische Erlebnisse, die oft mit einem Angriff auf die Person des Sprechers abgewehrt werden.*

5 / **6** *Die Ordnung von Argumenten ist immer subjektiv, eine Rangordnung kann allerdings durch Wertung in der Klasse objektiviert werden. Wichtig ist die Metakommunikation, die zur Reflexion der Einschätzung zwingt.*
Der Beurteilungsbogen für eine Argumentation auf S. 28 im Schülerband bewertet die Klarheit der Formulierung, Logik und Verständlichkeit, den Stellenwert eines Arguments (zentral/nebensächlich) und die Anschaulichkeit eines Beispiels.

7 *Die öffentliche schriftliche Stellungnahme „Leserbrief" muss bestimmten Kriterien genügen, die der Info-Kasten auf S. 30 im Schülerband zusammenfasst.*

Der „Bonner General-Anzeiger" erläutert:

Leserbriefe sind keine redaktionellen Meinungsäußerungen. Die Redaktion behält sich vor, Briefe zu kürzen. Schreiben Sie bitte selbst möglichst kurz. „In der Kürze liegt die Würze."
5 Aus Platzgründen können nicht alle Zuschriften veröffentlicht werden. Es wird um Verständnis gebeten, dass Leserbriefe, deren Veröffentlichung nicht möglich ist, nicht zurückgeschickt werden. Anonyme Zuschriften werden nicht berücksichtigt. Veröffentlichte 10 Leserbriefe müssen mit dem vollen Namen des Verfassers gezeichnet sein.

(Aus: General-Anzeiger, Bonn, stets wiederkehrender Hinweis bei den Leserbriefen)

Zusatzmaterial

Als Impuls für einen Leserbrief könnte auch der folgende (fiktive) Artikel dienen:

Busbegleiter dürfen nicht mehr arbeiten – Befürchtungen der Eltern

Am 22. Dezember 2002 beenden sechs Busbegleiter im Kreisgebiet ihre Tätigkeit. Vier Frauen und zwei Männer waren auf den Linien Neustadt–Althausen, Krausnitz–Stoßberg
5 und Heisterhaus–Waldfrieden mit den Linienbussen im Schulverkehr unterwegs. Sie nahmen ein Jahr lang Schwerpunktaufgaben im Bereich der Schülerbeförderung wahr. Die Maßnahme wurde vom Arbeitsamt gefördert, läuft aber zum Jahresende aus. 10
Hauptsächliches Ziel der Arbeit der Busbegleiter ist es, das Sozialverhalten der Schülerinnen und Schüler dahin gehend zu beeinflussen, dass der Weg zur Schule möglichst harmonisch verläuft. Indem sie auf die Einhaltung 15 grundlegender Normen im Umgang mitein-

ander achten, stärken sie auch den Busfahrern den Rücken.

Der Einsatz von Erwachsenen als Busbegleiter auf den Schwerpunktlinien hat sich grundsätzlich bewährt. Disziplin und Ordnung in den Bussen hatten sich im letzten Schuljahr spürbar verbessert. Gravierende oder böswillige Zerstörungen waren in den begleiteten Bussen und auch an den Haltestellen nicht zu verzeichnen. Auf das Fehlverhalten einzelner Schüler konnte schnell und zielgerichtet reagiert werden. Beschwerden von Eltern über „Missstände" bei der Schülerbeförderung hatten deutlich abgenommen. So konnten die Busbegleiter den Nachweis erbringen, dass die massive Kritik an der Überschreitung der Platzkapazitäten in den Bussen unberechtigt war. Das Problem wurde durch gezielte Einflussnahme auf das Schülerverhalten gelöst. Da die Maßnahme nicht weiter gefördert werden kann, befürchten Eltern und Lehrer eine erneute Zunahme von disziplinlosem Verhalten in den Bussen. Eine Eingabe an den Kreis, die Busbegleiter zu übernehmen und sie fest anzustellen, wurde mit dem Hinweis auf die angespannte Haushaltslage abgelehnt.

An den betroffenen Schulen wird zur Zeit sehr kontrovers diskutiert, ob die Aufgaben nicht von Schülerinnen und Schülern selbst wahrgenommen werden könnten.

(Aus: Stoßberger Nachrichten, 19. Dezember 2002)

2.2 Gehorsam im alten China – Generationenkonflikt im Jugendbuch

S. 31

Geraldine McCaughrean
Der Drachenflieger

Über die Autorin:
Die britische Schriftstellerin Geraldine McCaughrean hat in mehr als zwanzig Jahren über hundert Bücher hauptsächlich für Kinder und Jugendliche geschrieben, für die sie mit angesehenen Preisen ausgezeichnet wurde. Nach mehrjähriger Tätigkeit für einen Londoner Verlag widmete sie sich ganz dem Schreiben. Zu ihren ins Deutsche übersetzten Jugendbüchern gehören „Lauter Lügen", „Piraten im Paradies", „Nicht das Ende der Welt. Ein Arche-Noah-Roman", der Abenteuerroman „Stop the Train" und der Fantasy-Roman „Die Brut der Drachensteine".

1 *Die Aufgabe dient dazu, die Erwartungen an den Roman, die der Vorspann auslöst, zu reflektieren.*
  a) Die Mind-Map zu den Informationen über die Hauptfigur Haoju könnte so aussehen:

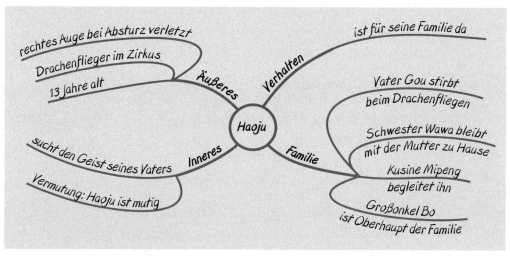

  b) Weitere, im Vorspann genannte Personen:
   – *Kublai Khan, der Herrscher der Mongolen*
   – *der große Miao, Zirkusdirektor*

S. 32

Geraldine McCaughrean
Die Pflicht

2 *a) Haojus Gedanken vor dem Wiedersehen mit den Verwandten:*
   – *Freude auf ein Wiedersehen mit seiner Mutter und seiner Schwester (Z. 7 ff.);*
   – *Stolz auf seine Leistung als Drachenflieger (Z. 8 f.);*
   – *Angst vor Onkel Bo, der die Mongolen hasst (Z. 10 ff.).*

b) *Vorschlag für eine Figurenkarte:*

Onkel Bo:

Erzählerbericht:

- *Er und seine Frau sitzen als letzte Besucher auf ihren Stühlen und erwarten die Ehrerbietungen von Nichte und Großneffe (Z. 50 ff.)*
- *spricht von oben herab und abfällig über den Zirkus („bei diesem Zirkusmenschen", Z. 60 f.)*
- *streckt gierig die Hände nach Haojus Einnahmen aus (Z. 90 ff.)*
- *versucht, den Zirkusdirektor und Haoju einzuschüchtern (Z. 103 ff.)*

Kommentar:

- *hasst die Mongolen, verachtet ihre Lebensweise (Haoju, Z. 11 ff.)*
- *hat Diebstähle begangen, ist entlassen worden, will Haojus Geld (Mipeng, Z. 29 ff.)*
- *Mipeng bezeichnet ihn als Spieler (Z. 138)*
- *Haoju sieht ihn als salbadernd und aufgeblasen an (Z. 141)*
- *Mipeng hält ihn für gemein, habgierig, egoistisch, unredlich und bombastisch (Z. 216 ff.)*

---

3 a/b) *Vergleich von Haoju und Mipeng:*

– *Haoju spricht respektvoll und zurückhaltend über seine Verwandten, selbst im Gespräch mit seiner Kusine will er negativ wertende Ausdrücke und Vermutungen nicht hören und hält sich die Ohren zu. Mit Bo und Mo spricht er nur einmal, er will sie an seinen Erlebnissen teilhaben lassen (Z. 64–76), wird aber sofort von der Tante zurechtgewiesen. Ansonsten schweigt er respektvoll dem Onkel und der Tante gegenüber. Respekt und Gehorsam sind für Haoju – unabhängig von Lebensweise und Verhalten – in Alter und Verwandtschaftsgrad begründet.*

– *Mipeng spricht schonungslos und offen, sie begründet ihr Verhalten selbst mit fehlendem Respekt. Sie verachtet Onkel Bos Lebensweise. Respekt ist für sie keine Frage des Alters oder des Verwandtschaftsgrades.*

4 a/b) *Thesen und Argumente von Mipeng und Haoju – Vorschlag für ein Tafelbild:*

	These	**Argument**
Mipeng	Onkel Bo verdient keinen Respekt.	weil er gemein, habgierig, egoistisch, unredlich und bombastisch ist.
	Onkel Bo hat keinen Anspruch auf Haojus Geld.	weil er nicht Haojus Vater ist. (Z. 129 f.) weil er das Geld verspielen und sich nicht um Haojus Mutter kümmern wird.
	Verallgemeinert: Erwachsene verdienen nicht automatisch Respekt, nur weil sie erwachsen oder älter sind.	denn die Lebensführung spielt die entscheidende Rolle.
Haoju	Bo hat ein Anrecht auf Haojus Geld.	weil er das Familienoberhaupt ist und sich um die Mutter kümmert. (Z. 131 ff.)
	(Blinder) Gehorsam gegenüber Eltern und Älteren ist richtig.	„Ohne Respekt und Gehorsam standen Chaos und Unordnung Tür und Tor offen." (Z. 227 ff.)

5 a) *Haojus Vorstellung von einer Welt ohne Respekt findet sich in den Z. 224–229: „Respekt ist alles. …"*
Ohne Respekt wäre die Welt für Haoju voller Unordnung und Chaos und dem Untergang geweiht.
Selbst der Kosmos ist seiner Meinung nach darauf gegründet: Sonne, Sterne und Erde würden ohne
dieses Grundgesetz untergehen.

b/c) *Als Anregung für die Mind-Map könnten folgende Begriffe dienen:*
Respekt vor …
- *Leistungen*
- *Alter*
- *Autorität*

Alternative:
Die Aufgaben 5 b) und c) können auch in der Reihenfolge variieren, so dass eher induktiv vom konkreten Beispiel zur Abstraktion vorangeschritten wird:
- *Respekt habe ich vor …, weil …*
- *Respektvoll behandele ich …, denn …*
- *Ich respektiere …, da …*

6 a–c) *Es wird sich sicher nur selten jemand in der Klasse finden, der die These in der vorgegebenen*
Ausschließlichkeit vertritt. Dennoch ist die Vorstellung einer ganz ungeregelten Gesellschaft ohne
Respekt vor Autorität(en) auch für Jugendliche eher beängstigend. Regeln, an die sich alle halten oder
zu halten haben, geben einen Ordnungsrahmen, der Sicherheit und Verlässlichkeit bietet.
Die (freiwillige) Beschränkung der eigenen Freiheit zu Gunsten einer „funktionierenden" Gemeinschaft/Gesellschaft gegenüber einer völligen Freiheit ohne gesellschaftliche Einschränkung (aber auch
ohne Sicherung der Schwächeren) könnte als Kontroverse dienen.
These:
- *Respekt (und Gehorsam) ist (sind) wichtig, weil …*
Gegenthesen:
- *Respekt und Gehorsam sind unwichtig/hinderlich/einschränkend, weil …*
- *Uneingeschränkte Freiheit ist wichtig, weil …*

7 *Aspekte von Respekt und Gehorsam, die in den Artikeln angesprochen werden:*

Tang Gonghong: Olympiasiegerin im Gewichtheben
Sportliche Höchstleistungen gelingen (nur?) unter Verzicht auf eigene Wünsche („keine komischen Nebengedanken, Z. 15 f.) und unter bedingungslosem Einsatz für die eigene Gruppe (hier „für China",
Z. 20 f.). (Aspekt der völligen Identifikation mit der eigenen Familie, Gruppe, Nation ohne Berücksichtigung der eigenen Individualität)

Marco Polo: Die Beschreibung der Welt
Marco Polo beschreibt in seinem Ende des 13. Jahrhunderts niedergeschriebenen Bericht den religiösen
Hintergrund des Gehorsams (vgl. die kosmische Dimension in den Gedanken Haojus) und die Strafen, die
auf die Übertretung des Gehorsamsgebotes im China dieser Epoche ausgesetzt waren: Gefängnis und
Brandmarkung. (Aspekt der Strafe)

Georg Blume: Über das Zusammenleben der Generationen in China
Der Artikel zeigt, das „Xiao" (Gehorsam) auch heute noch eine Größe in China ist, wenngleich deutlich
abgeschwächt. (Aspekt des Generationenvertrags: Wer kommt für die Eltern/Großeltern auf – Pflege zu
Hause/im Altenheim?)

2.3 Diskutieren üben – Genau zuhören

Hausordnungen untersuchen – Klassenregeln aufstellen

S. 38

1 a) *Vergleich der beiden Hausordnungen:*
   - *__Hausordnung A__ enthält vor allem klare imperative Satzstrukturen, die durch Modalverben („müssen", „sollen", „dürfen") und durch eindeutige Umschreibungen des Imperativs („zu vermeiden sein", „benutzen") ausgedrückt werden.*
   - *__Hausordnung B__ vermeidet nahezu jeden klaren Appell oder Befehl. Der Text besteht weitgehend aus Beschreibungen des erwünschten Verhaltens bzw. eines „Idealzustands", denen teilweise Begründungen beigefügt sind. Eine umfangreichere Einleitung legt die Grundlagen dar.*

   b) *Vorschlag für ein Tafelbild:*

Was die Hausordnungen regeln:

Text A	Text B
- Schulweg: Benutzung der Unterführung - Abstellen der Fahrzeuge - Gruß - Verunreinigungen und Beschädigungen des Gebäudes und der Anlagen	- pünktliches Erscheinen - Betreten der Klasse - Aufenthalt in Freistunden - Verhalten in der Pause

2 a) *Die umschreibenden Formulierungen in Text B (Darstellen des Idealzustands) sind durchaus appellativ, es handelt sich allerdings um eine eher schwache Variante, die vor allem von einem gemeinsamen Interesse ausgeht, das argumentativ abgesichert wird.*

   b) *Die Modalverben in Text A („müssen", „sollen", „dürfen") wirken viel bestimmter, dadurch allerdings auch stärker sozial differenzierend. Die „Strategie" heißt: Es gibt eine klare Vorgabe, die einzuhalten ist, ohne dass vertieft argumentierend Einsicht zu erreichen versucht oder ein Gemeinschaftsgefühl hervorgerufen wird.*

5 – 8 *Die Übungen dienen dem Argumentationstraining. Sie bieten die Möglichkeit, die unterschiedlichen appellativen Stile zu erproben und die verschiedenen Diskussionsformen zu üben.*

Sich in den Gesprächspartner versetzen – Zuhören trainieren

S. 40

Die Übungen 1–5 thematisieren elementare Verhaltensweisen in Kommunikationssituationen. Sie können sowohl als Block (genügend Zeit einplanen!) als auch als „Aufwärmübungen" zu Beginn einer Stunde eingesetzt werden.
Übung 1 und 2: Blickkontakt gehört zu den zentralen Elementen der nonverbalen Kommunikation, sein Fehlen wird sehr schnell als sehr irritierend deutlich. Übung 2 dient dem Kontrast.
Übung 3 fordert die Konzentration auf die Aussagen des Gesprächspartners.
Übung 4 kann im Anschluss an Übung 3 je zwei Gruppen zusammenfassen. Erheiterung schadet nicht, solange die Aufgabe noch ernst genommen wird.
Übung 5 fasst die Übungen zusammen: Aktives und aufmerksames Zuhören, zusammenfassende Wiedergabe und interessiertes Nachfragen.

Lernerfolgskontrolle/
Themen für Klassenarbeiten

Eine Argumentation zu einem Sachverhalt verfassen

Antje Blinda

Hotel am Wolfgangsee spricht Kinderverbot aus

Im Hotel Cortisen am österreichischen Wolfgang-see sind Kinder unter zwölf Jahren nicht erwünscht. Politiker und Tourismusverbände reagieren em-pört – von Kunden erfährt der Vier-Sterne-Hotelier überwiegend positive Reaktionen.

Wien – Ein Vier-Sterne-Hotel mit 76 Betten am österreichischen Wolfgangsee wird ab Mai nächsten Jahres keine Kinder mehr beherber-gen – und löst einen Sturm der Entrüstung in der Politik und bei Tourismusverbänden aus.
5 „Ich habe zwei, drei Jahre darüber nachge-dacht, ob ich das machen kann", sagte Roland Ballner, Chef des Hotels Cortisen, zu SPIEGEL ONLINE, „und folge damit auch dem Wunsch
10 von vielen Gästen."
Der 38-jährige Hotelier will mit der Entschei-dung, keine Gäste unter zwölf Jahren mehr aufzunehmen, in Oberösterreich eine Nische besetzen: „Es gibt wahnsinnig tolle Familien-
15 und Kinderhotels im Salzkammergut", sein Hotel sei eben nicht auf Familien ausgerichtet. Es gebe keine Spielecke, keinen Sandstrand, obwohl das Haus am See liegt. Daher habe er beschlossen, nachdem er fast zehn Jahre lang
20 sukzessive 2,5 Millionen Euro in die Renovie-rung gesteckt habe, dass sein Hotel kinderfrei werden soll. Die neue Hauspolitik richte sich nicht gegen Kinder: „Ich bin kein Kinder-schreck." Eher gegen die Eltern, die sich zu we-nig um ihre Sprösslinge kümmern.
25 [...] Ein Sprecher der Landesregierung von Oberröstereich sprach von einem „schlechten Signal". Er hoffe, dass Erwachsene das Hotel boykottierten. Der Chef des österreichischen Hotelverbandes, Sepp Schellhorn, sagte der
30 „Kronen Zeitung", dass die Gesellschaft immer intoleranter und egoistischer werde.
Im Hotel Cortisen treffen in diesen Tagen Hun-derte von E-Mails aus der ganzen Welt ein: „Rund 80 Prozent der E-Mails sind positiv", sagt
35 Ballner. Auch gebe es viele Familien, viele Frauen und Mütter, die die Entscheidung be-grüßen. Viele wollten sich in einem Hotel ru-hige Tage gönnen und wollen sich mal nicht durch schreiende Kinder im Nebenzimmer ge-
40 stört fühlen. Hoteliers aus Deutschland und Österreich rufen an und fragen, wie es ihm geht. [...]

(Aus: Spiegel Online, 14. 10. 2005 –
www.spiegel.de/reise/aktuell/
0,1518,druck379611,00.html)

[1] *Verfasse einen Leserbrief zu diesem Artikel. Nimm darin Stellung zu dem dargelegten Sachverhalt und führe Argumente an.*

Erwartungshorizont:

[1] *Formale Vorgaben (vgl. auch Schülerband, S. 30):*
– *eigene Meinung im ersten Satz/Abschnitt;*
– *argumentativer Mittelteil;*
– *Beispiele, die zur Veranschaulichung dienen;*
– *zusammenfassender Schluss.*

Inhaltliche Auseinandersetzung:

Sowohl Zustimmung zu dem wie auch Ablehnung des „kinderfreien Hotels" sind möglich, wahrscheinlich sind auch Kompromissvorschläge („kinderfreie" Teile des Hotels, bestimmte „kinderfreie" Zeiten). Die Begründung muss klar auf die Meinungsäußerung bezogen sein.

Pro:
– *Verständnis für Ruhe suchende Erwachsene;*
– *Verständnis für einen Hotelier, der seine Anlage nicht durch Kinder zerstören lassen will;*
– *Ausweichmöglichkeiten für Familien;*
– *Freiheit des Hotelbesitzers, seine Gäste auszusuchen.*

Contra:
– *Verteidigung des Rechtes der Kinder, ernst genommen zu werden;*
– *Ablehnung einer Generalisierung („Alle Kinder sind Ruhestörer");*
– *Beurteilung als schlechtes Beispiel (letzter Satz) für eine Gesellschaft, aus der Kinder ausgeschlossen werden;*
– *falsche Zielgruppe: nichterziehende Eltern sind gemeint, Kinder werden getroffen.*

Kompromiss:
– *Kinder sind zwar laut, aber sie bereichern das Leben auch;*
– *auch Kinder können sich an Regeln halten;*
– *Einzelfallentschädigungen (wer andere schädigt, sollte gehen).*

Literaturhinweise

Berthold, Siegwart: Rhetorische Kommunikation. In: Bredel, U. u. a. (Hg.): Didaktik der deutschen Sprache. Schöningh, Paderborn 2003, Bd. 1, S. 148–159 (UTB 8236)

Klippert, Heinz: Methoden-Training. Übungsbausteine für den Unterricht. Beltz, Weinheim/ Basel, 15. Aufl. 2005

Ludwig, Otto/Spinner, Kaspar H.: Mündlich und schriftlich argumentieren. In: Praxis Deutsch 160/2000

Lüschow, Frank/Michel, Gerhard: Das Gespräch, ein Weg zum mündigen Lernen. Anleitung für Schule und Erwachsenenbildung. Ehrenwirth, München 1996

Pabst-Weinschenk, Marita: Die Sprechwerkstatt. Sprech- und Stimmbildung in der Schule. Westermann, Braunschweig 2000

Peterßen, Wilhelm H.: Kleines Methoden-Lexikon. Oldenbourg, München 2001

Wagner, Roland W.: Methoden des Unterrichts in mündlicher Kommunikation. In: Bredel, U. u. a. (Hg.): Didaktik der deutschen Sprache. Schöningh, Paderborn 2003, Bd. 2, S. 747–759 (UTB 8236)

3 Indien – Beschreiben und Erklären

Konzeption des Gesamtkapitels

Schülerinnen und Schüler der Jahrgangsstufe 7 haben erfahrungsgemäß ein starkes Interesse an exotischen Themen, z. B. an fremden Ländern, anderen Religionen, besonderen Festen oder Spielen. Anhand verschiedener Beispiele aus dem indischen Kulturbereich erarbeiten sie in diesem Kapitel Formate des Beschreibens und Erklärens. Die Fremdheit der Kultur und des Landes ist einerseits motivierendes Objekt des Beschreibens und Erklärens, andererseits bietet sie auch Anreize, Personen, Bilder, Gegenstände und Vorgänge des eigenen Kulturraums für „fremde Augen und Ohren" zu beschreiben und zu erklären. Die Perspektive aus der Distanz ermöglicht es, Alltägliches genau zu beobachten (z. B. Kleidung, Esskultur und Sport). Die Schwierigkeiten beim Aufeinandertreffen „fremder Kulturen" werden besonders durch die Erzähltexte dieses Kapitels in den Blick gerückt. Möglichkeiten des fächerübergreifenden Unterrichts bieten sich mit den Fächern Kunst, Erdkunde, Geschichte und Religion.

Das erste Teilkapitel (**„Wissenswertes über Indien – Personen, Bilder, Dinge, Vorgänge beschreiben"**) setzt den Schwerpunkt im Lernbereich „Sprechen, Zuhören, Schreiben". Vom thematischen Schwerpunkt Indien ausgehend, werden Prozesse des Beschreibens und Erklärens am Beispiel von Personen, Gegenständen, Bildern und Vorgängen entfaltet. Wurde im „Deutschbuch" für die Jahrgangsstufe 5 das Anlegen eines Lerntagebuchs angeregt, so wird hier als Arbeitstechnik das Portfolio eingeführt. Tipps zur Internetrecherche tragen zur Erweiterung der Medienkompetenz bei. In der Spannung von Fremdheit und Vertrautheit werden differenzierte Beobachtung und Sprachkompetenz vor allem in der Textproduktion gefordert.

Im zweiten Teilkapitel (**„Fremde Kulturen begegnen sich – Erzählungen untersuchen"**) wird der Lernbereich „Lesen – Umgang mit Texten und Medien" integriert. Das Thema „Indien" bildet die thematische Klammer. Beschreibende, schildernde und erklärende Textpassagen in Erzähltexten sollen herausgearbeitet werden.

Das dritte Teilkapitel (**„Wenn die Götter tanzen – Übungen zum Beschreiben und Erklären"**) dient der Anwendung und Festigung des Erlernten. Weiteres Übungsmaterial sowie die Gelegenheit der Textüberarbeitung werden angeboten.

Weiteres Übungsmaterial zu diesem Kapitel

Übungsmaterial im **„Deutschbuch Arbeitsheft 7"**
– Beschreiben: S. 10–15

Weitere Übungsmaterialien und Vorschläge für Klassenarbeiten zu diesem Kapitel finden Sie im Internet unter **http://www.cornelsen.de/deutschbuch**.

Inhalte		Kompetenzen
S. 43	**3.1 Wissenswertes über Indien – Personen, Bilder, Dinge, Vorgänge beschreiben**	Die Schülerinnen und Schüler können– eine Mind-Map zu landeskundlichen Begriffen erstellen;– im Internet recherchieren bzw. Nachschlagewerke benutzen;
S. 43	**Ein Portfolio erstellen**	– ein Portfolio („Indien-Mappe") anfertigen;
S. 46	**Menschen in Indien – Personen beschreiben**	– Personen in Abhängigkeit vom Kontext (Anlass, Zweck und Adressat) beschreiben;
S. 48	**Gegenstände beschreiben, Funktionen erklären**	– Funktionsweisen eines technischen Gegenstandes (Zoom einer Digitalkamera) erklären;
S. 49	**Altindische Mogulmalerei – Bilder beschreiben**	– Bilder detailgenau beschreiben;– eine Kompositionsskizze anfertigen;
S. 51	**Zu Handlungen anleiten**	– Anleitungen zu Handlungen verfassen, indem sie Vorgänge in ihrer richtigen Reihenfolge erfassen und erklären.
S. 53	**3.2 Fremde Kulturen begegnen sich – Erzählungen untersuchen**	Die Schülerinnen und Schüler können– erzählende Texte auf schildernde Textpassagen hin untersuchen;– literarische Figuren im Kontext des Erzähltextes beschreiben;– Fremdheiten im Zusammenleben erkennen und erläutern;
S. 53	**Von einem indischen Dorf in eine Großstadt**	
S. 53	Klaus Kordon**Wie Spucke im Sand**	
S. 56	**Von Amerika nach Indien**	– Unterschiede zwischen verschiedenen Kulturen (US-amerikanisches und indisches Alltagsleben) erklären;
S. 56	Chitra Banerjee Divakaruni**Bengalische Sterne**	
S. 58	**Von Indien nach Amerika**	– erklären, was ein christliches Gebet ist;– eine Spielanleitung (Billard) verfassen.
S. 58	Malcolm J. Bosse**Ganesh oder eine neue Welt**	
S. 61	**3.3 Wenn die Götter tanzen – Übungen zum Beschreiben und Erklären**	Die Schülerinnen und Schüler können– indische Götterstatuen beschreiben und erklären;– ein Bild mit unterschiedlichen Bildfiguren in arbeitsteiliger Gruppenarbeit beschreiben und erklären;– die Fehler in einer misslungenen Portfolio-Seite erkennen und diese überarbeiten.

3.1 Wissenswertes über Indien – Personen, Bilder, Dinge, Vorgänge beschreiben

Ein Portfolio erstellen

S. 43

1 / 2 *Zunächst soll dem Interesse der Schülerinnen und Schüler an dem fremden Land Indien Rechnung getragen werden. Sicher kennen sie aus den Medien Berichte über die Folgen des Monsunregens; im Sommer 2005 hinterließ dieser besonders verheerende Verwüstungen. Zudem war Indien auch von der Tsunami-Katastrophe Ende 2004 betroffen. Des Weiteren ist das Land im Hinblick auf seine wirtschaftliche Entwicklung in der Diskussion – beispielsweise wegen seiner hervorgehobenen Position in der IT-Branche. Auch „Bollywood", die indische Filmindustrie („Bollywood" ist eine Zusammensetzung aus „Bombay" und „Hollywood"), könnte den Schülerinnen und Schülern ein Begriff sein. Möglicherweise ist Indien auch Thema im Erdkundeunterricht der 7. Klasse; ein fächerkooperierendes Arbeiten wäre in diesem Fall sinnvoll.*

3 *Das **Konzept des Portfolios** eignet sich für das Unterrichtsvorhaben besonders gut, da die Schülerinnen und Schüler angehalten sind, in Nachschlagewerken und im Internet selbst Material zu recherchieren, dieses zu präsentieren und entsprechend dem Schwerpunkt – Beschreiben und Erklären – auszuarbeiten. „Im Portfolio kann der Schüler seine Lernprozesse und -ergebnisse zeigen, analysieren, reflektieren und evaluieren" (Eikenbusch 2001, S. 224).*
Zur Veranschaulichung und Anregung ist auf S. 45 im Schülerband ein Beispiel einer Portfolio-Seite abgedruckt.
Die Gliederungspunkte sind hinzugefügt, um die Anlage und Gestaltung einer solchen Seite zu verdeutlichen:
– Überschrift/Thema
– Datum
– Abbildung
– Text (z. B. mit Markierungen der Schlüsselbegriffe)
– Quellenangabe
– Bewertung

Menschen in Indien – Personen beschreiben

S. 46

1 *Wenn man eine Person beschreibt, sind jene Merkmale hervorzuheben, die diese Person von anderen unterscheidet. Eine Sammlung möglicher Charakteristika kann ergänzend in einem Tafelbild festgehalten werden:*

Personenbeschreibung	
Figur/Körperhaltung	z. B. schlank, dick, untersetzt, dürr, mollig, athletisch, hager, ausgemergelt, gebeugt, aufrechter Gang ...
Kleidung	z. B. gepflegt, verknittert, farbig, ausgebleicht, verwaschen, bestickt, gemustert, elegant, schlampig, modern, traditionell, ordentlich, luxuriös, chic ...

Haut(farbe)	z. B. hell, dunkel, braun gebrannt, von der Sonne verbrannt, frisch, blass, glatt, faltig, mit Pickeln übersät, vernarbt ...
Haare/Frisur	z. B. gelockt, Kurzhaarfrisur, Kraushaar, üppige Mähne, gefärbt, von der Sonne ausgebleicht, blondiert, tiefschwarz, glänzend/ stumpf, zerzaust, gewellt, (Halb-)Glatze, gescheitelt, gegelt, hochgesteckt, zottelig ...
Bart	z. B. Oberlippen-, Kinn-, Backenbart, kurz geschnitten, bis auf die Brust reichend, zerzaust, gepflegt ...
Gesichtsform	z. B. oval, rundlich, länglich, kantige/niedrige Stirn, eingefallene Wangen, volle Wangen, Pausbacken ...
Augen	z. B. tief liegend, hell/dunkel, eng beieinander, trüber oder klarer Blick, schielend ...
Augenbrauen	z. B. fein gebogen, buschig, wie ein dünner Strich, geschwungen ...
Nase	z. B. Adler-/Haken-/Stupsnase, spitz, schmal, breit, scharf ge- schnitten ...
Mund/Lippen	z. B. schmal, dünn, breit, wulstige Lippen, vorgewölbt, groß/klein, spitz, verkniffen ...
Kinn	z. B. eckig, markant, spitz, breit, Doppelkinn, vorspringend, zurück- weichend ...
Schmuck	z. B. silberner Ohrstecker, Ketten aus Nussschalen, mit Pailletten bestickt ...
Besondere Merkmale	z. B. Sommersprossen, Narbe an der rechten Augenbraue, breite Lücke zwischen den Vorderzähnen, Muttermal ...

2 a–c) Durch die Aufgabenstellung soll den Schülerinnen und Schülern bewusst werden, dass ihre Texte (deren Ausführlichkeit, Informationsgehalt, Schreibstil etc.) von den Vorentscheidungen abhängig sind, die sie treffen – und zwar in Bezug auf den Anlass und Zweck des Schreibens wie auch in Bezug auf den Adressaten:
  – Warum schreibe ich?
  – Für wen schreibe ich?

3 Anlass, Zweck und Adressatenbezug für eine Personenbeschreibung sollen unterschiedlich gewählt werden. Hier sind einige Möglichkeiten aufgeführt:
  – **Fahndung/Phantombild, Steckbrief, Kaufhausdurchsage, Vermisstenanzeige:**
    Schwerpunkt: äußere Erscheinung (Alter, Größe, Haarfarbe, Kleidung), besondere Kennzeichen, letz- ter Aufenthaltsort;
    Schreibstil: sachlich, nüchtern.
  – **Heiratsannonce:**
    Geschlecht, Alter, Hervorheben positiver Merkmale, äußere Erscheinung, Eigenschaften, Hobbys, In- teressen, Vorlieben, Abneigungen, Wünsche, Lebensziele;
    Schreibstil: knapp, individuell.

- **Erinnerung, Gespräch über eine geliebte Person:**
  Besonderes der äußeren Erscheinung und Eigentümlichkeiten in Bezug auf Verhalten und Eigenschaften;
  Schwerpunkt: Charakter, Verhalten;
  Schreibstil: persönlich, subjektiv.
- **Starporträt in einer Zeitung:**
  Lebensdaten, künstlerische Leistungen, Privatleben, Vorlieben, Hobbys;
  Schreibstil: (je nach Platzvorgabe) als Auflistung oder sehr ausführlich; sachlich, aber auch (positiv) bewertende Attribute möglich.
- **Information für einen Brieffreund:**
  Aussehen, Kleidungsstil;
  Schwerpunkt: Interessen, Hobbys, Lieblingsbücher, Reiseziele, Schulausbildung, Familienleben, Haustiere, Freundschaften;
  Schreibstil: persönlich, subjektiv.

4 *Im Inhaltsverzeichnis des Portfolios, das zum Schluss des Unterrichtsvorhabens angelegt wird, sollte das Kapitel „Personenbeschreibungen" auftauchen. Dass die Schülerinnen und Schüler ihre Beschreibungsversuche kommentieren, dient der Auseinandersetzung mit dem eigenen prozesshaften Lernen.*

5 *a/b)   Das Aussehen des alten Mannes: dunkelhäutig, ausgemergeltes Gesicht, nach hinten gekämmte Haare, ergraut (früher wohl schwarz), Geheimratsecken, abstehende Ohren, schaut sehr ernst und durchdringend, tief liegende, dunkle Augen, Tränensäcke, weißer Bart: Oberlippenbart, an den Seiten nach oben gezwirbelt, langer, zerzauster Kinnbart, der bis auf die Brust reicht.*
Besondere Merkmale: die Bemalung der Stirn, der rote Punkt über den Augen, das knallrote, leuchtende Gewand, das Requisit, das der alte Mann in den Händen hält.
Die Bedeutung dieser Auffälligkeiten wird kaum jemandem bekannt sein. Erst die knappen Informationen über Sadhus werden nötige Erklärungen liefern.
Weitere Informationen über Sadhus finden sich im Internet unter: www.rajasthan-indien-reise.de/indien/manner-heilige-sadhus.html.

S. 48

Gegenstände beschreiben, Funktionen erklären

S. 48

Die Digitalkamera

1 *Viele Schülerinnen und Schüler besitzen heute eine Digitalkamera. Da diese durchaus komplexe Funktionen hat, wird hier nur ein Teil beschrieben: der Zoom. Die Fachbegriffe werden vorgegeben, es gilt, die vorgegebenen stichwortartigen Informationen in einen zusammenhängenden Text zu bringen. (Vgl. S. 114 in diesem Handbuch.)*

2 *a)* **Gebrauchsanweisungen für technische Geräte sind meist folgendermaßen aufgebaut:**

1. *Beschreibung der Bedienungselemente anhand eines Schaubildes*
2. *Inhaltsverzeichnis*
3. *Sicherheitshinweis*
4. *Inbetriebnahme/Installation*
5. *Benutzung/Einstellung*
6. *Pflege/Aufbewahrung*
7. *Störungen und ihre Behebung*
8. *Anhang (z. B. technische Daten)*

Verständnisschwierigkeiten treten häufig im Bereich der technischen Zusammenhänge und auf Grund der Verwendung von Fachausdrücken auf.

b) *Hier sollten sich die Schülerinnen und Schüler bewusst machen, wann es ausreicht, nur das Äußere zu beschreiben, und wann die Funktion relevant wird. Mitunter ist dies nicht zu trennen, denn das Äußere kann auch Funktionalität besitzen, z. B. bei Jacken mit Signalfarben. Außerdem kann die Größe eines Gegenstandes einen Nutzwert haben (z. B. beim Reisebügeleisen, Laptop, MP3-Player). Manche technischen Geräte vereinen gleich mehrere Funktionen miteinander (z. B. ein Fotohandy mit Internetanschluss).*

Zusatzmaterial: Gegenstandsbeschreibung

Der Sari – ein traditionelles Gewand der Inderinnen

- sechs Meter lange Baumwoll- oder Seidenbahn
- der letzte Teil des Stoffes um den Oberkörper geschlungen
- Stoffende selbst hängt wie ein Überwurf über der Schulter
- Stoffende mit Sicherheitsnadeln befestigt
- unter dem Sari: farblich abgestimmte, hauteng Bluse bis über den Nabel
- fester Unterrock
- Stoffbahn vor dem Bauch in Falten gelegt
- Stoffbahn in Bauchhöhe unter den Rock gesteckt
- viele Farbkombinationen und Muster
- Seidensaris sind teuer, sie werden häufig bei Hochzeiten getragen
- Wickelgewand der indischen Frauen und Mädchen

(© H. Bock/laif, Köln)

1 *Beschreibt den Sari so, dass sein Aussehen und die Art und Weise, in der man ihn anzieht und trägt, deutlich werden. Greift dabei auf die angeführten Stichworte zurück.*
Als Überschrift könnt ihr z. B. wählen: „Bekleidung – Was trägt man in Indien?"

2 *Überarbeitet gegenseitig eure Texte. Achtet dabei*
- *auf eine sinnvolle Gliederung (z. B. vom Gesamteindruck zum Detail oder von einem auffallenden Detail zum Ganzen);*
- *darauf, dass ihr unterschiedliche Satzanfänge wählt;*
- *auf die Verwendung des Präsens.*

3 *Recherchiert, ob es noch andere besondere indische Kleidungsstücke – für Männer oder Frauen – gibt, und beschreibt sie.*

4 *Wählt Kleidungs- oder Schmuckstücke aus, die euch gefallen, und beschreibt sie genau. Illustriert dies mit Zeichnungen oder Fotos.*

5 *Sucht nach Fotos, auf denen Menschen abgebildet sind, die eine charakteristische Kleidung und bestimmte Symbole tragen, die man Menschen aus anderen Kulturen erklären müsste, z. B. ein Pfarrer im Talar oder eine Polizistin in Uniform.*

S. 49

Altindische Mogulmalerei – Bilder beschreiben

1 *a/b) Zunächst sollte den Betrachtern Zeit gelassen werden. Die Dichte des Dargestellten kann erst nach einiger Zeit erfasst werden.*
Die Schülerinnen und Schüler erhalten anschließend Gelegenheit, ihren subjektiven Bildeindruck zu äußern. Möglicherweise wird der Gegensatz zwischen Harmonie (äsende Gämsen und ein Bock, zwei ruhig auf einem Wiesenstück liegende Gämsen) und möglicher Bedrohung des harmonischen Eindrucks genannt: Will der Mann Eichhörnchen fangen? Diese springen aufgeregt im Baum herum.

2 *Die Kompositionsskizze könnte so aussehen:*

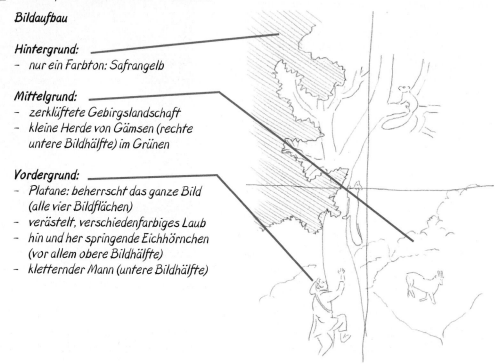

Bildaufbau

Hintergrund:
- *nur ein Farbton: Safrangelb*

Mittelgrund:
- *zerklüftete Gebirgslandschaft*
- *kleine Herde von Gämsen (rechte untere Bildhälfte) im Grünen*

Vordergrund:
- *Platane: beherrscht das ganze Bild (alle vier Bildflächen)*
- *verästelt, verschiedenfarbiges Laub*
- *hin und her springende Eichhörnchen (vor allem obere Bildhälfte)*
- *kletternder Mann (untere Bildhälfte)*

3 *Die Beschreibung der auffälligen Darstellungsmittel – Farben und Komposition – ist funktional an die Wirkung des Bildes gebunden. Stimmungen und Bewegung sollen festgehalten werden.*
Die Bewegungsrichtung läuft von unten nach oben: Man blickt dem kletternden Mann (= Bildfigur) hinterher. Die hin und her springenden Eichhörnchen (mehr als zehn Tiere) bringen weitere Bewegungen in das Bild: Die buschigen Schwänze geben verschiedene Richtungen an. Überall sitzen Vögel in dem Baum, die in verschiedene Richtungen blicken (ebenfalls etwa zehn Tiere unterschiedlicher Vogelarten); im linken unteren Bildviertel sind drei Vögel im Flug dargestellt.
Die Farben sind warm, vorwiegend Gelb-, Braun- und Grüntöne, einige rotbraune Tupfer.
Die geordneten Notizen könnten so aussehen:

Die Bildfigur auf dem Bild „Eichhörnchen in einer Platane"

Kleidung des Mannes (Beschreibung von oben nach unten):
- auf dem Kopf hat er eine Mütze mit hellgrauem Pelzrand;
- er trägt ein gelbes Obergewand, das mit einer gemusterten Schärpe um die Hüften hoch-gebunden wurde, dazu dunkelbraune Hosen;
- die Füße sind nackt.

Auffälligkeiten und Deutung:
- um den Oberkörper hat er sich ein Seil, quer über die Brust verlaufend, gebunden;
- es könnte ein Jäger sein, der die Eichhörnchen fangen will.

Kletterbewegung:
- den Kopf hat der Mann in den Nacken gelegt;
- Blickrichtung: den Baum hinauf;
- mit der rechten Hand greift er in ein Astloch und will sich daran hochziehen;
- er stützt sich mit dem rechten Fuß am Stamm ab, den linken Fuß sieht man nicht, er scheint noch auf der Erde zu stehen.

4 *Mögliche Farbadjektive zur Beschreibung des Bildes:*
rehbraun, rotbraun, schwarzbraun, dunkelbraun, beige(farben), sandfarben/sandfarbig, senfgelb, senf-farben, ocker, gelbbraun, gelbgrün, bräunlich gelb, bräunlich, blaugrün ...

5 *Auf die verschiedenen Vorarbeiten (erste Wahrnehmungen, Kompositionsskizze, detaillierte Beschrei-bung der Bildfigur) zurückgreifend, kann nun eine ausführliche Bildbeschreibung erfolgen.*
Möglicher Beginn einer Beschreibung, der als weitere „Starthilfe" genutzt werden kann:

Das hochformatige Bild „Eichhörnchen in einer Platane" stammt aus der altindischen Mogul-malerei und entstand um das Jahr 1610. Abgebildet ist eine harmonische Naturlandschaft mit ver-schiedenen Tieren (Gämsen, Vögeln und Eichhörnchen), in die ein Mann, wahrscheinlich ein Jäger, geradezu einbricht. ...

6 *Gibt man in der Suchmaschine „Google" „altindische Mogulmalerei" ein, kann es sein, dass keinerlei Ein-träge erscheinen und die Anfrage kommt, ob man „Vogelmalerei" meine. Unter „Mogulmalerei" werden dann verschiedene Internetadressen angezeigt.*
Man kann aber auch in einem Lexikon nachschlagen:

Mogulmalerei, Wand- und Miniaturmalerei unter der islamischen Moguldynastie in In-dien; sie begann unter Akbar, nachdem bereits sein Vater Humayun zwei Miniaturmaler aus Persien nach Indien brachte, die Hauptmeister und Lehrer des kaiserlichen Ateliers wurden. [...] Wichtigster Gegenstand der Mogulmalerei wurden die Chroniken der einzelnen Mogul-kaiser [...], die auch viele Darbarszenen, d. h. höfische Szenen (Audienzen u. a.) enthielten. In Fateh Sikri sind die ältesten Wandmalereien aus der Epoche der Moguldynastie erhalten. Unter Jahangir blühten die unter Akbar be-gonnene Porträtmalerei und die Naturstudie (Tiere und Blumen).

(Aus: Der Brockhaus Kunst. Künstler, Epochen, Sachbegriffe. F. A. Brockhaus, Mannheim, 3. Aufl. 2006, S. 612)

S. 51

Zu Handlungen anleiten

S. 51

Yoga

2 *a/b) Beschreibung der einzelnen Körperhaltungen:*
1. *Knien auf allen vieren.*
2. *Leicht nach hinten rollen, mit dem Brustkorb nach vorn gehen und dann nach unten, als wollte man den Boden damit kehren, den Kehlkopf – fast – auf dem Boden ruhen lassen.*
3. *So fünf Sekunden lang verharren.*
4. *Fast das gesamte Gewicht auf die Arme verlagern, in die Ausgangsstellung zurückgehen, und jetzt einen Katzenbuckel machen.*
5. *So fünf Sekunden lang verharren und entspannen.*
6. *Rechtes Knie in Richtung Kopf bringen und versuchen, ihn damit zu berühren.*
7. *So für fünf Sekunden verharren.*
8. *Jetzt rechtes Bein hinten hochstrecken, dabei ganz gerade halten. Verharren, indem man den Kopf hochhebt. Die Arme sind dabei ausgestreckt.*
9. *Das Bein ganz langsam wieder zum Kopf zurückbringen, verharren.*
10. *Sich entspannen und alles mit dem anderen Bein wiederholen. Die ganze Übung wiederholen.*

3 *a/b) Ein Yogabuch beschreibt den Lotussitz so:*

Lotussitz

Padmasana, eine der bekanntesten Yogapositionen, ist eine klassische Meditationsstellung. Die Lotusblume (Padma) wurzelt in Schlamm und Dunkelheit und wächst zum Licht. In der
5 fernöstlichen Philosophie gilt der Lotus als Symbol dafür, dass der Mensch Unwissenheit und irdische Sorgen hinter sich lässt und nach Erleuchtung strebt. [...]
Anfangs empfinden Sie es vielleicht als unan-
10 genehm, beide Füße auf den jeweils anderen Oberschenkel zu legen. Wenn Sie die Stellung aber beherrschen, ist sie ideal für Meditations- und Atemübungen, weil der Körper dabei ruhig bleibt und das Geradehalten des Rückens
15 erleichtert wird.
1. Mit gekreuzten Beinen niedersetzen. Den rechten Fuß möglichst weit oben auf den linken Oberschenkel legen.
2. Das linke Bein anziehen und den Fuß mög-
20 lichst weit oben auf den rechten Oberschenkel legen. Die Knie sind am Boden, und die Fußsohlen zeigen nach oben. Den Rücken gerade halten. Die Hände liegen auf den Beinen.

3. Anfangs nur kurz verharren, allmählich 25 aber auf einige Minuten pro Seite steigern.

(© Rosamund Bell: Yoga für jeden Tag. Über 50 einfache Übungen für Entspannung, Energie und Wohlbefinden. Deutschsprachige Ausgabe in der Übers. von Daniela Beuren, Mosaik Verlag (Verlagsgruppe Random House), München 1998)

Zusatzmaterial

Gebetshaltung

In vielen Kulturen werden beim Beten die Handflächen aneinandergelegt. In Indien heißt diese respektvolle Geste Namaste, sie wird zur Begrüßung, zum Zeichen der Ehrerbietung und des Dankes für ein Geschenk verwendet. [...] Üblicherweise wird Namaste vor dem Körper ausgeführt, hier jedoch hinter dem Rücken. Die Gebetshaltung macht Schultern und Arme beweglich, öffnet den Brustkorb und verbessert die Atmung. [...]

(© Rosamund Bell: Yoga für jeden Tag, ebd.)

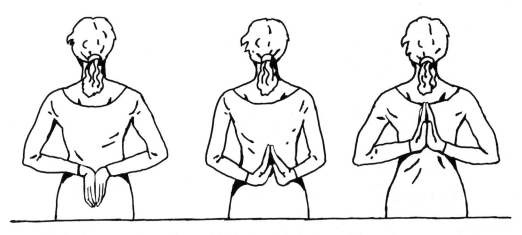

1 a) *Beschreibt diese Yoga-Übung genau.*

b) *Den indischen Gruß könnt ihr leicht nachmachen – aber auch diese Übung?*

c) *Welche Gesten der Begrüßung oder des Dankes kennt ihr? Beschreibt sie.*

Indisch kochen

S. 52

1 *In vielen Kochbüchern finden sich meist nur Kurzfassungen von Rezepten:*
   - *Überschrift: Name des Gerichts;*
   - *Angabe zur Anzahl der Personen, für die die angegebenen Mengen ausreichen;*
   - *Auflistung der Zutaten mit Mengenangaben;*
   - *eventuell besondere Hinweise;*
   - *Text: stichwortartige Anweisungen (hier in Infinitivform); Reihenfolge der Zubereitung.*
   Die Schülerinnen und Schüler sollen nun eine ausführliche Fassung schreiben und Verknüpfungswörter benutzen wie „zuerst", „anschließend", „danach", „im Anschluss", „zuletzt", „nachdem" usw.
   Für das Rezept kann die man-Form benutzt werden („Man nimmt ...") oder aber die Passivform („... wird angebraten ..."). Wichtig ist, dass eine einheitliche Sprachform gewählt wird.

2 *Neben Internetadressen, die leicht über „Google" zu finden sind, kann man natürlich auch auf Kochbücher mit indischen Rezepten zurückgreifen.*

3 *a) Die Erklärung könnte so aussehen:*

Bei uns übliche Tischsitten

Man rückt mit seinem Stuhl nahe an den Tisch heran, sitzt gerade, die Füße befinden sich parallel auf dem Boden. Man sollte sich nicht mit den Armen abstützen, auch die Ellenbogen gehören nicht auf den Tisch, die Unterarme liegen zu beiden Seiten des Gedecks locker auf. Beim Essen greift man mit der linken Hand zur Gabel, mit der rechten zum Messer. Das Messer nimmt man nie in den Mund.

Wenn mehr als ein Besteck gedeckt ist, dann nimmt man es von außen nach innen.

Das heißt, das kleinere Besteck ist meist für die Vorspeise gedacht, z. B. für den Salat, das größere für den Hauptgang. Liegt ein Löffel am oberen Rand des Tellers, wird er für die Nachspeise (Dessert) benutzt.

Steht ein kleinerer Teller auf der linken Seite, kann man dort sein Brot ablegen, das man z. B. zum Salat isst. Nimmt man dazu auch Butter, ist dafür das kleine Messer vorgesehen, das zu diesem Tellerchen gehört.

b) Die Beschreibung könnte so aussehen:

Essen mit Messer und Gabel

Du nimmst die Gabel in die linke, das Messer in die rechte Hand. Beide Essgeräte werden im oberen Drittel des Griffes umfasst. Der Zeigefinger liegt oben auf dem Griff auf, mit ihm kannst du jeweils den Druck auf das Gerät verändern. Die Gabelzinken, deren innere Seiten zu dir zeigen, stichst du zunächst in das Fleisch hinein, mit dem Messer schneidest du hinter dem Gabelrücken ein Fleischstück ab, während du mit der Gabel das Fleischstück festhältst. Dann führst du die Gabel mit dem aufgespießten Fleisch zum Mund (nicht umgekehrt!). Das Messer kannst du in der rechten Hand auf dem Teller liegen lassen.

Wenn du die Beilagen isst, liegt die Gabel ähnlich wie ein Essstäbchen in deiner Hand. Die Spitze der Gabel ruht auf dem Teller. Mit einer Seite der Messerschneide kannst du z. B. Gemüse bequem auf das untere Ende der Gabel schieben. Du solltest es vermeiden, dass das Messer über den Boden des Tellers schabt und ein quietschendes Geräusch verursacht.

Achte darauf, dass du beim Essen gerade sitzt und die Unterarme leicht auf der Tischkante aufliegen. Auf keinen Fall darfst du die Ellenbogen aufstützen.

Wenn dein Teller leer ist und du nichts mehr nachnehmen möchtest, legst du Messer und Gabel parallel auf den Teller. Die Gabelzinken zeigen dabei nach oben.

Zusatzmaterial

Tisch und Teller

Als Erasmus von Rotterdam 1530 sein berühmtes [...] Anstandsbuch „De civilitate morum puerilium" herausbrachte, gab es noch keine Teller im heutigen Sinn, und auch die Gabel war als Essgerät noch nicht erfunden; man benutzte bestenfalls in der Küche gabelartige Geräte zum Aufspießen des Fleisches bei der Zubereitung. Da die Suppen damals so gut wie unbekannt waren, hätte man [...] für tiefe Teller [...] keine Verwendung gehabt. Flüssige Speisen – Breie, Brühen und scharf gewürzte Soßen – fischte man mit einem Stück Brot oder mit einem holzgeschnitzten Löffel aus der gemeinschaftlichen Schüssel. Das Fleisch wurde in große Stücke zerteilt; jeder legte seinen Anteil auf eine Brotscheibe oder Holzplatte, schnitt sich mit dem mitgebrachten Messer mundgerechte Stücke ab und schob sie mit den Fingern in den Mund, wenn er es nicht vorzog, die Brocken mit dem Messer

aufzuspießen. Die Fingermethode galt nach Erasmus allerdings als schicklicher, und zwar gehörte es sich, das Fleisch mit drei Fingern zu erfassen. Unfein war es dagegen, mit den Fin-
25 gern in die Brühe zu fahren und die „Handgabel" hinterher auch noch abzulecken. Für die Säuberung der Finger waren Tischtuch und Servietten zuständig. Und außerdem legte Erasmus seinen Lesern ans Herz, keinesfalls
30 bei Tisch den Hut aufzubehalten, beim Trinken nicht wie ein Pferd zu schlürfen [...] und die gemeinsame Schüssel nicht so herumzudrehen, dass sich die besten Brocken leichter erreichen ließen.
35 Löffel, Messer und Trinkgefäße – zuerst aus Büffelhorn, später aus Metall und Glas – waren die ersten Tafelgeräte der Geschichte. Später erst wurde der Teller eingeführt, und die Gabel setzte sich nicht vor Anfang des 16. Jahrhun-
40 derts in Mitteleuropa durch. Zwar hatten italienische „Neuerer" schon im 16. Jahrhundert zierliche Gabeln aus Gold oder Silber benutzt, aber das Volk wollte von dieser Modelaune nichts wissen, und auch die Kirche war dage-
45 gen. Schließlich hatten Christus und die Apostel auch nur mit den Fingern gegessen.

(Aus: Roland Gööck: Das neue große Kochbuch.
Bertelsmann Ratgeberverlag, Gütersloh 1970,
S. 523)

4 a/b) *Auf spielerische Art beschreiben die Schülerinnen und Schüler die typischen Eigenarten der indischen Küche. Viele Hindus sind Vegetarier, sodass besonders Gemüse und Reis durch unterschiedliche Gewürze einen sehr ausgeprägten Geschmack erhalten und in verschiedensten Varianten serviert werden. Curry, Gewürznelken, (Rosen-)Paprika, Senfkörner, Lorbeer, Muskat und Zimt werden vielleicht auch aus der heimischen Küche bekannt sein, Gelbwurz (Kurkuma), Ingwerwurzel, Mohnsamen, Mangopulver, Tamarinde, Koriandergrün und Safran sind dagegen eher ungewöhnlich.*

3.2 Fremde Kulturen begegnen sich – Erzählungen untersuchen

S. 53

Von einem indischen Dorf in eine Großstadt

S. 53

Klaus Kordon
Wie Spucke im Sand

1 *b) Munlis Sinneswahrnehmungen:*

sehen	hören	riechen/ schmecken	bewegen/fühlen
- dichter werdender Verkehr - zäher Strom aus Fahrrädern, Rikschas, Motorrollern, kleinen Taxis - bunt bemalte Lastkraftwagen, Pferdewagen, Ochsenkarren - herrenlose Hunde - eine Geschäftsstraße: Laden an Laden, Stand an Stand, Autos über Autos, Menschen über Menschen, Kühe über Kühe - auf den Bürgersteigen ausgebreitete Waren - Tempelviertel - Ware: Blumengirlanden, Kampfer, Räucherstäbchen, Badeöl, silberne Fußspangen, Trinkschalen aus Ton - Bettler über Bettler	- Lärm: Gehupe der Autos - Knattern der Motorroller - Geschrei der Kinder - Brüllen der Kühe - Rufe der Händler - Menschen drängen sich in Tempel - Bimmeln der Gebetsglöckchen - vor den Tempeln: Händler rufen Ware aus	- stickiger werdende Luft	- bog um die Ecke, blieb stehen - ging wie betäubt durch die Straßen, blieb mal hier, mal da stehen - wurde gestoßen und vorwärtsgetrieben - lief im Strom der Menschen mit, wurde in die Stadt hineingeschwemmt

2 *a) Munli benutzt vor allem eine ausgeprägte Wasser-/Fluss-**Metaphorik**:*
- *„ergoss sich ein zäher Strom aus Fahrrädern und Rikschas, Motorrollern und kleinen Taxis" (Z. 8 ff.);*
- *„lief nur im Strom der Menschen mit, wurde in die Stadt hineingeschwemmt" (Z. 34 ff.);*
- *„einen Weg bahnen" (Z. 34);*
- *„zu einem einzigen Dauerton anschwoll" (Z. 61 f.).*

*b) Das Prädikat fehlt (**elliptischer Satzbau**).*

c) *Für diesen Satz gewähltes Stilmittel:* **Aufzählung**, *Häufung.*
Weiteres Beispiel aus dem Text (zugleich ein Beispiel für die **Steigerung** *als Stilmittel): „Und dazwischen erneut (...) Bettler. Bettler über Bettler; eine Armee von Bettlern!" (Z. 46 ff.)*

Außerdem könnte im Unterrichtsgespräch ergänzt werden:
Um die Gefühle Munlis zum Ausdruck zu bringen, werden auch immer wieder **direkte Frage**n *eingeflochten:*
– *„War das schon die Innenstadt?" (Z. 14)*
– *„Was war das für eine Welt? Wie konnte man hier leben?" (Z. 31 f.)*

Weitere Stilmittel:
Vergleich:
– *„Wie betäubt ging ich durch diese Straße" (Z. 28 f.).*
Personifizierungen:
– *„Laden an Laden drängte sich" (Z. 18);*
– *„Meine Furcht wuchs" (Z. 32 f.);*
– *„Autos, die sich langsam durch dieses Menschengewirr hindurchquälten" (Z. 51 f.).*

3 *Es werden bewusst Orte als Beispiele genannt, an denen viele Menschen aufeinandertreffen und es durchaus zu einem rohen Umgang miteinander kommen kann. Schülerinnen und Schüler, die mit öffentlichen Verkehrsmitteln zur Schule fahren, kennen das Erlebnis zur Genüge, mit vielen Menschen zusammengepfercht zu sein.*
Folgende Verben könnten in einer Schilderung der Wahrnehmungen vorkommen: stoßen, schubsen, (vor)drängeln, in die Kniekehle treten, in die Ferse treten, (an)rempeln, sich beschimpfen, anmeckern, anschreien, rausschmeißen ...
Empfindungen wie Wut, Aggression, Unterlegenheit, Schwäche, Stärke können deutlich werden.

Die folgenden Textbeispiele von Schülerinnen stammen aus einer Schreibwerkstatt mit dem Schriftsteller Dieter Bongartz:

Im Kaufhaus

Wie so oft schlendere ich durch die Stadt. Es regnet, und ich beschließe, in ein Kaufhaus zu gehen. Dort hocke ich mich auf einen Stuhl in die Spielzeugabteilung und schaue mich um.
5 Mir fällt ein hübscher lilafarbener Teddybär auf. Meine Schwester besitzt einen lila Hasen, sie liebt ihn über alles und nimmt ihn überall mit hin. Mama hat ihn ihr zum Geburtstag geschenkt, er sieht dem Teddy ähnlich.
10 Ich stehe auf und nehme den Teddy, setze mich wieder, halte ihn auf dem Schoß. Ich überlege, warum ich das tue. Wieso bin ich aufgestanden und habe das Stofftier geholt?
Da fällt mir ein Mädchen auf. Sie ist nicht groß,
15 vielleicht sieben Jahre alt, trägt einen langen blonden Zopf und einen pinken Rucksack. Sie schaut sich um. Ich sehe, dass sie Ränder unter den Augen hat. Ist sie müde? Mir fallen nun auch ihre abgerissenen Klamotten auf. Der orange Pullover mit bunten Herzchen und 20 Blümchen ist voller Flecken, ihre schwarze Jeans zu kurz. Das Mädchen geht zwischen den Regalen umher und betrachtet sehnsüchtig die Spiele, die Kuscheltiere, als würde sie etwas suchen. Da dreht sie sich um und schaut mich 25 an. Ihre Augen sind klar, grün – und müde. Sie sieht den Teddy in meinem Schoß und kommt auf mich zu, nimmt ihn und wiegt ihn in ihren Armen. Sie drückt ihn ganz fest und schließt die Augen. Irgendwie erinnert sie mich an 30 meine kleine Schwester. Sie öffnet die Augen und schaut mich wieder so seltsam an. Ein

warmer Strom durchläuft meinen Körper. Dann legt sie stumm den Teddy zurück in mei-
35 nen Schoß und geht weg. Ich schaue ihr nach. Hat sie kein Zuhause? Aber das kann ja nicht sein. Ich bin mir sicher, dass sich ihre Eltern kaum um sie kümmern.

Ich stehe auf und lege den Teddy wieder zu-
40 rück. Da schnellt wie aus einem Versteck ihre schmutzige kleine Hand hervor. Sie nimmt den Teddy und entfernt sich ein paar Schritte nach hinten, versteckt sich hinter einem Re-
gal. Sie kann mich nicht sehen, lässt den Teddy
45 blitzschnell in ihrem Rucksack verschwinden. Ich merke, wie ich erschrecke. Sie prüft noch einmal, ob sie jemand beobachtet hat, und geht schnell Richtung Ausgang. An der Tür stoppt sie ein Detektiv. Er fragt und sie antwor-
50 tet ihm. Er scheint sie zu kennen, greift wütend

in ihren Rucksack. Sie will sich wehren, aber er hat den Teddy schon in der Hand. Ärgerlich zeigt er auf die Tür. Das Mädchen weint und rennt hinaus. Der Detektiv trägt den Teddy zurück an seinen Platz. Auf halbem Weg fange 55
ich ihn ab. Wortlos nehme ich den Teddy und gehe zur Kasse. 30 DM. Ich habe genug Geld dabei. Draußen bleibe ich stehen. Ich habe gerade einen Teddy gekauft! Warum habe ich das getan? Ich schaue mich um. Das kleine Mäd- 60
chen ist nirgends zu sehen.

(Anna Wagner, 15 Jahre alt, Hardtberg-Gymnasium Bonn.
Aus: Alle Achtung: Gegen Rechtsradikalismus und
Ausländerfeindlichkeit. Ein kulturpädagogisches Projekt
im Netzwerk. Schülerinnen und Schüler aus Bergheim, Bonn,
Brühl und Siegburg erzählen. Hg. von Dieter Bongartz.
Bonn 2002, S. 31 ff.)

Ausgerastet

Ich sitze im Bus, der Regen rinnt über die Fens-
terscheiben. Draußen ist alles traurig und grau. Die Straßen, die Häuser, die Menschen, alles ... Die ganze Welt kotzt mich an, wenn ich
5 an die vielen weiteren Stunden, Tage, Wochen denke, die ich in dieser beschissenen Stadt noch verbringen muss. Hier ist alles so trost-
los. So klein und so eng. Am liebsten würde ich abhauen. Ich habe eine unbestimmte Wut auf
10 alles in mir. Auf mich selbst, die Stadt, das Land, auf die Omis, die jeden Tag mit dem Bus fahren, immer dieselbe Strecke, immer reden sie über das Wetter oder wie viel besser es früher war. Auf den Typen vor mir, mit seinem feinen An-
15 zug und seinem blöden Ich-bin-was-Besseres-
Grinsen. Jeden Tag Anzug, jeden Tag Grinsen. Auf den Jungen mit seinem Walkman, der jeden Tag die gleiche scheißlaute Techno-Mucke

hört ... Ich stelle mir vor, wie es wäre, wenn ich jetzt einfach ausrasten würde. Aufspringen 20
und auf die Omis einschlagen, bis sie nicht mehr über das Wetter reden, sondern den Mund halten; dann dem Kerl in den Sack treten, mich freuen, wie er nach Luft schnappt –
und ihm auf den piekfeinen Anzug rotzen, 25
einfach so, ohne Grund, nur weil er mich nervt, schließlich dem Jungen seinen Kopfhörer run-
terreißen, ihn schlagen, anschreien, was ihm denn einfällt, mich so zu ärgern. Da höre ich, wie mich jemand anspricht. „Entschuldigung, 30
ist dieser Platz denn noch frei?" „Klar", sage ich und lächle die Omi sehr freundlich an ...

(Julia Thielecke, 13 Jahre,
Cusanus-Gymnasium Bonn.
Aus: ebd., S. 31 ff.)

Literaturhinweis

Von Klaus Kordon gibt es einen weiteren Jugendroman, der in Indien spielt:

Kordon, Klaus: Monsun oder der weiße Tiger. Beltz & Gelberg, Weinheim/Basel 1998

Von Amerika nach Indien

S. 56

Chitra Banerjee Divakaruni
Bengalische Sterne

S. 56

Informationen zur Autorin:

Chitra Banerjee Divakaruni wurde in Indien geboren und lebt mit ihrer Familie in den USA. Sie ist Dozentin für kreatives Schreiben. Für ihren ersten Erzählband „Der Duft der Morgenblüte" erhielt sie verschiedene Literaturpreise. Mit „Bengalische Sterne" präsentiert sie Geschichten über Menschen im Spannungsfeld zwischen Tradition und Moderne, Alt und Jung, Indien und der Neuen Welt.

1   *Zwar handelt es sich bei dem Gebüsch hinter dem Haus eher um ein wild wachsendes Dickicht, doch die Kinder nehmen es als Bambuswald wahr, und auch die Erwachsenen bezeichnen das Dickicht so, mit dem indischen Wort „banshban". Nicht von Gärtnern oder den Hausbewohnern beschnitten, wuchert der Bambus dicht am Haus bis fast in die Fenster hinein. Wegen der Undurchdringlichkeit des Gebüschs, seiner Nähe und der Art der Bambusblätter wird die Natur als „etwas Instinktives, Räuberisches" (Z. 12 f.) geschildert, allerdings nicht nur als bedrohlich erlebt, sondern eher als faszinierend. (Bei uns sprechen wir bei üppig wachsenden Pflanzen von einer „grünen Hölle".)*

2   *a/b) Die indischen Verwandten und Bekannten werden von dem älteren Jungen mit „weisen Elefanten" (Z. 34 f.) verglichen. Der indische Elefant – groß und behäbig, mit faltiger Haut – hat eine besondere Art, sich langsam, aber kraftvoll zu bewegen, und gilt als intelligentes Tier; im Wasser wirken sogar diese Tiere schwerelos. Alter, Kleidung, die Art, sich zu bewegen, und die Mimik der geschilderten Menschen schmücken den Vergleich aus: „Sie waren schon alle ganz uralt, trugen lange, drapierte Kleidung und bewegten sich, als würden sie durch einen unsichtbaren See treiben. (...) Selbst ihr Lächeln benötigte eine ganze Weile, sich zu formen, und verblieb dann eine Ewigkeit auf ihren Gesichtern". (Z. 31 ff.)*
Diese Eindrücke greifen auch die Veränderung auf, die die Jungen an ihrer Mutter wahrnehmen. Nichts ist von der amerikanischen Hektik und Schnelllebigkeit und von den entsprechenden Spiegelungen dieser Hast in der Körpersprache zu spüren.
Die Besucherinnen und Besucher treffen in einer bestimmten Reihenfolge ein: erst die Witwen, dann die älteren Ehefrauen, die Schwiegertöchter zu Hause haben, schließlich einige – ältere – Männer. Die Witwen werden mit einer weiteren Tierart verglichen: „In ihren gedämpften weißen Saris erinnerten sie an große Motten." (Z. 92 ff.) Ihre Langsamkeit und Ruhe kommen in der Teezeremonie zum Ausdruck: „Sie balancierten ihre Teetassen erwartungsvoll auf den Knien und nahmen langsame Schlucke. Sie hatten alle Zeit der Welt." (Z. 94 f.)
Die Ehefrauen werden als gut duftend und schmuckbehangen beschrieben; sie tragen viele Goldreifen als Zeichen reicher Mitgift. Der rote Punkt zwischen den Augen signalisiert ihren Status als verheiratete Frau („wie eine triumphierende Wunde", Z. 104 f.).

3   *Die Jungen nehmen wahr, dass sich die Mutter in dem indischen Dorf in eine „echte" Inderin verwandelt. Was für sie ein neuer Eindruck ist, stellt für die Mutter eher eine „Rück"-Verwandlung dar: Sie ändert Aussehen und Verhaltensweisen und passt sich der indischen Umgebung, aus der sie stammt, an. Während sie in Amerika und auf der Reise Jeans und T-Shirt trägt, kleidet sie sich nun in einen Sari und trägt einen Punkt auf der Stirn sowie typisch indischen Schmuck (Dutzende Armreifen aus Silberglas). Sie hält sich an die indischen Tischsitten und zeigt, dass sie indische Zubereitungskünste beherrscht. Au-*

63

ßerdem ändert sie ihr „Tempo": Hast und Getriebensein und das daraus resultierende Antreiben der Kinder werden durch Muße und Langsamkeit abgelöst. (Vgl. Z. 41ff.)

4 a) Hier ist die Textpassage ab Z. 120 bis zum Ende des Textausschnitts in den Blick zu nehmen.

b) Die indischen Bekannten und Verwandten glauben, dass die Familie in Amerika sehr reich sei, ein gutes Leben führe und den Menschen dort generell z. B. die Hausarbeit durch vielerlei Hilfsmittel und Maschinen abgenommen werde. Sie meinen, Amerika sei „das goldene Land" (Z. 154), in dem die Mutter „wie eine Königin" (Z. 155) lebe. Sie haben aber auch davon gehört, dass manches ausgesprochen teuer ist (z. B. Mangos, die für sie billigst zu erwerben sind, zum Gegenwert einer Uhr) und haben den Eindruck, dass alte Menschen in den USA einfach in Pflegeheime abgeschoben werden, während sie in Indien in den Familien auf den Dörfern verehrt und unterstützt werden.
Die Leserin/der Leser erfährt jedoch, dass der amerikanische Alltag tatsächlich für die Mutter der Jungen von Beruf und Familienleben geprägt ist. Alles verläuft in großer Anspannung und Hektik. Beide Ehepartner sind berufstätig. Die Mutter fährt mit dem Auto zur Arbeit (ihr Mann hat einen eigenen Wagen). Der dichte Verkehr während der Hauptverkehrszeiten führt zu nervenaufreibenden Szenen. In ihrem Job arbeitet sie anscheinend hauptsächlich am Computer, was die Augen ermüdet und geistig anstrengend ist. Nach der Arbeit – auf dem Weg nach Hause – holt sie die Kinder ab, kauft schnell etwas im Lebensmittelladen ein, wobei die Kinder sich eben wie Kinder benehmen und gegen Verbote verstoßen oder quengelig sind. Obwohl beide Ehepartner verdienen, müssen sie sparsam mit dem Geld umgehen (z. B. zahlen sie hohe Versicherungsraten, Z. 159). Die amerikanische Bevölkerung wird als nicht gerade hilfsbereit beschrieben, sie zeigt Ressentiments gegen Menschen, die aus Asien stammen (Z. 162f.).

5 Die Schülerinnen und Schüler können entweder von Reisen in fremde Länder (schriftlich) erzählen oder von Kontakten, die sie im eigenen Land mit Menschen anderer Kulturen hatten. Wahrscheinlich spielen Erfahrungen mit Menschen muslimischen Glaubens eine Rolle.

S. 58

Von Indien nach Amerika

S. 58

Malcolm J. Bosse
Ganesh oder eine neue Welt

Literaturhinweis
Anregungen zum Umgang mit der gesamten Lektüre finden sich in:

Lesen in der Schule mit dtv junior: Unterrichtsvorschläge für die Sekundarstufe I. Lehrertaschenbuch 6. dtv, München 1993, S. 83 ff.

1 Jeffrey wächst als Sohn amerikanischer Eltern in Indien auf, fühlt sich als Hindu und wird mit indischem Namen „Ganesh" genannt, was übersetzt „Überwinder der Hindernisse" bedeutet. Als er nach dem Tod seiner Eltern nach Amerika umsiedelt, fühlt er sich dort vollkommen fremd. Auch im Umgang mit gleichaltrigen Jugendlichen ist er nervös, er kann nicht einschätzen, was von ihm erwartet wird. Er verhält sich zunächst zurückhaltend, wartet ab, weiß nichts mit den anderen anzufangen. Die anderen Jugendlichen auf einer Party starren ihn ebenfalls nur an. Schließlich nimmt ein Mädchen, Lucy, Kontakt mit ihm auf. Sie hat von einer außergewöhnlichen Fähigkeit Jeffreys gehört und spricht ihn darauf an. Er scheint eine

Atemtechnik zu beherrschen, die es ihm ermöglicht, die Luft besonders lange anzuhalten, was noch nicht einmal der Star des Fußballteams kann. Da Lucy Interesse zeigt, führt Jeffrey ihr einige Atemübungen vor. Die anderen Jungen finden sein Verhalten merkwürdig, distanzieren sich eher von ihm. Als sie auch auf andere indische Rituale zu sprechen kommen, empfindet Jeffrey Stolz, weil er etwas aus seiner Heimat in diese fremde Umgebung einbringen kann und Interesse (nicht Misstrauen oder gar Ablehnung) an seiner Person verspürt.

2 a) Ein Mantra ist etwas Heiliges, über das ein Hindu nur in Ehrfurcht spricht. Es dient dazu, den Geist zu beruhigen. Bestimmte Formulierungen und Texte werden in Sanskrit, einer alten indischen Sprache, in einer Art Sprechgesang stets von Neuem wiederholt, sodass sich der Geist versenken kann. Man kann ein Mantra mit einem Gebet vergleichen. Indem man ein Mantra spricht, kann man seine Seele reinigen und Frieden finden.

   b) Jeffrey stören das übertriebene Interesse und die Oberflächlichkeit des Mädchens (z. B. ihr In-die-Hände-Klatschen, ihr Quengeln wie vor einer Geburtstagsüberraschung). Auch die plötzliche Nähe zu einem Mädchen und ihre Distanzlosigkeit sind Jeffrey unangenehm (sie möchte dicht neben ihm sitzen, packt ihn am Handgelenk, hält ihr Ohr nahe an seinen Mund, packt ihn an der Schulter). Die Situation – eine Party mit lauter Musik, die anderen spielen Billard, man trinkt Cola – bietet nicht die richtige Umgebung für eine Meditation und die Erläuterung eines Mantras. Normalerweise würde man sich dafür an einen stillen Ort zurückziehen, z. B. in die Natur oder in einen Tempel. Jeffrey merkt, dass das Mantra für Lucy nur den Wert des Exotischen hat, sie ist einfach neugierig, für ihn hingegen ist das Sprechen eines Mantras heilig. Sie lässt ihn ein Mantra immer wieder vorsprechen wie einen Liedtext, den man auswendig lernen will.

   c) Im Gebet wendet sich der Christ an Gott und spricht mit ihm. Durch das Beten wird Vertrauen zu Gott zum Ausdruck gebracht. Dabei kann sich das Gebet an festen Vorlagen orientieren, dazu gehören z. B. das Vaterunser (das wichtigste und bekannteste Gebet der Christen, das bereits Jesus gebetet hat), ein Psalmtext, Liedverse u. a. Ein Gebet kann aber auch frei formuliert werden. „Beten kann man alleine oder zusammen mit anderen, laut oder leise. Zum Inhalt kann vieles werden: Bitte um kleine oder große Dinge, Dank, Gedenken an andere, Klage, Frage, Lob oder Bekenntnis. In der christlichen Tradition spielt das Beten eine große Rolle. (...) Die Bibel schildert viele Situationen, in denen Menschen aus Unglück, Wut, aus Glück gebetet haben." (Vgl. z. B. das Buch der Psalmen). Sie wenden sich an Gott und fragen ihn, warum das Unglück geschehen sei, bitten um Trost oder klagen sogar an. Der Beter trägt seine Wünsche vor Gott vor. Er formuliert: So ist es, und ich möchte, dass sich das ändert. Er findet sich nicht mit seiner Situation ab. Deshalb sagt man auch, dass ein Gebet den Betenden verändert. Denn es drängt zu einem veränderten Handeln und Verhalten. Die Kraft für dieses Tun, die Gewissheit, dass Veränderung möglich ist, schöpft der Betende aus seinem Vertrauen auf Gott, als den, auf den man sich verlassen kann. (Zitat und Text nach dem Lexikonartikel „Gebet", aus: Religionslexikon. Daten, Fakten und Zusammenhänge. Hg. von Georg Bubolz. 4. überarb. Auflage, Cornelsen Scriptor, Berlin 2001, S. 117 ff.)

3 Spielbeschreibungen des Billardspiels findet man leicht im Internet, z. B. wenn man unter „Google" „Beschreibung Billard" eingibt.

65

3.3 Wenn die Götter tanzen – Übungen zum Beschreiben und Erklären

S. 61

Der tanzende Shiva

1 *a/b)* *Die Zuordnung der Erklärungen könnte so aussehen:*

„Herr des Tanzes" *Shiva ist Zerstörer und gleichzeitig Schöpfer neuen Lebens. Als Nataraja, der Herr des Tanzes, bringt er einen Kreislauf des Lebens zu Ende, damit ein neuer beginnen kann. Diese Statue verbildlicht eine Legende, nach der Shiva 10 000 Ungläubige unterwarf, indem er auf dem Dämon des Unglaubens, der Selbstsucht und der Unwissenheit tanzte.*

Shivas Stirnauge spendet der Welt Licht.

Die Flamme ist ein Symbol für das Feuer, mit dem Shiva die Welt zerstört.

Apasmarapurusa, der schwarze Zwergdämon: Symbol der Unwissen- heit und des Un- glaubens.

Diese Hand weist zum linken Fuß, unter dem der Gläubige Zuflucht finden kann; der linke Fuß verheißt Erlösung.

Der Flammenring, in dem Shiva tanzt, symbolisiert den Kosmos.

2 *Das „Visuelle Lexikon der Weltreligionen" gibt folgende Hinweise:*

Zusammen mit Shiva bilden Vishnu und Brahma die Götter-Trinität der Hindus.

Vishnu, der Erhalter: vereint in sich Gut und Böse und alle anderen Gegensätze. Seine wichtigste Aufgabe ist die Erhaltung der göttlichen Ordnung des Universums, die Aufrechterhaltung des Gleichgewichts zwischen Gut und Böse. Gewinnt das Böse die Oberhand, kommt Vishnu auf die Erde herab, um das Gleichgewicht wieder herzustellen. [...]

Brahma, der Schöpfer: Einer Sage zufolge ist der Schöpfergott Brahma dem goldenen, auf den ewigen Wassern treibenden Weltenei entstiegen. Ursprünglich hatte er nur einen Kopf. Als er dann aus sich selbst eine Partnerin geformt hatte, verliebte er sich in sie. Das Mädchen war durch seine feurigen Blicke beschämt und wollte sich vor ihnen verbergen. Aber wohin es sich auch wandte, nach rechts, nach links oder hinten, jedes Mal wuchs Brahma in dieser Richtung ein neuer Kopf.

(Aus: Das visuelle Lexikon der Weltreligionen.
© Dorling Kindersley Ltd., London/
Gerstenberg Verlag, Hildesheim 2004, S. 88)

3 *a) Mögliche „Starthilfe" für die Bildfigur des Krishna:*

Den Mittelpunkt des Bildes bildet Krishna, der als Verkörperung des Gottes Vishnu gilt.

Erkennungszeichen ist seine blaue Hautfarbe, die die Farbe des Meeres und des Himmels symbolisiert. Dieses Blau hebt sich von dem roten Hintergrund kontrastiv ab.

Krishna – der häufig als Kind oder Jugendlicher abgebildet ist – wird hier als junger Mann dargestellt, der musiziert. Er bläst auf einer Querflöte und macht dabei Tanzschritte, was an der Fußstellung zu erkennen ist: Die Fersen zeigen zueinander, die Zehen nach außen. Die Glöckchen an seinen Fußgelenken greifen den Rhythmus der Flötenmusik auf. ...

c) Als zusätzliche Aufgabe kann eine Beschreibung des gesamten Bildaufbaus gefordert werden:
Das Bild lässt sich aufteilen: in Hintergrund, Mittelgrund und Vordergrund, wobei alle Bildfiguren im (roten) Mittelgrund angesiedelt sind.
Den Hintergrund bildet ein Landschaftsszenario: blauer Himmel, schwarzes Gebirge, mehrere Büsche in verschiedenen Grüntönen (eher olivfarben), zum Teil mit bunten Blüten, davor zwei prächtige Pfauen (das Blau des Himmels und der Vögel wird im Mittelgrund durch die Hautfarbe Krishnas und einige Kleidungsstücke der Tänzerinnen wieder aufgegriffen). Ein orangefarbener Federkranz (vielleicht von einem exotischen Vogel, an den Strahlenkranz der Sonne erinnernd) setzt einen Lichtpunkt; diese Farbgebung findet sich in Krishnas Rock und anderen Kleidungsstücken der Tänzerinnen wieder.
Der Vordergrund wird von einem Rosaton dominiert; hier stehen verschiedene Trinkgefäße in Brauntönen auf grünlichem Untergrund.

4 *a) Kritik an der Portfolio-Seite:*
– Es fehlen Überschrift und Datum.
– Der Text hat keinen sinnvollen Aufbau: Vorgangsbeschreibung und Bedeutung bzw. Funktion eines Mandalas werden nicht klar voneinander getrennt, Informationen dazu tauchen an verschiedenen Textstellen auf.
– Viele Sätze beginnen mit „dann", „und dann".

67

b) Verbesserungsvorschlag:

Mandala – die Mitte finden   3. März 2006

Bedeutung und Funktion eines Mandalas

Das Mandala ist ein altes Meditationszeichen aus der indischen und tibetischen Tradition. Mandala ist das altindische Wort für Kreis. Zu diesem Kreis kann ein Quadrat hinzukommen, innerhalb oder außerhalb des Kreises, um die Konzentration auf die Mitte zu unterstreichen. Um diese Mitte können Figuren oder Muster angelegt sein.

In der östlichen Tradition sind Mandalas Schaubilder der seelischen Ganzheit, aber auch der Darstellung einer göttlichen Ordnung. Indem man sich dieses Bild länger anschaut, dabei ganz still sitzt und ruhig atmet, vertieft man sich in das Bild, kann die auseinanderlaufenden Linien bewusst wahrnehmen und sie zu einem Ganzen, Harmonischen vereinigen. Es heißt, Mandalas haben heilende Wirkung.

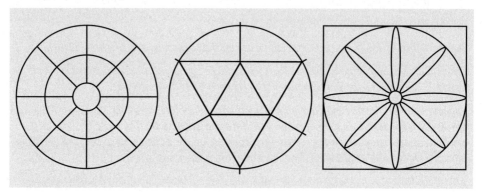

Anleitung für die Herstellung eines Mandalas

Man benötigt ein DIN-A4-Blatt, einen Zirkel, einen Bleistift und Buntstifte oder Wachsmalstifte. Zunächst zeichnet man sich die Urform eines Mandalas auf, d.h. einen Kreis. Anschließend legt man ein Quadrat außerhalb oder innerhalb dieses Kreises an. Mit Hilfe dieser Urform kann man nun weitere Formen aufnehmen, z. B. innerhalb des Kreises eine Stern- oder Sonnenform oder Dreiecke. Schließlich kann man die Formen verschiedenfarbig ausmalen.

Für Fortgeschrittene

In der Natur selbst kommen viele Mandala-Formen vor, die häufig auch eine Bewegung ausdrücken, z. B. Strudel, Spiralnebel, Schneckenhaus, Spinnennetz oder Baumringe.

Ausgehend von Spiralformen in der Natur, lassen sich auch Natur-Mandalas entwerfen.

Lernerfolgskontrolle/ Themen für Klassenarbeiten

Vorschlag 1: Einen vorgegebenen Text überarbeiten

So wird's gemacht

350 g Mehl (= Atta aus dem asiatischen Spezialgeschäft) und Salz in eine tiefe Schüssel geben. Dann erhält man später 8 Fladenbrote (= Chapatti). In die Mitte wird eine Vertiefung eingedrückt. Dann gibt man 4 Esslöffel lauwarmes Wasser hinein und mischt es unter das Mehl. Löffelweise lauwarmes Wasser zufügen und nach jeder Zugabe kräftig kneten. Insgesamt dürfen Sie nur so viel Wasser verarbeiten, dass Sie den Teig zu einem festen Ball formen können. Zu Anfang ist es mir passiert, dass die Teigbällchen viel zu matschig waren, sodass sie ihre Form nicht behalten haben. Das ist eine Übungssache. Insgesamt dauert diese Vorbereitungszeit etwa 15 Minuten. Den Teig dann zugedeckt 30 Minuten ruhen lassen. Also: 30 Minuten Ruhezeit beachten! Während dieser Zeit kann man schon Gemüse oder Fleisch-, Fisch- und Geflügelgerichte, die dazu passen, zubereiten. Aus dem Teig kleine Bällchen von 5 cm Durchmesser formen und auf eine bemehlte Fläche zu Kreisen von 15-20 cm ausrollen. Den Backofen heizen Sie schon einmal auf 50 Grad vor. Eine gusseiserne oder schwere Pfanne ohne Fett bei mittlerer Hitze heiß werden lassen. 1 Fladenbrot hineingeben und ungefähr 1 Minute braten, bis sich die Oberseite etwas dunkler färbt. Achtung: Wenn Sie telefonieren gehen und es vergessen, wird es kohlrabenschwarz! Das Brot wenden und eine weitere Minute braten, beide Seiten sollen leicht gebräunt sein. Das fertige Brot in ein sauberes Küchentuch einhüllen, bitte nicht einfach das gebrauchte Geschirrhandtuch verwenden! In eine feuerfeste Form legen und im Backofen warm halten, die übrigen Brote zubereiten. Fladenbrote warm servieren, sonst beschweren sich Ihre Gäste. Fladenbrote schmecken frisch am besten, lassen Sie sie bloß nicht zu lange liegen, dann werden sie zäh. Aber kleiner Tipp: Den Teig selbst kann man schon mehrere Stunden vorher zubereiten und im Kühlschrank zugedeckt ruhen lassen

1. *Übe Kritik an dem vorliegenden Text „So wird's gemacht". Formuliere in ganzen Sätzen!*

2. *Überarbeite das Rezept so, dass es in einem indischen Kochbuch abgedruckt werden kann. Denke an Absätze. Achte auf die Rechtschreibung!*

Voraussetzung:

Die Rezeptanleitung im Schülerband, S. 52, sollte bearbeitet worden sein.

Erwartungshorizont:

1. *Die Schülerin/der Schüler soll zunächst klar die Kritikpunkte an dem Rezept benennen:*
   - *In der Überschrift fehlt die Angabe, um welches Gericht es sich handelt.*
   - *Der Text ist nicht gegliedert, d. h. der Aufbau eines „klassischen" Kochrezepts wurde nicht berücksichtigt: Zutaten, Mengenangaben, Zubereitungszeit, besondere Hinweise, Anleitung für die Zubereitung.*
   - *Es wurde keine einheitliche sprachliche Form gewählt: Infinitivform, Wendungen mit „man" und Passivform wechseln willkürlich ab.*
   - *Mitunter finden sich sehr persönliche Anmerkungen, die nicht in ein Kochbuch gehören, z. B. „mir ist das auch schon mal passiert". (Bei einer Kochsendung im Fernsehen können solche Wendungen jedoch vorkommen.)*
   - *Das Rezept ist zum Teil umgangssprachlich formuliert statt sachlich und nüchtern.*

2 *Musterlösung für das Rezept:*

Fladenbrote – Chapatti

Zutaten für 8 Fladenbrote:
350 g Atta (= indisches Mehl aus dem asiatischen Spezialgeschäft), Salz

Passt zu Gemüse, Fleisch-, Fisch- und Geflügelgerichten

Hinweis:
- *Schmecken frisch am besten; werden nach ein paar Stunden zäh.*
- *Den Teig selbst kann man mehrere Stunden vorher zubereiten und im Kühlschrank zugedeckt ruhen lassen.*

Vorbereitungszeit: 15 Minuten
Ruhezeit: 30 Minuten
Garzeit: 30 Minuten

Mehl und Salz in eine tiefe Schüssel geben. In die Mitte eine Vertiefung eindrücken. 4 Esslöffel lauwarmes Wasser hineingeben und unter das Mehl mischen. Löffelweise weiter lauwarmes Wasser hinzufügen und nach jeder Zugabe kräftig kneten. Insgesamt nur so viel Wasser verarbeiten, dass man den Teig zu einem festen Ball formen kann. Den Teig zugedeckt 30 Minuten ruhen lassen. Aus dem Teig kleine Bällchen von 5 cm Durchmesser formen und auf einer bemehlten Fläche zu Kreisen von 15–20 cm ausrollen. Den Backofen auf 50 Grad vorheizen. Eine gusseiserne oder schwere Pfanne ohne Fett bei mittlerer Hitze heiß werden lassen. 1 Fladenbrot hineingeben und ungefähr 1 Minute braten, bis sich die Oberseite etwas dunkler färbt. Das Brot wenden und eine weitere Minute braten, beide Seiten sollen leicht gebräunt sein. Das fertige Brot in ein sauberes Küchentuch einhüllen, in eine feuerfeste Form legen und im Backofen warm halten, die übrigen Brote zubereiten. Fladenbrote warm servieren.

Hierbei kann auch durchgängig die man-Form oder die Passivform verwendet werden.

Vorschlag 2: Einen literarischen Text (Jugendbuchauszug) mit Hilfe von Fragen auf Wirkung und Intention untersuchen

Klaus Kordon

Munli in Allahabad

Ich geriet in eine breite Straße mit hohen Häusern und sah die ersten Autobusse meines Lebens. Alle total überfüllt. Ich sah vornehme Leute noch vornehmere Geschäfte verlassen und mit Autos davonfahren und auch hier wieder Bettler, die ihre Hände ausstreckten und in einem eintönigen Singsang vor sich hin klagten. Erneut geriet ich in eine Nebenstraße und hatte plötzlich den bekannten Geruch nach Räucherstäbchen, vielerlei Gewürzen und süßlichem Fleisch in der Nase – den Geruch der Verbrennungsplätze! Ich folgte ihm, sah dichte Rauchschwaden aufsteigen und stand vor den Ghats[1], den heiligen Treppen, die zum Ganges[2] hinunterführten.
Ich, Munli, Mädchen aus einem Dorf ohne Brunnen, am Ganges, dem heiligen Fluss, von

1 **Ghats:** Stufen, die zum Ganges hinunterführen. Hier singen, beten und baden die gläubigen Hindus, hier verbrennen sie ihre Toten.
2 **Ganges:** heiliger Fluss der Hindus, er fließt vom Himalaya nach Südosten, wird als Göttin Ganga verehrt (Mata Ganga). Viele Menschen pilgern an den Ganges, weil sie glauben, dass der Fluss reinigende Kräfte besitze. Bei religiösen Festen versammeln sich Tausende von Menschen an seinen Ufern.

dem Bhimal, unser Dorfpriester, mir schon vorgeschwärmt hatte [...]. Ich kann das Gefühl, das mich in jenem Moment ergriff, unmöglich schildern, es geht über allen Verstand hinaus. Was ich aber sah, kann ich schildern – einen Fluss voller Menschen: unzählige Männer und Frauen, die im heiligen Wasser badeten, Wasser schöpften, zwischen den Fingern hindurchrinnen ließen und abermals schöpften – alles der Sonne zugewandt; plärrende Babys, die von den Eltern ins Wasser getaucht wurden; Witwen, die im Wasser stehend unentwegt ihre Rosenkränze in den Händen drehten und dabei Gebete vor sich hin murmelten; Familien, die Blumengestecke und Reis opferten; Hinterbliebene, die von Booten aus die Asche ihrer Verstorbenen in den Fluss streuten ... Und am Ufer, auf den Ghats, die in weißes Leinen gehüllten Toten, die von Dhuans[3] eingeäschert und ebenfalls dem heiligen Fluss zugeführt werden sollten. Dazu Priester in safranfarbenen Gewändern, die segneten, heilige Texte rezitierten[4] und Geschenke entgegennahmen, Barbiere[5], die ihren Kunden vor den heiligen Waschungen die Haare schnitten oder sie rasierten, und wiederum Bettler, die ihren Singsang vor sich hin murmelten. Knochendürre Kühe, magere Ziegen, Hunde mit schorfigem Fell rundeten das Bild ab. Und auf den heiligen Stufen selbst Kot, Kuhdung, Menschenhaare und Fliegen, Fliegen über Fliegen ... Wer in Allahabad oder einem anderen Pilgerort am Ganges aufgewachsen ist, wird das alles ganz normal finden, für mich bedeutete dieser Anblick neben aller Begeisterung auch Enttäuschung. Ich hatte mir Mata Ganga so vorgestellt, wie Bhimal uns die Mutter aller Flüsse einst beschrieben hatte: blau und rein, klar und sauber; Götternektar! Und nun? Zwischen all den Gläubigen trieb ein toter Hund den Fluss hinunter, nicht weit entfernt von ihm der halb verweste Kadaver einer Kuh, dazwischen nicht völlig verbrannte menschliche Leichenreste, Kot und welke Blumen, Asche, Abfall und Dreck. Ich stand lange da und sah dem Treiben zu, das wohl bis Sonnenuntergang anhalten würde. Dann wanderte ich ein wenig von den Ghats fort, vorbei an immer neuen Leichen, die auf Ochsenkarren herantransportiert wurden, vorbei an vielen Männern und Frauen, die von weit her kamen, um Mata Ganga wenigstens die Asche ihrer Toten zu bringen. [...]

Auf einer unebenen Terrasse aus festem, dünn bewachsenem Sandboden hockte ich mich hin und blickte auf den Fluss hinaus. Der rote Sonnenball verschwand hinter dem Horizont, Dämmerung breitete sich aus. Aber immer noch brannten die Feuer der Dhuans, lag dicker, schwerer Qualm über dem Fluss. Erst als alles still und dunkel um mich war, verkroch ich mich in eine Sandkuhle und schloss die Augen. Hier konnte ich ruhig schlafen, hier konnte mir niemand was tun; Mata Ganga würde mich beschützen.

---

3 **Dhuans:** Leichenverbrenner

4 **rezitieren:** vortragen

5 **Barbier:** veraltet für Frisör

(Aus: Klaus Kordon: Wie Spucke im Sand.
Beltz & Gelberg, Weinheim/Basel 1987, S. 272–274)

---

1 *Zeige auf, was Munli an ihrem ersten Tag in der Großstadt wahrnimmt:*
   – *Berücksichtige dabei die verschiedenen Sinneswahrnehmungen.*
   – *Gehe darauf ein, was Munli schildern kann, was nicht. Welche Schwierigkeiten hat sie?*
   – *Was begeistert sie, was enttäuscht sie?*

2 *Weise am Text (mit konkreten Textbelegen) nach, mit welchen sprachlichen Mitteln Munlis Wahrnehmungen und Erlebnisse dargestellt werden, und erläutere, welche Wirkung dies beim Leser hat.*

Möglicher weiterführender Schreibauftrag:

3 *Wähle dir – in Gedanken – einen Ort am Meer, an einem Fluss oder See aus und schildere anschaulich deine Wahrnehmungen und Empfindungen.*

Voraussetzung:

Bearbeitung des Textauszugs aus demselben Jugendroman auf S. 53 ff. im Schülerband.

Erwartungshorizont:

1 *Als mögliche Vorarbeit könnten die Schülerinnen und Schüler eine Tabelle nach folgendem Muster anlegen, um dann einen zusammenhängenden Text zu schreiben:*

Sinneswahrnehmungen			
sehen	**hören**	**riechen/schmecken**	**fühlen**
– die ersten Autobusse, total überfüllt – vornehme Leute in noch vornehmeren Geschäften – Bettler – dichte Rauchschwaden – heilige Treppen (Ghats) zum Ganges – Fluss voller Menschen (Frauen, Männer, Witwen, Priester) – ...	– eintöniger Singsang der Bettler – plärrende Babys – Geschrei der Kinder – Gebete der Menschen (Witwen) – Gebete der Priester, Segensgrüße, Rezitationen heiliger Texte – ...	– Räucherstäbchen, Gewürze, Geruch der Verbrennungsplätze – ...	

Munli schildert das, was sie sieht, hört und riecht. Der Leser erfährt, dass sie das, was sie dabei fühlt, nicht schildern kann (Z. 19 ff.). Es ist für sie ein besonders bedeutender Moment, selbst an diesem heiligen Fluss zu stehen, von dem sie bisher nur gehört hat. „Es geht über allen Verstand hinaus." (Z. 21) Deshalb kann sie es nicht in Worte fassen, es ist ein un(!)-beschreibliches Gefühl.

Zu Hause (in einem Dorf, in dem es noch nicht einmal einen Brunnen gab) erzählte ihr der Dorfpriester (Bhimal) von dem heiligen Fluss, der Mata Ganga, er schwärmte ihr vor. In Munlis Vorstellung entwickelte sich ein Bild von einem Fluss, der rein, blau und klar ist, „Götternektar". Nun sieht sie die Realität: Gestank, Tod, hungernde Tiere, Dreck, Abfall usw. Sie ist – trotz aller Begeisterung – enttäuscht. Die Realität entspricht nicht ihrer Vorstellung. Der Dorfpriester hat ihr die Legende der Mata Ganga erzählt, nicht die wahrnehmbare Wirklichkeit. Dennoch glaubt sie an die Wirkkraft des heiligen Flusses: „Mata Ganga würde mich beschützen." (Z. 81 f.)

2 *Auch in diesem Text finden sich zahlreiche Beispiele für die sprachlichen Besonderheiten des Schilderns:*
Wortebene:
– *viele anschauliche Adjektive/Adjektivattribute: dichte Rauchschwaden, safranfarbene Gewänder, knochendürre Kühe, magere Ziegen etc.*
– *treffende Verben: (Hände) ausstrecken, vor sich hin klagen, vor sich hin murmeln etc.*
Satzebene:
– *elliptischer Satzbau (hier häufig mit einem längeren Relativsatz verbunden), z. B. „Und am Ufer, auf den Ghats, die in weißes Leinen gehüllten Toten, die von Dhuans eingeäschert und ebenfalls dem heiligen Fluss zugeführt werden sollten." (Z. 34 ff.)*
– *häufiges Stilmittel: Aufzählungen, Häufung: „Und auf den heiligen Stufen selbst Kot, Kuhdung, Menschenhaare und Fliegen, Fliegen über Fliegen." (Z. 46 ff.)*
– *Steigerung: „Ich sah vornehme Leute noch vornehmere Geschäfte verlassen …." (Z. 3 f.)*

Wirkung:

Der Leser kann sich in die Ich-Erzählerin, Munli, hineinversetzen. Er kann mitverfolgen, was sie nach und nach sieht, hört und riecht. Das enttäuschende Erlebnis, dass es sich beim Ganges um einen stinkenden, schmutzigen Fluss handelt, der Ekelgefühle hervorruft und jegliche Vorstellung von „Götternektar" zerstört, ist eine Erfahrung, die auch viele Touristen machen und die der Leser sofort nachvollziehen kann: Auch er schüttelt sich gleichsam und wundert sich, wie dennoch so viele Hindus diesen Fluss als „heiliges Wasser (Z. 24) ansehen können, in dem sie „heilige Waschungen" (Z. 41 f.) vornehmen.

3 *Falls im Unterricht bereits ähnliche produktionsorientierte Aufgaben gestellt wurden, kann diese Aufgabenstellung als weiterführender Schreibauftrag angemessen sein.*
Kriterien: Das Schildern steht im Vordergrund: Anschaulichkeit, treffende Verben und Adjektive, unter Umständen auch bestimmte Metaphern und Vergleiche, Berücksichtigung des speziellen Ortes.

Vorschlag 3: Sich mit einem literarischen Text durch Umgestaltung auseinandersetzen

Der oben abgedruckte Textauszug aus Klaus Kordons Jugendroman könnte auch für einen anderen Aufgabentyp genutzt werden: Die Schülerinnen und Schüler setzen sich mit einem literarischen Text durch Umgestaltung auseinander, indem sie z. B. einen Dialog schreiben oder die Perspektive wechseln. Munli könnte am Ganges auf ein anderes (älteres) indisches Mädchen treffen, das in der Stadt aufgewachsen ist. Ihm schildert sie ihre Erlebnisse. Das Mädchen erzählt ihr etwas über das Stadtleben. Der Dialog zwischen den Mädchen stünde im Vordergrund des Schreibprozesses. Hier wäre die Voraussetzung, dass die Schülerinnen und Schüler sich über das Leben in indischen Städten etwas informiert haben und vielleicht auch Material über den Ganges im Unterricht behandelt wurde (es gibt zahlreiche Dokumentarfilme darüber).

Vorschlag 4: In einem funktionalen Zusammenhang auf der Basis von Materialien sachlich beschreiben

Für eine Klassenarbeit dieses Typs lassen sich die Aufgaben 1 und 2 des Zusatzmaterials auf S. 53 in diesem Handbuch nutzen.

Literaturhinweise

Beschreiben: Orte, Wege, Räume. Praxis Deutsch 61/1983

Beschreiben und Beschreibungen. Praxis Deutsch 182/2003

Eikenbusch, Gerhard: Qualität im Deutschunterricht der Sekundarstufe I und II. Cornelsen Scriptor, Berlin 2001, S. 223 ff: Portfolio

Fenske, Ute/Grunow, Cordula/Schurf, Bernd (Hg.): Dinge, Vorgänge, Personen beschreiben, schildern, charakterisieren – vom „subjektiven" zum „objektiven" Schreiben im Deutschunterricht. In: Deutschbuch. Ideen für den Unterricht 7/8. Cornelsen, Berlin 2002, S. 193–195

Fenske, Ute: Recherchieren mit Suchdiensten – in zwei Stufen (Klassen 7–10). In: Breilmann, Sybille/Grunow, Cordula/Schopen, Michael (Hg.): Computer, Internet & Co im Deutschunterricht ab Klasse 5. Cornelsen Scriptor, Berlin 2003, S. 55 ff.

Shiva tanzt. Das Indien-Lesebuch. Hg. von Dieter Riemenschneider. Unionsverlag, Zürich 1999

4 Sport und Freizeit – Sachtexte schreiben und verstehen

Konzeption des Gesamtkapitels

Das Kapitel befasst sich mit der Analyse und Produktion kontinuierlicher und diskontinuierlicher Sachtexte. Im Mittelpunkt des ersten Teilkapitels (**„Situation und Absicht entscheiden – Berichten"**) steht das Verfassen eines (Zeitungs-)Berichts; damit wird ein wichtiges Beispiel für einen Sachtext vorgestellt. Um die Eigenart dieser Textsorte herauszustellen, wird unter den Aspekten „Situation" und „Intention" das Berichten gegen das Erzählen abgegrenzt. Das Teilkapitel leistet so eine Hinführung zum sachlichen Berichten und seinen Bedingungen, und es liefert darüber hinaus einen Beitrag zu einer bewussten Wahl von Textsorten bzw. Schreibhaltungen. In diesem Zusammenhang werden auch die Möglichkeiten der indirekten Redewiedergabe angesprochen, deren systematische Einführung in Klasse 8 erfolgt.

Das zweite Teilkapitel (**„Sport, den nicht jeder ausübt – Sachtexte untersuchen"**) bietet drei Sachtexte an, die sich mit verschiedenen Sportarten befassen. Inhaltlich werden sowohl Mädchen („Voltigieren: Ballett hoch zu Ross") als auch Jungen („Im Sturzflug Richtung Urwald") angesprochen. Bei dem ersten und dem dritten Text handelt es sich um Reportagen; die Textsorte wird in ihren Grundzügen vorgestellt. Der zweite Text enthält allgemeine Informationen über die Tour de France in historischer Perspektive; er könnte in einer Fachzeitschrift, aber auch in einem Sachbuch stehen. Die breit angelegten Aufgaben zielen nicht nur auf die inhaltliche Erschließung des jeweiligen Textes, sondern auch auf Aspekte, die für den Umgang mit Sachtexten von grundsätzlicher Bedeutung sind. Dazu gehören Methoden der Lesestrategie (z. B. in der bewussten Aufforderung zu überfliegendem Lesen), der Umgang mit Fremd- bzw. Fachwörtern und der Hinweis auf verschiedene Möglichkeiten der visualisierenden Fixierung von Informationen aus einem Sachtext. In den Text über die Tour de France sind mehrere Grafiken eingebettet. Nachdem in den Bänden 5 und 6 des „Deutschbuchs" im Wesentlichen das Lesen von Grafiken „an sich" vermittelt worden ist, geht es nun um den Bezug zwischen Grafik und Text und damit um die Funktion und Leistung von Grafiken im Textganzen. Damit werden neben kontinuierlichen auch diskontinuierliche Sachtexte berücksichtigt. Abgerundet wird das Teilkapitel durch Hinweise und Aufgaben zur schriftlichen Inhaltszusammenfassung.

Das dritte Teilkapitel (**„Projekt: Freizeit.web – Eine Homepageseite entwerfen"**) enthält Anregungen zur Gestaltung einer eigenen Seite auf der Schulhomepage. Dabei wird der Aspekt „Textsorte" aufgegriffen, der im zweiten Teilkapitel zentral war, ebenso die mögliche Einbindung von Grafiken. Der Lernzuwachs besteht in der präzisen Planung und Durchführung eines Projekts; inhaltlich werden die Textsorten „Anzeige" und „Anfrage" eingeführt.

Weiteres Übungsmaterial zu diesem Kapitel

Übungsmaterial im **„Deutschbuch Arbeitsheft 7"**
– Sachlich Berichten: S. 8–9   – Sachtexte lesen und verstehen: S. 75–79
– Das Verb: Modus: S. 19–21

Die Übersicht auf den Seiten 310 f. dieses Bandes zeigt Verknüpfungen der Software-Übungen **„Deutschbuch 7 interaktiv"** mit diesem Kapitel.

Inhalte	Kompetenzen

Inhalte

S. 65 **4.1 Situation und Absicht entscheiden – Berichten**

S. 65 **Stau ist nicht gleich Stau – Informationen weitergeben**

S. 66 **Felix, der begeisterte Reporter – Zeitungsbericht**

S. 68 **Informationen indirekt wiedergeben**

S. 71 **4.2 Sport, den nicht jeder ausübt – Sachtexte untersuchen**

S. 71 **Informationen ermitteln – Fremdwörter klären, Grafiken verstehen**

S. 71 Wilhelm Kleene **Voltigieren: Ballett hoch zu Ross**

S. 74 **Jedes Jahr aufs Neue: (Tor-)Tour de France**

S. 76 **Informationen festhalten – Inhalte zusammenfassen**

S. 76 Dela Kienle **Uoahah! Im Sturzflug Richtung Urwald**

S. 78 **4.3 Projekt: Freizeit.web – Eine Homepageseite entwerfen**

Kompetenzen

Die Schülerinnen und Schüler können
– Berichte schreiben und dabei die Anforderungen an die Textsorte berücksichtigen;
– Situation und Intention als wesentliche Faktoren für die Wahl der Textsorte erkennen und nutzen;

– Merkmale des Zeitungsberichts benennen, die sie aus einer Fehlform entwickelt haben;

– die indirekte Redewiedergabe in einfachen Zusammenhängen benutzen;
– den Konjunktiv bilden.

Die Schülerinnen und Schüler können
– kontinuierliche und diskontinuierliche Sachtexte inhaltlich erschließen;
– die Methode des ersten überfliegenden Lesens anwenden;
– Fach- und Fremdwörter situationsangemessen verwenden;
– Informationen aus Sachtexten entnehmen;
– Merkmale der Textsorte „Reportage" benennen;

– verschiedene Formen von Grafiken lesen und ihre Bedeutung/Leistung beschreiben;
– Grafiken zum Fließtext in Beziehung setzen;
– Stichwortliste, Flussdiagramm und Mind-Map nutzen, um Informationen aus Texten festzuhalten;
– eine Inhaltsangabe schreiben;
– das erworbene Textsortenwissen anwenden.

Die Schülerinnen und Schüler können
– vorgegebene Schritte zur Planung und Durchführung eines Projekts für die Erstellung einer Seite für die Schulhomepage nutzen;
– die Textsorten „Bericht" und „Reportage" gezielt anwenden;
– Merkmale der Textsorten „Anzeige" und „Anfrage" benennen.

4.1 Situation und Absicht entscheiden – Berichten

S. 65

Stau ist nicht gleich Stau – Informationen weitergeben

1 *Vergleich der beiden Texte:*
- *In dem Text links erzählt der Sprecher, was er selbst erlebt hat; er schildert dies sehr emotional.*
- *Der Text rechts ist eine kurze Meldung (Nachricht) aus einer Zeitung.*

2 *a/b) Vorschlag für ein Tafelbild:*

	Situationen, für die die Texte angemessen formuliert sind	Absicht des Verfassers
Text links	*auf dem Weg zur Schule / auf dem Schulhof / beim Treffen mit Freunden nach einem Wochenende oder nach Ferienende*	*die Zuhörer* *- an dem eigenen Erlebnis teilhaben lassen* *- unterhalten* *- hier auch: beeindrucken*
Text rechts	*nach einem verkehrsreichen Wochenende oder nach Ferienende in der Zeitung*	*sachliche Informationen über ein Verkehrschaos geben*

3 *Eher erzählt wird in den Situationen Nr. 3, 4, 5.*
Eher berichtet wird in den Situationen Nr. 1, 2, 6, 7, 8.

4 *Erzählen und berichten:*
- *Wer erzählt, will die Zuhörer „packen" – die Zuhörer an den eigenen Erlebnissen teilhaben lassen – die Zuhörer unterhalten.*
- *Wer berichtet, will die Zuhörer über etwas informieren.*

S. 66

Felix, der begeisterte Reporter – Zeitungsbericht

1 *a) Felix hat keinen Bericht geschrieben, der sachlich und nüchtern sein müsste, sondern eine Reportage, die unter anderem durch – mehr oder weniger starke – innere Beteiligung des Verfassers gekennzeichnet ist.*
Besonders deutlich weichen folgende Stellen von der Textsorte „Bericht" ab: Z. 17–24, Z. 29 f., Z. 37 ff.
Begründungen: Felix' Text enthält:
- *Hinweise auf persönliche Beziehungen zu einem Spieler (Z. 21: „mein Freund") und eine Parteinahme für eine Mannschaft (Z. 29 f.);*

- zahlreiche sehr persönliche Wertungen, unterstützt durch die Ausrufezeichen (was auch in Z. 33 für einen Bericht unpassend ist);
- Präsens ab Z. 37.

Hinweis zur ersten Spalte der „Textlupe" („Das hat mir gut gefallen!"): Dem Stil des Berichts werden nur die Zeilen 25 (vom zweiten Satz an) bis 36 gerecht – mit Ausnahme der erwähnten Parteinahme (Z. 29 f.) und des Ausrufezeichens in Z. 33.

Als problematisch müsste man in einem Bericht auch den verzögernden und damit die Spannung steigernden Gedankenstrich in Z. 32 werten.

b) Wichtig für den Bericht:
- Angaben zum Ort der Veranstaltung und den teilnehmenden Vereinen;
- gegebenenfalls sachliche Beschreibung des Verlaufs;
- Darstellung des Endresultats.

Ein Zeitungsbericht könnte folgendermaßen aussehen:

Gestern fand in ... das jährliche Jugendturnier des Tennisclubs ... [Name des Clubs] statt. Dessen Spieler Thomas Grach gewann das Finale und damit das Turnier in einem dramatischen Spiel mit 6:3 und 6:2.

Die ersten Spiele verliefen ruhig und ohne größere Spannung. Beide Mannschaften schienen gleich stark zu sein, und gegen Mittag stand es unentschieden. Vom ersten Spiel des Nachmittags an schien dann für die einheimische Mannschaft zunächst alles schiefzugehen, aber Thomas Grach gelang es schließlich, im Finale das Turnier für sich zu entscheiden.

2 a) Unterschiede in den Berichten über das Tennisturnier:
- In der **örtlichen Tageszeitung** wird man sich auf das Wesentliche beschränken (s. oben, Lösungsvorschlag zu Aufgabe 1);
- in der **Vereinszeitung** wird man die Leistung der eigenen Spieler besonders hervorheben, daneben z. B. auch über die gelungene Organisation des Turniers oder über aufgetretene Probleme berichten;
- gegenüber einer **Freundin oder einem Freund**, die nicht selbst dabei waren, wird man – je nach deren Interesse am Tennis – insgesamt auch stärker die persönlichen Leistungen oder Patzer einzelner Spieler darstellen; außerdem wird hier die persönliche Wertung eine Rolle spielen, der Bericht also stark in eine Erzählung übergehen;
- ähnlich ist es, wenn man den **Großeltern** von dem Turnier berichtet: Auch hier wird man stark zum Erzählen neigen, allerdings in einer anderen Sprache als gegenüber Freundin oder Freund.

b) Die Unterschiede erklären sich dadurch, dass man sich auf die verschiedenen Adressaten einstellt, und zwar sowohl inhaltlich (Orientierung am Interesse des jeweiligen Adressaten) als auch sprachlich.

3 Zusätzlich zu den Interessen des Adressaten, also dem Inhaltsaspekt, den die Aufgabenstellung in den Mittelpunkt rückt, könnte man auch die sprachliche Ebene einbeziehen.

S. 68

Informationen indirekt wiedergeben

1 a) *Die Anführungszeichen weisen auf direkte Rede hin.*

b) *Vorschlag für ein Tafelbild:*

direkte Rede (mit Anführungszeichen)	**indirekte Rede** (ohne Anführungszeichen)
– „Ich beobachte das schon seit Längerem." (Z. 15 f.) – „Die Frau versucht dann jedes Mal das Gespräch in die Länge zu ziehen. Jetzt verstehe ich, warum sie das macht." (Z. 16 ff.) – „Nach dem Auftritt des Paares fehlen in der Vitrine die wertvollsten Stücke." (Z. 21 f.)	– Bei den mutmaßlichen Tätern handle es sich um ein Paar... (Z. 9 f.) – Ihr Trick laufe dabei immer nach demselben Muster ab... (Z. 10 ff.) – Nach Betreten des Geschäfts verwickle die Frau das Personal in ein Beratungsgespräch, während der Mann sich die Vitrine anschaue. (Z. 12 ff.) – Offensichtlich hätten die Diebe eine Menge Ahnung von Juwelen. (Z. 19 f.) – ... die Polizei tappe derzeit noch im Dunkeln... (Z. 23 f.)

c) *Vorschlag für ein Tafelbild:*

Umformulierung der direkten Rede in indirekte Rede	**Umformulierung der indirekten in direkte Rede**
– Sie beobachte das schon seit Längerem. – Die Frau versuche dann jedes Mal das Gespräch in die Länge zu ziehen. Jetzt verstehe sie, warum sie das macht. – Nach dem Auftritt des Paares fehlten in der Vitrine die wertvollsten Stücke.	– „Bei den mutmaßlichen Tätern handelt es sich um ein Paar..." – „Ihr Trick läuft dabei immer nach demselben Muster ab..." – „Nach Betreten des Geschäfts verwickelt die Frau das Personal in ein Beratungsgespräch, während der Mann sich die Vitrinen anschaut." – „Offensichtlich haben die Diebe eine Menge Ahnung von Juwelen." – „... die Polizei tappt derzeit noch im Dunkeln..."

2 *Umformulierungen der Zeugenaussagen in indirekte Rede:*
- In der Nähe des Geschäftes stehe schon seit Tagen ein grüner Kombi, meistens laufe der Motor. Jetzt sei er weg. Sie glaube, es handle sich dabei um das Fluchtauto.
- Sie würden das Paar kennen. Die Frau mache immer einen äußerst interessierten Eindruck und erkundige sich bei jedem Schmuckstück nach dem Kunstschmied und dem Material.
- Er setze eine Belohnung von 5000 Euro für die Ergreifung der Täter aus. Die müssten jetzt endlich ergriffen werden.

3 a) Einige weitere denkbare Aussagen, die die Schülerinnen und Schüler in indirekte Rede umformulieren können:
„Der Chef hat eine Versicherung gegen Diebstahl. Die erneuert er jedes Jahr. Trotzdem achtet er natürlich auf höchste Sicherheit. Aber oft sind sehr viele Kunden im Geschäft, und dann kann man nicht immer alles im Auge behalten. Daher kann immer wieder etwas passieren."

4 a) Die Formen, die im Indikativ Präsens und im Konjunktiv I übereinstimmen, sind in der Regel: 1. Person Sg. sowie 1. und 3. Person Pl. – Ausnahme: Bei „müssen" stimmen die Formen in der 1. Person Sg. nicht überein; der Konjunktiv I in der 1. Person Sg. lautet „müsse".

b/c) Die folgende Übersicht zeigt in der ersten Spalte die Konjunktiv-I-Formen, die sich nicht vom Präsens unterscheiden; die zweite Spalte enthält die Konjunktiv-II-Formen; die dritte Spalte ist angekreuzt, wenn die Umschreibung mit „würde" gewählt werden sollte, weil auch die Konjunktiv-II-Form nicht eindeutig ist:

	Konjunktiv-I-Formen, die sich nicht vom Präsens unterscheiden	Konjunktiv-II-Formen	mit „würde" umschreiben
ich	lese	läse	
wir	lesen	läsen	
sie	lesen	läsen	
ich	male	malte	x
wir	malen	malten	x
sie	malen	malten	x
wir	müssen	müssten	
sie	müssen	müssten	
ich	esse	äße	
wir	essen	äßen	
sie	essen	äßen	
ich	schlafe	schliefe	
wir	schlafen	schliefen	x
sie	schlafen	schliefen	x
ich	werde	würde	
wir	werden	würden	
sie	werden	würden	
ich	falle	fiele	
wir	fallen	fielen	x
sie	fallen	fielen	x
ich	laufe	liefe	
wir	laufen	liefen	x
sie	laufen	liefen	x
	...	...	

Im mündlichen Sprachgebrauch verwendet man die Umschreibung mit „würde" häufiger als im schriftlichen.

4.2 Sport, den nicht jeder ausübt – Sachtexte untersuchen

S. 71

Informationen ermitteln – Fremdwörter klären, Grafiken verstehen

S. 71

Wilhelm Kleene

Voltigieren: Ballett hoch zu Ross

1 *Der Text handelt vom Training für das Voltigieren und ein wenig auch vom Voltigieren insgesamt. Schlüsselwörter sind:*
- *„Schwierigkeit beim Voltigieren" (Z. 15 f.);*
- *„Betrieb in der Reithalle" (Z. 24);*
- *„Training" (Z. 39, in der Zwischenüberschrift);*
- *„Zusammenwirken von Sportlern, Pferd und dem Longenführer" (Z. 89 f.)*

2 *Welche Fragen beim zweiten Lesen gestellt werden, ist natürlich individuell sehr verschieden. Hier kann man gegebenenfalls auf die Bedeutung verschiedener Einflussfaktoren hinweisen, z. B. auf die Konzentration, aber auch auf das Interesse. Dementsprechend könnten z. B. Fragen zum Trainingsablauf, zu den notwendigen Voraussetzungen für das Voltigieren, zu Altersbeschränkungen usw. gestellt werden.*

3 *a–c) Vorschlag für ein Tafelbild:*

Fachwort, Fremdwort	aus dem Kontext erschlossen	Bedeutung laut Wörterbuch
Longenführer (Vorspann)	derjenige, der die „lange" Leine führt	Führer der langen Laufleine
Longe (Z. 9)	„lange" Leine	sehr lange Laufleine für Pferde
Stockmaß (Z. 10)	Größe des Pferdes	mit dem Messstock an der Schulter, d.h. oberhalb der Vorderbeine, gemessene Größe der Haustiere
Grazie (Z. 18)	schöne, glatte Bewegung	Anmut
Kür (Z. 23)	die Übung, die man selbst wählt	Wahlübung im Sport

4 *a) Es erscheint sinnvoll, den Text nicht allzu kleinschrittig einzuteilen, weil sonst die Übersichtlichkeit darunter leidet.*
Einteilung des Textes in Sinnabschnitte:
Z. 1–20: Eleganz der Bewegungen als Voraussetzung für gute Bewertungen (das beschriebene Problem des „Aufsitzens", Z. 1–14, ist eine Hinführung dazu)
Z. 20–56: Die Trainingsarbeit in der Halle – allgemeiner Überblick

Z. 57–78:   Kraft und Mut als wichtige Voraussetzungen für das Voltigieren
Z. 79–85:   Altersbeschränkungen
Z. 86–101:   Enge Beziehung zum Pferd

b) Die Beschreibung konkreter Ereignisse und die Vermittlung von Hintergrundinformationen gehen – typisch für die Reportage – meist nahtlos ineinander über. Daher überschneiden sich im Folgenden die Zeilenangaben an einigen Stellen:

Beschreibung konkreter Ereignisse:	Z. 1–14, 24–34, 40–66, 71–78, 86–88, 96–101
Hintergrundinformationen:	Z. 15–23, 35–38, 56–61, 67–72, 76–85, 86–99

Stellen, die besonders lebendig und anschaulich sind und das persönliche Erleben des Reporters erkennen lassen: Z. 2–6, Z. 33–38, Z. 72 f.

5 **Konkrete Ereignisse:**
– Üben des Aufsitzens (Z. 1–14)
– Trainingselemente (Z. 40 ff., 62 ff.)

Allgemeine Informationen:
– Grundvoraussetzungen für das Voltigieren: Eleganz (Z. 16 ff.), Kraft (Z. 53 ff.) und Mut (Z. 67 ff.);
– Bedeutung des Aufwärmens (Z. 57 ff.);
– rechtliche Bestimmungen: bzgl. der Formationen (Z. 77 ff.), des Alters der Teilnehmerinnen (Z. 81 ff.) und des Alters der Pferde (Z. 86 f.);
– enge Beziehung zwischen Mensch und Tier (88 ff.).

6 Zu achten ist vor allem auf die nahtlose Verbindung von erlebtem Geschehen und allgemeinen Informationen.

Jedes Jahr aufs Neue: (Tor-)Tour de France

S. 74

1 Die Antworten auf diese Fragen sind natürlich subjektiv. Erwarten kann man, dass die Informationen über die Gangschaltung (Z. 35 ff.) besonderes Erstaunen auslösen, eventuell auch die über die Distanzen (Z. 22 ff.).

2 a) Die Abbildung enthält drei Topografiken:
– links oben eine Gesamtübersicht über die Streckenführung eines bestimmten Jahres;
– rechts oben die Darstellung einer Tagesstrecke;
– unten die Darstellung der Steigungen in einer Tagesstrecke.

b) Die beiden oberen Grafiken geben Strecken**pläne** wieder, die untere ein Strecken**profil**.

c) Das Streckenprofil kann vor allem als Ergänzung zu dem Hinweis auf „gute Bergfahrer" (Z. 72) interessant sein, eventuell in Verbindung mit der Information, dass niemals alle Teilnehmer das Ziel erreichen (Z. 5 ff.). In historischer Sicht kann ein Streckenprofil auch im Zusammenhang mit den Informationen über die Gangschaltung (Z. 35 ff.) erhellend sein.

d) Eine „Legende" ist im unteren Balken des Streckenprofils enthalten:
– unter „Bergkategorie" wird der Schwierigkeitsgrad eines Berges angegeben (4 Grade), wobei es nicht auf die Höhe eines Berges ankommt, sondern auf die Steigungen;

– „S" bezeichnet Strecken, auf denen ein Sprint vorgesehen ist;
– das Gastronomie-Logo kennzeichnet die Stellen, an denen die Fahrer Verpflegung erhalten.

3 a) Zur Erläuterung des Kurvendiagramms kann man vor allem die Informationen über die technischen Entwicklungen heranziehen (Z. 32 ff., Z. 57 ff.).

b) Einen stärkeren „Knick", also eine stärkere Zunahme der Geschwindigkeit, erwartet man eigentlich im Zusammenhang mit der Einführung der Gangschaltung (Z. 35 ff.).

4 Erläuterung des Säulendiagramms auf S. 74 im Schülerband:

a) Die Zahlen von 0 bis 200 geben die Zahl der Fahrer an.

b) Die linke Säule bei jeder Jahreszahl gibt an, wie viele Fahrer in dem genannten Jahr gestartet sind, die rechte Säule bezeichnet die Zahl der Fahrer, die jeweils das Ziel erreicht haben.
Die Säulen zum Jahr 1913 fallen dadurch auf, dass erheblich mehr Fahrer gestartet sind als in den Jahren davor und danach und dass überdurchschnittlich viele Fahrer das Ziel nicht erreicht haben. Zu Letzterem findet sich auch eine Aussage im Text, und zwar in Z. 12 f.

Informationen festhalten – Inhalte zusammenfassen

Dela Kienle
Uoahah! Im Sturzflug Richtung Urwald

1 Hier kann natürlich keine allgemeine Vorgabe gemacht werden, weil das Behalten des Gelesenen subjektiv ist. Man kann unter Umständen genau das auch thematisieren: Warum behält der eine dies, der andere jenes? Damit würde man sich einer Reflexion über das Leseverstehen annähern, konkret über die wichtigen Faktoren „Leserinteresse" und „Vorwissen"; denn beides bestimmt – unter anderem – das Behalten, vor allem nach dem ersten Lesen.

2 Der Text ist eine Reportage. Begründung:
– Es lässt sich eine Verbindung nachweisen zwischen der Darstellung eines konkreten Geschehens (um den Jungen Joseph) und allgemeinen Hintergrundinformationen (s. u., Ausführungen zu Aufgabe 3 b).
– Der subjektiv-erlebnishafte Charakter als Merkmal der Reportage wird vor allem in den gewählten sprachlichen Mitteln deutlich: in elliptischen Sätzen (Z. 1 f., Z. 9, Z. 64–66), in der stakkatoartigen Abfolge kurzer Sätze (z. B. Z. 1 ff.) und in Ausrufen (Z. 20, 69), die in einem nüchternen Bericht unpassend wären.
– Vor allem der Ausruf Z. 69 zeigt auch inhaltlich die gefühlsmäßige Beteiligung der Verfasserin: Der Ausruf ist sicher kein Zitat (etwa von Josephs Vater, was dem Kontext nach denkbar wäre), sondern Ausdruck der solidarischen Erleichterung auf Seiten der Reporterin nach glücklichem Abschluss des aufregenden Ereignisses.

3 a) Bei der Darstellung der Ereignisse um Joseph ist zu beachten, dass die Reihenfolge gegenüber dem Text geändert werden muss. Zu beginnen ist mit Z. 20 ff., der Vorbereitung des geschilderten Sprungs; der Text beginnt dagegen – auch dies typisch für eine Reportage – mit dem spannenden Augenblick kurz vor dem Sprung.

Die Ereignisse als Flussdiagramm dargestellt:

> ### Ereignisse in der Reportage „Im Sturzflug Richtung Urwald"
>
> *Errichtung des Sprungturms (Z. 20 ff.)*
> ↓
> *Antreten zum Sprung (Z. 47 ff.),*
> *begleitet von Musik und Fußstampfen (Z. 30 ff.)*
> ↓
> *Glückender Sprung (Z. 61 ff.).*

b) *Hintergrundinformationen in der Reportage:*
   – *Bedeutung des Springens als rituelle Handlung (Z. 40 ff.) und als Mannbarkeitsritus (Z. 43 ff.);*
   – *Entwicklung des „Land-Tauchens" hin zur Touristenattraktion und damit zur Geldquelle für das Dorf (Z. 38 ff.);*
   – *das Ritual als Wurzel des westlichen „Bungee-Jumping" (Z. 14 ff.).*

4 *Unterschiede zwischen dem „Bungee-Jumping" und dem „Land-Tauchen" auf Pentecôte:*
   – *Das „Bungee-Jumping" ist Extremsport, Mutprobe und Nervenkitzel;*
   – *das Ritual auf der Insel Pentecôte ist (urspünglich und vor allem) ein Mannbarkeitsritus, also Teil eines so genannten „Passageritus".*

5 *Die Inhaltsangabe muss die beiden Ebenen – konkretes Geschehen und Hintergrundinformationen – klar trennen. Zu den zu erwartenden Inhalten vgl. die Ausführungen zu Aufgabe 3; auch die dort gewählte Reihenfolge (v.a. die vom Text abweichende zu den Hintergrundinformationen, Aufgabe 3 b) ist für eine Inhaltsangabe sinnvoll.*

4.3 Projekt: Freizeit.web – Eine Homepageseite entwerfen

S. 78

1 *Gegebenenfalls könnte man hierzu den Computerraum der Schule aufsuchen, um gemeinsam die Homepage anzusehen – vor allem im Hinblick auf die Schülerinnen und Schüler, die zu Hause nicht die Gelegenheit dazu haben.*

2 *Obwohl die Schritte auf den Seiten 78 ff. im Schülerband dargestellt sind, ist eine vorangehende Überlegung, wie die Aufgabenstellung sie anregt, sinnvoll – im Interesse von Problemlösungs- und Planungskompetenz, die hier ein Stück weit vermittelt werden kann.*

3 *Sowohl bei Anzeigen als auch bei Anfragen sind vor allem genaue und hinreichend detaillierte Angaben wichtig, und zwar zu dem angebotenen bzw. gesuchten Gegenstand wie auch zur eigenen Person als Anbieter bzw. Interessent. Unabdingbar ist vor allem die Erreichbarkeit, also die Angabe von Telefonnummer und/oder E-Mail-Adresse.*

Lernerfolgskontrolle/
Themen für Klassenarbeiten

Vorschlag 1: Einen Sachtext mit Hilfe von Fragen untersuchen

Martin Verg

Wenn Elle „Ho!" ruft

Wer an Ostern in Lappland ist, geht nach Kautokei-
no. Eine Woche lang gibt es in der nordnorwe-
gischen Kleinstadt unzählige Wettbewerbe, Kon-
zerte, Theaterstücke. Doch Elle Garen Gaup
interessiert diesmal nur eines: das Rentierschlitten-
Rennen. Denn sie fährt zum ersten Mal im Leben
mit.

Drei Männer reichen kaum aus, um den kräfti-
gen Rentierbullen zu bändigen. Zum Glück
hat Elle jede Bewegung, jeden Handgriff 100-
mal geübt: Die 13-Jährige schiebt die Skibrille
5 vor die Augen, legt sich flach auf den Schlitten,
greift nach den Zügeln – dann nickt sie den
dreien kurz zu. Die Männer springen zur Seite,
der Bulle galoppiert los. In einer Wolke von
Schnee und Eis verschwindet er, den Schlitten
10 mit Elle im Schlepptau.
Die Reihen der Zuschauer fliegen vorbei, als
das Gespann über den gefrorenen Fluss gleitet,
immer entlang der orangeroten Stangen, die
den Parcours[1] begrenzen. „Toller Start", raunen
15 die Schaulustigen. Immerhin fährt Elle heute
ihr erstes Schlittenrennen. Und sie ist mächtig
aufgeregt.

Was wird Elles Bulle tun?

Das Schlittenrennen von Kautokeino, Elles
20 Heimat, ist nämlich berühmt in Lappland. So
heißt diese Region Nordeuropas, zu der das
nördliche Schweden und Norwegen sowie
Teile von Finnland und Russland gehören.
Hier ist das Volk der Lappen zu Hause, die sich
25 selbst Samen nennen. Etwa 3000 von ihnen
leben in und um Kautokeino. Es ist die größte
Stadt der Samen in Norwegen.
Elle geht mit einem erfahrenen Bullen ins Rennen, der ist die Strecke schon oft gelaufen.
30 Doch man kann nie genau wissen, wie sich die

1 **Parcours:** Rennstrecke

Tiere verhalten werden: Manche sind ver-
schreckt von den vielen jubelnden Menschen
und rennen einfach in die Böschung. Andere
kehren um und überqueren die Ziellinie – von
der falschen Seite. Hoffentlich macht mein 35
Rentier keinen Ärger, denkt das Mädchen. Und
wirklich: Der Bulle läuft schnurstracks dem
Ziel entgegen.
Aber was ist das? Plötzlich bremst er ab, verfällt in einen gemächlichen Trab. Dann spa- 40
ziert er nur noch. Elle wagt es nicht, die Zügel
zu benutzen. Sie will das Tier nicht verschre-
cken. Aber sie will auch nicht das Rennen verlieren, nicht ihr allererstes! „Ho! Ho!", ruft sie.
Wie die Rentiertreiber, wenn sie ihre Herde 45
über die Berge treiben. „Ho! Ho!" Nach einer
Weile scheint der Bulle zu verstehen. Er zieht
das Tempo wieder an.
Elles Vater und ihr großer Bruder sind Rentierzüchter. Bei denen hat das Mädchen von klein 50
auf gelernt, mit den Tieren umzugehen. Früher konnte das fast jeder Same, früher, als die
Samen noch Nomaden waren. Wo ihre Ren-
tierherden auf der Suche nach Nahrung hin-
wanderten, schlugen sie ihre Zelte auf. 55
Einmal im Jahr aber, auf dem Weg von den
Winterweiden im Flachland in die Berge am
Nordmeer, kreuzten sich die Wege vieler Samen in Kautokeino. Über Ostern machten sie
hier für ein paar Tage Station – und feierten, 60
bevor sie sich für den Rest des Jahres wieder
trennten.
Mittlerweile sind die meisten Samen sesshaft
geworden, kaum einer zieht noch mit Rentie-
ren umher. Die Osterfeiern gibt es aber noch 65
immer: Eine Woche lang geht es hoch her mit
Rentier- und Motorschlittenrennen, Musik
und Theateraufführungen, Wettbewerben im
Eisfischen und Lassowerfen.

70 **Mit Graspolstern ins Ziel**

Wie früher finden in dieser Zeit auch die meisten Kirchenfeste statt: Die Erwachsenen heiraten, Kinder werden konfirmiert. Bei uns trägt man zu einem solchen Anlass Schlips und Kra-
75 gen. In Lappland treten die Jungen und Mädchen in der traditionellen Kleidung der Samen vor den Altar. Die hat es allerdings in sich: Etwa zwei Stunden dauert es, bis alle Bänder gewickelt und die Silberbroschen angesteckt
80 sind. Trotzdem trägt während der Ostertage in Kautokeino fast jeder die bunte Tracht. Auch Elle. Die hat sogar an diesem Morgen mit Hilfe ihrer Mutter Rentierstiefel übergezogen, die mit Gras ausgepolstert sind. „Selbst im tiefsten Winter kriegst du darin keine kalten Füße", 85 sagt Elle. Und auf dem Schlitten auch nicht.

„Ho!" Nur noch wenige Meter trennen das Mädchen vom Ziel! Kaum hat Elles Gespann die Linie überfahren, greift sich einer der Männer das Tier. Gerade lange genug, damit das 90 Mädchen vom Schlitten springen kann. Zufrieden klopft es sich den Schnee ab: Dritter Platz!

Hätte ihr Bulle nicht getrödelt – sie hätte vielleicht gewonnen. Zum Glück dauert der Sommer 95 in Lappland nur drei Monate. Da bleibt Elle genug Zeit, für das nächste Rennen zu üben.

(Aus: Geolino 4/April 2003, S. 52–56)

1 *In dem Text lassen sich die beiden Ebenen unterscheiden, die für eine Reportage typisch sind.*

   a) Benenne die beiden Ebenen, indem du sie jeweils mit einer Überschrift versiehst.

   b) Stelle die wichtigsten Informationen für beide Ebenen getrennt dar. Wähle dafür eine geeignete Form: Flussdiagramm oder Stichwortliste.

   c) Fasse die wesentlichen Informationen zu den beiden Ebenen getrennt in einem Text zusammen.

2 *Wie beurteilst du die Vermischung der beiden Ebenen? Überlege, ob nicht die Beschränkung auf eine der beiden Ebenen sinnvoller wäre. Begründe deine Meinung kurz.*

3 *Benenne ein weiteres Merkmal einer Reportage und weise es an dem Text nach.*

4 *Der Text enthält keine Grafiken.*

   a) Welche der folgenden Grafiken wäre eine sinnvolle Ergänzung: topografische Grafik („Topografik"), Säulendiagramm oder Kurvendiagramm?

   b) Erläutere die Grafikform, die du für sinnvoll hältst: Was ist das Typische für diese Form der Grafik? Du kannst zusätzlich zu deiner Erläuterung auch eine kleine Skizze anfertigen.

   c) Begründe, warum du die gewählte Grafik als Ergänzung zu dem Text über das Rentierschlitten-Rennen für geeignet hältst.

Erwartungshorizont/Lösungshinweise:

Die Aufgaben sind zum Teil recht anspruchsvoll. Je nach Unterrichtsverlauf und Leistungsfähigkeit der Klasse kann man sich auf Aufgabe 1 beschränken. Gegebenenfalls kann man auch die beiden „Ebenen" allgemein vorgeben: konkretes Ereignis und Hintergrundinformationen.

1 *a) Die beiden Ebenen sind: **konkretes Ereignis** und **Hintergrundinformationen**.*
    Eine mögliche Überschrift zu dem konkreten Ereignis:
    – Elles erstes Rentierschlitten-Rennen
    Mögliche Überschriften zu den Hintergrundinformationen:
    – Lebensgewohnheiten der Lappen/Samen

- *Osterfeiern in Lappland*
- *Osterfeiern in Kautokeino*

b) *Für das **konkrete Ereignis** ist ein **Flussdiagramm** geeignet, da ein Ablauf (Rennverlauf) dargestellt wird. Es sollte festhalten:*

Ereignisse in der Reportage „Wenn Elle ‚Ho!' ruft"

Start
↓
reibungsloser Verlauf des Rennens („Der Bulle läuft schnurstracks dem Ziel entgegen." Z. 37 f.)
↓
Der Bulle „verfällt in einen gemächlichen Trab". (Z. 39 f.)
↓
Es gelingt Elle, den Bullen wieder zum Laufen zu bewegen. (Z. 44 ff.)
↓
Elle geht als Dritte durchs Ziel. (Z. 92 f.)

(Im Prinzip ist auch ein Kurvendiagramm geeignet, das hier als Spannungskurve fungieren könnte. Gegebenenfalls kann man dieses als Vorgabe in die Aufgabenstellung 1 b) mit aufnehmen.)

*Für die allgemeinen **Hintergrundinformationen** ist eine **Stichwortliste** geeignet. Folgende Stichworte sollten vorkommen:*
- *Der Veranstaltungsort Kautokeino ist die größte Stadt der Lappen (Samen) in Norwegen;*
- *evtl.: das Wohngebiet der Lappen (Lappland) erstreckt sich insgesamt über die Länder Schweden, Norwegen, Finnland und Russland;*
- *die Samen (auch Elles Familie) sind größtenteils Rentierzüchter;*
- *sie lebten ursprünglich als Nomaden;*
- *an Ostern kreuzten sich ihre Wege;*
- *dann feierten sie einige Tage gemeinsam;*
- *inzwischen sind die Samen sesshaft geworden;*
- *die Osterfeiern haben sie aber beibehalten;*
- *in diesem Rahmen finden u. a. die Rentierschlitten-Rennen statt;*
- *dabei kann es immer zu unvorhergesehenen Reaktionen der Zugtiere kommen.*

Die Informationen über unvorhersehbare Reaktionen der Bullen (Z. 30 ff.) sowie über Elles Familie (Z. 49 ff.) gehören zu den Hintergrundinformationen, da sie Grundsätzliches enthalten, das über das konkrete Rennen hinausgeht. Schülerinnen und Schüler könnten aber geneigt sein, sie auf Grund der inhaltlichen Berührungspunkte dem konkreten Ereignis zuzurechnen. Hier kann man in der Bewertung großzügig verfahren. Allerdings sollte man darauf hinweisen, dass sich die Form des Flussdiagramms für die Darstellung dieser beiden Aspekte weniger eignet, da sie aus dem eigentlichen Ablauf des Rennens sozusagen „herausfallen".

c) *Inhaltlich sollten die Stichworte berücksichtigt werden, die zu Aufgabe 1 b) genannt wurden. Sonstige Bewertungskriterien sind die in dem Infokasten auf S. 77 im Schülerband genannten. Die Teilaufgabe entspricht dem Aufgabentyp „Auf der Basis von Materialien sachlich berichten und beschreiben".*

2 *Da hier die subjektive Meinung der Schülerinnen und Schüler gefragt ist, kann man keine allgemeine Vorgabe bezüglich einer Antwort machen. Denkbar sind aber folgende Überlegungen: Eine Beschränkung auf die Ebene des konkreten Ereignisses würde die Darstellung auf die bloße „Action" reduzieren und da-*

mit die Gelegenheit zu einer breiteren kulturgeschichtlichen Information verschenken; eine Beschränkung auf die Ebene der Hintergrundinformationen wäre andererseits sehr trocken: Die Einbeziehung des konkreten Ereignisses bildet einen Leseanreiz und macht den Text anschaulich.
(Die Aufgabe entspricht der in den Lehrplänen geforderten Reflexion und Bewertung, womit die „Subskala 3" der PISA-Studie aufgegriffen wird.)

3 *Ein weiteres Merkmal einer Reportage ist das subjektiv-erlebnishafte Element. Es lässt sich in dem Text an mehreren Stellen nachweisen, am deutlichsten in den Z. 39 ff. In Z. 84 f. finden sich außerdem ein kurzes Zitat und am Ende (Z. 95 f.) eine wertende Stellungnahme des Autors. Auch diese Elemente sind in dem Info-Kasten auf S. 77 im Schülerband genannt.*

4 *Geeignet wäre vor allem die* **topografische Grafik** *(„Topografik"). Begründung: Die geografische Lage Lapplands dürfte vielen Leserinnen und Lesern nicht klar sein, eine entsprechende Grafik wäre eine sinnvolle Ergänzung. Darüber hinaus könnte auch der Streckenverlauf des Rennens in einer Topografik deutlich gemacht werden – ähnlich wie in dem Text über die Tour de France (S. 74 im Schülerband).*
Ein Kurvendiagramm wäre evtl. im Sinne einer „Spannungskurve" denkbar (s. o., Anmerkung zu Aufgabe 1 b); ein Säulendiagramm lässt sich zu diesem Text nicht entwerfen.

Vorschlag 2: In einem funktionalen Zusammenhang auf der Basis von Materialien sachlich berichten und beschreiben

Nervenkitzel an der Kletterwand

Die Trendsportart „Klettern" wird immer öfter auch in Schulen angeboten – im Rahmen von Arbeitsgemeinschaften oder Projekttagen.

Erftkreis/Pulheim-Brauweiler – „Für mich könnte die Kletterwand noch höher sein", sagt Christian Rüben. Allerdings beherzigt er beim Klettern eisern ein selbst auferlegtes Prinzip.
5 „Ich schaue niemals nach unten", verrät der 13-jährige Schüler der Donatus-Schule (Rheinische Schule für Körperbehinderte).
Seit einigen Wochen machen er und drei Klassenkameraden mit bei einer der beiden
10 Kletter-AGs des Abtei-Gymnasiums Brauweiler. Gestern zeigten die Jungen und Mädchen an der Kletterwand in der Dreifachturnhalle, wie mutig, geschickt und selbstbewusst sie sich in schwindelnder Höhe bewegen kön-
15 nen.
Ihre Lehrer, Ulrike Selbeck, Pasquale Boeti (Abtei-Gymnasium) und Gerhard Pohle (Donatus-Schule), bringen ihnen seit einem Jahr die richtige Sicherungs- und Klettertechnik
20 bei. Wie Klettern in der Schule am besten inszeniert werden kann, können Lehrer bei Fort-

bildungen erfahren. Der Rheinische Gemeindeunfallversicherungsverband (GUV) hat jetzt eine Art Lehrbuch zum Thema „Klettern in der Schule" zusammengestellt. Das Ausbil- 25 dungskonzept soll Lehrerinnen und Lehrer, die an Fortbildungsveranstaltungen der Bezirksregierung teilnehmen, begleiten. Manfred Scharf von der GUV stellte die umfangreiche Akte in Brauweiler vor. 30
Doch die Theorie wurde gestern von der Praxis in den Hintergrund gedrängt. Die Teilnehmer der beiden Kletter-AGs im Alter von acht bis 16 Jahren zeigten, wie man in luftiger Höhe eine Jacke an- oder auszieht, ohne das Gleich- 35 gewicht zu verlieren, oder wie man sich mit verbundenen Augen an einer steilen Wand hochtastet. „Ein guter Griff gibt mir Sicherheit", sagt Tamara Münstermann. Auch ihre Freundin Laura Albig, ebenfalls elf Jahre alt, 40 hatte noch nie Herzklopfen bei riskanten Übungen. Beide sind Feuer und Flamme, lieben das Abenteuer und den Nervenkitzel.
„Die Kinder lernen beim Klettern, sich selbst einzuschätzen", sagt Lehrer Boeti. Dabei 45 könnten sie ihre persönlichen Grenzen erwei-

tern und Ängste überwinden. Hier stehe nicht die Leistung im Vordergrund. Es werde auch soziales Handeln geübt: Gemeinsam werden 50 die Sicherungsknoten überprüft, beim Sichern ist gegenseitiges Vertrauen wichtig, für den Kletterpartner wird Verantwortung übernommen.

(Aus: Kölner Stadt-Anzeiger, 26. 6. 2002 –
www.ksta.de/jks/artikel.jsp?id=1024653214758)

1 *Nimm an, an deiner Schule soll eine Arbeitsgemeinschaft „Klettern" eingerichtet werden. Dabei ist zunächst einmal wichtig, dass man sich über alle wesentlichen Aspekte informiert.*
Schreibe auf der Grundlage des Zeitungsberichts „Nervenkitzel an der Kletterwand" für die Schülerzeitung oder die Homepage deiner Schule einen informativen Text.

a) *Überlege zunächst, welche Einzelheiten des Zeitungsberichts für diesen Zweck von Interesse sind und welche nicht. Kreuze an:*

- ☐ *Schulen, an denen Klettern angeboten wird*
- ☐ *Ausstattung der Schule*
- ☐ *Pädagogische Bedeutung*
- ☐ *Vorstellung der Akte in Brauweiler*
- ☐ *Kosten für Ausrüstung*

- ☐ *Probleme mit der Halle*
- ☐ *Lehrer, die schon Erfahrung haben*
- ☐ *Verschiedene Übungen: Was man beim Klettern alles machen kann*

- ☐ *Abenteuer und Nervenkitzel*
- ☐ *Ausbildung der Lehrer*
- ☐ *Wichtige Regeln, die man beachten sollte*
- ☐ *Schon zwei AGs in Brauweiler*
- ☐ *Sicherheit*

b) *Schreibe nun den informativen Text. Achte dabei auf eine sinnvolle Reihenfolge.*

Erwartungshorizont/Lösungshinweise:

1 *Im Folgenden werden die Aspekte „Aufbau" und „Auswahl" gleich miteinander verbunden.*
Wichtig für die Auswahl der Aspekte: Im Sinne der Informationsentnahme aus Sachtexten sollen nur Aussagen zugelassen werden, die aus dem Zeitungstext zu entnehmen sind, nicht solche aus anderen Quellen oder über den Text hinaus wünschenswerte. Die erste Leistung der Schülerinnen und Schüler besteht also darin, zu erkennen, welche der 13 Punkte in dem Text angesprochen werden; die zweite Leistung besteht in der richtigen Gewichtung der Informationen, die dritte im Verfassen des Textes. Folgende Aspekte sollten in dem Text vorkommen:

- *Der Reiz: Abenteuer und Nervenkitzel erleben.*
- *Pädagogische Bedeutung: seine Grenzen erweitern (dazu und zum Folgenden Hinweis auf die verschiedenen Übungen, die man machen kann), Ängste überwinden; außerdem: Verantwortung übernehmen, Vertrauen entwickeln.*
- *Die Übungen sind sicher: Ausbildung der Lehrer (Fortbildung, Handbuch); bei den Übungen wird viel Wert auf Sicherungstechniken gelegt.*
- *Natürlich sollte die Sporthalle der Schule selbst mit einer Kletterwand ausgestattet sein.*

Literaturhinweise

Fix, Martin/Jost, Roland (Hg.): Sachtexte im Deutschunterricht. Baltmannsweiler 2005

Sachbücher und Sachtexte lesen. Praxis Deutsch 189/Januar 2005

Sachtexte. Deutschmagazin 4/2005

Schreiben und Umschreiben. Deutschunterricht 1/2005 (u. a. zu Fachtexten)

5 Mit Sprache spielen – Wort und Bedeutung

Konzeption des Gesamtkapitels

Im Zentrum dieses Kapitels steht die sprachreflektorische Auseinandersetzung mit Komik, Witz und Satire. Im ersten Teilkapitel (**„Komische Wirkungen erzielen – Fremdwörter, Lehnwörter, Wortfamilien"**) setzen sich die Schülerinnen und Schüler mit der Wirkung semantischer Verschiebungen in satirischen und komischen Texten auseinander. Im Mittelpunkt stehen dabei die Kategorien Fremdwort, Lehnwort und Wortfamilie. Der Eröffnungstext bietet eine gute Identifikationsgrundlage, weil er komische Wirkungen durch die Überlegenheit von Kindern gegenüber Erwachsenen erzielt. Im Zusammenhang mit diesem Text werden zentrale Kategorien des Gebrauchs, der Herkunft und der Funktion von Fremdwörtern erarbeitet; außerdem werden Fremdwörter von Lehn- und Erbwörtern abgegrenzt. Mit dem Gedicht „calypso" von Ernst Jandl wird das Thema Fremdwort aufgegriffen und variiert, hier speziell die Vermischung zweier Sprachen und die damit erzielte Wirkung. An den folgenden Texten erarbeiten die Schülerinnen und Schüler, wie komische Wirkungen durch den Einsatz sprachspielerischer Mittel (Hyperkorrektheit, Alliteration, Reim u. a.) erreicht werden. Eigene Schreiberfahrungen helfen dabei, die Komplexität der Phänomene zu verstehen.

Das zweite Teilkapitel (**„Komische Missverständnisse – Wortspiele auf der Bühne"**) stellt mit Karl Valentin einen Bühnenkomiker vor, der dank seiner sprachlichen Virtuosität zu einem modernen Klassiker wurde. Der Einstieg erfolgt über zwei Fotos, anhand derer die karikierenden Wirkungen von Gestik und Mimik beobachtet werden können: Übertreibung und Verzerrung, die sich in analoger Form in komischen Texten finden. Der erste Valentin-Text knüpft an das Thema des ersten Teilkapitels an: Er spielt nicht nur mit der komisch wirkenden Naivität eines Vaters, der ein Medikament für sein Kind besorgen soll, sondern auch mit Fremdwörtern und ihrer Funktion vor allem in der Schlusspointe. Die folgenden kurzen Texte parodieren den Fremdwortgebrauch in Wissenschaftskontexten, reflektieren über das Wort „fremd" und nutzen Homonyme und Antonyme zur Erzeugung komischer Wirkungen.

Das dritte Teilkapitel (**„Witzparade – Warum Witze witzig wirken"**) stellt Witze und ihre Erzählsituation in den Mittelpunkt; die Schülerinnen und Schüler üben einige der erlernten Kategorien zur Beschreibung komischer Wirkungen. Der Text von Kurt Tucholsky „Ein Ehepaar erzählt einen Witz" bietet nicht nur die Situation des Witze-Erzählens und den Witz selber, sondern parodiert diese Situation und wird so als Ganzes zu einem witzig-ironischen Text. Im letzten Abschnitt können die Schüler – anhand eines vereinfachten rezeptionsästhetischen Modells – über die komische Wirkung von Pointen im Erzählkontext reflektieren.

Weiteres Übungsmaterial zu diesem Kapitel

Übungsmaterial im **„Deutschbuch Arbeitsheft 7"**
– Fremdwörter: S. 59–61

Die Übersicht auf den Seiten 310 f. dieses Bandes zeigt Verknüpfungen der Software-Übungen **„Deutschbuch 7 interaktiv"** mit diesem Kapitel.

🎧 Das **„Deutschbuch Hörbuch 7/8"** enthält Texte, die in diesem Kapitel behandelt werden.

Inhalte			Kompetenzen
S.81	5.1	**Komische Wirkungen erzielen – Fremdwörter, Lehnwörter, Wortfamilien**	**Die Schülerinnen und Schüler können** – den Text sinngebend, gestaltend vortragen; – den Text umschreiben und Unterschiede und Gemeinsamkeiten erkennen;
S.81		Schillers Gallensteine **Sandkasten**	– den Text auf semantischer Ebene untersuchen; – Bedeutung und Herkunft von Fremdwörtern, Lehnwörtern und Erbwörtern erschließen; – die Funktion von Fremdwörtern reflektieren;
S.84		Ernst Jandl **calypso**	– Zusammenhänge und Unterschiede zwischen Lautbild und Buchstabenkombination im Deutschen und Englischen erkennen; – mit Fremdwörtern experimentieren;
S.85		Anonym **Der Unverbesserliche**	– Hyperkorrektheit analysieren; – Verben flektieren;
S.86		Texte von Michael Schönen Alex Dreppec Günter Nehm	– ihr Textverständnis begründen; – dabei Form-Inhalt-Relationen in Bezug auf Wortfelder, Wortfamilien, Wortarten reflektieren; – die Wirkung von Klangelementen beschreiben;
S.87		Michael Schönen **Überschrift Doppelpunkt Diktat**	– den Sprecher/das lyrische Ich charakterisieren; – im Diktat Satzzeichen korrekt verwenden; – die Funktion der Satzzeichen beschreiben; – einen Paralleltext schreiben.
S.88	5.2	**Komische Missverständnisse – Wortspiele auf der Bühne**	**Die Schülerinnen und Schüler können** – Fotos und ihre komische Wirkung beschreiben; – Standbilder komischer Figuren bauen;
S.89		Karl Valentin **In der Apotheke**	– die Pointe des Textes analysieren; – den (parodistischen) Gebrauch von (angeblichen) Fremdwörtern beschreiben;
S.91		Karl Valentin **Der Regen**	– mit parodistischen Textformen experimentieren; – die Funktion der grammatisch falschen Formen im Text und ihre komische Wirkung beschreiben;
S.91		Karl Valentin **Die Fremden und andere Texte**	– die komische Wirkung durch den Einsatz von Homonymen erkennen; – nonverbale Kommunikationsmittel und die Rolle des Dialekts beschreiben.
S.93	5.3	**Witzparade – Warum Witze witzig wirken**	**Die Schülerinnen und Schüler können** – die komische Wirkung von Witzen beschreiben; – grammatische Kenntnisse anwenden (Wortarten, Synonym, Antonym, Homonym);
S.94		Kurt Tucholsky **Ein Ehepaar erzählt einen Witz**	– den Text sinngebend vortragen; – den Witz, der im Text erzählt werden soll, herausschreiben;
S.96		**Warum wir lachen**	– Witze in Bezug zu einem Pointenschema setzen.

5.1 Komische Wirkungen erzielen – Fremdwörter, Lehnwörter, Wortfamilien

S. 81

Schillers Gallensteine
Sandkasten

1 *Die Brüche in der Haltung der beiden Kinder (Z. 10 ff. sowie am Ende) und damit die Situationskomik müssen deutlich herausgearbeitet werden. Hilfreich ist es, den Erzähler mitlesen zu lassen.*

2 *a) Die Szene handelt*
- *von Kindern im Sandkasten und Müttern, die sie dorthin gebracht haben.*
  → beschreibt nur den äußeren Rahmen
- *von modernen Technologien, die die Jüngeren besser verstehen als ihre Eltern.*
  → trifft zu, weil hier das Thema des Textes erfasst wird
- *davon, dass Mütter ihre Kinder nicht allein lassen sollten.*
  → falsch, den Kindern droht keine Gefahr
- *davon, dass Kinder über Dinge sprechen, von denen ihre Eltern nichts wissen.*
  → zutreffend, aber inhaltlich zu unbestimmt

b) Die Komik in diesem Text entsteht durch die Diskrepanz zwischen den Erwartungen an Sandkasten-kinder und dem tatsächlichen Verhalten der Kinder. Konkret sind zu nennen:
- *das Siezen;*
- *die (Fach-)Sprache;*
- *die Themen des Gesprächs;*
- *die herablassende Art, wie die Kinder über ihre Eltern reden;*
- *Sprachwitze durch das Wortspiel mit der „Maus" (Z. 66 ff.).*

c) Zum Nachweis, dass es sich um einen nicht ganz aktuellen Text aus den 1990er Jahren handelt, kön-nen technische Details genannt werden, z. B.: ISDN-Anschluss (Z. 21 f.), 200-Megahertz-PC (Z. 25).

3 *a/b) Hier können sowohl sprachliche als auch inhaltliche Varianten ausgestaltet werden; auf mögliche Ebenen der Veränderung verweisen die Lösungshilfen zu Aufgabe 2 b).*

4 *a) Die Verwendung der Fremdwörter wirkt in diesem Text komisch, weil man Sandkastenkindern einen derartigen (Fach-)Wortschatz nicht zutraut.*

b) Fremdwörter im Kabaretttext (in Klammern stehen Wörter aus derselben Wortfamilie):

Nomen	Verben	Adjektive	Her-kunft	Bedeutung
Video	–	–	lat.	Kurzform für Videotechnik (Film-aufzeichnungstechnik auf Magnet-band), Videoband, Videofilm, Video-clip (zu. lat. video „ich sehe")
Rekorder	–	–	engl./ franz./ lat.	Gerät zur Aufzeichnung und Wie-dergabe

Nomen	Verben	Adjektive	Her-kunft	Bedeutung
(Programm)	program-mieren	(program-matisch)	griech./lat.	ein Programm aufstellen, hier: ein Computerprogramm erstellen, einen Computer mit Instruktionen versehen
Internet	–	–	engl./lat.	weltweites Netz zur elektro-nischen Übertragung von Daten und zur Präsentation von Inhalten
Driver	–	–	engl.	Treiber, Hilfsmittel, das das Funk-tionieren anderer Geräte (z. B. Drucker) ermöglicht
Router	–	–	engl.	Datenweiche
(Download)	downloaden		engl.	Dateien aus dem Internet laden
Strophe	–	(stro-phisch)	griech./lat.	Einheit im Gedicht
Chat	(chatten)	–	engl.	virtuelles Gespräch via Internet in „Chatrooms" oder „Chatforen", von „to chat" = plaudern
Forum	–	–	lat.	Plural: Foren, urspr. Markt, Ge-richt, Öffentlichkeit, hier: Samm-lung von Diskussionsbeiträgen zu einem bestimmten Thema auf einer Website
World-Wide-Web	–	–	engl.	weltweites Netz zur elektro-nischen Übertragung von Daten und zur Präsentation von Inhalten; Abk.: www
(Interesse)	(sich für etwas interes-sieren)	interes-sant	lat./franz.	1. fesselnd; 2. lehrreich, Aufmerk-samkeit weckend; 3. außergewöhn-lich; 4. vorteilhaft, Erfolg verspre-chend
Utensil	–	–	lat.	Gebrauchsgegenstand, Zubehör
Computer	–	–	engl. (lat.)	elektronische Rechenanlage, Rechner
Scanner	(scannen)	–	engl. (lat.)	Gerät zum elektronischen Erfas-sen, Eingeben von Daten
Plotter	(plotten)	–	engl.	großformatiger Drucker zum Drucken von Zeichnungen

Nomen	Verben	Adjektive	Her-kunft	Bedeutung
Inkjet-Printer			engl.	Tintenstrahldrucker (zu engl. „print", „drucken")
Streamer	(streamen)		engl.	Bandlaufwerk in elektronischen Rechenanlagen
Multi-Media	–	–	lat.	Verwendung unterschiedlicher Medien (z. B. Text, Bild, Ton)
Multi-Vitamin			lat.	viele Vitamine (lebenswichtige Wirkstoffe, die dem Körper durch die Nahrung zugeführt werden)
(Resigna-tion)	resignieren	(resi-gniert)	lat.	sich widerspruchslos fügen
E-Mail	(mailen)		engl.	elektronischer Brief
(Antiquität)	–	antiquiert	lat.	altertümlich

5 a/b) *Herkunft der Wörter – Vorschlag für ein Tafelbild:*

Wort	Fremdwort/ Lehnwort	Herkunft
Korridor	Fremdwort	Im 18. Jh. a. d. Ital.: „corridore", „Läufer, Laufgang"
Toilette	Fremdwort	a. d. Franz., Diminutiv zu „toile", „Tuch", urspr. von lat. „tela", „Gewebe"
Fenster	Lehnwort	a. d. Lat. „fenestra" über mhd. „venster"
Pavillon	Fremdwort	a. d. Lat. „papilio", „Schmetterling", das im spätlat. bereits übertragen „Zelt" bedeutete, mhd. „pavilun(e)" und afrz. „pavillon"
Büro	Lehnwort	Ende d. 17. Jh. aus franz. „bureau"
Klausur	Fremdwort	Im 15. Jh. aus spätlat. „clausura", „Verschluss, Einschließung"
Direktor	Fremdwort	a. d. Lat., urspr. von „dirigere", „dirigieren"
Aula	Fremdwort	Im 16. Jh. a. d. Lat., urspr. a. d. Griech., „Versammlungssaal einer Schule oder Hochschule"
Sekretariat	Fremdwort	Im 17. Jh. a. d. Mlat. „secretariatus", „Amt des Geheimschreibers"
Abitur	Fremdwort	a. d. Nlat. „abituriens", „wer (von der Schule) abgeht"
Tafel	Lehnwort	a. d. Ital. „tavola", „Brett, Tafel, Schreibtafel"
Konferenz	Lehnwort	(über das Franz.) a. d. Mlat. „conferentia", „Beratung, Besprechung"

(Angaben nach: DUDEN, Bd. 7: Herkunftswörterbuch, 3. Aufl. 2001)

c) *Herkunft und Bedeutung des Wortes „Kabarett":*
   1. *Bedeutung: zeit- und sozialkritische Kleinkunstbühne;*
   2. *Bedeutung: die dort vorgestellte Kleinkunstform, die meist aktuelle Ereignisse aufgreift;*
   3. *Bedeutung: (drehbare) mit kleinen Fächern versehene Platte für Speisen.*
   Fremdwort, im 19. Jahrhundert aus französisch „Cabaret", das wiederum vom mittelniederländischen „Cabret" (= „Kämmerchen") stammt. (Vgl. DUDEN, Bd. 7: Herkunftswörterbuch, 3. Aufl. 2001)

6 *Motive und Gründe für die Übernahme von Wörtern aus einer anderen Sprache:*
   – *Übernahmen aus dem Wortschatz einer dominanten Kultur, z. B. Lateinisch aus der römischen Kultur (z. B. „Mauer", „Straße", „Wall", „Wein");*
   – *Sprachvermischung in der Folge von Migration, Kriegen, Kolonisation usw.;*
   – *Übernahme von Fachausdrücken für bisher unbekannte Gegenstände, Speisen, Tiere, kulturelle Errungenschaften, Phänomene usw.;*
   – *Übernahme von Modewörtern einer als vorbildlich angesehenen Kultur, z. B. im 17./18. Jahrhundert aus dem Französischen, im 19./20. Jahrhundert aus dem Englischen und Amerikanischen;*
   – *Einflüsse der Jugendsprache(n).*

7 *Auflösung der Abkürzungen:*
   – *Sm. = Substantiv/männlich*
   – *std. = starke Deklination*
   – *mhd. = mittelhochdeutsch*
   – *ahd. = althochdeutsch*

8 a/b) *Herkunft der Wörter – Vorschlag für ein Tafelbild:*

Bohne	Erbwort (altgerm.)	idg. Wurzel „bh[e]u" = „aufblasen"; bezeichnet zunächst dicke Bohnen, im 16. Jh. kommen die Buschbohnen aus Amerika hinzu
falsch	Lehnwort (lat.)	von lat. „falsus" = „falsch", von „fallere" = „täuschen", bereits im mhd. als „valsch" = „treulos, unehrenhaft"
Kamerad	Lehnwort (lat.)	von lat. „camera" = „Gewölbe, Raum mit gewölbter Decke"; franz. „camerade" = „Genosse, Gefährte" wird im 16. Jh. ins Deutsche entlehnt
Kasten	Erbwort (germ.)	beschränkt auf den dt. und niederl. Sprachraum, von germ. „kasa" = „Gefäß"
peinlich	Lehnwort (mlat.)	abgeleitet aus mlat. „pena" = „(Höllen-)Strafe", urspr. griech.; mhd. „pinlich" bedeutet „strafwürdig, quälend, folternd"
Windel	Erbwort (ahd.)	urspr. von ahd. „wintan" = „winden", bedeutet „Binde zum Winden und Wickeln"

(Nach: DUDEN, Bd. 7: Herkunftswörterbuch, 3. Aufl. 2001)

S. 84

Ernst Jandl

calypso

9 a) *Das Sprachmaterial stellt eine Mischung aus deutschen Wörtern und in deutsche Phonologie übertragener englischer Ausdrücke dar.*

b) *Das lyrische Ich äußert seine Sehnsucht, nach Brasilien zu reisen, offenbar um seinen Horizont zu erweitern (und möglicherweise eine brasilianische Frau kennen zu lernen). Es verweist in diesem Zusammenhang auf die eigene Fremdsprachenkompetenz (4. Strophe). Die Tatsache, dass hier deutsche Wörter mit englischen (häufig falsch benutzten) kombiniert werden, offenbart, dass das lyrische Ich recht ungebildet ist, ohne sich dessen bewusst zu sein.*

10 *Verständnisprobleme könnte z. B. „anderschdehn" (V. 13 und 15) bereiten, gebildet und quasi eingedeutscht aus engl. „understand".*

11 a) *Abweichungen von der englischen Schreibweise, z. B. bei*
   – *„wulld" statt „would";*
   – *„laik" statt „like";*
   – *„wimen" statt „women";*
   – *„arr" statt „are" usw.*

b) *Kombination aus englischen und deutschen Bestandteilen, z. B.:*
   – *„anderschdehn", aus engl. „under-" und dt. „stehen";*
   – *„du", aus engl. „to" und dt. „zu".*

12 a) *Worterklärungen:*
   – *„was" (engl.) = „war";*
   – *„laik" (korrekt engl. „like") = „möchte";*
   – *„lanquidsch" (korrekt engl. „language") = „Sprache".*

b) *Vergleich der fremdsprachlichen Wörter im Kaberetttext „Sandkasten" und in Jandls Gedicht:*
   – *Kabaretttext: Fachsprachliche Begriffe weisen die (völlig übertriebene) Kompetenz der Kinder aus.*
   – *Jandls Gedicht: Die Verwendung von Alltagsenglisch soll aus der Sicht des lyrischen Ichs zeigen, wie weltoffen und weltgewandt der Sprecher ist; der fehlerhafte Gebrauch und die fehlerhafte Wortbildung offenbaren jedoch das genaue Gegenteil.*

S. 85

Anonym

Der Unverbesserliche

2 *Die Hyperkorrektheiten beziehen sich hier eigentlich auf den Gebrauch schwacher Flexionsformen bei starken Verben. Beispiele sind „schlagte" statt „schlug", „tragte" statt „trug".*
Die anderen Fehlbildungen („sug" statt „sagte", „tug" statt „tagte", „rug" statt „ragte", „zug" statt „zagte", „wug" statt „wagte", „nug" statt „nagte", „plug" statt „plagte") bilden den Umkehrprozess ab: Schwache Verben werden wie starke behandelt (analog zu „schlagen" und „tragen").
Eine Ausnahme stellt die Form „frug" dar, die nach aktuellem Duden als landschaftliche Variante bezeichnet wird.

3 a) *Es geht hier um die Flexion der Verben im Präteritum.*

b) *Vorschlag für ein Tafelbild:*

schwache Verben	starke Verben
fragen, fragte, gefragt	sprechen, sprach, gesprochen
sagen, sagte, gesagt	schlagen, schlug, geschlagen
tagen, tagte, getagt	tragen, trug, getragen
ragen, ragte, geragt	
zagen, zagte, gezagt	
wagen, wagte, gewagt	
nagen, nagte, genagt	
plagen, plagte, geplagt	

c) *Regel zur Bildung der Vergangenheitsformen:*
   schwache Verben:
   – *Präteritum: Wortstamm + te*
   – *Partizip: ge + Stamm + t*
   starke Verben
   – *werden umgelautet: z. B. e → a → o; a → u → a*

4 *Vgl. oben das Tafelbild zu Aufgabe 3 b).*

Gedichte von Michael Schönen, Alex Dreppec, Günter Nehm

S. 86

1 *Zusammenfassung der Gedichtaussagen in je einem Satz:*

Michael Schönen: Aller Anfang ist schwer
Es ist schwer, eine neue Form der Dichtung zu schaffen.

Das Gedicht hat im Original eine weitere Strophe, die das Kompositionsprinzip explizit macht:

Würden wir am Anfang reimen,
Schranken wären weggefegt,
Hürden wären längst gefallen,
Danken würd' dem Dichter man!

(Aus: Robert Gernhardt/Klaus C. Zehrer (Hg.): Hell und schnell.
555 komische Gedichte aus 5 Jahrhunderten. S. Fischer,
Frankfurt/M. 2004, S. 363)

Alex Dreppec: Haarausfall
Das Gedicht stellt fest, dass es gegen Haarausfall kein Mittel gibt.

Günter Nehm: Entschuldigung
Der Sprecher/das lyrische Ich entschuldigt sein Zu-spät-Kommen damit, dass der Zug früher als üblich gefahren sei und er diesen deshalb verpasst habe.

2 *a/b)   Zum Spielen mit der Sprache verwendete Techniken:*

Michael Schönen: Aller Anfang ist schwer
Das Gedicht trägt die Reimwörter am Versanfang (als Kreuzreim angeordnet) und vollzieht so auf sprachlicher Ebene, was inhaltlich in Frage gestellt wird: dass aller Anfang schwer sei. Es handelt sich streng genommen nicht um Anaphern, weil die Versanfänge zwar klanggleich, aber nicht identisch sind.

Alex Dreppec: Haarausfall
Stilmittel ist die Alliteration, gepaart mit rhetorischen Fragen, die die Behauptung des Textes („Nichts hilft gegen Haarausfall") unterstreichen.

Günter Nehm: Entschuldigung
Die (klanglich identischen) Endreime sind jeweils durch die Kombination von Adverb und Verbform gebildet: „früh"/„spät" bzw. „früher"/„später" und Formen von „fahren"/„erfahren". Dabei „wandelt" sich das Präfix „er-" (von „erfuhr"/„erfahren") zum Suffix „-er" (bei „früher"/„später").

3 *Hinweise zum Vortrag, der die sprachlichen Besonderheiten hervorhebt:*

Michael Schönen: Aller Anfang ist schwer
Es müsste jeweils das erste Wort jedes Verses betont werden.

Alex Dreppec: Haarausfall
Die Aussprache der h-Laute am Wortanfang kann gesteigert werden.

Günter Nehm: Entschuldigung
Die Betonung kann auf den letzten beiden Wörtern jedes Verses liegen.

S. 87

Michael Schönen

Überschrift Doppelpunkt Diktat

1 *Der Text enthält keine Satzzeichen, sondern an deren Stelle die Wörter, die dieses Satzzeichen bezeichnen.*

2 *a/b)   Das lyrische Ich schlüpft in die Rolle eines penibel wirkenden Chefs, der einen Liebesbrief diktiert. Diese komische Grundsituation lässt den Sprecher – je nach Lesart – eher hilflos und sympathisch oder eher bürokratisch und unsympathisch erscheinen.*

3 *a/b)   Der Text ohne ausformulierte Satzzeichen:*
Wie soll ich dich denn nur erreichen, Geliebte? Denn ich gestehe: Es hat bei mir schon längst gefunkt. Lass dich umarmen, Schatz!
Bis ich in deine Arme eile, träume ich nur von dir; schreibe mir. Mein Herz – es rast und brennt und schlägt für dich, nur für dich allein!
Dein Verehrer (Verwirrt, und ruhelos durch dich, Geliebte du!)

c)   Die Überschrift stellt eine Abweichung vom Kompositionsprinzip des Gedichts dar, weil das Wort „Doppelpunkt" hier ein Satzzeichen nahelegt, das so nicht sinnvoll gesetzt werden kann. Dem Prinzip des Gedichts folgend, hieße die aufgelöste Überschrift „: Diktat", was nicht sinnvoll erscheint.

5.2 Komische Missverständnisse – Wortspiele auf der Bühne

Karl Valentin

S. 88

1 *a/b) Die komische Wirkung der Figuren auf den beiden Fotografien entsteht durch Übertreibung, und zwar auf mehreren Ebenen:*
- *Körper und Körperhaltung: verschränkte Beine beim Akkordeonspieler, extrem lange Finger;*
- *Haltung der Figuren zueinander;*
- *Gestik: erhobener Zeigefinger;*
- *Mimik: aufgerissene Augen, aufgeplusterte Wangen;*
- *Kostüme: Hüte.*

2 *Anregung für die Standbilder: Es könnten ggf. Lehrerinnen oder Lehrer pantomimisch parodiert werden. Auch die Schülerinnen und Schüler werden vorwiegend mit dem Mittel der Übertreibung arbeiten.*

Karl Valentin
In der Apotheke

S. 89

🎧 Das **„Deutschbuch Hörbuch 7/8"** enthält die Texte „In der Apotheke" und „Im Hutladen" von Karl Valentin, gelesen von Liesl Karlstadt und Karl Valentin.

1 *Beim Lesen mit verteilten Rollen ist darauf zu achten, dass es sich um einen männlichen Apotheker handelt, der auch im Original von einer Frau, Liesl Karlstadt, gespielt wird. Die Schülerinnen und Schüler können bei dieser Gelegenheit die Trennung von Schauspieler/in und Rolle erkennen.*

2 *a) Die Komik liegt darin begründet, dass der Neologismus derartig lang ist (und deshalb auch auf Nachfrage wiederholt werden muss), dass die Worte Valentins: „So einfach, und man kann sich's doch nicht merken!" als Pointe wirken. Die Komik hat hier – wie so oft bei Valentin – ihren Ursprung in der Figur, die Souveränität vorgibt, aber letztlich unwissend ist.*

b) Hier wird man nur einige zentrale Morpheme beispielhaft besprechen können. Vorschlag für ein Tafelbild:

Morphem	Herkunft/Bedeutung	Beispiele
iso	aus dem Griech. für „gleich"	Isobar, Isotop
pro	aus dem Latein. „vor, vorwärts, hervor"	progressiv, produzieren
	aus dem Latein. „an Stelle von, für, stellvertretend für"	Pronomen, Proportion
	aus dem Latein. als eigenständiges Wort „für"	pro Kopf, pro Nase; proeuropäisch

mil – milli	aus dem Latein. von „mille" = „tausend", meint „der tausendste Teil"	Millimeter, Milligramm
bi	aus dem Latein. (zurückgehend auf das idg. „dui") „zwei, doppel[t]"	bipolar, bisexuell
di (eigtl. dis, vor f auch dif)	aus dem Latein.: zeigt eine Trennung oder einen Gegensatz an	dividieren, diskriminieren, Differenz

3 a/b) Spiel mit den Wortbedeutungen von „fehlen" und „kriegen" – Vorschlag für ein Tafelbild:

Zitat	gemeint als	verstanden als	Beispiel für eindeutige Formulierung
„Was fehlt Ihnen denn eigentlich?" (Z. 12 f.)	fehlen = zum körperlichen Wohlbefinden mangeln	fehlen = vermissen, nicht da sein	Welche körperlichen Beschwerden haben Sie denn?
„Was fehlt denn dem Kind?" (Z. 24)	fehlen = s.o.	fehlen = vermissen, nicht da sein (eigentlich: Wer fehlt dem Kind?)	Welche Beschwerden hat das Kind?
„Dann kriegt es schon die ersten Zähne." (Z. 60 f.)	kriegen = wachsen	kriegen = von jmd. etwas bekommen	Dann wachsen ihm die ersten Zähne.

S. 91

Karl Valentin
Der Regen

1 Der Text ist an wissenschaftliche Vorträge angelehnt. Die Schülerinnen und Schüler denken hier eher an einen „Experten" aus dem Fernsehen, vielleicht auch an einen Lehrer aus den Naturwissenschaften (Chemie oder Physik).

2 a/b) Typische Fremdwortbestandteile sind vor allem die Endungen:
– -öse; -ollen; -omen und -iert (von: -ieren); -ien; -tion.
Der Gegenstand des Textes (Regen) ist derart allgemeiner Erfahrung zugänglich, dass selbst Nonsens-Wörter im Kontext zwar nicht verstanden werden, ihr Gebrauch aber eine Art Grundverständnis nicht zu stören scheint.

3 Als Alternative ließe sich auch das **Fremdwortspiel** spielen:
Hierfür suchen die Schülerinnen und Schüler (weitgehend unbekannte) Fremdwörter aus dem Fremdwörterbuch und denken sich die abstrusesten Bedeutungen aus. Insgesamt vier Bedeutungsangebote kommen auf eine Karteikarte; allerdings muss die richtige Bedeutung dabei sein. Nun kann das Spiel losgehen, das ähnlich wie z. B. „Wer wird Millionär?" gespielt wird.

Karl Valentin

S. 91

Die Fremden

1 *a/b)* *Grammatische Fehler mit dem Wort „fremd" und deren komische Wirkung:*
Z. 9: „Die Fremden": Zwar könnte das flektierte Adjektiv im Plural „fremden" heißen, jedoch legt hier die Großschreibung nahe, dass es sich um ein Nomen handelt. So wird das Wort auch weiterverwendet. Im Grunde macht hier der Lehrer (Liesl Karlstadt) den Fehler.
Z. 12: „Aus ‚frem' und aus ‚den'": Hier werden die Sprechsilben als Morpheme behandelt. Richtig wäre: „Fremd-" als Stamm und „-en" als Suffix.

2 *Die gleich klingenden Wörter (Homonyme auf Lautebene) „ist" – „isst" (Z. 13–18) führen zum Missverständnis und zur Komik.*

Karl Valentin

S. 92

Verschiedene Texte

1 *Die Szenen lassen sich noch weiter ausgestalten, indem man die Situation vor den Pointen ausbaut.*

2 *Sprachspiele in den Texten:*
  - *„stellen" – „legen": werden hier als Synonyme verwendet, sind aber tatsächlich bei Flüssigkeiten nicht synonym zu gebrauchen.*
  - *„Haupt(schmerzen)". Bedeutungsvarianten: „Haupt" als „Kopf" und „Haupt-" als Wortbestandteil mit der Bedeutung „vorwiegend, vorrangig".*
  - *„stiften": Homonyme: „stiften" im Sinne von „gründen, schenken" (vgl. Stiftskirche, Studienstiftung) und „Brand stiften" im Sinne von „einen Brand legen".*
  - *„Haus(aufgabe)": Das Wort „Hausaufgabe" lebt vom Antonym „zu Hause" ↔ „in der Schule". Die Pointe akzentuiert die antonymische Beziehung „(normales) Haus" ↔ „(riesige) Villa".*

3 *a/b)* *Der Einsatz von Hörmedien bietet sich an, wenn man diesem Teilkapitel eine größere Lebhaftigkeit verleihen möchte. Hinweise zu Valentin-Texten auf CD finden sich auf S. 99 und S. 107 in diesem Handbuch.*
Die Dialektelemente lassen die Figuren authentisch und lebendig werden und weisen sie – wie auch gelegentlich Betonung und Sprechweise – als „einfache Leute" aus. Die Pointen, die häufig auf Missverständnissen, Bedeutungsvarianten, Homonymen etc. beruhen, werden so plausibler. Komische Figuren und Gesprächskomik passen ideal zueinander.

5.3 Witzparade –
Warum Witze witzig wirken

S. 93

1 *Die namentlich gezeichneten Texte sind pointierte sprachspielerische Texte, keine Witze; ihnen fehlt die Dialogstruktur, die für (die meisten) Witze typisch ist.*

2 **Sprachspiele in den Texten:**

Burckhardt Garbe: für sorge

Der letzte Vers müsste im Sinne einer Konjugation eigentlich lauten „sie für sich". Die gewählte Formulierung betont den Egoismus, der bereits in den anderen Versen inhaltlich angelegt ist.

Werner Finck: Beugung

Der letzte Vers müsste im Dativ lauten: „dem Mut", was klanggleich ist mit dem verwendeten Wort „Demut", welches inhaltlich den zuvor genannten Mut außer Kraft setzt (im Sinne einer Beugung vor Autoritäten). Auch das Wort „Beugung" in der Überschrift wird hier doppeldeutig als Homonym verwendet: 1. Veränderung/Flexion der Wortform, 2. Unterwerfung unter Autoritäten.

Hellmuth Walters: Rechtsbeugung

Hier wird im Akkusativ „Unrecht" (= Antonym zu „Recht") verwendet; auch hier wird mit dem Homonym „Beugung" gespielt.

Spiel mit Homonymen in den Witzen:

... wie lange Krokodile leben

1. wie alt sie werden, 2. auf welche Weise lange = große Krokodile leben

Zu ALDI

homonyme Bedeutung von „zu":
1. Präposition der Richtung (wohin?), 2. umgangssprachlich für „geschlossen".
Die komische Wirkung beruht auch darauf, dass der Nicht-Muttersprachler die deutsche Sprache korrekter beherrscht als der deutsche Sprecher, der seinerseits von dem ausländischen Gegenüber nur eine verkürzte, grammatikalisch falsche Antwort erwartet und sich damit selbst entlarvt.

Die Suppe schmeckt komisch

„komisch" im Sinne von
1. merkwürdig, 2. lächerlich, lachhaft

Spiel mit Antonymen in den Witzen:

... wie lange Krokodile leben

Gegensatz kurze und lange Krokodile

Warum legen Hühner Eier

1. Welche Funktion hat das Ei/das Eierlegen für die Hühner?
2. Gegensatz zwischen „(behutsam hin)legen" und „werfen"

Gespräch über einen Freund

Im Gespräch der beiden Männer entsteht die Komik durch ein Referenzproblem: Die grammatisch falsche Form „von mich" wird korrigiert in „von mir", allerdings lässt sich die Referenz durch den Sprecherwechsel verschieben, was der erste Mann, der seinen Sprechfehler gar nicht bemerkt, auch tut usw.

Kurt Tucholsky

S. 94

Ein Ehepaar erzählt einen Witz

1 a) *Der Text ist für Schülerinnen und Schüler recht schwer zu sprechen, weil sich die Ehepartner immer wieder ins Wort fallen. Man könnte deshalb verabreden, dass die letzten Worte einer Redepassage (wie beim Ritardando in der Musik) etwas verlangsamt gesprochen werden, damit das pointierte Unterbrechen wirkungsvoll gelingt. Die Vorbereitung der Aufgabe zu Hause ist sinnvoll; dann sollte man mit Kopien arbeiten, damit die Schülerinnen und Schüler ihren Text markieren können.*

b) *Der Witz, den das Ehepaar erzählen will:*
Ein Wanderer verirrt sich im Gebirge, sieht ein Licht, geht darauf zu und kommt zu einer Hütte, in der ein alter Bauer mit seiner jungen und hübschen Bauersfrau lebt. Der Wanderer bittet um ein Nachtquartier. Die Bauern sind arm, haben nur eine Ziege im Stall und eine einzige Konservendose im Kühlschrank, die bis zum nächsten Markttag reichen muss. Trotzdem bietet der Bauer dem Wanderer an, zu dritt in dem einzigen Bett zu schlafen. Gegen Abend gewittert es fürchterlich, der Bauer steht auf, um nach der Ziege zu sehen. Da stupst die junge Frau den Wanderer in die Seite und sagt: „Na, jetzt wäre doch so eine Gelegenheit …“. Aber der Wanderer bleibt eisern, er will die Gutmütigkeit des Bauern nicht ausnutzen. Nach einiger Zeit kommt der alte Bauer wieder zurück, und die drei schlafen wieder ein. Mitten in der Nacht gibt es wiederum ein heftiges Blitzen und Donnern, und wiederum geht der Bauer hinaus, um nach der Ziege zu sehen. Wiederum stupst die junge Frau den Wanderer in die Seite und sagt: „Na, jetzt wäre doch so eine Gelegenheit …“. Obwohl die Versuchung sehr groß ist, bleibt der Wanderer eisern. Der alte Bauer kommt nach einiger Zeit zurück, und die drei schlafen wieder ein. Kurz vor dem Morgengrauen kommt es erneut zu einem schweren Unwetter, der Bauer steht zum dritten Mal auf, geht hinaus, um nach der Ziege zu sehen, und wieder stupst die junge Frau den Wanderer in die Seite und sagt: „Na, jetzt wäre doch so eine Gelegenheit …“. Diesmal kann der Wanderer nicht widerstehen, steht auf, geht zum Kühlschrank und öffnet die Konservendose.

Warum wir lachen

S. 96

1 a/b) *Das Grundprinzip aller Witze besteht darin, dass eine bestimmte Erwartungshaltung bei den Zuhörenden oder Lesenden geweckt und dann enttäuscht wird. (Dieses Grundprinzip gilt selbst bei den so genannten „Anti-Witzen“, die ihre Erwartung (und ihren Witz) eben genau daraus beziehen, dass alle Zuhörenden eine Erwartung als Kern eines Witzes aufbauen und dann irritiert sind, dass die Enttäuschung auf einer anderen – gar nicht komischen – Ebene erfolgt.)*
Häufig wird bei Witzen ein gewisser Spannungsaufbau durch eine dreischrittige Steigerung oder Wiederholung erreicht (so auch bei dem Witz, der dem Text von Kurt Tucholsky, S. 94 f. im Schülerband, zu Grunde liegt; vgl. auch das Schema auf S. 96 im Schülerband).

2 *Witze sind dann besonders gelungen, wenn man sie noch nicht kennt, weil die Erwartungslücke sonst bereits vorher geschlossen wird.*

3 b) *Für die Texte von Burckhardt Garbe, Werner Finck und Hellmuth Walters gilt das Schema ebenfalls, weil die Erwartungen aus dem System und der Regelmäßigkeit der grammatischen Formen resultieren (s. in diesem Handbuch S. 102, Anmerkungen zu Aufgabe 2).*
Den Schülerinnen und Schüler fällt es allerdings schwer, die Erwartungslücken präzise zu benennen.

Lernerfolgskontrolle/ Themen für Klassenarbeiten

Einen literarischen Text mit Hilfe von Fragen auf Wirkung und Intention hin untersuchen und bewerten (Aufgabe 1) / Einen literarischen Text ergänzen und die Textergänzungen begründen (Aufgabe 2/3)

Kurt Tucholsky

Wo kommen die Löcher im Käse her?

Wenn abends wirklich einmal Gesellschaft ist, bekommen die Kinder vorher zu essen. Kinder brauchen nicht alles zu hören, was Erwachsene sprechen, und es schickt sich auch nicht, und billiger ist es auch. Es gibt belegte Brote; Mama nascht ein bißchen mit, Papa ist noch nicht da.

„Mama, Sonja hat gesagt, sie kann schon rauchen – sie kann doch noch gar nicht rauchen!" – „Du sollst bei Tisch nicht reden." – „Mama, guck mal die Löcher in dem Käse!" – Zwei Kinderstimmen, gleichzeitig: „Tobby ist aber dumm! Im Käse sind doch immer Löcher!" Eine weinerliche Jungenstimme: „Na ja – aber warum? *Mama! Wo kommen die Löcher im Käse her?"* – „Du sollst bei Tisch nicht reden!" –

„Ich möcht aber doch wissen, wo die Löcher im Käse herkommen!" – Pause. Mama: „Die Löcher ... also ein Käse hat immer Löcher, da haben die Mädchen ganz recht! ... ein Käse hat eben immer Löcher." –

„Mama! Aber dieser Käse hat doch keine Löcher! Warum hat der keine Löcher? Warum hat der Löcher?" – „Jetzt schweig und iß. Ich hab dir schon hundertmal gesagt, du sollst bei Tisch nicht reden! Iß!" – „Bwww –! Ich möcht aber wissen, wo die Löcher im Käse ... aua, schubs doch nicht immer ...!" Geschrei. Eintritt Papa.

„Was ist denn hier los? Gun Ahmt!" – „Ach, der Junge ist wieder ungezogen!" – „Ich bin gah nich ungezogen! Ich will nur wissen, wo die Löcher im Käse herkommen. *Der* Käse da hat Löcher, und *der* hat keine –!" Papa: „Na, deswegen brauchst du doch nicht so zu brüllen! Mama wird dir das erklären!" – Mama: „Jetzt gib du dem Jungen noch recht! Bei Tisch hat er zu essen und nicht zu reden!" – Papa: „Wenn ein Kind was fragt, kann man ihm das schließlich erklären! Finde ich." – Mama: „[...] Wenn ich es für richtig finde, ihm das zu erklären, werde ich ihm das schon erklären. Nu iß!" – „Papa, wo doch aber die Löcher im Käse herkommen, möcht ich doch aber wissen!" –

Papa: „Also, die Löcher im Käse, das ist bei der Fabrikation; Käse macht man aus Butter und aus Milch, da wird er gegoren, und da wird er feucht; in der Schweiz machen sie das sehr schön – wenn du groß bist, darfst du auch mal mit in die Schweiz, da sind so hohe Berge, da liegt ewiger Schnee darauf – das ist schön, was?" – „Ja. Aber Papa, wo kommen denn die Löcher im Käse her?" – „Ich habs dir doch eben erklärt: die kommen, wenn man ihn herstellt, wenn man ihn macht." – „Ja, aber ... wie kommen denn die da rein, die Löcher?" – „Junge, jetzt löcher mich nicht mit deinen Löchern und geh zu Bett! Marsch! Es ist spät!" – „Nein! Papa! Noch nicht! Erklär mir doch erst, wie die Löcher im Käse ..." Bumm. Katzenkopf. Ungeheuerliches Gebrüll. Klingel.

Onkel Adolf. „Guten Abend! Guten Abend, Margot – 'n Ahmt – na, wie gehts? Was machen die Kinder? Tobby, was schreist du denn so?" – „Ich will wissen ..." – „Sei still ...!" – „Er will wissen ..." – „Also jetzt bring den Jungen ins Bett und laß mich mit den Dummheiten in Ruhe! Komm, Adolf, wir gehen solange ins Herrenzimmer; hier wird gedeckt!" – Onkel Adolf: „Gute Nacht! Gute Nacht! Alter Schreihals! Nu hör doch bloß mal ...! Was hat er denn?" – „Margot wird mit ihm nicht fertig – er will wissen, wo die Löcher im Käse herkommen, und sie hats ihm nicht erklärt." – „Hast dus ihm denn

75 erklärt?" – „Natürlich hab ichs ihm erklärt." – „Danke, ich rauch jetzt nicht – sage mal, weißt *du* denn, wo die Löcher herkommen?" – „Na, das ist aber eine komische Frage! Natürlich weiß ich, wo die Löcher im Käse herkommen!
80 Die entstehen bei der Fabrikation durch die Feuchtigkeit ... das ist doch ganz einfach!" – „Na, mein Lieber ... da hast du dem Jungen aber ein schönes Zeugs erklärt! Das ist doch überhaupt keine Erklärung!" – „Na, nimm mirs
85 nicht übel – du bist aber komisch! Kannst du mir denn erklären, wo die Löcher im Käse herkommen?" – „Gott sei Dank kann ich das." – „Also bitte."
„Also, die Löcher im Käse entstehen durch das
90 sogenannte Kasein, was in dem Käse drin ist." – „Das ist doch Quatsch." – „Das ist kein Quatsch." – „Das ist wohl Quatsch; denn mit dem Kasein hat das überhaupt nichts zu ... gun

Ahmt, Martha, gun Ahmt, Oskar ... bitte, nehmt Platz. Wie gehts? ... überhaupt nichts zu tun!" 95
„Was streitet ihr euch denn da rum?" – Papa: „Nu bitt ich dich um alles in der Welt; Oskar! du hast doch studiert und bist Rechtsanwalt: Haben die Löcher im Käse irgend etwas mit Kasein zu tun?" – 100
[...]
Auf dem Schauplatz bleiben zurück ein trauriger Emmentaler und ein kleiner Junge, der die dicken Arme zum Himmel hebt und, den Kosmos anklagend, weithin hallend ruft: 105
„Mama! Wo kommen die Löcher im Käse her –?"
R̄

(Peter Panter [= Kurt Tucholsky], in: Vossische Zeitung, 29. 8. 1928.
Wieder abgedruckt in: Kurt Tucholsky: Gesammelte Werke. Bd. 6.
Reinbek bei Hamburg, Rowohlt Verlag 1996, S. 213–214. Digitale
Bibliothek, Bd. 15: Tucholsky, S. 6155)

1 a) *Stelle mit eigenen Worten dar, worum es in der Situation geht.*

   b) *Wähle zwei Textstellen aus und erkläre, weshalb der Text komisch wirkt.*

2 *Ergänze den kurz vor dem Ende des Auszugs (Z. 101) fehlenden Textteil so, dass er zum Anfang und zum Schluss des Textes passt.*

3 *Begründe, wieso du den Text so fortgeführt hast.*

Erwartungshorizont:

1 a) *Die Grundsituation wird knapp dargestellt: Abendessen, Besuch wird erwartet, die Kinder sollen gleich ins Bett, der Junge stellt eine scheinbar einfache Frage („Wo kommen die Löcher im Käse her?"), zunächst offenbart sich die Unfähigkeit der Erwachsenen (erst die der Mutter, dann die des Vaters), das Alltagsphänomen zu erklären, dann wechselt das Gespräch auf die Beziehungsebene und löst Kontroversen aus, die mit der Sachebene nichts mehr zu tun haben.*

   b) *Textstellen, die komisch wirken:*
   Z. 18–21: *Die Mutter weicht der Frage aus.*
   Z. 24 f.: *Die Mutter weicht abermals aus, diesmal mit Hinweis darauf/unter dem Vorwand, dass bei Tisch nicht gesprochen werden soll.*
   Z. 35–42: *Der Satz des Vaters wirkt komisch, weil der Leser soeben erfahren hat, dass die Mutter das Phänomen nicht erklären kann. Die Mutter reagiert gereizt. Der Vater wendet das Problem ins Grundsätzliche („Wenn ein Kind ..."). Ein Streit bahnt sich an.*
   Z. 45–52: *Der Vater stammelt kurze Sätze, die keine Erklärung liefern, und weicht dann auf ein anderes Thema (Schweiz) aus.*
   Z. 52–60: *Der Junge lässt sich nicht abwimmeln. Der Vater ist entnervt und benutzt seine Autorität, um die Diskussion zu beenden. Wortspiel: „löchern" – „Löcher".*
   Z. 71 f.: *Der Vater beschuldigt seine Frau, für das Geschrei des Sohnes verantwortlich zu sein, in Wirklichkeit ist er selbst der Auslöser.*

ab Z. 77:   *Die Frage, wo die Löcher im Käse herkommen, beschäftigt nun die hinzukommenden Erwachsenen. Hier offenbart sich allseitige Unwissenheit.*

2 / 3 *Im Text* **inhaltlich-strukturell** *angelegt ist eine* **Eskalation:** *Weitere Erwachsene können auftreten, die die Frage auf möglicherweise abstruse Art beantworten.* **Gegen Ende** *sollte es zu einer derart* **grundsätzlichen Auseinandersetzung** *(auf der Beziehungsebene) kommen, dass alle Erwachsenen den Schauplatz verlassen und der Junge allein gelassen zurückbleibt, immer noch unwissend, wo die Löcher im Käse herkommen.*

Sprachlich ist darauf zu achten, dass ein **pointierter Dialogstil** *verwendet wird, der gelegentlich* **von knappen und elliptischen Erzählsätzen begleitet** *wird, die wie Regieanweisungen wirken.*

Der fehlende Originaltext lautet:

[...] – Oskar – „Nein. Die Käse im Löcher ... ich wollte sagen: die Löcher im Käse rühren daher ... also die kommen daher, daß sich der Käse durch die Wärme bei der Gärung zu schnell
5 ausdehnt!" Hohngelächter der plötzlich verbündeten riesigen Helden Papa und Onkel Adolf. „Haha! Hahaha! Na, das ist eine ulkige Erklärung! Der Käse dehnt sich aus! Hast du das gehört? Haha ... !"
10 Eintritt Onkel Siegismund, Tante Jenny, Dr. Guggenheimer und Direktor Flackeland. Großes „Guten Abend! Guten Abend! – ... gehts? ... unterhalten uns gerade ... sogar riesig komisch ... ausgerechnet Löcher im Käse! ... es
15 wird gleich gegessen ... also bitte, dann erkläre du – !"
Onkel Siegismund: „Also – die Löcher im Käse kommen daher, daß sich der Käse bei der Gärung vor Kälte zusammenzieht!" Anschwel-
20 lendes Rhabarber, Rumor, dann großer Ausbruch mit vollbesetztem Orchester: „Haha! Vor Kälte! Hast du schon mal kalten Käse gegessen? Gut, daß Sie keinen Käse machen, Herr Apolant! Vor Kälte! Hähä!" – Onkel Siegismund
25 beleidigt ab in die Ecke.
Dr. Guggenheimer: „Bevor man diese Frage entscheiden kann, müssen Sie mir erst mal sagen, um welchen Käse es sich überhaupt handelt. Das kommt nämlich auf den Käse an!"
30 Mama: „Um Emmentaler! Wir haben ihn gestern gekauft ... Martha, ich kauf jetzt immer bei Danzel, mit Mischewski bin ich nicht mehr so zufrieden, er hat uns neulich Rosinen nach oben geschickt, die waren ganz ..." Dr. Guggen-
35 heimer: „Also, wenn es Emmentaler war, dann ist die Sache ganz einfach. Emmentaler hat Löcher, weil er ein Hartkäse ist. Alle Hartkäse haben Löcher."
Direktor Flackeland: „Meine Herren, da muß wohl wieder mal ein Mann des praktischen Le-
40 bens kommen ... die Herren sind ja größtenteils Akademiker ..." (Niemand widerspricht.) „Also, die Löcher im Käse sind Zerfallsprodukte beim Gärungsprozeß. Ja. Der ... der Käse zerfällt, eben ... weil der Käse ..." Alle Daumen sind
45 nach unten gerichtet, das Volk steht auf, der Sturm bricht los. „Pö! Das weiß ich auch! Mit chemischen Formeln ist die Sache nicht gemacht!" Eine hohe Stimme: „Habt ihr denn kein Lexikon – ?"
50 Sturm auf die Bibliothek. Heyse, Schiller, Goethe, Bölsche, Thomas Mann, ein altes Poesiealbum – wo ist denn ... richtig!
GROBKALK BIS KERBTIERE
Kanzel, Kapital, Kapitalertragssteuer, Karbat-
55 sche, Kartätsche, Karwoche, Käse – ! „Laß mich mal! Geh mal weg! Pardon! Also:
‚Die blasige Beschaffenheit mancher Käsesorten rührt her von einer Kohlensäureentwicklung aus dem Zucker der eingeschlossenen
60 Molke.'" Alle, unisono: „Hast es. Was hab ich gesagt?" ... „‚eingeschlossenen Molke und ist...'
wo geht denn das weiter? Margot, hast du hier eine Seite aus dem Lexikon rausgeschnitten? Na, das ist doch unerhört – wer war hier am
65 Bücherschrank? Sind die Kinder ...? Warum schließt du denn den Bücherschrank nicht ab?" „Warum schließt du den Bücherschrank nicht ab ist gut, hundertmal hab ich dir gesagt, schließ du ihn ab –" – „Nu laßt doch mal: also
70 wie war das? Ihre Erklärung war falsch. Meine Erklärung war richtig." – „Sie haben gesagt, der

Käse kühlt sich ab!" – „Sie haben gesagt, der Käse kühlt sich ab – ich hab gesagt, daß sich der Käse erhitzt!" – „Na also, dann haben Sie doch nichts von der kohlensauren Zuckermolke gesagt, wie da drin steht!" – „Was du gesagt hast, war überhaupt Blödsinn!" – „Was verstehst du von Käse? Du kannst ja nicht mal Bolles Ziegenkäse von einem alten Holländer unterscheiden!" – „Ich hab vielleicht mehr alten Holländer in meinem Leben gegessen wie du!" – „Spuck nicht, wenn du mit mir sprichst!" Nun reden alle mit einemmal.

Man hört:

„Betrag dich gefälligst anständig, wenn du bei mir zu Gast bist ... !" „saurige Beschaffenheit der Muckerzolke ..." „mir überhaupt keine Vorschriften zu machen!" ... „Bei Schweizer Käse – ja! Bei Emmentaler Käse – nein! ..." „Du bist hier nicht bei dir zu Hause! Hier sind anständige Leute ..." „Wo denn – ?" „Das nimmst du zurück! Das nimmst du sofort zurück! Ich lasse nicht in meinem Hause meine Gäste beleidigen – ich lasse in meinem Hause meine Gäste nicht beleidigen! Du gehst mir sofort aus dem Haus!" – „Ich bin froh, wenn ich raus bin – Deinen Fraß brauche ich nicht!" – „Du betrittst mir nicht mehr meine Schwelle!" – „Meine Herren, aber das ist doch ...!" – „Sie halten überhaupt den

Mund – Sie gehören nicht zur Familie! ..." „Na, das hab ich noch nicht gefrühstückt!" – „Ich als Kaufmann ... !" – „Nu hören Sie doch mal zu: Wir hatten im Kriege einen Käse" – „Das war keine Versöhnung! Es ist mir ganz egal, und wenn du platzt: Ihr habt uns betrogen, und wenn ich mal sterbe, betrittst du nicht mein Haus!" – „Erbschleicher!" – „Hast du das!" – „Und ich sag es ganz laut, damit es alle hören: Erbschleicher! So! Und nun geh hin und verklag mich!" – „Lümmel! Ein ganz fauler Lümmel, kein Wunder bei dem Vater!" – „Und deine? Wer ist denn deine? Wo hast du denn deine Frau her?" – „Raus! Lümmel!" – „Wo ist mein Hut? In so einem Hause muß man ja auf seine Sachen aufpassen!" – „Das wird noch ein juristisches Nachspiel haben! Lümmel! ..." – „Sie mir auch – !"

In der Türöffnung erscheint Emma, aus Gumbinnen, und spricht – „jnädje Frau, es is anjerichtet – !"

4 Privatbeleidigungsklagen, 2 umgestoßene Testamente, 1 aufgelöster Soziusvertrag, 3 gekündigte Hypotheken – 3 Klagen um bewegliche Vermögensobjekte: 1 gemeinsames Theaterabonnement, 1 Schaukelstuhl, 1 elektrisch heizbares Bidet. 1 Räumungsklage des Wirts. $\boxed{R}$

Literaturhinweise

Bachmaier, Helmut (Hg.): Texte zur Theorie der Komik. Reclam, Stuttgart 2005

Gernhardt, Robert/Zehrer, Klaus C. (Hg.): Hell und schnell. 555 komische Gedichte aus 5 Jahrhunderten. S. Fischer, Frankfurt/M. 2004

Karlstadt, Liesl: Nebenbeschäftigung Komikerin. Texte und Briefe. Allitera, München 2002

Kirchmayr, Alfred: Witz und Humor. Vitamine einer erotischen Kultur. Vabene, Klosterneuburg 2006

Tulzer, Friedrich: Karl Valentin und die Konstituenten seiner Komik. Heinz, Stuttgart 1987

Hörmedien:

Karlstadt, Liesl/Valentin, Karl: Das Leben des Karl Valentin. Audio-CD, 7 Bde. Hg. von Michael Schulte. Audiobuch, Freiburg/Br. 2004

Tucholsky, Kurt: Wo kommen die Löcher im Käse her? Ein Ehepaar erzählt einen Witz u. a. (Sprecher: Uwe Friedrichsen, Peter Striebeck). Litraton, Hamburg 2003

6 Fotografieren und fotografiert werden – Aktiv oder Passiv

Konzeption des Gesamtkapitels

Das Passiv stellt zwar im alltäglichen Sprachgebrauch insgesamt eher eine Seltenheit dar, ist aber in bestimmten Textzusammenhängen – vor allem da, wo es um die Beschreibung von Vorgängen geht – eine wichtige, weil funktionale stilistische Alternative. Als solche sollte die Behandlung des Passivs deshalb auch im Deutschunterricht schwerpunktmäßig motiviert und thematisiert werden. Das Thema „Fotografie" bietet sich dazu als Sachgegenstand an, weil es dabei in vielerlei Hinsicht um Vorgänge geht und weil beide Rollen – die des handelnden Fotografen und die des passiven Fotoobjekts – bedeutsam sind.

Im ersten Teilkapitel (**„Vom Motiv zum Bild – Aktiv- und Passivformen"**) wird, ausgehend von den Begriffen der Handlung und des Handlungsträgers sowie der Unterscheidung zwischen Handlungen und Vorgängen, die Aufmerksamkeit auf die Unterscheidung von Aktiv- und Passivsätzen gelenkt. Funktionale und syntaktische Unterschiede zwischen Aktiv und Passiv werden daran angebunden und die Bildung der Passivformen geklärt. Mit dem Blick auf die kulturgeschichtliche Seite des Themas Fotografie wird die Einführung und Übung des Tempusgebrauchs beim Passiv verbunden. Für das Futur I geraten dabei bereits stilistische Fragen ins Blickfeld, die im nächsten Teilkapitel intensiv behandelt werden.

Im zweiten Teilkapitel (**„Der Fotograf von San Marco – Passiv mangels Information"**) wird das Thema Fotografie anhand eines literarischen Textes weitergeführt und somit der Bereich „Lesen – Umgang mit Texten und Medien" integriert. Mario Adorfs Erzählung „Der Fotograf von San Marco" (in gekürzter Form abgedruckt) verbindet historische und technische Facetten des Themas in einer sprachlich anspruchsvollen Form mit einer spannenden und menschlich berührenden Geschichte. Sie bietet damit für die Jahrgangsstufe ein hohes Motivationspotenzial. Die Verwendung von Aktiv und Passiv in der Erzählung selbst sowie die Fortsetzung der Fiktion in weiteren kurzen Texten mit dazugehörigen Übungen bieten die Möglichkeit, stilistische und funktionale Aspekte des Passivgebrauchs zu thematisieren (Passivumschreibungen, Passiv aus Informationsmangel und Passiv als Informationsriegel).

Das dritte Teilkapitel (**„Fotowerkstatt – Übungen zum Passiv"**) verbindet themabezogene Handlungsanregungen mit weiteren Übungsmöglichkeiten zum Passiv in allen seinen in den beiden vorangegangenen Kapiteln behandelten Aspekten. Auch der kulturgeschichtliche Horizont wird noch einmal durch ein Textangebot erweitert. Hinweise auf andere Materialangebote innerhalb des „Deutschbuchs 7" bieten die Möglichkeit zu einer integrierten Wiederholung des grammatischen Themas in anderen Kontexten oder zur Erweiterung des Übungsrepertoires innerhalb dieses Unterrichtsvorhabens.

Weiteres Übungsmaterial zu diesem Kapitel

Übungsmaterial im **„Deutschbuch Arbeitsheft 7"**
– Aktiv – Passiv: S. 22–24

Die Übersicht auf den Seiten 310 f. dieses Bandes zeigt Verknüpfungen der Software-Übungen **„Deutschbuch 7 interaktiv"** mit diesem Kapitel.

Inhalte

Kompetenzen

S. 97   **6.1**   **Vom Motiv zum Bild – Aktiv- und Passivformen**

Die Schülerinnen und Schüler können
– zwischen Handlungen und Vorgängen unterscheiden;

S. 97   **Klassenfoto – Handlungen ausführen**

– die unterschiedlichen möglichen Positionen von Handlungsträgern in Aktiv- und Passivsätzen erkennen;

S. 100   **Filme werden zu Bildern – Vorgänge beschreiben**

– Vorgangsbeschreibungen und Gebrauchsanleitungen als typische Textformen für den Passivgebrauch erkennen;
– die Bildung der Passivformen beschreiben und anwenden;
– Satzglieder erfragen und den Wechsel vom Subjekt zur Agens-Ergänzung und vom Akkusativobjekt zum Subjekt beschreiben;

S. 102   **Fotos ohne Film – Aktiv und Passiv im Vergleich**

– Formen und Funktionen von Aktiv und Passiv im Vergleich unterscheiden;

S. 104   **Von der Camera obscura zur Digitalkamera – Tempusgebrauch**

– den Tempusgebrauch beim Passiv beschreiben und anwenden.

S. 107   **6.2**   **Der Fotograf von San Marco – Passiv mangels Information**

Die Schülerinnen und Schüler können
– Formulierungsvarianten des Passivs erkennen und anwenden;
– zwischen Informationsmangel und Informationsriegel als Motiv bei der Passivverwendung unterscheiden.

S. 107   Mario Adorf
Der Fotograf von San Marco

S. 113   **6.3**   **Fotowerkstatt – Übungen zum Passiv**

Die Schülerinnen und Schüler können
– verschiedene Formen des Passivs anwenden;
– das Genus Verbi adressatenbezogen wählen und damit stilistische Kompetenz beweisen;
– den Passivgebrauch in vorgegebenen Texten beschreiben und erläutern;
– Textformen erkennen, für die der Passivgebrauch typisch ist.

6.1 Vom Motiv zum Bild – Aktiv- und Passivformen

S. 97

Klassenfoto – Handlungen ausführen

1 a) *Die Aufgabe dient sowohl einer Einführung in das inhaltliche Thema „Fotografieren", die – unabhängig von den persönlichen Hobbyerfahrungen einzelner Schülerinnen und Schüler – an eine gemeinsame Erfahrung anknüpft, als auch der Sammlung authentischen Sprachmaterials, an dem die Aufmerksamkeit auf das grammatische Thema gelenkt werden kann. Dass sicherlich viel mehr Aktivsätze als Passivsätze vorkommen werden, entspricht der Verteilung im allgemeinen deutschen Sprachgebrauch: Etwa 93 % der finiten Satzformen in Texten sind Aktivformen, etwa 7 % Passivformen (vgl. Duden Grammatik, 6. Aufl., Mannheim 1998, S. 172 f.). Bei der Auswahl der Sätze, die an der Tafel festgehalten werden, kann sich dieses Verhältnis widerspiegeln, allerdings sollte darauf geachtet werden, dass zumindest ein oder zwei Beispiele für einen Passivsatz vorkommen.*

b) *Weitere Aufgaben im Schülerband, die auf die Wandzeitung verweisen: S. 102, Aufgabe 9; S. 105, Aufgaben 1 b) und 3 c).*

2 *Das Prinzip des steifen, unnatürlich braven Klassenfotos wird in der Karikatur auf die Spitze getrieben: Die kleinen Mädchen werden hinter einer riesigen Leinwand aufgestellt, auf der Schülerinnen und Lehrerinnen in vorbildlicher Haltung abgebildet sind. Nur für die Gesichter wurden Löcher ausgeschnitten, sodass die richtigen Gesichter zu sehen sind. Die Schülerinnen, eine offenbar lebhafte und schwer zu bändigende Horde, werden von den vier Lehrerinnen „angepfiffen", ermahnt und vorangetrieben. Der Fotograf betrachtet den Auftrieb mit resignierter Seelenruhe.*
Eine Beschreibung aus Sicht der Schülerinnen – wie in der Aufgabe verlangt – wird wahrscheinlich einen größeren Anteil an Aktivsätzen enthalten, aber auch Passivsätze sind nicht unwahrscheinlich (z. B. „Wir sind von Frau Schmal ganz schön angepfiffen worden.").

3 a) *Obwohl es sich nur um zwei recht kurze Sätze handelt, könnten die Schülerinnen und Schüler „sprachliche Beobachtungen" auf Verschiedenes beziehen, z. B.:*
   – *Person vs. Gegenstand als Subjekt;*
   – *Singular vs. Plural;*
   – *mit bzw. ohne Akkusativobjekt;*
   – *Bilder – Fotos als Synomyme.*
   Nicht zuletzt wegen der Kapitelüberschriften und besonders, wenn bereits in der Klasse 6 das grammatische Thema angerissen wurde (vgl. „Deutschbuch 6", S. 96), ist aber damit zu rechnen, dass die Schülerinnen und Schüler auf die Unterscheidung Aktiv – Passiv kommen.
   Je nach Vorkenntnissen können die folgenden Übungen 4 und 5 stark gerafft behandelt werden. Die sichere Beherrschung der in den Merkkästen aufgeführten Fachbegriffe muss aber abgesichert sein.

b) *Eine Zuordnung zu den Beispielsätzen (Aktiv – Passiv) muss möglich sein, da finite Verbformen ja entweder im Aktiv oder Passiv stehen müssen. Auffälligkeiten könnten sich im Blick auf die Häufigkeit der beiden Verbformen (s. o. die Anmerkungen zu Aufgabe 1), bei Modalverben, aber auch schon bei verschiedenen Tempusformen und Passivumschreibungen ergeben. Hier wird man nicht alles schon im Detail aufgreifen, sondern auf die kommenden Unterrichtsstunden verweisen.*

4 a) Es müssen nicht alle Sätze umgewandelt werden – es reicht, einige Beispiele zusammenzutragen.
   Vorschlag für ein Tafelbild:

Handlungsträger erfragen:

Wer
- hat das mit dem Klassenlehrer abgesprochen?
- fotografiert die Klasse noch einmal?
- klettert Max auf die Schultern?
- macht Karin Hasenöhrchen?
- sitzt auf dem Pult?

Was
- macht das Bild ...?
- geht schnell vorbei?
- wackelt?
- leuchtet auf?
- macht das typische Geräusch?

b/c)   Hier kann mit dem im Umfang reduzierten Satzmaterial aus Teilaufgabe a) weitergearbeitet
   werden. Bei den ersten fünf Beispielen sind Personen Handlungsträger, bei den letzten fünf Gegenstände oder andere Erscheinungen.

   Vorschlag für ein Tafelbild:

Handlung	Handlungsträger
mit dem Klassenlehrer absprechen	Sie (Katharina)
fotografieren	Sie
klettern	Der kleine Jens
Hasenöhrchen machen	Sabrina
auf dem Pult sitzen	Vier Schüler
das Bild machen	Die Kamera
schnell vorbeigehen	Zehn Sekunden
wackeln	Das Pult
aufleuchten	Das Blitzlicht
das typische Geräusch machen	Die Kamera

d) Der Übung kann ein spielerischer Charakter verliehen werden, indem eine Schülerin oder ein Schüler
   den Handlungsträger nennt und eine andere/ein anderer das Verb und den ganzen Satz ergänzen
   muss.

5 *a/b) Vorschlag für zwei Tafelbilder:*

	Subjekt	Prädikat	Akkusativobjekt	
(2)	Walter	setzt	seine Brille	ab.
(3)	Florian	zieht	sein T-Shirt	glatt.
(4)	Marianne	zieht	ihren Blazer	über.
(9)	Tessa	lacht	sie	aus: ...

	Subjekt	Prädikat	Dativobjekt	Akkusativobjekt	Adverbiale Bestimmung
(1)	Irene	kämmt	sich	die Haare.	
(5)	Alexander	schiebt	sich	die Kappe	aus der Stirn.
(6)	Marion	hält	Susanne	den Spiegel.	
(7)	Susanne	schminkt	sich	die Lippen.	
(8)	Luise	sprüht	sich	Parfüm	hinters Ohr.

S. 100

Filme werden zu Bildern – Vorgänge beschreiben

1 *Die Aufgabe kann mündlich, aber auch in Dreier- oder Sechsergruppen in Form eines **Schreibgesprächs** bearbeitet werden: Jede der drei Fragen wird in der Gruppe auf ein oder zwei Blätter geschrieben. Die Schülerinnen und Schüler schreiben reihum ihre Meinung zur Frage und zu den bereits notierten Ansichten ihrer Klassenkameraden auf. Die Ergebnisse können in den Gruppen vorgetragen, besprochen und zusammengefasst und/oder auf der Wandzeitung präsentiert werden. Diese schriftliche Version der Aufgabe ermöglicht es, nach der Einführung des Passivs in den nächsten beiden Aufgaben noch einmal die selbst geschriebenen Texte auf ihre sprachliche Gestaltung (d. h. die Passivverwendung) hin zu untersuchen.*

2 *a/b) Katharina wertet vor allem die Fremdbestimmung, der man als Fotomodell ausgesetzt ist, negativ. Dieser Kritik entspricht die sprachliche Form, nämlich das Passiv, durch das das Fotomodell in den Objektstatus rückt, während die Handlungsträger andere Personen sind.*

3 *Passivsätze ohne Nennung des Handlungsträgers:*
Z. 3/4:   Ich werde nicht gerne fotografiert ...
Z. 8/9:   ... wird dir gesagt ...
Z. 9/10:   ... hinterher wird auf den Bildern an dir rumgepinselt ...
Z. 12/13:   ... man wird als Modell ganz schön schikaniert?
Z. 16 ff.: ... dann werden die Fotos in einer bekannten Modezeitschrift veröffentlicht ...

Passivsätze mit Nennung des Handlungsträgers als Präpositionalgruppe:
Z. 1/2:   ... wird Katharina von ihrer Freundin Anna gefragt.
Z. 15/16:   Ich werde von einem Profi so fotografiert ...
Z. 18 f.:   ... und ich werde von allen bewundert.

4 a/b) Der Text hat einen dialogischen Rahmen (Z. 1–6 und Z. 27–30) und einen monologischen Hauptteil (Z. 7–26), in dem der Onkel Katharina die physikalisch-chemischen Prozesse beim Fotografieren
und beim Entwickeln des Films erläutert. In diesem Hauptteil überwiegen die Passivformen, weil es
sich um die Beschreibung eines Vorgangs handelt: Bei Vorgangsbeschreibungen rückt das handelnde
Subjekt in den Hintergrund.
Mögliche Überschriften für die drei Textteile:
(1) Frage: Wie kommt das Bild auf den Film?
(2) Antwort: Was beim Fotografieren und Entwickeln mit dem Film passiert
(3) Abschluss des Gesprächs

5 a) Passivformen im Text:
– der Streifen wird beschichtet
– er wird belichtet
– das Bild wird eingebrannt
– der Film wird aus der Kamera genommen
– das Bild wird sichtbar gemacht
– es wird auf Papier übertragen
– der Film wird (nicht noch einmal) belichtet
– das Bild wird zerstört
– die Kamera darf nicht geöffnet werden (Infinitiv!)
– der Film wird zurückgespult
– er wird geschützt
– im Labor wird im Dunkeln gearbeitet
– der Film wird aus der Dose geholt und entwickelt

b) Das Passiv wird gebildet aus der Personalform des Verbs „werden" und dem Partizip II des Verbs (vgl.
Beispiele auf S. 103). Da die Verben im Text – abgesehen von der einen Infinitivform – alle in der
3. Person Singular stehen, sollten einige Sätze auch in den Plural gesetzt werden. Der Satz: „Er wird
geschützt", kann exemplarisch durch alle Personen konjugiert werden (im Präsens).

6 a) Umformung zu Aktivsätzen:
– Deswegen darf der Fotograf die Kamera auch nicht öffnen.
– Die Kamera spult den Film am Ende automatisch in die Rolle zurück.

b) Das Subjekt des Passivsatzes wird im Aktivsatz zum Akkusativobjekt.
Die Präpositionalgruppe, die im Passivsatz den Handlungsträger nennt, wird im Aktivsatz zum Subjekt.

7 Wir verzichten hier auf die vollständige grafische Verdeutlichung des Musters. Der Handlungsträger ist
hier fett gedruckt, das Subjekt unterstrichen.
(1) Der Film wird **vom Fotografen** in der Dunkelkammer entwickelt.
(2) Der Filmstreifen wird von **ihm** nacheinander in verschiedene Flüssigkeiten getaucht.
(3) Die vom Licht getroffenen Silbersalzkörnchen auf dem Film werden **von der Entwicklerflüssigkeit
(durch die Entwicklerflüssigkeit)** in reines Silber verwandelt.
(4) Anschließend wird der Filmstreifen **vom Fotografen** kurz gewässert.
(5) Die vom Licht nicht getroffenen Silbersalzkörnchen werden **vom Fixierbad (durch das Fixierbad)**
herausgelöst.
(6) Der Film wird **von diesem Bad (durch dieses Bad)** lichtbeständig gemacht.

113

8 Um Verwirrung zu vermeiden, ist es sinnvoll, die Regel in beide Richtungen ausformulieren zu lassen:

> **Bei der Umformung vom Aktiv- zum Passivsatz gilt:**
> Das Akkusativobjekt des Aktivsatzes wird bei der Umformung ins Passiv zum Subjekt des Passivsatzes.
> Das Subjekt des Aktivsatzes wird zur Präpositionalgruppe des Passivsatzes.
> **Umgekehrt gilt bei der Umformung vom Passiv- zum Aktivsatz:**
> Das Subjekt des Passivsatzes wird zum Akkusativobjekt des Aktivsatzes.
> Die Präpositionalgruppe, die im Passivsatz den Handlungsträger nennt, wird im Aktivsatz zum Subjekt.

9 Wenn es in der Schule – auch in digitalen Zeiten – noch ein Fotolabor gibt, kann die theoretische Information durch ein anschauliches Miterleben des Entwicklungsvorgangs sinnvoll ergänzt werden. Wenn entsprechende Experten zur Verfügung stehen, können auch der physikalische und der digitale Vorgang gegenübergestellt und die ästhetischen Möglichkeiten der beiden Verfahren miteinander verglichen werden. Die mediale (Tonband) oder schriftliche Fixierung der Erfahrungen und Gespräche kann dann auch wieder für die Fokussierung auf das grammatische Thema genutzt werden.

S. 102

Fotos ohne Film – Aktiv und Passiv im Vergleich

1 Transitive und intransitive Verben in dem Text:
- transitive Verben: zeigt, löscht, lobt, anschließt, ausdrucken, bearbeitet, erklärt
- intransitive Verben: weißt, gefallen

2 a) Möglicher Lösungstext:

> Ein Zoom ist ein Kameraobjektiv, bei dem die Brennweite <u>verstellt werden kann</u>. Es gibt Objektive mit mechanischem Zoomring, der mit der Hand verstellbar ist, und solche mit Motorzoom und Autofokus, die sich automatisch einstellen. Beim Autofokus <u>wird</u> auch die Schärfe automatisch <u>eingestellt</u>. Um den Fokussiervorgang abzuschließen, braucht die Kamera etwa 0,9 Sekunden. Beim manuellen Fokussieren dienen zwei kleine Pfeile am Fokusring als Fokussierhilfe. Das Bild <u>wird</u> durch Drehen des Ringes scharf <u>gestellt</u>. Per Knopfdruck <u>kann</u> der zentrale Teil des Bildes <u>vergrößert werden</u>. Durch einen besonderen Modus, der Makrofunktion <u>genannt wird</u>, können Aufnahmen im Abstand von nur einem Zentimeter <u>gemacht werden</u>. Ohne Makrofunktion beginnt die Schärfe bei 50 cm Abstand. Im Serienbildmodus <u>werden</u> fünf Bilder pro Sekunde <u>gemacht</u>.
>
> (Verben im Passiv sind unterstrichen.)

b) **Vorgangspassiv:** Das Objektiv wird eingefahren. – Personalform von „werden" + Partizip II des Verbs – Ablauf eines Vorgangs
Zustandspassiv: Das Objektiv ist eingefahren. – Personalform von „sein" + Partizip II des Verbs – Ergebnis eines Vorgangs

c) Ein Beispiel, das aus a) gewonnen werden kann:
- **Vorgangspassiv:** Der Fokussiervorgang wird nach etwa 0,9 Sekunden abgeschlossen.
- **Zustandspassiv:** Der Fokussiervorgang ist nach etwa 0,9 Sekunden abgeschlossen.

3 a) Vorschlag für ein Tafelbild:

Handlungsträger als Subjekt (Verbform: Aktiv)	Vorgang steht im Mittelpunkt des Interesses (Verbform: Passiv)
– ... können Sie diese ... einscannen – Damit Sie ein Bild ... hinzufügen können ... – ... stehen ... zwei Schaltflächen zur Verfügung – ... ein Klick ... bewirkt ... – Der Scan-Vorgang startet ...	– Wenn die Bilder ... gespeichert sind ... – ... das noch nicht eingescannt wurde ... – ... wird das Bild ... eingefügt ... – ... dass es ... angehängt wird ... – ... die Seite wird eingefügt ...

b) Bei Benutzerhinweisen im Computerbereich stehen oft die Vorgänge, die von der Hard- oder Software ohne Beteiligung des Benutzers ausgeführt werden, im Passiv, z.B:
  – Das Programm wird geladen ...
  – Der Rechner wird hochgefahren ...
  – Die Seite wird geöffnet ...
  Vorgänge, die vom Benutzer ausgeführt werden, stehen dagegen im Aktiv (oder im Imperativ), z. B.:
  – Sie schließen die Anwendung, indem Sie auf die Schaltfläche klicken.
  – Zum Ersetzen des Wortes benutzen Sie die Option „Ersetzen" im Menü „Bearbeiten" oder Sie drücken F5.

Von der Camera obscura zur Digitalkamera – Tempusgebrauch

S. 104

1 a) Je älter die Fotos sind, umso deutlicher werden die Unterschiede. Deshalb ist es wünschenswert, dass die Schülerinnen und Schüler gerade auch alte Schwarz-Weiß-Aufnahmen mitbringen, aber auch Bilder, die mit Sofortbildkameras oder modernen Unterwasserkameras aufgenommen wurden. Sinnvoll wäre eine Kooperation mit dem Kunstunterricht, der die ästhetische Seite der Fotografie vertiefend behandeln könnte.

b) **Literaturhinweise zur Geschichte der Fotografie:**
  Haberkorn, Heinz: Anfänge der Fotografie. Entstehungsbedingungen eines neuen Mediums. Rowohlt Taschenbuch Verlag, Reinbek b. Hamburg 1981
  Willsberger, Johann: Fotofaszination. Kameras, Bilder, Fotografen. Orbis Verlag, München 1988
  Empfehlenswerte Internetseite:
  www.wu-wien.ac.at/usr/h99a/h9950236/fotografie/foto1.htm

2 a/b) Vorschlag für ein Tafelbild:

Tempus	Verben im Passiv: Beispiele aus dem Text
Präsens	–
Präteritum	sie wurden genannt (Z. 9), es wurde projiziert (Z. 13), sie wurden beschichtet (Z. 29 ff.), es wurde benötigt (Z. 32 f.), sie wurden entzündet (Z. 38)

Perfekt	sie ist weiterentwickelt und verbessert worden (Z. 23 f.), sie sind benannt worden (Z. 25 ff.), es ist geblitzt worden (Z. 36 f.)
Plusquam-perfekt	sie war beschichtet worden (Z. 17)
Futur I	sie wird gebracht werden (Z. 47 f.)

Außerdem gibt es im Text zwei Infinitive: erfunden werden konnte (Z. 5 f.), getroffen zu werden (Z. 43).

3 a/b) *Die ausformulierten Sätze aus dem Text:*
  – *Die unter Lichteinwirkung stehenden Stellen der Asphaltschicht härteten. – Aktivsatz im Präteritum*
  – *Die unbelichteten Teile wurden mit Lavendelöl und Terpentin ausgewaschen. – Passivsatz im Präteritum*
  – *1952 wurde das Foto von Helmut Gernsheim in England entdeckt. – Passivsatz im Präteritum*

  c) *Zur Gestaltung der Wandzeitung kann das Foto in ein größeres Format kopiert werden. Die Aufforderung, möglichst Passivsätze zu verwenden, sollte nicht auf Kosten eines angemessenen Stils erfüllt werden.*
  Vorschlag für einen Text:

  Das erste Foto der Welt wurde im Jahr 1826 aufgenommen, und zwar in Maison Gras bei Chalon-sur-Saône in Frankreich. Das Aufnahmematerial, eine Zinnplatte mit aufgetragener Asphaltschicht, wurde ca. acht Stunden belichtet. (...) Die Kamera wurde wahrscheinlich vom Fotografen, Nicéphore Niepce, selbst konstruiert. Das Foto hat ein Format von 21 x 16,5 cm. (...) Es wird in der Sammlung Gernsheim an der University of Texas aufbewahrt.

4 *Diese Aufgabe soll der Übung des Passivs im Präteritum dienen, auch wenn es sich um eine Art Vorgangsbeschreibung handelt. Diese Abweichung von der auf S. 52 im Schülerband aufgeführten Tempusregel für Vorgangsbeschreibungen kann dadurch begründet werden, dass der beschriebene Vorgang in der Gegenwart nicht mehr vollzogen wird, sondern „Geschichte" ist.*
Vorschlag für einen Text:

Die Posierhilfe wurde hinter der Person, die fotografiert werden wollte, aufgestellt. Das Gerät konnte auf die Größe der jeweiligen Person eingestellt werden. Der Kopf des Modells wurde von einer am Ende gabelförmigen Stange gehalten. Es gab Posierhilfen für sitzende und für stehende Posen: Wurde eine Person sitzend aufgenommen, so wurden Ober- und Unterarm jeweils von einer weiteren Stange gestützt. Wenn die Person hingegen stehend fotografiert wurde, wurde ihr Rücken durch eine zusätzliche Stange gestützt.

Die Lehrkraft kann darauf hinweisen, dass das Gerät mit Decken und Ähnlichem so verkleidet wurde, dass es wie ein Einrichtungsgegenstand aussah. (Aus der Zeichnung lässt sich dies jedoch nicht erschließen.)

5 a) *Bei dieser Aufgabe soll zunächst die Bildung des Passivs im Futur geübt werden. Nur an einer Stelle muss das Präsens gesetzt werden (Z. 4). Die Verben in der richtigen Form:*
  – *Wie werden wohl in hundert Jahren Fotos gemacht werden?*
  – *... wie heute neue Technologien entwickelt werden ...*
  – *Sicher werden nur noch Digitalkameras benutzt werden ...*

- *Dann werden keine Filme mehr entwickelt werden müssen, und die meisten Fotolabore werden geschlossen werden.*
- *Vielleicht werden die Kameras dann mit einem kleinen Minidrucker ausgestattet werden …*

b) *Das Futur ist ein Tempus, das wir in der Alltagssprache wenig benutzen und das uns deshalb stilistisch ohnehin eher ungewohnt erscheint. Da sowohl für die Bildung des Passivs als auch für die Bildung des Futurs das Verb „werden" benutzt wird, kommt es im vorliegenden Text außerdem zu einer unschönen Häufung dieses Wortes. Insgesamt wirken die Aussagen dadurch unnötig umständlich, gestelzt und eintönig.*

Nachdem in der ersten Zeile die zeitliche Dimension (Zukunft) bereits markiert worden ist, entspricht es der sprachlichen Praxis, das Präsens an Stelle des Futurs zu verwenden. In Z. 9 f. („Die meisten Fotolabore…") kann man ohne weiteres auch einen Aktivsatz bilden: Die Formulierung „ein Labor schließt" ist ebenso üblich wie „ein Geschäft wird geschlossen". Möglicherweise entdecken die Schülerinnen und Schüler auch hier bereits die Passivumschreibungen (z. B. mit „man"), die dann im nächsten Teilkapitel systematisch eingeführt werden.

c) *Ideen zur „Foto-Zukunft" (Texte, Zeichnungen, Collagen usw.) können ebenfalls auf der Wandzeitung gesammelt werden. Wenn Interesse besteht, können sich einige Jugendliche über Neuheiten und Trends auf der letzten photokina (www.photokina.de) informieren und sie in diesem Kontext vorstellen.*

117

6.2 Der Fotograf von San Marco – Passiv mangels Information

S. 107

Mario Adorf

Der Fotograf von San Marco

Die Erzählung von Mario Adorf ist in einer gekürzten Version abgedruckt. Vor allem wurde die Rahmenhandlung weggelassen: Ein heutiger Tourist entdeckt in einem Fotoladen eine Venedig-Broschüre mit dem Foto des einstürzenden Campanile und kommt dem Betrug, mit dem das Bild zustande kam, auf die Spur. Er lernt dabei einen alten Venezianer kennen, dem dies ebenfalls gelungen ist.
Die Erzählung ist auch als Hörbuch erhältlich (Der Hörverlag, München 2003).

1 *In der Erzählung kommen zwei venezianische Fotografen vor: Antonio Baghetto und Rino Zago, der Titel spricht aber nur im Singular von „dem" Fotografen. Die Schülerinnen und Schüler können auf der Sachebene und auf der literarischen Ebene für die eine oder die andere Figur argumentieren. Wenn das Thema Argumentation bereits behandelt wurde, sollten sie angehalten werden, sich an das argumentative Verfahren (vgl. S. 27–28 im Schülerband) zu halten, indem sie Kausalsätze formulieren, eventuell Beispiele bringen und die verschiedenen Argumente gewichten. Auch die besondere Form der Argumentation mit Hilfe von Textzitaten im Rahmen der Analyse eines literarischen Textes sollte thematisiert werden.*

Die zentralen Argumente:
— *Eigentlich können mit dem Titel beide Fotografen gemeint sein, denn beide teilen „sich seit vielen Jahren das Fotografieren der Touristen auf dem Markusplatz" (Z. 32 f.) und benutzen die Basilika als Hintergrundmotiv (Z. 37, Z. 43 f.), sind also „Fotografen von San Marco".*
— *Rino Zago könnte gemeint sein, weil er in der Wahrnehmung der Öffentlichkeit derjenige Fotograf ist, der das Sensationsfoto gemacht hat (vgl. Z. 152–154, Z. 158–161). Man kann sich vorstellen, dass er in der Presse als „der (berühmte) Fotograf von San Marco" tituliert wird.*
— *Antonio Baghetto aber ist der wirkliche Fotograf des Sensationsfotos, auch wenn das Foto nicht mehr entwickelt werden konnte. Er „verdient" es, im Titel gemeint zu sein, weil er seinen Beruf ehrenhaft und nicht, wie sein Kollege, betrügerisch ausübt.*
— *Außerdem verknüpft der Leser den Titel der Erzählung automatisch mit Antonio Baghetto, weil dieser die zentrale Figur der Geschichte ist, aus deren Perspektive erzählt wird (der Begriff „personaler Erzähler" wird in Kapitel 10.2 eingeführt, vgl. S. 197 im Schülerband und Orientierungswissen S. 315 im Schülerband).*
   In der Bewertung der Argumente wird diese, auf die literarische Darbietung des Ereignisses bezogene Begründung am stärksten zu gewichten sein.

Der im Schülerband abgedruckte Textauszug lässt offen, ob der Betrug aufgedeckt wird. Tatsächlich ist es in der Fortsetzung der Erzählung so, dass Baghetto – anders als in Aufgabe 7 auf S. 112 im Schülerband suggeriert – nicht mit seiner Entdeckung an die Öffentlichkeit tritt. Für die Öffentlichkeit bleibt Zago also „der Fotograf", der erst viele Jahrzehnte später zunächst durch einen Professor und noch später durch einen Touristen (die Rahmenhandlung der Geschichte) wieder entlarvt wird. Baghetto aber gibt nach dem Erlebnis seine touristische Fotografiererei ganz auf und widmet sich dem naturkundlichen Fotografieren. Er ist also dann kein „Fotograf von San Marco" mehr. Diese Umstände heben aber das zentrale Argument der literarischen Perspektivierung nicht auf.

2 a/b) Die Erzählung enthält nur ganz wenige Passivformulierungen:
– Z. 72 f.: „Kaum ist jedoch die achtzehn Meter hohe Leiter an den Turm gelegt ...“
  Zustandspassiv
– Z. 80–84: „... dass der Platz geräumt werden müsse. Die Frühstücksgäste (...) werden von be-
  sorgten Kellnern gedrängt ...“
  Z. 135 f.: „...von der Polizei nicht zurückgehalten werden können.“
  Hier werden Handlungen beschrieben, zu denen der Erzähler eine größere Distanz hat. Im ersten
  Satz passt das Passiv zudem zu der Aussageform der polizeilichen Anweisung. Im dritten Satz
  passt das Passiv gut zu dem Umstand, dass die Polizei als Handlungsträger nicht mehr handlungs-
  fähig ist.
– Z. 172 ff.: „... es konnte nie und nimmer von der Seite des Torre dell'Orologio her aufgenommen
  worden sein ...“
  Z. 181 f.: „...von dem aus die beiden Fotos aufgenommen worden waren ...“
  In diesen beiden Fällen ist der Handlungsträger möglicherweise nicht bekannt (vielleicht hat Rino
  Zago fremde Fotos benutzt) – oder einfach nicht wichtig: Wichtig ist nur, wer die Fälschung produ-
  ziert hat.
  Es gibt zudem eine Reihe von Passivumschreibungen, vor allem mit „man“, auf die zu einem späteren
  Zeitpunkt, wenn dieser Bereich im Unterricht behandelt worden ist (vgl. S. 110–112 im Schülerband),
  noch einmal eingegangen werden kann:
– Z. 38–41: man ... sieht
– Z. 59–61: lässt sich ... jagen
– Z. 65 f.: sich ... vernachlässigt sehen
– Z. 85 f.: lässt ... erbeben
– Z. 92: dehnt sich
– Z. 102: ballt sich
– Z. 184 ff.: konnte man ... sehen ... eingerahmt erschien
– Z. 192 f.: man ... sah

3 Eine sprachliche Schwierigkeit des Textes besteht in der Nennung zahlreicher Örtlichkeiten mit italie-
nischen Namen: Loggietta, Riva dei Schiavoni, Kirche San Giorgio Maggiore, Dogenpalast, Torre
dell'Orologio, San-Giorgio-Kirche. Durch Fotos, Stadtpläne und Beschreibungen können die Schülerinnen
und Schüler eine Vorstellung von diesen Orten entwickeln. Dadurch behindern die fremden Begriffe ein
flüssiges Leseverständnis weniger.
Ggf. können die Jugendlichen bei dieser Aufgabe auch eigene Reiseerfahrungen einbringen.

a) Reiseführer können aus einer Bibliothek besorgt werden, und auch das Internet bietet touristische Informationen.
Der Einsturz des Campanile ist historisch und wird in den Reiseführern – je nach Ausführlichkeit –
auch erwähnt.

b) Gerade in der sachlichen und auf das Objekt gerichteten Sprache von Reiseführern findet man häufig
Passivformulierungen in der Art von „wurde erbaut“, „wurde zerstört“, „wurde restauriert“. Teilweise ist der Handlungsträger dabei uninteressant oder nicht mehr bekannt (historisch nicht überliefert)
und wird deshalb nicht erwähnt, teilweise wird er als Präpositionalgruppe ergänzt: „von dem berühmten Baumeister NN“.

c) Sich die verschiedenen Ortsangaben vorzustellen und in Beziehung zueinander zu setzen, ist ohne
Ortskenntnis gar nicht leicht. Ein Stadtplan(ausschnitt) kann deshalb eine wertvolle Hilfe sein.
(Vgl. den Plan auf der folgenden Seite.)

Die zentralen Orte in der Erzählung:

4 *Bei dem Vergleich der beiden Darstellungen steht möglicherweise zunächst deren unterschiedliche Ausführlichkeit im Vordergrund. Diese liegt zum einen in der literarischen Ausgestaltung der Erzählung begründet, kann aber auch darauf zurückgeführt werden, dass Baghetto mehr Informationen hat, sich besser auskennt als der Tourist.*

Dieser Aspekt wiederum kann dafür genutzt werden, auf die Verwendung von Aktiv und Passiv hinzulenken: Während Text 1 auf S. 110 im Schülerband ausschließlich im Passiv formuliert ist, benutzt die Erzählung – neben wenigen Passivformulierungen (s.o. die Anmerkungen zu Aufgabe 2) – häufig Aktivsätze. Dies ist dadurch zu erklären, dass Antonio Baghetto weiß, wer das Foto gefälscht hat, der Tourist dagegen nur die Vorgehensweise beschreiben, nicht aber den Täter nennen kann; vgl. z. B. „Zago hatte eine alte Aufnahme vom weiten Ende des Platzes her (...) benützt" (S. 109, Z. 197–200) gegenüber „Es wurde eine alte Aufnahme vom weiten Ende des Platzes her benutzt" (S. 110, Z. 7–9).

5 *a) Vorschlag für ein Tafelbild:*

Text 1: Passivformulierungen	**Text 2: Passivumschreibungen**
- *ist zusammengesetzt worden*	- *setzt sich zusammen*
- *die beiden Bildteile sind gemacht worden*	- *man hat gemacht*
- *kann aufgenommen worden sein*	- *ist fotografierbar*
- *wurde benutzt*	- *du nimmst*
- *wurde gedreht und einkopiert*	- *dreh ... und kopiere ...*
- *ist wegretuschiert und ersetzt worden*	- *lässt sich wegretuschieren und ersetzen*
- *wurde verzerrt*	- *lässt sich verzerren*
- *wurden eingezeichnet*	- *einzeichnen*

b) *Textvergleich:*
- *Der erste Text klingt sachlicher, neutraler, aber auch eintöniger.*
- *Der zweite Text wirkt abwechslungsreicher, lebendiger, emotionaler, persönlicher (auch im Sinne der Adressatenorientierung) und dadurch insgesamt lesefreundlicher. Allerdings ist eine solche Darstellungsweise nicht für jede Textsituation geeignet.*

   Nachdem der Begriff der Passivumschreibungen eingeführt worden ist, kann als zusätzliche Übung auch noch einmal der Originaltext (bes. S. 109 f. im Schülerband, Z. 180–214) daraufhin untersucht werden. (Vgl. auch die Anmerkungen zu Aufgabe 2, S. 119 in diesem Handbuch.)

6 *Bei der Textverbesserung können ganz verschiedene Textvarianten entstehen. Eine Möglichkeit könnte so aussehen:*

Diebereien beim Einsturz des Campanile

Venedig – Die allgemeine Aufregung beim gestrigen Einsturz des Campanile wurde für zahlreiche kleine Diebereien genutzt. Einige Kriminelle nahmen die Gelegenheit wahr, Handtaschen und Wertgegenstände zu entwenden, die bei dem eiligen Aufbruch an den Tischen liegen gelassen wurden. Aber auch noch ein anderes auffälliges Verhalten war zu beobachten: „Dass Sie einen einzelnen Stein als private Erinnerung mitnehmen, kann man vielleicht noch nachvollziehen. Aber ganze Säcke voll Schutt abzuschleppen, weil sich ein Campanile-Brocken später gut als Andenken verkaufen lässt, müssen wir als Bereicherung an fremdem Eigentum einstufen – ein Verhalten, das strafbar ist!", so der Oberbürgermeister. Die Polizei konnte bislang nur begrenzt für die Verfolgung dieser Delikte eingesetzt werden: „Zuerst für die Sicherheit an der Einsturzstelle sorgen, dann Verbrechen verfolgen, war unsere Devise!", erklärte der örtliche Polizeisprecher. Diebstähle kann man nach wie vor bei allen Polizeidienststellen melden.

7 a) *Vergleich der Schlagzeilen und Zeitungstexte:*
- *Die **erste Schlagzeile** beschränkt sich ganz auf den Sachverhalt, die Personen bleiben außen vor (Passiv). Wichtig erscheint die Information über die mögliche Täuschung der Zeitungsleser.*
- *Die **zweite Schlagzeile** dagegen benennt beide Beteiligten namentlich, allerdings die eine Person (in vordergründiger Weise) anonymisiert durch Abkürzung des Nachnamens. Durch die aktivische Formulierung (und die wörtliche Rede) bekommt die Schlagzeile etwas Szenisches. Nicht mehr das Foto, sondern das „menschliche Drama" steht im Mittelpunkt. Diese Schlagzeile passt gut zum **rechten Text**, der unverhohlen alle Handlungsträger nennt und stark an die Emotionen des Lesers appelliert.*
- *Die **dritte Schlagzeile** betont ebenfalls die personelle Seite, aber ohne den Handlungsträger zu nennen (Passiv). Opfer- und Täterrolle bleiben in der Schwebe.*
- *Die **vierte Schlagzeile** schließlich stellt eine Mischung zwischen Personalisierung und Neutralisierung dar: Zwar werden beide beteiligten Personen genannt (Aktiv), aber nicht namentlich, sondern nur mit ihrer neutralen Berufs- bzw. Beziehungsbezeichnung (Fotograf, Kollege). Stilistisch passt diese letzte Schlagzeile zum **linken Text**, der sehr sachlich und zurückhaltend über die Wendung der Ereignisse berichtet. Es wird fast ausschließlich das Passiv verwendet, und zwar ohne Nennung der Handlungsträger, die dadurch geschützt werden sollen.*

b) *Wenn der linke Text in der Zeitung erscheint, die zuvor das Sensationsfoto abgedruckt hat, kann der zurückhaltende Ton darin begründet sein, dass die Zeitung sich selbst nicht gerne schlampiger journalistischer Arbeit bezichtigen möchte. In einer anderen Zeitung veröffentlicht, kann der Stil des Textes für die Seriosität des Blattes stehen, das keine Personen namentlich in das Licht der Öffentlichkeit zerrt, bevor nicht eindeutige Tatsachen vorliegen.*

Im Gegensatz dazu legt es eine Redaktion, die sich für einen Text wie den rechten entscheidet, darauf an, Emotionen zu zeigen und zu erzeugen. Dies gelingt umso besser, je authentischer die beteiligten Menschen präsentiert werden. Latente Konflikte werden geschürt, um möglichst extreme Verhaltensweisen zu provozieren (vgl. „Reality-TV“).

8 a) *In drei Sätzen werden die Handlungsträger genannt; diese Sätze können problemlos in Aktivsätze umgewandelt werden:*

Z. 3 ff.:   *Einige Kriminelle nahmen die Gelegenheit wahr ...*

Z. 11 ff.: *Aber wenn einzelne Personen ganze Säcke von Schutt abschleppen ...*

Z. 22:   *... erklärte der örtliche Polizeisprecher.*

b) *Gründe für das Verschweigen der Handlungsträger:*
   - *Teilweise werden die Handlungsträger nicht genannt, weil sie nicht oder nicht genau bekannt sind* (**Passiv aus Informationsmangel**, *z. B. Z. 6 f., Z. 23 f.);*
   - *teilweise spielt aber sicher zusätzlich eine Rolle, dass man niemanden konkret beschuldigen möchte (z. B. Z. 9 f.) oder beteiligte Personen schützen möchte (z. B. Z. 7 f.)* (**Passiv als Informationsriegel**);
   - *eine Distanzierung vom Gesagten klingt in Z. 10 f. durch;*
   - *in Z. 18–22 kann das Passiv als adäquate Aussageform für die Vorgehensweise einer Institution verstanden werden.*

Zusatzmaterial

In diesem Zusammenhang kann (sollte!) im Unterricht zusätzlich der Begriff der „Passiv-Aktiv-Probe" eingeführt werden, z. B. mit folgendem Tafelbild und folgenden Aufgaben:

Die Passiv-Aktiv-Probe		
	Passivsatz	**Umwandlung in einen Aktivsatz**
A	Das Sensationsfoto wurde von dem Fotografen Baghetto als Fälschung entlarvt.	→ Der Fotograf Baghetto entlarvte das Sensationsfoto als Fälschung.
B	Das Sensationsfoto wurde als Fälschung entlarvt.	→ ????

1 *Erklärt, warum man den Passivsatz B nicht in einen Aktivsatz umwandeln kann.*

2 *Überlegt, wozu man die Passiv-Aktiv-Probe als kritischer Leser brauchen kann.*

3 *Überprüft bei den folgenden Sätzen, ob hier das Passiv als Informationsriegel bezeichnet werden kann. Wendet dazu auch die Passiv-Aktiv-Probe an:*

(1) *Nach dem Bekanntwerden der Fälschung werden auch andere Aufsehen erregende Fotos der letzten Zeit in Frage gestellt.*

(2) *Alle Zweifelsfälle werden nun von Sachverständigen überprüft.*

(3) *Der entlarvte Fälscher wurde vor seiner Wohnung beschimpft.*

(4) *Es wurde gefordert, dass Zeitungsleser künftig vor solchen Fälschungen geschützt werden sollen.*

6.3   Fotowerkstatt – Übungen zum Passiv

1 *Beispiel für die Umformung in einen ansprechenden, abwechslungsreichen Text:*   S. 113

Foto-Puzzle

Für ein selbst gemachtes Foto-Puzzle benötigst du ein (...) Foto (...) und einen Karton (...). Klebe das Foto auf den Karton. Auf der Rückseite des Kartons Puzzleteile aufzeichnen. Dazu kann man die Puzzlesteine eines fertig gekauften Puzzles verwenden. Schneide die Puzzlesteine mit einem scharfen Teppichmesser aus. Wenn du das Puzzle verschenken willst, legst du die Puzzlesteine in einen hübschen Karton. Den Karton mit einem Abzug des gleichen Fotos bekleben.

2 a) *Die mündliche Form ist als methodische Alternative zu den schriftlichen Übungen gedacht. Aber natürlich kann auch hier stattdessen ein Text geschrieben werden. Die mündliche Variante fordert vor allem den „Dritten"/die „Dritte", der/die sehr aufmerksam zuhören und sogleich die grammatische Zuordnung leisten muss. Dies sollte unmittelbar nach jedem Stichpunkt bzw. beschriebenen Handlungsschritt erfolgen, damit der gesprochene Satz noch klar in Erinnerung ist und ggf. wiederholt werden kann.*

    b) *Spielanleitungen sind – wie z. B. auch Benutzerhinweise (s. S. 103 im Schülerband) und Reiseführer (s. S. 110, Aufgabe 3 a) im Schülerband) – eine Textform, in der man häufig typische Passivformulierungen findet, z. B. beim „Memory":*
      – *Die Kärtchen werden mit der Rückseite nach oben auf den Tisch gelegt.*
      – *Die Anordnung der Kärtchen darf durch das Umdrehen und Zurücklegen nicht verändert werden.*
    Man kann mit den Schülerinnen und Schülern auch weitere Textformen (z. B. Nachrichtentexte, juristische Texte) suchen, die „prädestiniert" für Passivsätze sind, und eine Liste mit markanten Beispielen zu jeder Textform anlegen.

3 a) *Die Umformulierung in einen sachlicheren Text könnte etwa so aussehen:*

Fotoreportage

Für eine Fotoreportage stellt man eine Reihe von Aufnahmen zusammen, mit denen eine Geschichte erzählt, eine Person oder Lebensweise vorgestellt oder ein typischer Vorgang gezeigt wird. Wenn es einen Begleittext zur Bildreportage gibt, sollte man Bilder auswählen, die mehr oder anderes als die Worte aussagen. Der Blick wird auf ein besonderes Detail gelenkt, oder man wählt eine andere Perspektive als im Text. Dabei sollte aber der Bild- und Textzusammenhang nicht verloren gehen. Es sollte auch einen Wechsel zwischen Panoramaansichten (...) und detaillierten Nahaufnahmen geben. Wahrscheinlich wird man viel mehr Fotos machen, als man hinterher in der fertigen Fotoreportage tatsächlich zeigen will. Es sollten Bilder ausgewählt werden, die technisch gelungen sind und eine ebenso abwechslungsreiche wie aufeinander abgestimmte Bildfolge ergeben.

    b) *Beispiele für Fotoreportagen sind in den verschiedenen Arten von Illustrierten zu finden. Ästhetische (und ggf. ethische) Kriterien zu deren Beurteilung sind, auch auf der Basis des kleinen Informationstextes, heranzuziehen.*
    Teilweise wird das Thema Fotoreportage in Ratgebern für Hobby-Fotografen (Bibliothek!) thematisiert.

4 *Für die zeitliche Einbindung dieser Aufgabe(n) gibt es grundsätzlich zweierlei Möglichkeiten:*
    – *Entweder wird bei der Behandlung dieses Aktiv-Passiv-Kapitels auf die jeweiligen Kapitel zurückgegriffen, die dann auf jeden Fall schon vorher bearbeitet worden sein sollten;*

— oder die Aufgabe wird im Kontext des jeweils genannten Kapitels behandelt und dient dann einer integrierten Wiederholung des vorher behandelten grammatischen Stoffs.

Die Texte auf S. 52 und S. 38 im Schülerband können auch ohne den aufwändigeren Foto-Auftrag als zusätzliches Übungsmaterial zum Passiv/Aktiv verwendet werden.

5 Bei dieser Aufgabe kann noch einmal das gesamte grammatische Repertoire des Kapitels wiederholt werden. Die Schülerinnen und Schüler können dabei entweder Satz für Satz vorgehen oder die genannten Gesichtspunkte systematisch erarbeiten. Der Umfang der Aufgabe ist durch gezieltes Herausgreifen einzelner, besonders interessanter Sätze reduzierbar (z. B. Z. 6–9, Z. 24–26, Z. 32–35, Z. 38–42).

Wenn das „Deutschbuch" Eigentum der Schülerinnen und Schüler ist, bietet es sich an, Aktivsätze, Passivsätze und Passivumschreibungen durch verschiedene farbliche Markierungen hervorzuheben.

Vorschlag für ein Tafelbild:

Tempus	Aktivsätze	Passivsätze	Passivumschreibungen
Präsens	– gibt es – ist bekannt – enthält – ähnlich sieht – wählt – zur Verfügung steht	– wird ... erstellt – kombiniert werden können – verändert werden kann – werden benutzt	mit „man": – beginnt man – versucht man – man will aktualisieren mit „lassen": – lassen sich erstellen – sich drehen und betrachten lassen – können altern lassen mit Adjektiv mit -bar: – ist machbar
Präteritum	– ermöglichte es – festhalten konnte – verbesserte – ließ fotografieren	– wurde erfunden – wurden angelegt	mit „man": – führte man

Literaturhinweise

Eisenberg, Peter: Grundriss der deutschen Grammatik. Metzler, Stuttgart/Weimar, 2., überarbeitete und aktualisierte Auflage 2004

Fachdidaktisches Orientierungswissen. 5 Zweitformen: Passiv und Konjunktiv. Die vielfältigen stilistischen Angebote des grammatischen Systems. In: Deutschbuch 7/8. Ideen für den Unterricht. Hg. von Ute Fenske/Cordula Grunow/Bernd Schurf. Cornelsen, Berlin 2002, S. 199–202

Heringer, Hans Jürgen: Grammatik und Stil. Praktische Grammatik des Deutschen. Cornelsen, Berlin 1989

Kress, Axel: Redeform Passiv. In: Praxis Deutsch 6/1974, S. 23 ff.

Lernerfolgskontrolle/
Themen für Klassenarbeiten

Einen vorgegebenen Text überarbeiten

Foto – Kopieren!
Im Copyshop – zahlreiche Möglichkeiten – anbieten – wie – aus Fotos – Geschenke gestalten können:
Abzüge im Postkartenformat – herstellen – auf der Rückseite: Linien für Adresse aufdrucken;
Persönliches Briefpapier gestalten – indem – Foto auf DIN-A4-Bogen kleben – und – in Schwarz-Weiß – auf farbiges Papier vervielfältigen;
Computerfreaks – mit einem besonderen Geschenk – beglücken: Foto kopieren – auf neues Mouse-Pad
Auch – Mode – mit Fotos – machen können: Ein Porträt oder ein besonders witziges Bild – vergrößern – und – auf ein T-Shirt – übertragen

[1] *Formuliere aus den Stichworten Passivsätze.*

[2] *Schreibe einen stilistisch besseren Text, in dem du nicht nur Passivformen, sondern auch Passivumschreibungen und Aktivsätze verwendest. Stelle dir dazu vor, dass du in eurer Schülerzeitung einen kleinen Artikel mit Geschenktipps veröffentlichen willst.*

Lösungshinweise:

1 *Im Copy-Shop werden zahlreiche Möglichkeiten angeboten, wie aus Fotos Geschenke gestaltet werden können:*
- *Es können Abzüge im Postkartenformat hergestellt werden. Auf der Rückseite werden die Linien für die Adresse aufgedruckt.*
- *Persönliches Briefpapier kann gestaltet werden, indem ein Foto auf einen DIN-A4-Bogen geklebt und in Schwarz-Weiß auf farbiges Papier vervielfältigt wird.*
- *Computerfreaks werden mit einem besonderen Geschenk beglückt: Ein Foto wird auf ihr neues Mouse-Pad kopiert.*
- *Auch Mode kann mit Fotos gemacht werden: Ein Porträt oder ein besonders witziges Bild wird vergrößert und auf ein T-Shirt übertragen.*

2 *Im Copy-Shop werden euch zahlreiche Möglichkeiten angeboten, wie ihr aus Fotos tolle Geschenke gestalten könnt:*
Von euren Fotos lassen sich Abzüge im Postkartenformat herstellen. Auf die Rückseite Linien für die Adresse aufdrucken – schon geht die Post ab!
Persönliches Briefpapier kann man gestalten, indem man ein Foto auf einen DIN-A4-Bogen klebt und in Schwarz-Weiß auf farbiges Papier kopiert.
Computerfreaks lassen sich mit einem besonderen Geschenk beglücken: Kopiert ein Foto auf ihr neues Mouse-Pad!
Auch Mode ist mit Fotos machbar: Lasst ein Porträt oder ein besonders witziges Bild vergrößern und auf ein T-Shirt übertragen.

7 Der Natur auf der Spur – Gliedsätze

Konzeption des Gesamtkapitels

Im Zentrum des Kapitels stehen spezifische Arten der Adverbialsätze: zum einen Konditionalsatz, Konsekutivsatz, Kausalsatz, Finalsatz, Konzessivsatz und Modalsatz mit ihrer kommunikativen Funktion vor allem beim Erklären und Argumentieren, zum anderen Temporalsätze mit ihrer kommunikativen Funktion vor allem beim Erzählen und Berichten sowie schließlich Inhaltssätze mit ihrer kommunikativen Funktion der Wiedergabe von Wahrnehmungen, Gedanken, Gefühlen, Wertungen, Sachverhalten usw. Dabei werden die grundlegenden Einsichten in Satzgefüge wiederholt und ausgebaut; besondere Aufmerksamkeit gilt der Satzgliedrolle von Gliedsätzen. Einbezogen wird auch die stilistische Bedeutung der Variation von Adverbialsätzen und adverbialen Bestimmungen. Diese Sprachreflexion ist an Vorgänge der Textproduktion und Textrezeption angebunden, die unter dem inhaltlichen Rahmenthema „Naturerfahrungen – Umgang mit naturwissenschaftlichen Experimenten" stehen, das zugleich auch fachübergreifendes Arbeiten ermöglicht.

Im ersten Teilkapitel (**„Forschen und Experimentieren – Adverbialsätze verwenden"**) geht es der Sache nach um kleine naturwissenschaftliche Experimente, für die keine Spezialkenntnisse oder besonderen Aufbauten erforderlich sind. Die Versuchsbeschreibung mit ihren erklärenden Sätzen zum Versuchsaufbau sowie zur Auswertung des Experiments wird als authentisches sprachliches Beobachtungsfeld für Adverbialsätze herangezogen.

Im zweiten Teilkapitel (**„Die Schimpansenforscherin Jane Goodall erzählt – Temporalsätze"**) werden aus der Lesesituation heraus Form und Funktion des Temporalsatzes reflektiert. Im Rahmen des insgesamt naturwissenschaftlich ausgerichteten Kapitels geht es um Erzählungen und Berichte der Forscherin, in denen als grammatische Phänomene die temporalen Formen typisch, das heißt natürlich, stark repräsentiert und funktional, vorkommen. Gerade bei diesen Textsorten werden Temporalsätze und adverbiale Bestimmungen der Zeit flexibel eingesetzt.

Das dritte Teilkapitel (**„Sachbuchempfehlungen – Inhaltssätze verwenden"**) zielt auf den Gebrauch von Inhaltssätzen beim Schreiben von Buchempfehlungen zu ebenfalls naturkundlichen Sachbüchern. Inhaltssätze kommen in den Inhaltsangaben und Bewertungsteilen von Klappentexten, Buchempfehlungen und Rezensionen vor; bei der Textreduktion und der Textkommentierung tritt diese Gliedsatzart besonders häufig auf.

Das Kapitel bietet mögliche Formen der Handlungsorientierung an: Zum einen können die Schülerinnen und Schüler im Unterricht sehr leichte Experimente durchführen, die wenig Material und Vorbereitung benötigen; zum anderen können sie in Buchhandlungen und Büchereien recherchieren und die Ergebnisse in den Unterricht einbringen.

Weiteres Übungsmaterial zu diesem Kapitel

Übungsmaterial im **„Deutschbuch Arbeitsheft 7"**
- Satzglieder und Satzglied-
  erweiterungen: S. 26–28
- Satzreihe: S. 29
- Satzgefüge: S. 30–41

Die Übersicht auf den Seiten 310 f. dieses Bandes zeigt Verknüpfungen der Software-Übungen **„Deutschbuch 7 interaktiv"** mit diesem Kapitel.

Inhalte

Kompetenzen

S. 115	**7.1 Forschen und Experimentieren – Adverbialsätze verwenden**	**– Die Schülerinnen und Schüler können**

S. 115 **7.1 Forschen und Experimentieren – Adverbialsätze verwenden**

– Die Schülerinnen und Schüler können
– das Experimentieren in das Rahmenthema einbetten;

S. 116 **„Hochwasser" – Mit Satzgefügen beschreiben und erklären**

– bei leichten Experimenten zwischen beschreibenden und erklärenden Sätzen differenzieren sowie zwischen Haupt- und Nebensatz im Satzgefüge;

S. 118 **Versuche beschreiben – Richtig gliedern**

– bei Versuchsbeschreibungen eine Standardgliederung nutzen;

S. 120 **Experimente erklären – Adverbialsätze unterscheiden**

S. 121 **Verschiedene Arten des Adverbialsatzes zum Erklären nutzen**

– als syntaktische Grundform des Erklärens das Satzgefüge aus Haupt- und Gliedsatz erkennen (mit Umformungsprobe: Satzglied ↔ Gliedsatz);
– die wesentlichen Gliedsatztypen des Erklärens unterscheiden: Konditionalsatz, Konsekutivsatz, Kausalsatz, Finalsatz, Modalsatz, Konzessivsatz;

S. 123 **Kleiner Taucher – Komma in Satzreihe und Satzgefüge**

– bei weiteren Experimenten die Adverbialsätze bestimmen und die Kommasetzung regeln;

S. 124 **Das Experiment von Faraday**

– Unterschiede bei der Satzkonstruktion im Deutschen und im Englischen erkennen.

S. 127 **7.2 Die Schimpansenforscherin Jane Goodall erzählt – Temporalsätze**

Die Schülerinnen und Schüler können
– Temporalsätze als typische Gliedsätze beim Erzählen und Berichten erkennen;
– die semantische Seite von Zeitangaben verschiedener grammatischer Formen beschreiben;

S. 127 **Zeitliche Beziehungen beim Erzählen**

S. 128 **Im Gewitter – Zeitpunkt, Zeitraum, Dauer**

– Zeitangaben durch Satzglieder und Gliedsätze differenzieren;
– zeitliche Relationen der Vorzeitigkeit, Gleichzeitigkeit und Nachzeitigkeit unterscheiden;

S. 130 **Pom, Fifi, Flo und Prof – Temporalsätze umwandeln**

– stilistische Variationsmöglichkeiten beim Schreiben von Zeitangaben erkennen und anwenden.

S. 132 **7.3 Sachbuchempfehlungen – Inhaltssätze verwenden**

Die Schülerinnen und Schüler können
– Quellen mit Sachbuchempfehlungen zu naturwissenschaftlichen Themen recherchieren;

S. 133 **Subjektsätze und Objektsätze geben Inhalte wieder**

– Subjekt- und Objektsätze in ihren syntaktischen Rollen unterscheiden: vom Satzglied zum Gliedsatz;
– Inhaltssätze als notwendige Ergänzung zu einer Ankündigung im Hauptsatz bestimmen;

S. 136 **Inhaltssätze unterscheiden**

– Inhaltssätze in dass-Satz, indirekten Fragesatz, Infinitivsatz differenzieren;

S. 137 **Leseempfehlungen schreiben – Sachbücher**

– Inhaltssätze in den verschiedenen Teilen einer Sachbuchempfehlung nutzen;
– „dass-Satz" und „das-Satz" unterscheiden.

7.1 Forschen und experimentieren – Adverbialsätze verwenden

Zum inhaltlichen Schwerpunkt

Schülerinnen und Schüler dieser Altersstufe wenden sich vom Entwicklungstand her gerne der Realität und den Erscheinungen der physischen Welt zu, auch wenn in Deutschland die große Tradition selbstständigen Erforschens bei Kindern und Jugendlichen immer mehr durch Sekundärerfahrungen abgelöst und generell das Interesse für die Naturwissenschaften reduziert erscheint. Andererseits regen TV-Sendungen wie „Die Sendung mit der Maus" oder „Quarks" und Bücher wie jene aus der Reihe „Was ist was?" oder Schülerwettbewerbe dazu an. In fachübergreifendem Zugriff können die Schülerinnen und Schüler bei der Erarbeitung dieses Kapitels selbstständig mit ganz einfachen Experimenten umgehen, die für Lehrerinnen und Lehrer keine Schwierigkeit darstellen. Zu beachten ist:

1. Grundsatz: „Sicherheit": Nur Kerze, Teelicht, Tinte, Wasser und Knetgummi kommen zum Einsatz; beim Umgang mit Kerze und Teelicht ist die übliche Vorsicht walten zu lassen.

2. Grundsatz: „Selber machen": Die Lehrkraft und/oder die Schülerinnen und Schüler führen nach dem Prinzip der Handlungsorientierung die kleinen Experimente selbst durch; das erzeugt hohe Motivation.

3. Grundsatz: „Beobachten und Auswerten": Nach entsprechender Ankündigung gilt es, Notizen z. B. zum Versuchsaufbau zu machen, nach dem Experiment die Ergebnisse zu notieren usw. Dabei spielen die Textsorte „Versuchsbeschreibung" und die sprachlichen Formen, um die es in diesem Kapitel geht, eine wichtige Rolle.

Literaturhinweise:

Für die Jahrgangsstufe geeignete Sachbücher zu naturwissenschaftlichen Themen und Experimenten stellen die Buchempfehlungen im dritten Teilkapitel des Schülerbands (S. 132 ff.) vor.

Internetseiten zu Experimenten:

www.microchem.de/ecoteensD.html
www.chemie.uni-ulm.de/experiment/
www.x-world.de (> Science Center > Experiment des Monats)
www.geo.de/GEOlino/basteln_experimentieren/
www.kinderpsychiater.org/kidsnteens/
www.experimentalchemie.de/01-a.htm

Internetseiten zu Schülerwettbewerben:

www.bundeswettbewerbe.de/wettbewerbe.php
www.jugend-forscht.de
www.nanu-bw.de/

Zum sprachlichen Schwerpunkt

Das grammatische Phänomen „Gliedsätze" wird nach dem Prinzip der integrierten Grammatik an Formen der Textproduktion (Versuchsbeschreibung, Sachbuchempfehlung) und der Textrezeption (Lesen von Sachbüchern) angebunden. Die Bedeutung des Themas „Gliedsätze" liegt vor allem in einer Optimierung der eigenen Textproduktion: Speziell bei der Textüberarbeitung ist darauf zu achten, dass sich die Verknüpfung der Gedanken in einer angemessenen syntaktischen Anlage niederschlägt. Die Unterscheidung der hier behandelten Gliedsatzarten bietet eine Grundlage für eine kontrollierende Sichtung der eigenen Texte und für deren gezielte Korrektur.

Dabei ist zu berücksichtigen, dass auch andere grammatische Formen der logischen Verknüpfung als Varianten genutzt werden können.

Zur kategorialen Klärung (nach Sitta, vgl. S. 151 in diesem Band, S. 27):
Für die Ordnung von Nebensätzen in zusammengesetzten Sätzen werden in Grammatiken (auch in Schulgrammatiken) unterschiedliche Gesichtspunkte herangezogen, nämlich
– 1. die äußere Form
– 2. die Satzgliedstelle im Hauptsatz, die der Nebensatz ausfüllt
– 3. der semantische (inhaltliche) Wert der Beziehung, die zwischen einem Hauptsatz und einem Nebensatz besteht.
Die Gesichtspunkte lassen unterscheiden:
– ad 1: Indirekter Fragesatz – Konjunktionalsatz – Relativsatz – Partizipialsatz – Infinitivsatz
– ad 2: Subjektsatz – Objektsatz – Adverbialsatz – Attributsatz
– ad 3: Kausalsatz, Finalsatz, Konditionalsatz, Konsekutivsatz, Konzessivsatz, Modalsatz usw.
Zur Verdeutlichung wenden wir die drei Gesichtspunkte auf einen Beispielsatz an: Der Nebensatz in dem Satzgefüge „Wenn alles klappt, sind wir pünktlich da" ist unter dem Gesichtspunkt 1 ein Gliedsatz, speziell ein Konjunktionalsatz, unter dem Gesichtspunkt 2 ein Adverbialsatz, unter Gesichtspunkt 3 ein Konditionalsatz.
Im Teilkapitel 7.1 geht es also um Konjunktionalsätze (1), Adverbialsätze (2) und Konditional-, Konsekutiv-, Kausal-, Final, Konzessiv- und Modalsätze (3). Im Zentrum steht die Ebene 3; die Berücksichtigung der anderen Kategorien (1 und 2) hat eher wiederholende Funktion und erlaubt die Einordnung in das bisher vorliegende Wissen vom Satz.
Mit den oben genannten Adverbialsätzen werden die Bedingungen und Voraussetzungen, Folgen und Wirkungen, Gründe und Ursachen sowie Absichten und Ziele, Einräumungen und schließlich Modalitäten bei menschlichen Handlungen und natürlichen Vorgängen erklärt. Mit ihnen lässt sich der beim wissenschaftlichen Erklären oft übliche Nominalstil durch den Verbalstil variieren (z. B.: „Durch die Erwärmung der Luft ..." – „Wenn die Luft erwärmt wird ..."); dabei wird die grammatische Transformation von der adverbialen Bestimmung zum Adverbialsatz und umgekehrt wichtig. Außerdem können einfache Satzreihen durch Adverbialsätze in stilistisch höherwertige Satzgefüge überführt werden, die den (sach)logischen Zusammenhang explizit anzeigen (z. B.: „Die Kerze verbraucht den Sauerstoff. Wasser wird in die Flasche gesaugt." → „Weil die Kerze den Sauerstoff verbraucht, wird Wasser in die Flasche gesaugt.").

1 *Vorschlag für ein Tafelbild:*   S. 115

2 *Man experimentiert, um Vermutungen über natürliche Erscheinungen und Vorgänge zu überprüfen, detailliert zu beobachten und zu verstehen.*

„Man hat den Denkern des Altertums vielleicht mit Recht vorgeworfen, sie hätten über die Natur nur nachgedacht, aber keine Experimente und Versuche angestellt, um ihre Ideen zu beweisen. In der Tat hat unsere moderne Wissenschaft erst ihren großartigen Aufschwung erlebt, als die Forscher begannen, gezielte Fragen an die Natur zu stellen. Jedes Experiment im Labor oder in der Natur ist nämlich eine geschickt gestellte Frage. Das Ergebnis des Experimentes ist dann die Antwort. Dabei hat der Mensch im Umgang mit den Stoffen in seiner Umwelt schon seit je gekocht, gebrutzelt, geschmolzen, geschüttelt, gemischt und gesiebt.“ (Heinz Haber in: Rainer Köthe: Was ist was?, Band 4: Chemie. Tessloff, Nürnberg 1999)

S. 116

„Hochwasser" –
Mit Satzgefügen beschreiben und erklären

Ein spannendes Merkmal des Experimentierens ist die Hypothesenbildung. Die erste Hypothese kann zu Beginn des Experiments, wenn der Aufbau fertig ist, noch vor der Durchführung aufgestellt werden: „Wenn man den Versuch so aufgebaut hat und nun in Gang setzt, was geschieht dann wohl?" Die zweite Hypothese muss nach dem Versuch gebildet werden: „Bei der Durchführung war dies zu sehen. Wie ist die Erscheinung zu erklären?"

1 *Am besten lässt man das Experiment (bis zur Aufgabe 4) bei geschlossenem Buch durchführen. Die Schülerinnen und Schüler beschreiben zunächst nur das, was man sieht und wirklich beobachten kann: Das Wasser steigt, die Flamme erlischt.*

5 *a) Beschreibende und erklärende Sätze aus den Schülerbeiträgen – Vorschlag für eine Tabelle:*

beschreibende Sätze	erklärende Sätze
(2) Man sieht einige Bläschen durch das Wasser aufsteigen, wenn die Flasche in das Wasser eintaucht.	(1) Ein Teil der Luft in der Flasche hat sich erwärmt, sodass sie sich ausdehnt und in den Bläschen entweicht.
(3) Luftbläschen steigen hoch. Die Kerze brennt noch unter dem Glas weiter. Dann geht sie aus.	(4) Das Wasser steigt in der Flasche hoch, weil die Kerze einen Teil des Sauerstoffs in der Luft verbraucht hat.
(5) Im Glas steigt das Wasser.	(6) Die Kerze erlischt nach kurzer Zeit, weil der Sauerstoff in der Luft verbraucht wurde.
(7) Der Wasserspiegel sinkt in der Schale.	(8) In der Flasche entsteht ein Unterdruck, sodass das Wasser in sie hineingesaugt wird.
	(9) Der größere Außendruck drückt das Wasser in den Flaschenraum, da dort Unterdruck herrscht.
	(10) Das Wasser verdunstet, sodass die Flamme erlischt.

b) Die Sätze unterscheiden sich
- **inhaltlich** *(wobei die Schülerinnen und Schüler schon in Richtung der logischen Begriffe argumentieren könnten); sie bringen folgende Zusammenhänge zum Ausdruck:*
  - *Folge (Sätze 1, 8, 10)*
  - *Bedingung (Satz 2)*
  - *Ursache/Grund (Sätze 4, 6, 9)*

- *formal:*
  - *einfacher Satz (Sätze 3, 5, 7)*
  - *Satzgefüge*

7 *Beispiele für Satzgefüge:*
  (1) *Die Kerze erlischt, weil der Sauerstoff in der Luft verbraucht wurde.*
  (2) *Man sieht einige Bläschen durch das Wasser aufsteigen, wenn man die Flasche langsam über die Kerze stülpt.*
  (3) *Es fehlt nun ein Teil der Luft in der Flasche, weil das Wasser den freien Raum einnimmt.*
  (4) *Man kann das Wasser mit Tinte färben, damit man den Vorgang besser sieht.*

8 *a) Unterschiede der beiden Satzgefüge: nachgestellter bzw. vorangestellter Gliedsatz.*

Versuche beschreiben – Richtig gliedern

S. 118

1 *a) Die Flasche soll für den Versuch leer und möglichst kalt sein!*

  b) Die Schülerinnen und Schüler orientieren sich bei ihrer Versuchsbeschreibung an dem Merkkasten auf S. 118 im Schülerband.
  Versuchsfrage: Warum hebt sich die Münze leicht?
  Erklärung: Die Erwärmung der Flasche durch die Hände führt zur Erwärmung der Luft in der Flasche und damit zu deren Ausdehnung. (Physikalisch: Die Molekularbewegung und der Abstand der Moleküle werden bei Erwärmung größer.)
  In einem Tafelbild können ergänzende Hinweise zur Versuchsbeschreibung gegeben werden:

> **Ergänzende Hinweise zur Versuchsbeschreibung**
> - Man verwendet die **man-** oder **wir-Form** oder das **Passiv**, da der Versuch von jedem durchführbar ist.
> - Wichtig sind **Genauigkeit, Vollständigkeit** und die **richtige Reihenfolge**, ggf. die Verwendung von **Fachbegriffen**.
> - Es kommt auf eine sachlich **richtige Erklärung** an (ggf. im Physik-, Biologie-, Chemiebuch, Lexikon o. Ä. klären).
> - Wichtig sind **angemessene Satzverknüpfungen** der Gliedsätze.

3 *Die Sätze in der richtigen Reihenfolge, entsprechend den Gliederungsschritten der Versuchsbeschreibung:*
  1. Versuchsidee und Versuchsaufbau:
    (5) *Man benötigt drei unterschiedlich große Marmeladengläser mit Deckeln, drei Teelichter, Streichhölzer.*
  2. Durchführung des Versuchs und Beobachtung:
    (2) *Drei brennende Teelichter werden in die drei unterschiedlich großen Marmeladengläser gestellt.*
    (7) *Die drei Gläser werden gleichzeitig geschlossen, damit für alle die Zeit gestoppt werden kann.*
    (1) *Die Flammen werden fortschreitend blau und erlöschen.*
    (6) *Im kleinsten Glas erlischt die Flamme zuerst, dann folgt das Teelicht im mittleren Glas, und im rechten Glas brennt es am längsten.*
  3. Versuchsfrage:
    (8) *Warum verlöschen die Flammen unterschiedlich schnell?*

4. Erklärung des Versuchs:

(3) Die Teelichter brauchen Sauerstoff, damit sie brennen.

(9) Die Flamme wird blau, weil der Sauerstoff knapp wird.

(10) Wenn der Sauerstoff verbraucht ist, erlischt jede Kerze.

(11) Zuerst erlischt die Flamme im kleinsten Glas, da es das kleinste Volumen hat, also auch am wenigsten Sauerstoff enthält, zuletzt im Glas mit dem größten Volumen.

(4) Wenn weniger Sauerstoff in einem Glas vorhanden ist, geht das Teelicht schneller aus.

4 a) Genauere Bestimmung der Sätze aus der Versuchsbeschreibung (Aufgabe 3):
- einfacher Satz: Sätze 1, 2, 5, 8
- Satzreihe: Satz 6
- Satzgefüge: Sätze 3, 4, 7, 9, 10, 11

5 Bei der sprachlichen Darstellung von Experimenten werden häufig Satzgefüge verwendet, weil man damit sehr gut etwas erklären kann; sie bieten z. B.
- eine Erklärung, warum ein Versuch auf eine ganz bestimmte Weise aufgebaut wird;
- eine Erklärung, wie ein Vorgang zu verstehen ist.

6 Der Versuch „Teelichter" trägt zum Verständnis des Versuchs „Hochwasser" bei: Beim Abbrennen der Teelichter und Kerzen wird Sauerstoff verbraucht → Die Verringerung des Sauerstoffgehalts führt zu Unterdruck und Erlöschen der Flamme beim Versuch „Hochwasser".

Experimente erklären –
Adverbialsätze unterscheiden

S. 120

Adverbiale Bestimmungen sind den Schülerinnen und Schülern aus dem „Deutschbuch 6", Kapitel 6.1 bekannt.

1 Die Sprache wirkt wegen des Nominalstils steif, z. B.: beim Rollen (Z. 1), unter Benutzung (Z. 4), zum Entzünden (Z. 8), wegen der Erwärmung (Z. 12), beim Erhitzen (Z. 16), durch das Aufsteigen (Z. 18), wegen unzureichender Verbrennung (Z. 22).

3 a) Veränderungen bei der Umformung der Sätze:
- nominalisierte Verben werden wieder zu Verben;
- die adverbiale Bestimmung wird zu einem Nebensatz → Gliedsatz.

4 Satzglieder erfragen und bestimmen, z. B.:

(1) Wie entsteht das Gas? → durch Erhitzen ... = adverbiale Bestimmung

(2) Warum entzündet sich die zweite Flamme? → wegen des Austritts von Stearingas ... = adverbiale Bestimmung

...

5 Es muss beim Umschreiben der Versuchsbeschreibung nicht immer ein Adverbialsatz eingesetzt werden; aus stilistischen Gründen ist auch die Variation mit adverbialen Bestimmungen sinnvoll.

132

Verschiedene Arten des Adverbialsatzes zum Erklären nutzen

1 *Das Ei in der Flasche*
Die Skizze zu dem Versuchsaufbau könnte etwa so aussehen:

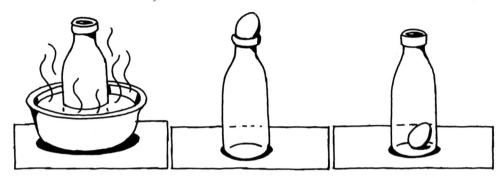

Gegebenenfalls kann man Beobachtungen zum Aufbau einer Versuchsbeschreibung an dem Text im Schülerband sammeln lassen.

3 *Die Erklärungen, die die einzelnen Gliedsätze geben, orientieren sich an den Fachbegriffen der Übersicht auf S. 122 im Schülerband.*
Zu beachten ist:
Die Schülerinnen und Schüler werden für „Kausalsatz" und „Finalsatz" meist „Grund/Begründung" angeben; daraus kann folgende Differenzierung abgeleitet werden:
– Grund als Ursache (kausal);
– Grund als Zweck/Absicht (final).
Die Konjunktion „wenn" ist sowohl im Konditionalsatz als auch im Temporalsatz möglich. Folgende Unterscheidungshilfe kann angeboten werden:
– konditionales „wenn" kann ersetzt werden durch „unter der Bedingung dass ...";
– temporales „wenn" kann ersetzt werden durch „sobald ...".
*Zur Übersicht können die Schülerinnen und Schüler folgenden **Merksatz zum Satzgefüge** in ihr Heft eintragen:*

Gliedsätze übernehmen im Satzgefüge verschiedene Funktionen:
- *Konditionalsätze geben eine Bedingung an.*
- *Konsekutivsätze geben eine Folge oder eine Wirkung an.*
- *Kausalsätze geben einen Grund oder eine Ursache an.*
- *Finalsätze geben eine Absicht oder einen Zweck an.*
- *Modalsätze geben die Art und Weise der Umstände an.*
- *Konzessivsätze geben nicht erfolgreiche oder nicht gelingende Umstände, ein Zugeständnis oder eine Einräumung an.*

Als Beispiel formulieren die Schülerinnen und Schüler je ein Satzgefüge in der Hausaufgabe.

4 *Zuordnung der Fachbegriffe zu den Adverbialsätzen aus Aufgabe 2:*
(A): Modalsatz
(B): Finalsatz

(C): *Konsekutivsatz*

(D): *Konditionalsatz*

(E): *Kausalsatz*

(F): *Konsekutivsatz*

(G): *Konzessivsatz*

S. 123

Kleiner Taucher – Komma in Satzreihe und Satzgefüge

1 *Aufbau der Versuchsbeschreibung:*

1. *Versuchsidee und Versuchsaufbau: Sätze 1–6*
2. *Durchführung des Versuchs und Beobachtung: Sätze 7–10*
3. *Versuchsfrage: Satz 11 (Die Frage ist hier so knapp und unspezifisch, da die Beobachtungsergebnisse nicht vorgeliefert sind: Wenn man auf die Flasche drückt, sinkt der Taucher, wenn man sie wieder loslässt, steigt er wieder (vgl. Sätze 12/14). Also lautet die eigentliche Versuchsfrage: Warum sinkt der Taucher bei Druck auf die Flasche?)*
4. *Erklärung: Sätze 13–15*

3 a) *Aufteilung der Sätze:*
 – *einfache Sätze: Sätze 1, 2, 3, 7, 11, 16*
 – *Satzreihe: Sätze 8, 17*
 – *Satzgefüge: Sätze 4, 5, 6, 9, 10, 12, 13, 14, 15*

c) *Arten der Adverbialsätze:*
 (4): Konsekutivsatz
 (5): Modalsatz
 (6): Finalsatz
 (9): Konditionalsatz
 (10): Modalsatz
 (12): Konditionalsatz
 (13): Kausalsatz
 (14): Konditionalsatz
 (15): Kausalsatz

4 **Regel zur Kommasetzung in Satzreihen:**
Die unverbundenen Teilsätze einer Satzreihe werden durch Komma abgetrennt.
Sind die Teilsätze einer Satzreihe durch nebenordnende Konjunktionen miteinander verbunden, gilt folgende Regel:
– *Vor „denn" muss immer ein Komma stehen.*
– *Vor „und" oder „oder" kann das Komma in der Satzreihe stehen.*

6 **Regel zur Kommasetzung im Satzgefüge:**
Kommas trennen Nebensätze vom Hauptsatz ab.

7 **Erweiterte Grundregel zur Kommasetzung im Satzgefüge:**
Kommas trennen nachgestellte, vorangestellte und eingeschobene Gliedsätze vom Hauptsatz.
(Das heißt, eingefügte Nebensätze werden mit zwei Kommas vom Hauptsatz abgetrennt, am Anfang und am Ende.)

8 *Zuordnung der Satzgefüge zu den vier Modellen:*
- *(A) Sätze 4, 6*
- *(B) Sätze 5, 9, 10, 12, 13, 14, 15*
- *(C) Dies ist eine sehr ungewöhnliche Konstruktion, die im Text nicht vorkommt. Die Schülerinnen und Schüler sollten selbst ein Beispiel bilden, z. B. aus Satz 17: „Das Boot, wenn man seine Tanks mit Wasser füllt, sinkt."*
- *(D) Auch diese Konstruktion kommt im Text nicht vor; ein Beispiel ließe sich z. B. aus Satz 14 ableiten: „Wenn man die Flasche loslässt, dehnt sich die Luftblase wieder aus, sodass das Wasser aus der Kappe zurückweicht."*

Das Experiment von Faraday – Satzbau im Vergleich

S. 124

Michael Faraday
Werdegang einer Kerze

S. 124

1 *Einige Gründe für den Erfolg, den Faraday mit seinen „Vorlesungen für die Jugend" hatte:*
- *Er spricht in dem Textauszug ein Problem der alltäglichen Wahrnehmung an;*
- *er bietet ein anschauliches Experiment, das jeder nachmachen kann;*
- *ein großer Forscher kümmert sich um Jugendliche;*
- *Zusammenhang mit Faradays Ruhm als Erfinder des ersten Elektromotors 1821.*

2 *a) Naturwissenschaftliche Fragen, die Faraday in diesem Text verfolgt:*
- *Wie brennt eine Kerze? (Z. 1)*
- *Wie gelangt die verflüssigte Kerzenmasse nach oben zur Flamme? (Z. 28 f.)*
- *Was geschieht mit dem flüssigen Wachs in der Flamme? (Z. 50 ff.)*

3 *a) Textaufbau, nach Themen geordnet:*
- *1. Die Verflüssigung der Kerzenmasse beim Brennen (Z. 1–29)*
- *2. Das Hochwandern des flüssigen Paraffins durch den Docht (Z. 30–50)*
- *3. Die Verwandlung der Flüssigkeit in einen gasförmigen Zustand (Z. 50–60)*
- *4. Das Neuentzünden des Dampfes (Z. 61–85)*

Als Zusatzaufgabe könnte der Aufbau entsprechend der Gliederung einer Versuchsbeschreibung (vgl. Merkkasten S. 118 im Schülerband) entwickelt werden:
- *1. Versuchsaufbau: Versuchsmittel: Z. 2–5 und Z. 63 f.*
- *2. Durchführung des Versuchs und Beobachtung: Z. 6–9, Z. 24–26, Z. 52–56 und Z. 76–85*
- *3. Versuchsfrage (zum auffälligsten Vorgang): Der Dampf einer gelöschten Flamme lässt sich wieder entzünden. Wie kommt das? (Einzelfragen s. u.)*
- *4. Erklärung des Versuchs:*

Teilfragen:	Erklärungen des Versuchs:	Z.
Was geschieht mit dem Wachs einer brennenden Kerze?	Verflüssigung	6–27
Wie gelangt die Flüssigkeit im Docht nach oben?	Kapillarkraft („wie dünne Röhrchen")	30–50

Was geschieht mit dem flüssigen Wachs in der Flamme?	Übergang in gasförmigen Zustand (Dampf)	52–60
Was geschieht beim Wiederentzünden?	Die Flamme schlägt durch das Gas auf den Docht zurück	61–75
Was benötigt die Flamme zum Brennen?	Wachsdampf und Luft	76–85

b) *Beschreibende und erklärende Sätze in Faradays Text:*
   – *beschreibende Sätze finden sich z. B. in Z. 24–27, Z. 33–35, Z. 55, Z. 65–67, Z. 71–75;*
   – *erklärende Sätze finden sich z. B. in Z. 9–24, 35–42 (eingebaut sind beschreibende Elemente, die aber nur in der Vorstellung vom inneren Vorgang vorkommen), Z. 76–85.*

5 a) *Unbekannte Wörter in dem englischen Text kann man erschließen/herausfinden:*
   – *im Vergleich mit Fremdwörtern (z. B. „cleverly", aber Vorsicht!);*
   – *aus dem Kontext (z. B. „vapour");*
   – *aus der deutschen Übersetzung (z. B. „disturb");*
   – *aus dem Wörterbuch (z. B. „wick").*

b) *Sinngemäße, nicht wörtliche Übersetzungen:*
   – *„I know" (Z. 2 f.)/„sicherlich" (Z. 3) → Personenbezug im Englischen als „human touch"; („sicherlich" wäre eigentlich „certainly");*
   – *„if you blow" (Z. 5)/„geschieht das Ausblasen" (Z. 6 ff.) → Verbal- vs. Nominalstil (dafür gibt es hier im Deutschen allerdings einen persönlichen Bezug in der Formulierung „wie ich sagte").*

c) *Wörtliche Übersetzungen, die im Deutschen seltsam klingen:*
   – *„by the continuing action of my breath" (Z. 9 f.)/„mit Hilfe beständig anhaltender Einwirkung meines Atems" (Z. 13 f.)*

6 a) *Englische Satzkonstruktionen, die vom deutschen Satzbau abweichen:*
   – *die (nicht ganz eindeutige) Stellung der Adverbien („cleverly" Z. 1, „pretty well" Z. 6);*
   – *die Nachstellung von „and ... it is" (Z. 4) zur Emphase, wo im deutschen Text ein simpler Aussagesatz steht;*
   – *die recht formelle Konstruktion „in such a way as not to disturb" (Z. 8 f.) für die deutsche Formulierung („so ..., dass ...", Z. 11);*
   – *der Gebrauch der -ing-Form, die (im Vergleich zu deutschen Entsprechungen) wesentlich zur Verkürzung von englischen Texten beiträgt; „fire going through the air" (Z. 13) ist eine -ing-Fügung in relativsatzähnlicher Funktion („Feuerschein, der durch den Dampf hindurchzuckt", Z. 17 f.).*

b) *Die Satzgliedstellung im Deutschen im Vergleich mit dem Englischen, z. B. im 1. Satz:*
   – *„If you blow a candle out cleverly, you will see the vapour rise from it."*
   – *„Wenn ihr eine Kerzenflamme vorsichtig ausblast, seht ihr Dämpfe davon emporsteigen."*
   Die Stellung von Gliedsatz und Hauptsatz ist gleich; unterschiedlich ist die Stellung der Personalformen der Verben im Gliedsatz: Sie folgt im Englischen ebenfalls der Regel SPO, im Deutschen SOP.

c) *Zeichensetzung im deutsch-englischen Vergleich:*
   – *Im Englischen werden prinzipiell viel weniger Kommas gesetzt als im Deutschen („If in doubt, leave it out"), vgl. z. B. Z. 6, 13.*
   – *Das Komma zeigt im Englischen eine Sprechpause an und teilt den Satz in Sinngruppen ein: bei Aufzählungen; zwischen Satzteilen, die durch Konjunktionen wie „but", „though" usw. verbunden sind (Z. 4 f.); bei Nebensätzen, die einem Hauptsatz vorangehen (Z. 1, Z. 5).*

7.2 Die Schimpansenforscherin Jane Goodall erzählt – Temporalsätze

In diesem Teilkapitel werden Form und Funktion des Temporalsatzes in Erzählungen und Berichten reflektiert. Der Temporalsatz steht in der Verwendungsstatistik von Gliedsätzen an erster Stelle. Erzählen und Berichten – mit dem Ziel, sich anderen mitzuteilen – nehmen im Leben einen großen Raum ein; dies gilt sowohl für die Alltagsverständigung wie für die wissenschaftliche Kommunikation, die Gegenstand dieses Teilkapitels ist.

Internetseite zu Gliedsätzen und anderen grammatischen Fragen:
www.uni-essen.de/schreibwerkstatt/trainer.htm

Internetseiten zur wissenschaftlichen Arbeit der Schimpansenforscherin Jane Goodall:
www.janegoodall.de
www.janegoodall.org (englisch)
www.pbs.org/wnet/nature/goodall (englisch)

Zeitliche Beziehungen beim Erzählen

S. 127

In einem weiten Zugriff wird das kleine grammatische Teilsystem der Zeitangaben aufgerufen: Man macht Zeitangaben durch Adverbien („jetzt"), adverbiale Bestimmungen („am Morgen"), Temporalsätze („als alle aufgestanden waren"), Zeitbegriffe („Tag"), zeitbezogene Verben, die Handlungen oder Vorgänge zeitlich gliedern („beenden"), oder durch Adjektive mit Zeitaspekt („schnell").

Jane Goodall

S. 127

Ein Herz für Schimpansen

2 a) *Hinweise auf die Zeit in dem Vorspanntext:*
  – *Goodalls Geburtsdatum (1934);*
  – *Beginn der Studien in Gombe (1960);*
  – *Dauer der Studien (30 Jahre);*
  – *Beginn der Jugendprojekte (1991);*
  – *Frequenz von Goodalls Informations-Output (regelmäßig);*
  – *Erscheinungsdatum des Buchs (1990).*
  Perspektive: Betrachtung von außen

  b) *Zeitangaben in Jane Goodalls Buchanfang:*
  – *zeitlicher Bezugsrahmen (Zeit der Epidemie);*
  – *Beginn des Projekts („in den Kinderschuhen");*
  – *Anfang der Zusammenarbeit („erste Assistenten");*
  – *näherer zeitlicher Bezugspunkt („besuchten ... inzwischen");*
  – *zeitliche Relationen in der laufenden Tätigkeit („nachdem ..., mussten wir ...");*
  – *Dauer der Tätigkeit („den ganzen Tag", „bis spät in die Nacht")*
  Perspektive: Rückblickende Betrachtung

4 *Vorschlag für ein Tafelbild:*

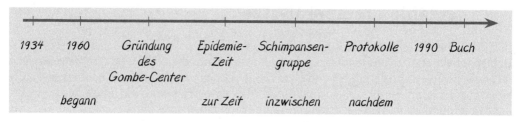

1934	1960	Gründung des Gombe-Center	Epidemie-Zeit	Schimpansen-gruppe	Protokolle	1990	Buch
	begann		zur Zeit	inzwischen	nachdem		

S. 128

Im Gewitter – Zeitpunkt, Zeitraum, Dauer

1 a) *Wichtige Einträge als Grundlage für den Bericht könnten z. B. sein:*
  – *ein Trupp roter Kolobusaffen (Z. 5);*
  – *Old Fred mit seinem einen blinden Auge (Z. 9 f.);*
  – *die Schimpansengruppe und ihr Verhalten (Z. 14–23);*
  – *Verhalten in Regen und Gewitter (ca. 14.15–16.30 Uhr) (Z. 31–57 und Z. 67–72).*

  b) *Die Bedeutung des Worts „betanten": Gigi nahm sich als „Tante" zweier Schimpansenwaisen an (Z. 16–21).*

  c) *Regentanz: Regen steigert die Aktivität der älteren männlichen Schimpansen zu einem Ritual.*

2 *Es empfiehlt sich, die Zeitangaben zunächst am Zeitstrahl erfragen zu lassen und dann erst zur Übersicht zu kommen, wie sie das Schülerbuch vorschlägt.*

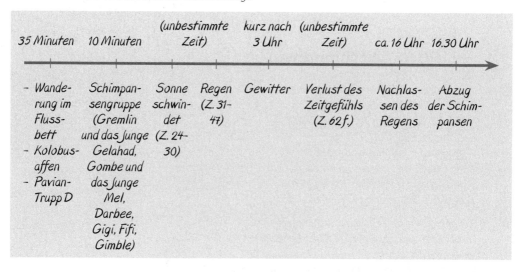

35 Minuten	10 Minuten	(unbestimmte Zeit)	kurz nach 3 Uhr	(unbestimmte Zeit)		ca. 16 Uhr	16.30 Uhr
- Wande-rung im Fluss-bett - Kolobus-affen - Pavian-Trupp D	Schimpan-sengruppe (Gremlin und das Junge Gelahad, Gombe und das Junge Mel, Darbee, Gigi, Fifi, Gimble)	Sonne schwin-det (Z. 24–30)	Regen (Z. 31–47)	Gewitter	Verlust des Zeitgefühls (Z. 62 f.)	Nachlas-sen des Regens	Abzug der Schim-pansen

3 a) *Die Aufgabe dient der Fokussierung auf Temporalsätze. Ggf. können die Kenntnisse zur adverbialen Bestimmung und zum Adverbialsatz (vgl. Teilkapitel 7.1) wiederholend genutzt und umgesetzt werden.*

b) *Temporalsätze, zum Beispiel Z. 11 ff. – Vorschlag für ein Tafelbild:*

Als ich wirklich überlegte (...)	hörte ich das Kreischen eines jungen Schimpansen weiter oben im Tal.
1. Ereignis (Bezugsereignis) im als-Satz	2. Ereignis (Hauptereignis) im Hauptsatz

Der Temporalsatz gibt an, wann sich das Geschehen im Hauptsatz vollzieht.

4 Die Schülerinnen und Schüler untersuchen die spezifische Eigenschaft des Temporalsatzes: Der Temporalsatz kann **Gleichzeitigkeit** eines Geschehens mit dem Geschehen des Hauptsatzes oder **Vorzeitigkeit** bzw. **Nachzeitigkeit** im Verhältnis des Temporalsatzes zum Hauptsatz bezeichnen. Die entsprechenden Konjunktionen können in einem Tafelbild festgehalten werden:

Zeitverhältnis von Temporalsatz und Hauptsatz	entsprechende Konjunktionen und ihre Verwendung
Gleichzeitigkeit	als – bei einer einmaligen Handlung in der Vergangenheit während – in allen Zeiten → Dauer der Handlung betonen solange – in allen Zeiten → Dauer der Handlung betonen wenn – bei einer einmaligen Handlung in der Gegenwart/Zukunft (immer) wenn – bei einer wiederholten Handlung in allen Zeiten seit/seitdem – in Vergangenheit und Gegenwart → Beginn einer Handlung betonen
Vorzeitigkeit	nachdem – kann bei allen Temporalsätzen der Vorzeitigkeit verwendet werden als – bei einer einmaligen Handlung in der Vergangenheit wenn – bei einer einmaligen Handlung in der Zukunft (immer) wenn – bei sich wiederholenden Handlungen in allen Zeiten sobald – Betonung einer abgeschlossenen Handlung
Nachzeitigkeit	bevor – Sachverhalt, Handlung des NS später als im HS ehe – Sachverhalt, Handlung des NS später als im HS bis – hat einen Zeitbereich bis zum Eintritt der Handlung im NS im Blick

Zusatzübung:

Zur Vertiefung kann man Übungen mit der **Umformungsprobe** nach folgendem Muster einschalten:
Die Schimpansen toben in den Bäumen. Währenddessen liegt Jane Goodall auf den Steinen.
→ Während die Schimpansen in den Bäumen toben, liegt Jane Goodall auf den Steinen.
→ Oder: Die Schimpansen toben in den Bäumen, während Jane Goodall auf den Steinen liegt.
(Bei Gleichzeitigkeit wäre beides möglich; entscheidend ist die Blickrichtung.)
Und umgekehrt:
Während der Regen endlos niederströmte, wurde ich kälter und kälter.
→ Der Regen strömte endlos nieder. Gleichzeitig wurde ich kälter und kälter.
Es fing an zu regnen. Da (dann) kletterte der Kleine in den Schutz seiner Mutter.
→ Als es anfing zu regnen, kletterte der Kleine in den Schutz seiner Mutter.

Zur Übung können die Schülerinnen und Schüler selbst eine Grafik mit den Zeitrelationen herstellen:

Der junge Schimpanse warnte leise,

| nachdem er die Schlange entdeckt hatte. | als er auf dem Weg vorantrottete. | ehe er sich auf einen Baum schwang. |

(Handlung/Ereignis/Vorgang im Nebensatz:)

?   ?   ?

S. 130

Pom, Fifi, Flo und Prof – Temporalsätze umwandeln

1 *Die Verwandtschaftsbeziehungen als Grafik:*

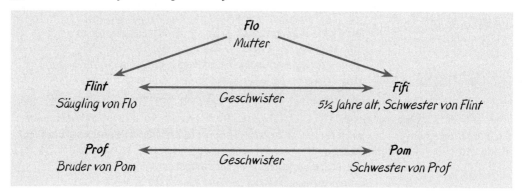

3 *Temporalsätze mit „als" finden sich in den Z. 8, 23, 24, 29, 40, 51.*
Sie dienen der Angabe von Bezugsereignissen für neue Ereignisse, damit man sich im Ablauf orientieren kann. Deshalb werden sie so häufig in diesem Text verwendet.

7.3 Sachbuchempfehlungen – Inhaltssätze verwenden

Der Konjunktionalsatz, der in der Satzgliedrolle des Subjekts oder Objekts erscheint und eine Leerstelle des Prädikats füllt, wird hier als **Inhaltssatz** eingeführt (z. B. „Ich habe gelesen, dass es eine neue Kameratechnik gibt."). Damit wird seine semantische Funktion neben der syntaktischen betont, gibt er doch den eigentlichen inhaltlichen Kern des ganzen Satzes an. Dies zeigt die Umkehrung des grammatischen Unterordnungsverhältnisses (z. B.: „Wir wissen, dass er uns ein lieber Freund ist." – „Er ist uns ein lieber Freund, wie wir wissen."). In didaktischer Reduktion wird dabei hier nur auf die Satzgliedrollen „Subjekt" und „Akkusativobjekt" Bezug genommen, obwohl der Inhaltssatz auch ein Genitivobjekt (z. B.: „Er rühmt sich, dass er unschlagbar ist") oder ein Präpositionalobjekt (z. B.: „Sie besteht darauf, dass ich sie zuerst besuche") vertreten kann. Schließlich werden verschiedene Varianten des Inhaltssatzes unterschieden: dass-Satz, indirekter Fragesatz und Infinitivsatz/erweiterter, satzwertiger Infinitiv. Vernachlässigt wird hier der konjunktionslose Inhaltssatz in der Form eines angehängten zweiten Satzes (z. B.: „Sie glaubten, sie seien unschlagbar.").

Als Verwendungszusammenhänge für Inhaltssätze gibt es unter anderem verschiedene Formen der Textsorte **Inhaltsangabe**. Gelegenheiten zur mündlichen Inhaltsangabe entstehen z. B. in Kommunikationssituationen unter Jugendlichen. In Leseempfehlungen, Rezensionen, Klappentexten usw. geht es um schriftliche Information und zugleich um eine distanzierte Auseinandersetzung des Lesers mit dem Text. Der Leser nimmt sich aus der genießenden oder gar identifizierenden Rolle heraus, er macht den Text zu einem Gegenstand, über den er spricht (z. B.: „Das Buch beschreibt, wie der Computer entwickelt wurde. Mir gefällt, dass es zugleich spannend ist."). Bei Klappentexten und Leseempfehlungen/Rezensionen kommt zur informierenden Sprache der werbende und urteilende Stil hinzu. Das Teilkapitel bietet an seinem Ende eine Schreibhilfe für Buchempfehlungen an, die sich (nach entsprechender Einführung und Übung) auch als Kriterienkatalog für deren Beurteilung verwenden lässt.

Buchempfehlungen genau lesen

S. 132

Die Texte A und B nehmen inhaltlich Bezug auf die Teilkapitel 7.1 und 7.2.

1 b) *1990 konnten Goodalls Informationen über den Kleinkrieg der Schimpansen untereinander als sensationell gelten.*

3 *Als Recherchemöglichkeiten bieten sich an:*
- *zur Vorarbeit eine Internetrecherche mit den Suchwörtern „Jugendbuch" „ab 12";*
- *aktuelle Sachbuchempfehlungen bei „LesePeter": www.ajum.de;*
- *die jährlich mit dem Deutschen Jugendbuchpreis ausgezeichneten Sachbücher unter: www.jugendliteratur.org;*
- *Vorschläge der Fachkräfte in örtlichen Bibliotheken und Buchhandlungen.*

Für Buchempfehlungen eignen sich z. B. naturwissenschaftliche Sachbücher aus der Reihe „Was ist was?".

S. 133

Subjektsätze und Objektsätze geben Inhalte wieder

1 *a/c)* *Es fehlt der eigentliche Inhalt der Sätze:*
- *Was macht Press klar? Hans Jürgen Press macht ... klar, <u>wie viele Geheimnisse in der Natur verborgen sind</u>. (Z. 4 f.)*
- *Was führt der Autor vor? In seinen Beispielen führt der Autor vor, <u>dass du in ganz alltäglichen Dingen, Vorgängen und Erscheinungen (...) Unbekanntes entdecken kannst</u>. (Z. 6 ff.)*
- *Was macht Spaß? Es macht Spaß, <u>mit kleinen Experimenten die Natur zu untersuchen</u>. (Z. 8 ff.)*
- *Was wird gezeigt? Es wird gezeigt, <u>wie man im Reich der Tiere und Pflanzen interessante Vorgänge erforschen kann</u>. (Z. 10 ff.);*
- *Was erlebt man? Man erlebt selbst, <u>wie man den geheimnisvollen Vorgängen in der Natur auf die Spur kommen kann</u>. (Z. 15 ff.)*

b) *Mit diesen Fragen werden sonst erfragt:*
- *Subjekt: Wer oder was?*
- *Objekt: Wen oder was?*

2 *Ähnlich gebaute Sätze in Text B:*
- *Sie erzählt, <u>wie sie mit den ersten Schimpansen vertraut wurde</u>. (Z. 5 f.)*
- *Bald wurde erkannt, <u>dass Schimpansen in der Lage sind, Werkzeuge herzustellen</u> ... (Z. 10 ff.)*
- *Allerdings war bereits seit einiger Zeit bekannt, <u>dass Schimpansen nicht nur friedlich zusammenlebende Vegetarier sind</u> ... (Z. 18 ff.)*
- *sowie Z. 25 f., 26 ff., 33 f., 35 ff., 39 f.*

3 *Frage nach den Satzgliedern, z. B. im ersten Satz:*
Die Menschen wollten immer schon wissen, wie die Materie beschaffen ist.
- *Wer oder was wolllte immer schon wissen, wie die Materie beschaffen ist? Die Menschen ...*
  *→ **Subjekt***
- *Was wollten sie wissen? ... wie die Materie beschaffen ist → **Objekt***
In einzelnen Sätzen bestehen Subjekt und Objekt aus Nebensätzen (Gliedsätzen).

4 *b)* *Subjektsätze:*
- *<u>Dass Kohle, Sauerstoff, Eisen und Kunststoffe im Labor hergestellt werden können</u>, wird gut vermittelt. (Z. 16 ff.)*
- *<u>Dass Chemie Interesse erregen kann</u>, wird mit diesem Buch überzeugend deutlich gemacht. (Z. 23 f.)*

Objektsätze:
- *Die Menschen wollten immer schon wissen, <u>wie die Materie beschaffen ist</u>. (Z. 1 f.)*
- *Der Grieche Aristoteles versuchte als Erster, <u>den stofflichen Aufbau des Universums zu beschreiben</u>. (Z. 2 ff.)*
- *Er lehrte, <u>dass die Materie aus vier Grundstoffen bestehe</u>. (Z. 4 f.)*
- *sowie Z. 8, 11, 12, 22.*

c) *Signale für Gliedsätze:*
- *finites Verb/Personalform des Verbs am Schluss;*
- *meist Konjunktion am Anfang.*

5 a) *Inhaltssätze in den beiden Texten:*

Staguhn:

Subjektsätze:
- *Erst für die Zeit danach lässt sich beschreiben, <u>dass die Temperatur um 30 Milliarden Grad anstieg</u> ... (Z. 3 ff.)*
- *Es wird erforscht, <u>was die Erdkugel eigentlich zusammenhält</u>. (Z. 9 f.)*

Objektsätze:
- *<u>Wie es tatsächlich entstand</u>, können die Forscher bis heute nicht sagen. (Z. 2 f.)*
- *Spannend wie im Krimi erfährt der Leser, <u>dass der Mensch längst nicht der Mittelpunkt des Weltalls ist</u>. (Z. 7 ff.)*
- *außerdem Z. 20 ff.*

Biemann:

Subjektsatz:
- *<u>Alles nachzumachen</u>, macht Spaß! (Z. 30 f.) – Erweiterter Infinitiv (in einigen Fällen auch ohne Komma) als Subjektsatz*

Objektsätze:
- *Seit Jahrzehnten erfahren Groß und Klein ..., <u>wie die Löcher in den Käse kommen</u>. (Z. 1 ff.)*
- *Und jeder weiß, <u>dass er gerne Experimente macht</u>. (Z. 3 f.)*
- *Außerdem in den Z. 6, 7, 15.*
- *Er ... stellte fest, <u>es ist wirklich der Fall</u>. (Z. 17 ff.) – Achtung: Neuer Hauptsatz als Objektsatz!*
- *Er erklärt, <u>wie optische Täuschungen entstehen</u>, <u>warum man im Suppenlöffel auf dem Kopf steht</u> oder <u>wie man seinen Gleichgewichtssinn überlisten kann</u>. (Z. 26 ff.)*

b) *Verben, die Inhaltssätze einführen:*
- *sagen, beschreiben, erfahren, erforschen, zeigen (Staguhn)*
- *erfahren, wissen, haben, sehen, feststellen, erklären, Spaß machen (Biemann)*
- → *Verben der sinnlichen und geistigen Wahrnehmung oder Tätigkeit: des Denkens, Sprechens und Fühlens.*

Inhaltssätze unterscheiden

S. 136

1 / 2 a/b) *Vorschlag für ein Tafelbild:*

Z.	Inhaltssatz	Form gemäß Merkkasten	Subjektsatz	Objektsatz
3 ff.	*Man **erfährt** in übersichtlicher Form, <u>wie in der Wissenschaft gearbeitet und an der Universität Tübingen gelernt wird</u>.*	2		x
8 ff.	*Die Auswahl der Fragen **zeigt**, <u>dass sich auch Hochschullehrer auf ein junges Publikum einstellen können</u>.*	1		x
10 f.	*Man hat zudem **versucht**, <u>möglichst viele Wissenschaften vorzustellen</u>.*	4		x

12 ff.	So wird z. B. **untersucht**, ob auch bei stillen Vulkanen wieder Eruptionen entstehen können.	3	x	
15 ff.	Man sollte auch **wissen**, dass Armut und Reichtum erkennbare Ursachen haben.	1		x
17 f.	Und wen **interessiert** nicht, warum wir über Witze lachen müssen?	2	x	
18 ff.	Den Autoren ist es **gelungen**, sehr lebendig zu erzählen und zugleich sachhaltig zu informieren.	4	x	

Vorsicht: In dem Satz „Auch wird die Frage geklärt, warum Muslime auf Teppichen beten" (Z. 14 f.) handelt es sich um einen attributiven Nebensatz. Man fragt danach mit der Fragenprobe: „Was für eine Frage?" (Vgl. „Deutschbuch 6", Kapitel 6.2)

c) Es lassen sich die Signale für Gliedsätze nachweisen:
   – finites Verb/Personalform des Verbs am Schluss;
   – meist Konjunktion am Anfang.

S. 137

Leseempfehlungen schreiben – Sachbücher

Charlotte Kerner

Lise, Atomphysikerin
Die Lebensgeschichte der Lise Meitner

1 a) Mögliche Aspekte, die ein Sachbuch lesenswert machen können:
   – Antworten auf eine aktuelle technische Frage;
   – Antworten auf psychologische Probleme;
   – Bezug zu einem Schulfach;
   – Informationen über eine interessante Persönlichkeit;
   – Informationen über einen umstrittenen Sachverhalt;
   – Informationen über eine neue Entdeckung.

b) Mögliche Gründe für die Auszeichnung mit einem Literaturpreis:
   – Hinweise auf eine wichtige Naturwissenschaftlerin;
   – außergewöhnliche Frau;
   – lebendiges Porträt;
   – kritische Sicht;
   – lehrreich;
   – spannend;
   – aktuelle Probleme mit historischem Bezug.

2 a) Gliederung der Buchempfehlung
   – Thema und Buchart (Biografie) (Z. 1–12);
   – Zur Titelfigur, ihrem Lebenslauf und ihren Leistungen (Z. 13–49);
   – Die besondere Leistung der Autorin (Z. 50–55);
   – Bewertung und Empfehlung (Z. 56–62).

b) *Inhaltssätze in Buchempfehlungen:*

Im **Einleitungsteil** *formuliert man Behauptungssätze (Thesen) zum Buch. Die Behauptungen finden sich meist in Satzgefügen mit Inhaltssätzen (z. B. Z. 1–3).*

Im **Mittelteil** *kommt es bei der raffenden Darstellung von Vorgängen sowie der zusammenfassenden Wiedergabe von Meinungen und Äußerungen von Personen zur Anwendung von Inhaltssätzen (z. B. Z. 44 ff., 47 ff.)*

Im **Schlussteil** *wird man urteilen und werten: Wie gefällt mir das Buch? Wie betrifft es mich? Was halte ich davon? Als Antwort formuliert man Urteilssätze zum Text, die man noch zu begründen versucht. Die Urteile finden sich ebenfalls oft in Satzgefügen mit Inhaltssätzen (z. B. Z. 56–59).*

3 *Im Rückblick lässt sich gemeinsam eine Schreibanleitung für die Buchempfehlung entwickeln:*

Schreibanleitung für eine Buchempfehlung

1. *Bei der Buchempfehlung gibt man zunächst den* **Titel**, *die* **Art** *des Buches sowie den* **Autor** *an, und man formuliert in einem* **Einleitungsteil** *die* **Idee** *oder das* **Thema** *sowie das* **Ziel** *des Buches in einem Satz. So erhält der Leser eine erste Orientierung, ehe ihm einzelne Hinweise begegnen.*

2. *Im* **Mittelteil** *erläutert man den* **Inhalt** *des Buches oder Textes in einem kurzen zusammenhängenden Text: die grobe Handlung, das Hauptereignis oder die wichtigsten Themen und Probleme.*

3. *In einem* **Schlussteil** *gibt man sein* **Urteil** *ab und sagt, welche* **Bedeutung** *das Buch für einen selbst hat und welche* **Wirkungen** *es hervorruft.*

– *Man stellt sich vor, dass jemand über das Buch informiert werden soll. Deshalb schreibt man im* **Präsens**.

– *Man informiert möglichst* **genau**.

– *Man urteilt über das Buch möglichst* **mit guten Gründen**.

– *Bei der Leseempfehlung geht man von sich aus und überlegt, für welche* **Zielgruppe** *das Buch wohl geschrieben ist.*

Lernerfolgskontrolle/
Themen für Klassenarbeiten

Zu Adverbialsätzen in Versuchsbeschreibungen, Erzählungen und Berichten (Teilkapitel 7.1/ 7.2):
– Überprüfen der Kenntnisse durch Kennzeichnen der Art der Adverbialsätze in vorgelegten Texten
– Umformung adverbialer Bestimmungen in Adverbialsätze und umgekehrt in vorgelegten Texten
– Selbstständige Produktion von Versuchsbeschreibungen nach Bildvorlagen zu Experimenten
– Bericht nach einem Filmbericht (z. B. über eine Expedition)

Zu Inhaltssätzen in Buchempfehlungen (Teilkapitel 7.3):
– Eine Leseempfehlung zu einem längeren Erzähltext aus dem „Deutschbuch" entsprechend der zuvor eingeführten Schreibhilfe (s. S. 145 in diesem Band) schreiben; dabei sollen Inhaltssätze benutzt werden.
– Unterscheidung informierender und urteilender Inhaltssätze in vorgelegten Klappentexten
– Unterscheidung der grammatischen Formen dieser Inhaltssätze
– Überprüfung der Interpunktion bei Infinitivsätzen sowie dass-Sätzen in Lückentexten.

Die folgenden Vorschläge zielen auf sprachliche Formen und Strukturen in ihrer Funktion und folgen dem Aufgabentyp „Einen vorgegebenen Text überarbeiten".

Vorschlag 1: Einen vorgegebenen Text überarbeiten

Eine ungefährliche Rakete –
Versuchsbeschreibung/Adverbialsätze

(A)

So wird die Rakete gestartet:

1. Die Rakete wird an einem ebenen Platz aufgestellt. Sie steht so sicher.
5 2. Nun wird etwas Wasser in die Filmdose gegossen. Ein Viertel ist voll.
3. Die Brausetablette wird in die Filmdose geworfen. Man muss sich beeilen: Die Öffnung wird sofort fest mit dem Deckel verschlos-
10   sen.
4. Keine Zeit verlieren. Die Rakete wird wieder senkrecht auf den Startplatz gestellt.
5. Nach einigen Sekunden fliegt die Rakete. Sie fliegt sogar einige Meter hoch.
15 *Achtung:* Der Start der Rakete ist eigentlich ungefährlich. Man muss sie aber immer von der Seite betrachten. Nicht von oben daraufsehen. Sie könnte ins Auge geschleudert werden. Das würde zu gefährlichen Augenverlet-
20 zungen führen.

146

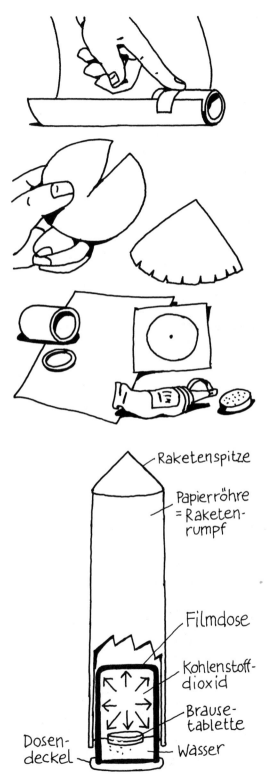

(B)

Der Raketenrumpf:

Man nimmt das große DIN-A4-Blatt. Man wickelt darin die nach unten geöffnete Filmdose ein. Mit einem Stück Klebefilm wird das Papier an der Dose befestigt. Man lässt unten ca. 2–3 mm frei. Die Röhre kann so am unteren Ende mit dem Dosendeckel verschlossen werden.

Die Raketenspitze:

Man schneidet einen Kreis mit ca. 5 cm Radius aus einem Blatt. Dann macht man einen Schnitt bis zum Mittelpunkt des Kreises und rollt ihn zusammen. Es soll eine Raketenspitze (Kegel) entstehen. Sie muss wie ein spitzer Hut oben auf die Röhre passen.

Man schneidet am unteren Rand der Raketenspitze einige Einschnitte ein. Das erleichtert das Ankleben an den Raketenrumpf.

(C)

Eine leere Filmdose aus Kunststoff (oder eine ähnlich große Tablettendose – ohne Inhalt!) – ein Blatt Papier im Format DIN A4 – ein Blatt Papier mit einem aufgezeichneten Kreis – etwas Alleskleber – eine halbe bis eine Brausetablette (Vitamintablette) – etwas Wasser

(D)

Die Brausetablette kommt mit Wasser in Verbindung – dies erzeugt Kohlenstoffdioxid. Das völlig ungefährliche Gas breitet sich aus – es benötigt sehr viel Raum. Die Dose ist verschlossen – das Gas kann nicht entweichen – der Druck steigt. Er steigt stark – der Dosendeckel kann diesen Druck nicht mehr halten. Der Deckel wird mitsamt dem Wasser und der restlichen Brausetablette schlagartig nach unten ausgestoßen. Das Wasser spritzt aus der Öffnung unten an der Röhre – man sieht es beim Start der Rakete sehr gut. Durch das Ausstoßen des Deckels und des Wassers entsteht ein starker Kraftstoß – die Rakete wird in die entgegengesetzte Richtung geschleudert. So funktioniert das Raketenprinzip! Eine Masse (brennendes Gas, Wasser u. Ä.) wird nach unten ausgestoßen – das führt zu einer Gegenbewegung der Rakete nach oben. Die Rakete stößt sich an den ausgestoßenen Massen ab.

(Nach: Joachim Lerch, Experiment des Monats, „Eine ungefährliche Rakete", www.science-days.de)

Überarbeite die vorliegende Versuchsbeschreibung vollständig:

1. *Lies die Textteile A–D, sie sind etwas durcheinandergeraten. Plane die Reihenfolge für eine richtig gegliederte Versuchsbeschreibung (s. Aufgabe 2). Ein kleiner Baustein ist noch zu ergänzen.*

2. *Schreibe den ganzen Text neu in der richtigen Reihenfolge. Beachte dabei: Die Sätze sind noch nicht richtig im beschreibenden und erklärenden Stil der Versuchsbeschreibung verfasst. Schreibe sie um, und verwende dabei vor allem verschiedene Arten der Adverbialsätze. Dazu kannst du die Sätze auch leicht verändern.*

3. *Unterstreiche fünf Adverbialsätze in deinem neuen Text und bestimme ihre Art.*

Vorschlag 2: Einen vorgegebenen Text überarbeiten

Aufgabe 1: Buchempfehlung – Inhaltssätze
Erich Uebelacker: Moderne Physik. Was ist was? Bd. 79. 1999

(1) Auch dieses Buch über die moderne Physik nähert sich dem Thema auf leicht verständliche Weise. (2) Der Autor fragt mit uns, was unter Universum, Galaxien, Urknall, schwarzen Löchern, Antimaterie oder Quarks zu verstehen ist. (3) Und er findet Antworten für jedermann. (4) Ihm ist es gelungen, die schwierigen Themen der Lichtgeschwindigkeit und der Relativitätstheorie für jedes Kind verständlich zu erläutern. (5) Außerdem versteht er es, kaum nachvollziehbare Erscheinungen anschaulich zu illustrieren. (6) Ob das alles in Wirklichkeit so ist oder aussieht, weiß natürlich keiner genau. (7) Hier wird rekonstruiert, welche Ideen Einstein wohl in seinem Kopf gehabt haben muss. (8) Wenn man sich fragt, was ein Molekül ist, wie Atome aufgebaut sind oder warum Sterne leuchten, dann kann man zu diesem Buch greifen. (9) Allen Lesern wird besonders gefallen, wie der Autor die Dimensionen darstellt, in denen man sich bewegt. (10) Es ist unglaublich, wie groß die Zahl der Teilchen ist, aus denen die Erde besteht. (11) Man kann sich vorstellen, welche ungeheure Größe das Universum besitzen muss. (12) Mir gefällt schließlich, dass der Autor sich bemüht, auch die Persönlichkeit des Nobelpreisträgers, sein Umfeld, seine Zeit dem Leser näherzubringen. (13) Dieses Buch zu empfehlen, muss jedem naturwissenschaftlich interessierten Leser leichtfallen. (14) Also, schnell in die Buchhandlung oder die Bücherei, wo dies Buch gewiss schon auf euch wartet!

Stelle zunächst eine Tabelle nach folgendem Muster her:

1.	2.	3.	4.	
Satz-Nr.	Inhaltssatz	Form des Inhaltssatzes	Subjekt-satz	Objekt-satz
20	..., wie in der Wissenschaft gearbeitet wird	indirekter Fragesatz		x
...	...	...		

1. *Notiere darin die Nummern aller Sätze mit einem Inhaltssatz. Schreibe den Inhaltssatz in die 2. Spalte.*

2. *Bestimme die Form der Inhaltssätze mit dem richtigen Fachbegriff.*

3. *Bestimme, ob sie Subjektsatz oder Objektsatz sind. Kreuze dafür die richtige Spalte an.*

Aufgabe 2: Bericht – Temporalsätze

Alexander von Humboldt
Reise an den Orinoko

Alexander von Humboldt unternahm 1799 eine Forschungsexpedition nach Südamerika, die ihn an den Fluss Orinoko in Venezuela führte. Er schreibt in seinem Tagebuch 1800:

Ein grässlicher Vorfall, der sich am 3. April am Apure, einem Nebenfluss des Orinoko, ereignete, wird noch lange meine Einbildungskraft beschäftigen: Als wir unterhalb der Biegung
5 des Flusses bei dem unbewohnten Ort Algodonal anlandeten, brachten wir den Mittag in einem trocknen Teil des Flussbettes zu. Ich konnte nur eine Stunde lang ruhen, ehe mich die Neugierde trieb, Krokodile in der Nähe
10 schlafend zu beobachten. Ich ging allein, weit von den Gefährten weg, ohne alle Waffen dem Strande nach. Als ich mich nun zufällig bückte, um die Glimmerblättchen im Sand zu untersuchen, sah ich neben mir frische Jaguar-
15 spuren, gewaltige, leicht erkennbare Tatzen. Ich blickte sofort mechanisch der Spur nach. Das Tier war dem Walde zugegangen, und als ich nun dorthin blickte, sah ich etwa 30 Schritte von mir entfernt rechts vor mir einen
20 gewaltigen Jaguar im Laubschatten eines Ceibabaumes liegen. Ich fuhr schrecklich zusammen, doch verlor ich keineswegs die Besinnung. Während ich mich in der großen Gefahr völlig dem Schicksal überlassen wollte,
25 rief mir eine innere Stimme zu: Nicht feige, denn sonst ist es auf einmal aus mit dir! Ich war allerdings noch so weit Herr meiner selbst und meiner Bewegungen, dass ich die Verhaltensmaßregeln der Indianer für solche Fälle befol-
30 gen konnte: Ich ging weiter, lief aber nicht. Ich wandte mich also um und ging langsam rückwärts, dem Ufer zu, langsam. Und während ich mich zwang, langsam zu gehen, spannte mich die Furcht vor der furchtbaren Katze mächtig

an. Es dauerte wie eine Ewigkeit. Nach fünf bis 35 sechs Minuten hielt ich es nicht mehr für gefährlich, mich umzublicken. Der Jaguar saß jetzt wie vorher majestätisch unter dem Laubdach. Solange er starr über den Fluss blickte, in Gedanken vielleicht ganz bei einer Herde Was- 40 serschweine, die über den Fluss schwammen, und mich keines Anblicks würdigte, eilte ich beruhigt weiter von ihm fort. Als ich mich später noch einmal umsah, wo der Fluss eine Bucht hat, hatte der Jaguar seinen Platz verlas- 45 sen, wahrscheinlich vom Affengeschrei gestört, das ich tief im Walde wahrnahm. Sobald ich lief oder vor Schreck aufschrie, wäre ich dennoch vielleicht verloren! So beruhigte ich mich. Nachdem ich zu meinen Leuten zurück- 50 gefunden hatte, gingen wir allesamt den Indianern mit Gewehr dem Jaguar nach. Wir fanden ihn aber nicht mehr, und ihm in den Wald nachzugehen, war nicht geraten, da man sich zerstreuen oder in einer Reihe durch die ver- 55 schlungenen Lianen gehen muss. So war ich bis heute dem Jaguarrachen entronnen!
Viele Jaguare gab es am Einfluss des Apure in den Orinoko. Wir fanden noch einen, als wir eben die Hamaken (Hängematten) aufschla- 60 gen wollten, und gingen deshalb mit dem Lager bis an die Mündung selbst. Während ich noch spät wachte und das Kreuz des Südens am Himmel betrachtete, lockte unser Lagerfeuer, das man der Jaguare wegen angezündet 65 hatte, die neugierigen Krokodile herbei. Wir sahen zwischen 1–3 Uhr nachts die Köpfe keine 6 m von unseren Hängematten entfernt, bevor wir endlich einschliefen. So gewöhnt man sich an alles. 70

(Aus: Alexander von Humboldt:
Die Reise nach Südamerika. Hg. von Jürgen Starbatty.
Lamuv, Göttingen 1990, S. 250 ff.)

1 *Entwickle auf einem extra Blatt einen Zeitstrahl zu dem Vorgang, und trage Zeitangaben über dem Strich und Handlungen/Vorgänge (mit Zeilenangabe) unter dem Strich ein.*

2 *Untersuche den Umgang mit der Zeit und die unterschiedlichen Arten der Zeitangaben beim Erzählen.*
*Schreibe **je 2 Beispiele** heraus für*

- Zeitadverbien:

- adverbiale Bestimmungen der Zeit:

- Adverbialsätze der Zeit:

*Schreibe **je 1 Beispiel** heraus für*

- Zeitpunkt:

- Zeitraum:

- Zeitverhältnis der Gleichzeitigkeit:

- Zeitverhältnis der Vorzeitigkeit:

- Zeitverhältnis der Nachzeitigkeit:

*Schreibe **je 2 Beispiele** heraus für Wortarten, d. h. Wörter, die einen zeitlichen Hinweis enthalten:*

- Nomen:

- Adjektiv:

- Verb:

3 *Variation der Zeitangaben – Überarbeitung von Textstellen:*
*Greife **fünf Sätze** aus dem Text heraus, in denen es um Zeit mit den folgenden grammatischen Formen geht, und wende folgende Umformungen an:*

- *Satzgefüge → (soll werden zu ...) eine Satzreihe oder zwei Sätze:*

_____

_____

_____

- *Temporalsatz → adverbiale Bestimmung:*

_____

_____

_____

- *adverbiale Bestimmung → Temporalsatz:*

_____

_____

- *Zeitadverb → adverbiale Bestimmung:*

_____

_____

Literaturhinweise

Buscha, Joachim: Satzverknüpfung durch Konjunktionen. In: Deutschunterricht 6/1988, S. 53 ff.

Einecke, Günther: Auf die sprachliche Ebene lenken. Gesprächssteuerung, Erkenntniswege und Übungen im integrierten Grammatikunterricht. In: Albert Bremerich-Vos (Hg.): Zur Praxis des Grammatikunterrichts. Fillibach, Freiburg 1999, S. 125–191

Heringer, Hans Jürgen: Grammatik und Stil. Cornelsen, Berlin 1989

Hoffmann, H.: Die Inhaltsangabe. In: Deutschunterricht 6/1986, S. 29 ff.

Lehmeyer, Manfred/Schober, Otto: Die Sprache der Klappentexte. In: Praxis Deutsch 7/1974, S. 47 ff.

Sitta, Horst: Syntax – Die Lehre vom Bau des Satzes. In: Praxis Deutsch 68/1984, S. 22 ff.

Sowinski, Bernhard: Deutsche Stilistik. Fischer Taschenbuch Verlag, Frankfurt/M. 1982 (1972)

8 Über Tiere in Afrika – Richtig schreiben

Konzeption des Gesamtkapitels

Das Rechtschreibkapitel folgt dem Grundsatz, dass Rechtschreibung grundsätzlich aus konkreten Sprachverwendungssituationen heraus thematisiert werden sollte. Es enthält zu diesem Zweck mehrere eigenständige Einheiten, in denen einzelne Rechtschreibphänomene erarbeitet, geübt und gefestigt werden können. Es stellt also keine in sich geschlossene Sequenz dar. Vielmehr ist das Kapitel von vornherein darauf angelegt, in kleineren, über das Schuljahr verteilten Einheiten genutzt zu werden. Eine thematische Klammer ergibt sich durch den Bezug auf Texte zur Artenvielfalt und zum Verhalten von Tieren auf dem afrikanischen Kontinent.

Das erste Teilkapitel („**Große Tiere – Wichtige Rechtschreibregeln**") dient der Wiederholung und Systematisierung von Nomensignalen und führt in verschiedene Phänomengruppen der Nominalisierung ein: die Schreibung von Tageszeiten und Wochentagen, von Grund- und Ordnungszahlen, von Namen und Herkunftsbezeichnungen. Anschließend beschäftigt sich das Teilkapitel mit der Zusammen- und Getrenntschreibung bei Verben. Dabei wird nach Fallgruppen unterschieden zwischen Getrenntschreibung als Regelfall, Zusammenschreibung in der Verbindung von Adjektiv und Verb sowie von Adverb oder Präposition und Verb sowie Getrennt- und Zusammenschreibung mit trennbaren und untrennbaren Zusammensetzungen mit Verben. Teile dieser Lerneinheit können bei Bedarf auch separat eingesetzt werden.

Das zweite Teilkapitel („**„Die Girafe' – Ein anderer Blick auf die Tiere, eine andere Rechtschreibung**") enthält Sachtexte zum Thema „Tiere in Afrika" in der Orthografie von 1865 bzw. 1915. Damit wird zum einen der Lernbereich „Umgang mit Texten" integriert, zum anderen bietet das Material durch die Fremdheit der Schreibungen Anlass zur Reflexion über den steten Wandlungsprozess, in dem sich Sprache und Rechtschreibung befinden. Rechtschreibregelungen werden damit als Ergebnis von Konventionen erkennbar.

Das dritte Teilkapitel („**Rechtschreibschwächen erkennen und Fehlerschwerpunkte bearbeiten**") liefert vielfältige Trainingsmöglichkeiten zur Arbeit an individuellen Fehlerschwerpunkten, u. a. durch Wiederholung von Rechtschreiblernstoff der früheren Jahrgangsstufen mit partiellen Weiterungen. Der praktischen Bewältigung von Rechtschreibproblemen dienen z. B. die Reflexion über die Rechtschreibprüfung mit Hilfe des PCs, Ableitungs- und Erweiterungsprobe, Übungen zur Schreibung von Fremdwörtern und zum Umgang mit dem Apostroph.

Weiteres Übungsmaterial zu diesem Kapitel

Übungsmaterial im „**Deutschbuch Arbeitsheft 7**"
- Groß- und Kleinschreibung: S. 46–53
- Getrennt- und Zusammenschreibung: S. 54–58
- Fremdwörter: S. 59–61
- Kurze Vokale: S. 64–65
- Lange Vokale: S. 66–70
- s-Laute: S. 71–73

Die Übersicht auf den Seiten 310 f. dieses Bandes zeigt Verknüpfungen der Software-Übungen „**Deutschbuch 7 interaktiv**" mit diesem Kapitel.

Weitere Übungsmaterialien und Vorschläge für Klassenarbeiten zu diesem Kapitel finden Sie im Internet unter **http://www.cornelsen.de/deutschbuch**.

Inhalte   ## Kompetenzen

S. 139	**8.1 Große Tiere – Wichtige Rechtschreibregeln**	**Die Schülerinnen und Schüler können**
S. 139	**Nominalisierung**	– Regeln zur Groß- und Kleinschreibung erkennen; – Nomensignale zusammenstellen; – Nominalisierung als satzabhängige Schreibregelung begreifen; – nominalisierte Verben und Adjektive erkennen; – Groß- und Kleinschreibung in festen Fügungen erkennen;
S. 141	**Tageszeiten und Wochentage**	– die Schreibung von Tageszeiten und Wochentagen beschreiben und Regelungen formulieren;
S. 144	**Grundzahlen und Ordnungszahlen**	– Kardinal- und Ordinalzahlen verschiedenen Wortarten mit entsprechender Schreibung zuordnen;
S. 145	**Namen und Herkunftsbezeichnungen**	– die Schreibung von geografischen Namen und Herkunftsbezeichnungen beschreiben und anwenden;
S. 147	**Zusammenleben von Mensch und Tier – Getrennt- und Zusammenschreibung**	– Regeln der Getrennt- und Zusammenschreibung erarbeiten in: – Verbindungen mit Nomen und Verben; – Verbindungen mit „sein"; – Verbindungen von Verb und Verb; – Verbindungen von Adjektiv/Adverb/Präposition und Verb; – trennbaren und untrennbaren Zusammensetzungen.
S. 152	**8.2 „Die Girafe" – Ein anderer Blick auf die Tiere, eine andere Rechtschreibung**	**Die Schülerinnen und Schüler können**
S. 152	Alfred Edmund Brehm **Die Girafe (1865)**	– Informationen aus Sachtexten erschließen; – Fachsprache und Fachbegriffe in ihrer Verwendung und Funktion erkennen und nutzen; – Veränderungen in der Deutung wahrnehmen; – einen Text überarbeiten;
S. 154	Alfred Edmund Brehm **Die Giraffe (1915)**	– den Wandel in Diktion und Rechtschreibung im Vergleich erkennen.
S. 155	**8.3 Rechtschreibschwächen erkennen und Fehlerschwerpunkte bearbeiten**	**Die Schülerinnen und Schüler können** – die Fehleranalyse zur Ermittlung persönlicher Fehlerschwerpunkte nutzen; – mit dem Fehlerbogen arbeiten;
S. 157	**Rechtschreibprüfung am PC**	– Möglichkeiten und Grenzen der Rechtschreibprogramme des Computers erkennen;
S. 159	**Verwandte Wörter suchen**	– Ableitungsprobe und Erweiterungsprobe bei der Schreibentscheidung einsetzen;
S. 161	**Ein exquisites Highlight – Fremdwörter**	– geläufige Fremdwörter identifizieren; – typische Suffixe und Präfixe von Fremdwörtern erkennen und zur Wortbildung nutzen;
S. 162	**Zeichensetzung – Der Apostroph**	– die Funktion des Apostrophs beschreiben; – den Apostroph korrekt anwenden.

8.1 Große Tiere – Wichtige Rechtschreibregeln

Durch induktives Vorgehen im Rahmen des ersten Teilkapitels sollen sich die Schülerinnen und Schüler so weit wie möglich an der Formulierung von Rechtschreibregelungen beteiligen können. Dabei dienen die Einstiegsaufgaben jeweils zur Anknüpfung an die konkrete Unterrichtssituation, sie wollen Regelungen bewusst machen und zur Systematisierung hinführen; die anschließenden Übungen konzentrieren sich auf die jeweils kleineren Fallgruppen. Denn bei eindeutiger quantitativer Verteilung bestimmter Schreibungen ist die Wahrscheinlichkeit, dass unsichere Schreiber die häufigere Version wählen und sich damit für die richtige Schreibung entscheiden, relativ hoch. In diesem Zusammenhang sind die „Rechtschreibtipps" zu sehen, die neben den „Rechtschreibregeln" praktische Bedeutung haben, indem sie den Schülerinnen und Schülern pragmatische Entscheidungshilfen in Zweifelsfällen vorschlagen.

S. 139

Kräftiges Trompeten – Nominalisierung

Die Aufgaben auf den Seiten 139 ff. im Schülerband sollen bewusst machen, dass bei nominalisierten Ausdrücken und entsprechenden Redewendungen die geläufige Regelung zur Nomenschreibung greift. Sie eignen sich daher auch zur Wiederholung der Nomensignale.

1 *Die Aufgabe dient der geordneten Verarbeitung der Sachinformation. Indem die Schülerinnen und Schüler sich dem Muster anpassen, übernehmen sie die Nominalisierungen und deren Schreibweise.*

a) Typische Verhaltensweisen von Elefanten lassen sich auf der Basis des Textes wie folgt darstellen:

Drohgebärden in der Körpersprache von Elefanten		
Wut		Hochheben oder Ausstrecken des Rüssels
Aggression oder Angst		Hochstellen des Schwanzes
Drohung unter Elefanten-kühen		Zulaufen auf eine Gegnerin mit nickendem Kopf und halb abgestellten Ohren
schwache Drohung	wird signalisiert durch	Zuwendung zum Gegner
Drohung gegenüber kleineren Gegnern		kräftiges Trompeten mit vorgestrecktem Rüssel
ernsthafte Drohung		ruckartiges Heben des Kopfes, gefolgt von langsamem Absenken, verstärkt duch das Hochwerfen des Kopfes
aggressive Drohung		Kopfschütteln, wobei die schlagenden Ohren ein eindrucksvolles Geräusch erzeugen und Staub aufwirbeln

b) Reaktionen der anderen Tiere auf die Drohgebärden:
- *schwache Drohung: In der Regel reagieren die Gewarnten nicht weiter, weichen allerdings den Elefanten aus.*
- *Drohung gegenüber kleineren Gegnern: Unterlegene Tiere wissen, dass sie zu schwach sind, und ziehen sich zurück.*
- *ernsthafte, aggressive Drohung: Oft haben die bedrohten Tiere keine Chance mehr, einem Angriff des gereizten Elefanten auszuweichen.*

2 *a/b) Vorschlag für ein Tafelbild:*

Nomensignale	nominalisierte Verben	nominalisierte Adjektive
Artikel	das Zulaufen das Hochwerfen das Kopfschütteln	den Kürzeren ziehen das Weite suchen
(Artikel +) Adjektiv	ein ... häufiges Drohverhalten* kräftiges Trompeten ein ruckartiges Heben ein langsames Absenken	das einzig Richtige
(Artikel +) Präposition		im Großen und Ganzen (sich) in Acht nehmen zum Besten stehen
Pronomen oder Partikel		solche Schwächeren
Nachgestelltes Attribut	Trompeten mit vorgestreck- tem Rüssel Heben des Kopfes Hochwerfen des Kopfes	

* „das Verhalten“: An diesem Beispiel kann man besprechen, dass es Nominalisierungen gibt, die sich als Nomen etabliert haben. Weitere Beispiele sind:

- – das Essen
- – das Wissen
- – das Geschehen
- – das Vertrauen

- – der/die Abgeordnete
- – der/die Jugendliche
- – der/die Angestellte
- – der/die Auszubildende

3 Die Schülerinnen und Schüler sollen hier ansatzweise zu stilistischen Beobachtungen geführt werden. Ergebnis könnte sein, dass sie bemerken:
- – Ständiges Nominalisieren von Verben lässt einen Text steif und bürokratisch klingen.
- – Nominalisierungen sind allerdings günstig, wenn man knapp formulieren will, z. B. in Tabellen. Andererseits sind Ausdrücke mit nominalisierten Adjektiven stilistisch unauffällig und im Sprachgebrauch sehr geläufig. Das leitet über zur Übung 4.

4 Aus den vorgegebenen Wörtern lassen sich eine Reihe von Redewendungen mit nominalisierten Adjektiven bilden, die den Schülerinnen und Schülern bekannt sein dürften:

- – außer Acht lassen;
- – auf dem Laufenden sein/halten/bleiben;
- – im Dunkeln tappen;
- – zum Besten geben/stehen;
- – sein Bestes geben;
- – Gleiches mit Gleichem vergelten;
- – im Argen liegen;

- – das Ärgste verhindern;
- – ins Lächerliche ziehen;
- – auf dem Trockenen sitzen;
- – im Trüben fischen;
- – ins Schwarze treffen;
- – Großes leisten.

5 Weitere Redewendungen mit nominalisierten Adjektiven aus Aufgabe 2 a):
- – den Kürzeren ziehen;
- – das Weite suchen;

- – das einzig Richtige (tun);
- – (sich) in Acht nehmen.

S. 141

Dösen am Nachmittag –
Tageszeiten und Wochentage

Beim Heraussuchen der Zeitangaben aus den Texten auf den Seiten 141 bis 143 im Schülerband wird nicht unterschieden zwischen solchen, die Tageszeiten enthalten, und anderen – allerdings sind nur die Tageszeitbezeichnungen für die Regelbildung von Bedeutung.
Die verschiedenen Aufgaben variieren im Zugriff auf die Zeitangaben. Die Regel dupliziert das bekannte Phänomen, dass Nomen groß- und Adverbien kleingeschrieben werden.

1 *Die Aufgabe dient der Aufarbeitung des neuen Wissens, beim Formulieren in Stichwörtern für den Zeitstrahl kommen erneut nominalisierte Verben in den Blick. Außerdem können die Gewohnheiten der Flusspferde nicht dargestellt werden, ohne Tageszeitbezeichnungen zu verwenden. Damit benutzen die Schülerinnen und Schüler aktiv das Material, das hier zu behandeln ist. Beim Bemühen um korrekte Schreibung können sie sich an der Textvorlage orientieren; in der Stichwortversion gibt es keine Verfälschung von Groß- und Kleinschreibung durch Satzanfänge.*

3 *Vorschlag für ein Tafelbild:*

Adverbiale Bestimmungen der Zeit: Tageszeiten	
Adverbien	**Präpositionalgruppen mit Nomen**
frühmorgens	bei Nacht
später	in einer Nacht
tagsüber	über Tag
nachmittags	im Laufe des Tages
unverzüglich	in der abendlichen Dunkelheit
morgen Nacht	mitten in der Nacht
	noch einige Zeit
	im Morgengrauen

Eine weitere Formulierung enthält einen Zeithinweis, allerdings als Adjektivattribut in einem Objekt: „sein nächtliches Quantum Grünfutter".

4 *Auch bei der Bearbeitung dieser Aufgabe spielen Zeitangaben eine Rolle, besonders beim Gesichtspunkt „Gewohnheiten".*

5 *Die Zeitangaben lassen sich folgendermaßen ordnen:*
Großschreibung (in Klammern die Nomensignale)
  – in den Stunden während des Sonnenauf- und Sonnenuntergangs (Präp. + Artikel sowie nachgestelltes Attribut);
  – am frühen Morgen (Präp. (mit integriertem Artikel) + Adj.);
  – am späten Nachmittag (Präp. (mit integriertem Artikel) + Adj.);
  – in der Dämmerung (Präp. + Artikel);
  – kurz nach Dunkelwerden (Präp.);
  – im ersten Teil der Nacht (Präp. (mit integriertem Artikel) + Adj.);
  – während des Tages (Präp. + Artikel).

Kleinschreibung
- *frühmorgens;*
- *spätnachmittags;*
- *abends;*
- *nachts;*
- *tagsüber.*

6 a) *Die Tabelle könnte so aussehen:*

	Spitzmaul-nashörner	Afrikanische Windhunde	Geparde	Streifen-schakale	Weißschwanz-mangusten
früh-morgens	äsen	jagen	sind aktiv	sind aktiv	
tagsüber bis nach-mittags	liegen im Schatten	sind aktiv	liegen unter Bäumen	ruhen in Schlupf-löchern	schlafen in Bauen und Buschwerk
spätnach-mittags	äsen	jagen			
bei Sonnen-untergang	trinken		sind aktiv	sind aktiv	werden aktiv
nachts				sind aktiv	sind anfangs aktiv

7 / **8** *Die Schülerinnen und Schüler sollen bei dieser Aufgabe auf die Schreibung der Angaben zu Tageszeiten in einem selbst verfassten Text achten. Aus der Aufgabenkonstruktion ergibt sich, dass überwiegend Zeitangaben mit Nomensignalen verwendet werden dürfen, im Gegensatz zur Übung 6 b), in der Adverbien dominieren. Dabei geht es um die Beobachtung, dass regelmäßig wiederkehrende Tätigkeiten meist mit Hilfe von Adverbien dargestellt werden, einmalige Aktivitäten dagegen mit Nominalgruppen oder zweiteiligen Tageszeit-Bezeichnungen.*

Analoge Aufträge eignen sich auch zur **Leistungsüberprüfung** *(vgl. S. 174 in diesem Band).*

S. 144

Zehntausende von Bauarbeitern – Grundzahlen und Ordnungszahlen

Es gibt keine Wortart „Zahlwort". Die Wörter, die einen Zahlenbegriff ausdrücken, verteilen sich auf Nomen, Adjektiv und Adverbien.

Sowohl bei den Grundzahlen (= Kardinalzahlen) als auch bei den Ordnungszahlen (= Ordinalzahlen) kommen die Wortarten Adjektiv (z. B. „vier"; „vierte"), Adverb (z. B. „viermal"; „viertens") oder Nomen (z. B. „ein Viertel"; „der Vierte") vor.

Eine grammatische Grauzone besteht bei den Wörtern „hundert" und „tausend": Es gibt Gebrauchsweisen, die sowohl für Nomen als auch für Adjektive typisch sind. Hier ist die Schreibung freigegeben.

1 / **2** *Vorschlag für ein Tafelbild:*

Grundzahlen = Kardinalzahlen			Ordinalzahlen
Nomen	Adjektiv	Adverb	Adjektiv
(ein) Drittel (zu) Zehntausenden (eine) Million	vier fünf eine zwanzigtausend dreißigtausend	zehnmal einmal	zweite dritte vierte
(ein) Dutzend (neun) Zehntel (ein halbes) Tausend (die ersten) Hundert	wir fünf bis drei zählen durch acht teilen		die ersten zehn Kinder

S. 145

Der Krüger-Nationalpark –
Namen und Herkunftsbezeichnungen

1 *a/b) Die Tabelle könnte so aussehen:*

Mehrteilige Eigennamen		Herkunftsbezeichnungen	
mit Bindestrich	mit Bestandteilen, die keine Nomen sind	Ableitungen auf -er	Ableitungen auf -isch
Krüger-Nationalpark Lebombo-Berge Krüger-Park	Afrikanischer Elefant Weißes Nashorn Schwarzes Nashorn Afrikanischer Büffel	Südafrikaner	südafrikanisch

Am Rande sei vermerkt, dass es auch die so genannten „Little Five" gibt; dazu werden gezählt:
- *Elefantenspitzmaus*
- *Nashornkäfer*
- *Ameisenlöwe*
- *Leopardenschildkröte*
- *Büffelweber*

Unter dem Aspekt der Rechtschreibung betrachtet, handelt es sich hierbei ausschließlich um zusammengesetzte Nomen.

2 *Die Schwierigkeit besteht darin, dass einige Namen Beispiele für beide Regelungen in sich vereinen, d. h. Muster für die Schreibung mit Bindestrich sind und gleichzeitig Bestandteile enthalten, die keine Nomen sind. Darum sind einige Bezeichnungen doppelt aufgeführt – als offizieller Name des Tiers gilt die vollständige Version.*

Vorschlag für ein Tafelbild:

Mehrteilige Eigennamen	
mit Bindestrich	**mit Bestandteilen, die keine Nomen sind**
(der Bambus-Halbmaki)	der Goldene Bambus-Halbmaki
die Ameisen-Schleichkatze	die Geometrische Landschildkröte
(die Riesen-Elenantilope)	die Westliche Riesen-Elenantilope
das Somali-Warzenschwein	der Schwarze Wasserbock
die Schwarzgesicht-Impala	der Spanische Kaiseradler
das Tschadsee-Flusspferd	
die Madagaskar-Tauchente	

Zusatzmaterial – Weitere Übungswörter:
- **Mehrteilige Eigennamen mit Bindestrich:** *die Diadem-Meerkatze, die Kleinflecken-Ginsterkatze, die Fleckenhals-Otter, die Schwarzfersen-Antilope, der Buckel-Delfin, die Bananen-Zwerg-Fledermaus.*
- **Mehrteilige Eigennamen mit Bestandteilen, die keine Nomen sind:** *der Gelbe Pavian, die Kleine Rote Wimper-Spitzmaus, die Große Rohrratte, die Rote Kuhantilope, der Große Tümmler, die Ägyptische Schlitznase.*

Zusammenleben von Mensch und Tier – Getrennt- und Zusammenschreibung

S. 147

Der gesamte Bereich der Getrennt- und Zusammenschreibung wurde auf der Berliner Rechtschreibkonferenz von 1901 ausgeklammert, weil man sich damals nicht einigen konnte. Entsprechend wildwüchsig entwickelten sich über die Jahrzehnte hinweg Einzelfallregelungen. Die Rechtschreibreform von 1996 versuchte hier, Klärung zu bringen. Aber auch in den verschiedenen Phasen der Reform blieben die Regeln für die Getrennt- und Zusammenschreibung, besonders im Zusammenhang mit Verben, die am heftigsten diskutierten Phänomene.

Das größte Problem für schulisches Lernen und die tägliche Schreibpraxis besteht in den zahlreichen Doppelschreibungen. Eine, gerade für Schülerinnen und Schüler, nur bedingt tragfähige Hilfe liegt in der Frage nach der Bedeutung der jeweiligen Einheit von benachbarten Wörtern im Text: Handelt es sich um Ausdrücke mit übertragener Bedeutung, ist meist Zusammenschreibung erforderlich.

Im Regelwerk zur Rechtschreibung wird unterschieden zwischen

- **Wortgruppen:** Die Bestandteile werden getrennt geschrieben, z. B. „klein geschrieben" (= in einer kleinen Schrift geschrieben), „auf den Berg steigen";
- **Zusammensetzungen:** Die Bestandteile werden zusammengeschrieben, z. B. „kleingeschrieben" (= mit kleinen Anfangsbuchstaben geschrieben), „bergsteigen".

Daher empfiehlt es sich, bei diesem Thema im Unterricht

- die wenigen eindeutigen Regeln hervorzuheben, um den Schülerinnen und Schülern wenigstens partiell Sicherheit zu geben;
- noch nachdrücklicher als sonst auf das Nachschlagen im Wörterbuch zu verweisen.

Das Unterkapitel beschäftigt sich zuerst mit eindeutigen Beispielen für Getrenntschreibung (vgl. S. 147 im Schülerband) und geht dann auf trennbare und untrennbare Verbindungen mit Verben ein.

S. 147

Tipps für das Verhalten im Busch

1 *Hier geht es um **Wortgruppen von Nomen und Verb**, bei denen die Getrenntschreibung unstrittig ist:*
- *Wenn man genügend **Abstand** von den Tieren **hält**, braucht man normalerweise keine **Angst zu haben,** dass sie den Menschen angreifen.*
- *Wenn Tiere in Dürrezeiten **Not leiden**, kann es sein, dass sie schneller aggressiv werden.*
- *Beim Hantieren mit Streichhölzern oder Feuerzeug muss man sehr vorsichtig sein, damit dürres Gras kein **Feuer fängt**.*
- *Wenn man beobachtet, dass ausgewachsene Tiere witternd **Posten stehen**, wollen sie meist ihre Jungen vor Gefahren schützen. Wer sich dann den Tieren weiter nähert, **trägt** selber **Schuld**, wenn er angegriffen wird.*

2 *Hier geht es um **Wortgruppen von Adjektiv und Verb**. Ausnahmslos gilt die Regel der Getrenntschreibung nur für die Verbindung von Adjektiven mit dem Verb „sein".*
- *Einer Löwin beim Spiel mit ihren Jungen zuzusehen, kann sehr spannend/unterhaltsam/amüsant/vergnüglich/aufregend sein. Allerdings sollte der Beobachter dabei stets ruhig/unbewegt/leise bleiben, weil die Löwenmutter dem menschlichen Störenfried sonst sehr gefährlich/böse wird.*

3 *Die Übung beschränkt sich auf eindeutige Beispiele von Getrenntschreibung – bereits hier ist Einzelfallprüfung angeraten.*
- *Tee trinken*
- *Maisfladen essen*
- *Verstecken spielen*
- *Auto fahren*
- *Fußball spielen*
- *Rad fahren*
- *Stelzen laufen*

S. 148

Elefantenbabys

4 – 6 *Die Übungen dienen einerseits der Verarbeitung der bis hierher vermittelten Sachinformationen und der integrierten Wiederholung von Grammatikkenntnissen, andererseits der Variation des Rechtschreibphänomens „Schreibung von Wortgruppen", bestehend aus Verb und Verb. Alle hier genannten Ausdrücke sind Beispiele für Getrenntschreibung.*

Allerdings können mit dem angebotenen Wortmaterial auch Zusammensetzungen gebildet werden, da die Wörter ebenso in übertragener Bedeutung verwendet werden können. Das gilt hier für: „kennenlernen" (Erfahrungen mit etw. oder jmdn. machen), „liegenbleiben" (nicht erledigt werden, nicht weiterfahren können), „links liegenlassen" (nicht beachten), „stehenbleiben" (unterbrochen worden sein), „verlorengegangen" (… an ihm ist ein Sänger verlorengegangen …).

Bei der Bearbeitung von Aufgabe 6 b) ist deshalb darauf zu achten, ob in den Formulierungen der Schülerinnen und Schüler Verbindungen von zwei Verben in übertragener Bedeutung auftauchen. Denn dann wäre Zusammenschreibung in den meisten Fällen möglich/sinnvoll, z. B.:
- *Es ist typisch für Elefanten, dass sie bei der Nahrungsaufnahme junge Bäume umstoßen und anschließend in der Landschaft **liegen lassen**.*
- ***Aber:** Ein Breitmaulnashorn wird einen reglos verharrenden Menschen links **liegenlassen**, weil es ihn gar nicht wahrnimmt.*

Die abschließend notierte Rechtschreibregel arbeitet daher mit der einschränkenden Formulierung: „Verbindungen von Verb und Verb werden in der Regel getrennt geschrieben."

Das Nilkrokodil

S. 149

8 *a/b)* *Der Auftrag, die Adjektive tabellarisch zu ordnen, dient dazu, typische Adjektiv-Endungen zu wiederholen und dabei das Augenmerk zu lenken*
- *auf die Kleinschreibung der Adjektive;*
- *auf die Getrenntschreibung der Wortgruppe aus Adjektiv und Verb.*

Vorschlag für ein Tafelbild:

Verbindungen von Adjektiv und Verb, geordnet nach der Endung des Adjektivs auf		
-ig	**-lich**	**-isch**
nachhaltig beeindrucken	heimlich anpirschen	sympathisch finden
wellenförmig bewegen	gefährlich werden	
vorsichtig anpirschen	plötzlich katapultieren	
zügig ziehen	gründlich verschließen	
sorgfältig auswählen		
abschüssig liegen		
mächtig anziehen		

Keine Adjektive, sondern Adverbien liegen vor bei: „praktischerweise liegen", „bereits freigelegt".

c) *Der Auftrag zur Umformulierung des Ausdrucks „ein Gehege freilegen" soll die Aufmerksamkeit der Schülerinnen und Schüler auf die Tatsache lenken, dass hier eine Verbindung von Adjektiv und Verb eine übertragene Bedeutung aufweist und „freilegen" deswegen zusammengeschrieben wird.*

9 *Die Beispielwörter für Zusammensetzungen von Präposition und Verb lauten im Infinitiv:*
- ***aus****lösen*
- ***an****pirschen*
- ***unter****tauchen*
- ***aus****wählen*
- ***um****fassen*
- ***an****ziehen*
- ***an****schließen*

Tierwanderungen im Wechsel der Jahreszeiten

S. 150

Im Zentrum dieses Abschnitts stehen untrennbare und trennbare Zusammensetzungen mit Verben. Der Text führt beide Verbvarianten nebeneinander ein. Probleme mit der Ähnlichkeitshemmung sind nicht zu befürchten, da das Wortmaterial zum Wortschatz der Schülerinnen und Schüler gehört. Sie können daher – zumindest mit Hilfe der Umformungsprobe – unterscheiden, welche Verben sich bei der Konjugation aufspalten und welche diese „Beweglichkeit" nicht aufweisen.

10 a) *Vorschlag für ein Tafelbild:*

Untrennbare Verben	Präsens	Präteritum
durchqueren	sie durchqueren	sie durchquerten
wiederholen	sie wiederholen	sie wiederholten
durchschwimmen	sie durchschwimmen	sie durchschwammen
schlussfolgern	sie schlussfolgern	sie schlussfolgerten
wetteifern	sie wetteifern	sie wetteiferten
vollenden	sie vollenden	sie vollendeten
untersuchen	...	...
durchwandern	...	...

Trennbare Verben	Präsens	Präteritum
zurücklegen	sie legen zurück	sie legten zurück
nachhelfen	sie helfen nach	sie halfen nach
zusammenhalten	sie halten zusammen	sie hielten zusammen
antreffen	sie treffen an	sie trafen an
nachweisen	sie weisen nach	sie wiesen nach
aufsuchen	...	...
zurückkehren	...	...

   b) *Bei den festen Zusammensetzungen bleibt die Reihenfolge der Wortbestandteile in allen Tempusstufen identisch, die trennbaren Zusammensetzungen verhalten sich stellungsmäßig fast wie Wortgruppen.*

11 *Die Übung konzentriert sich auf die untrennbaren Zusammensetzungen und lenkt die Aufmerksamkeit auf das Betonungssignal. Bewusstes lautes Sprechen ist hier also notwendiger Bestandteil des Lernprozesses.*
   Weitere Beispiele:
   – *für Zusammensetzungen von Adjektiv und Verb: „liebkosen", „vollbringen", „weissagen";*
   – *für Zusammensetzungen von Nomen und Verb: „brandmarken", „handhaben", „maßregeln", „schlafwandeln", „wehklagen";*
   – *für Zusammensetzungen von Partikel und Verb: „hintergehen", „umgarnen", „widerlegen".*
   Kontrastive Übungen („durchbréchen – dúrchbrechen") ergeben sich im Unterrichtsgespräch. Wenn man sie in Beispielsätze einbindet („Die Elefanten durchbrechen die Abzäunung" – aber nicht: „Die Elefanten brechen die Abzäunung durch"), können sie helfen, die untrennbaren von den trennbaren Zusammensetzungen zu unterscheiden.

12 *Die Übung enthält nur Beispiele für trennbare Zusammensetzungen, bestehend aus Partikel und Verb. Zwar handelt es sich hierbei um eine geschlossene Liste, aber diese ist so umfangreich, dass die Schreibungen besser über prototypische Muster vermittelt werden.*

Insgesamt spricht dieses Teilkapitel nur einige Fallgruppen der Getrennt- und Zusammenschreibung an. Es ist Aufgabe der folgenden Jahrgangsstufen, das Regelwissen in diesem komplexen und wenig transparenten Feld zu vertiefen und auszuweiten. Vor allem der Umgang mit der direkten bzw. der übertragenen Bedeutung von Wörtern mit ihren Auswirkungen auf die Wortschreibung setzt bei den Schülerinnen und Schüler gesteigertes Reflexionsvermögen voraus.

8.2 „Die Girafe" – Ein anderer Blick auf die Tiere, eine andere Rechtschreibung

S. 152

Alfred Edmund Brehm

Die Girafe (1865)

Brehms Darstellung der Giraffe wirkt auf heutige Leser ebenso befremdlich wie amüsant. Besonders die Jugendlichen, die mit technisch ausgefeilten Tierdokumentationen aus den entlegensten Winkeln der Erde aufgewachsen sind, dürften in einer ersten Reaktion auf den Text ihre Verwunderung äußern.

1 *a/b) Die Aufgabe fordert die Schülerinnen und Schüler auf, die Textstellen zu benennen, an denen die Distanz zum heutigen Kenntnisstand über die Girafe, aber auch zu moderner Ausdrucksweise und Schreibung erkennbar ist. Auf der Basis einer Textgliederung können die Aufgaben in der Lerngruppe arbeitsteilig gelöst werden.*

Vorschlag für ein Tafelbild:

Gliederungsvorschlag	
Z. 1–15	Die Giraffe – ein sonderbares Geschöpf
Z. 16–28	Das höchste und verhältnismäßig kürzeste aller Säugetiere
Z. 29–54	Merkwürdiger Körperbau, wie aus den Bestandteilen verschiedener Tierkörper zusammengesetzt
Z. 55–70	Eigentümliche Körperhaltung beim Herabneigen zum Boden
Z. 71–84	Der freundliche Charakter des Tieres

Inhaltlich sind für die Schülerinnen und Schüler auffällig:
- *die offenbar aus fehlender Anschauung resultierende Verwunderung über den extremen Körperbau der Giraffe;*
- *der Versuch, das Tier in der Beschreibung zu segmentieren und einzelne Körperteile durch den Vergleich mit ganz verschiedenen Tieren vorstellbar zu machen;*
- *die Mischung aus relativ exakten Angaben (Höhe, Gewicht) und unbeholfen wirkenden Urteilen über die (fehlende) Ansehnlichkeit der Giraffe;*
- *die divergierenden Aussagen über Bewegungsabläufe des Tieres – ein weiterer Beleg dafür, dass die Darstellung auf wenig gesicherter Kenntnis basiert;*
- *die ausgeprägt emotionale, fast vermenschlichende Einschätzung der charakterlichen Eigenschaften des Tieres.*

Zu Ausdrucksweise und Rechtschreibung vgl. die Anmerkungen zu dem Text über die Giraffe von 1915, S. 165 ff. in diesem Handbuch.

2 *Auch wenn der Text von Beginn an populärwissenschaftlich ausgerichtet war, so hat Brehm in seiner Tierbeschreibung doch maßvoll fachsprachliche Termini aus der Zoologie verwendet, z. B.: Wiederkäuer (Z. 1), die afrikanische Girafe (Camelopardalis Girafa) (Z. 16 f.), Knochenzapfen (Z. 24 f.), Schwanzwurzel (Z. 30), Färbung und Zeichnung des glatten Felles (Z. 39 f.), die vorderen Fußwurzelgelenke (Z. 59 f.), beide Vorderläufe (Z. 62).*

Alfred Edmund Brehm

S. 154

Die Giraffe (1915)

Die Textversion von 1865 ist ganz entscheidend geprägt vom Staunen über ein nur schwer vorstellbares Tier; daher resultieren die zahlreichen Versuche, die Gestalt dieses seltsamen Lebewesens durch den Vergleich mit bereits bekannten Tieren für die Anschauung greifbar werden zu lassen. Der Text von 1915, also 50 Jahre später verfasst, ist bereits erheblich sachlicher formuliert, er beruht weitgehend auf exakter(er) Beobachtung. Allerdings sind auch hier noch erklärende und kommentierend-wertende Einschübe zu finden, die nach modernem Verständnis nicht zur Beschreibung zoologischer Phänomene gehören. Das ist durchaus typisch für Brehms eher intuitive und zum Teil moralisierende Darstellung von Tieren.

4 *Der Fassungsvergleich kann etwa folgendermaßen angelegt werden:*

Die Giraffe 1865/1915

Gestalt	vergleichbare Inhalte	Unterschiede
Be-schrei-bung	kurzer, leibarmer Körper erreicht mit den Lippen den Boden, indem sie in eigenartiger Weise die Vorderbeine breit auseinanderstellt und in dieser gegrätschten Stellung den Kopf herunterbeugt die hohen Läufe und der lange Hals machen die Giraffe zu dem höchsten und verhältnismäßig kürzesten aller Säugetiere Entfernung von der Schnauzenspitze bis zur Schwanzwurzel beträgt 13 Fuß, das Gewicht 10 Centner	mit stark überhöhtem Widerrist **Entfällt:** Vergleich einzelner Körperteile mit anderen Tieren **Neu:** ... da ihre Nahrung hauptsächlich in Baumblättern und Zweigen besteht, die sie mit ihrer sehr langen, biegsamen Zunge wie mit einem Finger umfaßt, fest anzieht und dann mit den unteren Schneidezähnen abschneidet ... beträgt 4 m, das Gewicht etwa 500 kg
Erklä-rung		wie bei vielen Steppentieren... der Länge der Beine entsprechend musste auch der Hals verlängert werden, wollte das Tier überhaupt auch nur mit den Lippen die Erde erreichen können ...
Kom-mentar		Im allgemeinen hat sie es aber gar nicht nötig, diese unbequeme Stellung einzunehmen, ... **Entfällt:** Bewertung unter ästhetischen und charakterlichen Aspekten

5 *a/b) Bei dieser Aufgabe geht es darum, ein Bewusstsein dafür zu erzeugen, dass Sprache und Rechtschreibung sich in einem Wandlungsprozess befinden, in dem die Kategorien „richtig" und „falsch" immer nur innerhalb eines zu einem bestimmten historischen Zeitpunkt gegebenen Ordnungssystems anwendbar sind. Dieses gibt es für die Rechtschreibung im deutschen Sprachraum verbindlich erst seit der* von Konrad Duden entscheidend mitvorbereiteten und beeinflussten Orthografischen Konferenz von 1901, in deren Folge der Duden zum Leitmedium der deutschen Rechtschreibung wurde. Die jüngste Rechtschreibreform, die seit 1998 greift, ist – anders als die Konferenzergebnisse von 1901 – ein Resultat der politischen Absprache aller deutschsprachigen Länder und steht nach wie vor in der kritischen Diskussion einer interessierten Öffentlichkeit.

c) Die Übersicht könnte etwa so aussehen:

Rechtschreibung	1865	1915	heute
s-Laut	verhältnißmäßig	verhältnismäßig	verhältnismäßig
	Mißgestaltung		Missgestaltung
	muß	mußte	muss
	häßlich		hässlich
	daß		dass
		umfaßt	umfasst
Konsonanten-verdoppelung	Girafe	Giraffe	Giraffe
t im Silbenanlaut	Thier	Tier	Tier
	übermüthig		übermütig
	Bestandtheil		Bestandteil
	eigenthümlich		eigentümlich
	Vordertheil		Vorderteil
Groß-/Kleinschreibung	Niemand		niemand
	Etwas (aufnehmen)		etwas
	amsterdamer		Amsterdamer
		im allgemeinen	im Allgemeinen
andere Abweichungen	egyptisch		ägyptisch
	Centner		Zentner
	alles Uebrige		alles Übrige
	aus einander	auseinander	auseinander
	ueberall		überall
	Bot		Boot
	Brod		Brot

An der Tabelle kann man deutlich ablesen, dass z. B. in der Konferenz 1901 das Anlaut-th abgeschafft wurde und dass die ß-Schreibung nach kurzem Vokal erst 1998 in die Schreibung mit -ss- umgewandelt wurde.

d) *Folgende nicht mehr geläufige sprachliche Wendungen dürften den Schülerinnen und Schülern fremd erscheinen:*

- *Z. 3–5*   *gleichsam ... an die märchenhaften Gebilde längst vergangener Erdentage erinnern;*
- *Z. 10*   *waren sicherlich in ihrem Rechte;*
- *Z. 12f.*   *eines ihnen wieder entfremdeten Thieres;*
- *Z. 30f.*   *13 Fuß ... 10 Centner;*
- *Z. 31*   *der Leibesbau;*
- *Z. 59*   *zu diesem Ende;*
- *Z. 61f.*   *sie bewirkt die Erniedrigung ihres Vordertheils.*

Die Umformulierung birgt keine Verständnisschwierigkeiten, sie dient vielmehr einer kurzen stilistischen Übung.

8.3 Rechtschreibschwächen erkennen und Fehlerschwerpunkte bearbeiten

S. 155

Persönliche Fehlerschwerpunkte entdecken

1 *Des Rätsels Lösung: Die Freunde sind 21 Tage unterwegs. Jeder übernimmt den Rucksack von jedem einmal: 5 × 4 = 20. Dazu kommt der erste Tag, an dem Bert ihn getragen hatte, als noch keine Übereinkunft getroffen worden war. Bert trägt den Rucksack als Letzter, da er ihn als Erster abgegeben hatte.*

2 *Bei der Lösung der Aufgabe kann der Fehlerbogen auf S. 156 f. im Schülerband herangezogen werden. Die Arbeit mit dieser Berichtigungs-Checkliste kann einen wichtigen Beitrag zur zunehmend selbstständigen Bearbeitung von individuellen Fehlern leisten, denn sie leitet ihre Benutzer nicht nur dazu an, die Qualität der beobachteten Fehler zu diagnostizieren, sondern sie liefert auch jeweils Rechtschreiboperationen für konkrete Übungsschritte. Diese sind ihrerseits verallgemeinerbar, können also in ähnlichen Fällen analog angewendet werden.*
Darüber hinaus sind nach einer gewissen Übungsphase auch Eigen- und Fremdkorrekturen sowie binnendifferenzierte Berichtigungen realisierbar.

Der korrekte Text lautet:

Rucksackwanderung

*Fünf Freunde **unternahmen** eine längere **Wanderung**. Am **Abend** des ersten Wandertages stellte Anton fest, dass **vier** der Rucksäcke ungefähr gleiches Gewicht haben, **dass** aber Berts Rucksack, der die Fotoausrüstung enthält, **erheblich** schwerer ist. Charly meint dazu: „Morgen mache ich den Anfang und tausche meinen Rucksack mit Bert." – „Ganz klar", fügte Dieter hinzu, „jeder soll den Rucksack mit dem Fotozeug immer nur einen Tag lang **schleppen** und ihn dann an einen anderen abgeben. Und **keiner** soll ihn an denselben Freund **zweimal** weitergeben." Emil, der im **Kopfrechnen** am fixesten ist, **wusste** es ganz genau: „Es wird dann jeder von uns, wenn wir **heimgekommen** sind, den schweren Rucksack von jedem **anderen** einmal übernommen haben." Wie viele Tage sind die fünf Freunde unterwegs? Wer trägt als **Letzter** den schweren Rucksack?*

S. 157

Rechtschreibprüfung am PC

S. 157

Kaugummis – Nomensignale beachten

2 *Nominalisierungen und ihre Nomensignale im Text:*
- *das gleichförmige Kauen (Z. 2);*
- *das Schlimmste (Z. 3);*
- *das Kaugummikauen (Z. 4);*
- *etwas Nützliches (Z. 4 f.);*
- *beim Denken (Z. 5);*
- *während des Kauens (Z. 8);*
- *für das Erinnern (Z. 10).*

4 *Kleingeschriebene Adjektive mit Begleiter im Text:*
- *das **gleichförmige** Kauen*
- *die **heutigen** Kaugummis*
- *die **früheren** (Kaugummis)*
- *die **beliebtesten** (Aromastoffe)*
- *die **zuckerhaltigen** Kaugummis*
- *die **gleiche** Wirkung*
- *die **zuckerfreien** (Kaugummis)*

6 *a/b) Groß- und Kleinschreibung:*
- *Die **ersten** Kaugummis, von denen unsere **heutigen** abstammen, wurden aus Baumharzen hergestellt.*
- *Kaugummis in den Haaren sind **das Schlimmste**.*
- *Welches Kaugummi willst du, das **rote** oder das **gelbe**?*
- *Dominik hat zwar keine **bekannten**, aber gut **schmeckende** Kaugummis.*
- *Wrigley's ist nicht nur der **größte** Hersteller von Kaugummi, sondern auch der **bekannteste**.*

7 *a–c) Die Rechtschreibprüfung arbeitet in den Bereichen am zuverlässigsten, wo es um reine Stichwortüberprüfung aus dem Thesaurus geht. Allerdings gibt es immer wieder auch Begriffe, die das Korrekturprogramm des PCs nicht kennt.*
Am wenigsten kann man sich auf die Rechtschreibüberprüfung verlassen, wo es sich um satzabhängige Schreibungen handelt. Selbst wenn aktuelle Programme auch Grammatikprüfungen durchführen, sind sie doch der Varianz eines elaborierten Satzbaus nicht gewachsen.

Verwandte Wörter suchen

S. 159

Itadakimas, guten Appetit! – Ableitungsprobe

S. 159

2 *Vorschlag für ein Tafelbild:*

Verwandte Wörter mit			
ä	*a*	*ä*	*a*
Ausländer	Land	anfänglich	Anfang
vielfältig	Einfalt	erhält	erhalten
Getränke	Trank	mächtig	Macht
Glaskästen	Kasten	zusätzlich	Zusatz
auswählen	Wahl	aufwändig	Aufwand
gefällt	Gefallen	Fließbänder	Fließband
selbstverständlich	Verstand	ängstlich	Angst
Gäste	gastlich	Getränk	Trank
Essstäbchen	Stab		
äu	*au*	*äu*	*au*
äußerst	außen	angehäuft	Haufen
gesäuert	sauer	erläutern	Laut
häufig	Haufen	bräunlich	Braun

5 *Entscheidungen mit Hilfe der Testfrage mit „Ende":*
- **ent-:** *entschleiern, entschuldigen, entzückend, entspringen, Entschrottung, entwurzeln*
- **end-:** *Endhaltestelle, Endkampf, Endverbraucher, endlagern, Endphase, Endpunkt*

S. 161

Ein exquisites Highlight – Fremdwörter

Die Übungen bieten eine kurze Beschäftigung mit dem komplexen Thema „Fremdwörter", das in der nächsten Jahrgangsstufe ausführlicher behandelt wird. Der Text enthält zahlreiche, oft auch unnötige und gestelzt klingende Fremdwörter, die den Schülerinnen und Schülern geläufig sein dürften.

1 *In dieser Aufgabe, die Stilübung und Sprachreflexion in sich vereint, sollen die Schülerinnen und Schüler erproben, wie viele der vorhandenen Fremdwörter ersetzt werden können, und prüfen, ob man dadurch Verständlichkeit, Präzision, Flüssigkeit der Sprache gewinnt oder verliert. Die Diskussion wird sich aus den Unterschieden zwischen den Schülerarbeiten ergeben.*

2 – 5 *Hier wird eine erste Systematisierung von Fremdwörtern anhand typischer Präfixe und Suffixe geübt.*

2 *Vorschlag für ein Tafelbild:*

Fremdwörter mit den Suffixen				
-ion	**-ie**	**-age**	**-eur**	**-ment**
Television Intention	Industrie		Regisseur Akteur	Management

3 *Vorschlag für ein Tafelbild:*

Fremdwörter mit den Suffixen				
-ion	**-ie**	**-age**	**-eur**	**-ment**
Konstruktion		Montage Garage Reportage Sabotage Spionage Blamage	Monteur Charmeur Konstrukteur Malheur Saboteur Regisseur	

4 *Die richtigen Wörter sind:*
- Monotonie
- Intermezzo
- Uniform
- autonom
- international
- Export
- Monografie
- inhuman

5 *Vorschlag für ein Tafelbild:*

Verben	verwandte Nomen
instruieren	Instruktion, Instrukteur
studieren	Studium, Student, Studie, Studio
konzentrieren	Konzentration, Konzentrat
informieren	Information, Informant
diskutieren	Diskussion
installieren	Installation, Installateur
interpretieren	Interpretation, Interpret
konsumieren	Konsum, Konsument
fusionieren	Fusion

Diese Übung schärft den Blick dafür, dass die Wortbildung zwar oft vergleichbaren Mustern folgt, aber doch eine Variationsbreite aufweist, die schematisches Vorgehen verbietet.

6 *Die Aufgabe ist ähnlich angelegt wie Aufgabe 5. Hier geht es um das Einüben der von der genannten deutschen Rechtschreibregel abweichenden Schreibung.*

Zeichensetzung – Der Apostroph

S. 162

1 *Beim untauglichen Versuch, den s-Laut nach den Endbuchstaben -x, -s, -z zu sprechen, wird deutlich, warum die Auslassung des Lautes die bessere Lösung ist.*
Mögliche Umformulierungen:
– Die Clique war überrascht von der neuen Haarfarbe von Max.
– Der Vorschlag von Frau Schmitz wurde …
– Im Zimmer von Alice hängen …
– Der jüngste Roman von Günter Grass erregt wieder Aufsehen.

2 *Namen, die mit dem s-Laut enden, sind z. B.: Felicitas, Beatrix, Doris, Ines, Iris, Thomas, Markus, Felix, Andreas, Hans, Franz, Klaus, Niklas, Cornelius …*

3 *Namen mit englisch-amerikanischer Anmutung wirken auf einen Großteil der Kunden, vor allem auf Jugendliche, progressiv und modern. Dazu kommt, dass sich durch den engen Kontakt mit der englischen Sprache der so genannte „sächsische" Genitiv im deutschen Sprachgebrauch ausbreitet, z. B. „die Tasche des Frank" statt „Franks Tasche". Die in den Beispielen angeführten Wortbildungen zeugen dann von fehlender Sprachkenntnis bzw. von inkompetenter Übertragung der englischen Genitivregelung. Man kann an dieser Stelle fragen, inwieweit der normative Umgang mit Sprache oder freie Sprachnutzung bei der Bildung von Eigennamen das größere Recht beanspruchen darf.*
Grammatisch korrekte Schreibungen:
„Jörgs Backstube", „Museumscafé", „Carlos' Bar".
Nicht notwendig fehlerhaft ist dagegen „Mac Snack's".

Lernerfolgskontrolle/
Themen für Klassenarbeiten

Vorschlag 1:
Einen vorgegebenen Text bearbeiten/In einem funktionalen Zusammenhang
auf der Basis von Materialien sachlich berichten und beschreiben

Der Elefantenrüssel

Der Rüssel eines Elefanten ist ein verlängerter Fortsatz seiner Oberlippe und Nase. Er besteht AUS TAUSENDEN VON MUSKELN (1), dank derer er mit viel Feingefühl komplizierte Aufgaben erledigen kann. BEIM ERNTEN (2) an Sträuchern und Bäumen greift er sich in der Regel die Zweige an ihrer Basis mit dem Rüssel und bricht sie ab.

Der Rüssel dient aber auch DEM TRINKEN, DER BEGRÜSSUNG, LIEBKOSUNGEN, DEM DROHEN, DEM DUSCHEN MIT WASSER oder DEM BEBLASEN MIT STAUB (3) und zahlreichen Lautäußerungen, zu denen GRUMMELN, RÖHREN, QUIEKEN UND SCHNAUBEN (4) gehören. ZUM TRINKEN SAUGEN (5) Elefanten Wasser in den Rüssel und spritzen es sich in den Mund. SIE BESPRÜHEN (6) auch gern ihren Körper und die Ohren mit Wasser, UM SICH ABZUKÜHLEN (7). Unter Wasser dient der Rüssel als Schnorchel. Elefantenkälber müssen ERST LERNEN (8), ihren Rüssel zu benutzen, denn DIESES WISSEN (9) ist ihnen nicht angeboren.

[1] Schreibe die in Großbuchstaben gesetzten Ausdrücke in korrekter Schreibung in dein Heft.

[2] Bestimme bei Nominalisierungen das Nomensignal.

[3] Fasse in einer Beschreibung zusammen, was du über das Verhalten von Elefanten weißt.

Erwartungshorizont/Lösungshinweise:

1 / 2 *Korrekte Schreibung und ggf. Nomensignale:*
    (1) aus Tausenden von Muskeln – Präposition (auch: aus tausenden von Muskeln)
    (2) Beim Ernten – Präposition (mit Artikel)
    (3) dem Trinken, der Begrüßung, Liebkosungen, dem Drohen – best. Artikel
        dem Duschen mit Wasser oder dem Beblasen mit Staub – best. Artikel und nachgestelltes Attribut
    (4) Grummeln, Röhren, Quieken und Schnauben - der best. Artikel ist gedanklich zu ergänzen
    (5) zum Trinken saugen – Präposition (mit Artikel)
    (6) Sie besprühen
    (7) um sich abzukühlen
    (8) erst lernen
    (9) dieses Wissen – (Demonstrativ-)Pronomen

3 *Die Erwartungen an die Schülerleistungen hängen davon ab, welche Texte bis zum Zeitpunkt der Klassenarbeit ausgewertet worden sind. Insgesamt können die Schülerinnen und Schüler ihre Kenntnisse aus den Texten über die Drohgebärden der Elefanten (vgl. S. 139 im Schülerband) und die Verhaltensweisen von Elefantenbabys (S. 148 im Schülerband), ggfs. auch über die Wanderungsbewegungen von Elefanten (S. 150, Z. 36 ff. im Schülerband) einbringen.*

Vorschlag 2:
Einen vorgegebenen Text überarbeiten

Alfred Edmund Brehm

Der Leopard (1915)

Ungeachtet seiner nicht eben bedeutenden Größe ist der Leopard ein wahrhaft furchtbarer Feind aller Tiere und selbst des Menschen, obgleich er diesem so lange ausweicht, wie es
5 geht. In allen Leibesübungen Meister und listiger als andere Raubtiere, versteht er es, selbst das flüchtigste oder scheueste Wild zu berücken. Im Klettern steht er nur wenig anderen Katzen nach. Man trifft ihn fast ebensooft auf
10 Bäumen wie in einem Busche versteckt. Bei Verfolgung bäumt er regelmäßig. Wenn es sein muß, steht er nicht an, über ziemlich breite Ströme zu schwimmen. Erst bei seinen Bewegungen zeigt er sich in seiner vollen Schön-
15 heit. Jede einzelne ist so biegsam, so federnd, gewandt und behende, daß man an dem Tiere seine wahre Freude haben muß, so sehr man auch den Räuber hassen mag. Da kann man nichts gewahren, was irgendeine Anstren-
20 gung bekundet. Der Körper windet und dreht sich nach allen Richtungen hin, und der Fuß tritt so leise auf, als ob er den leichtesten Körper trüge. Jede Biegung ist zierlich, gerundet und weich: kurz, ein laufender oder schlei-
25 chender Leopard wird für jedermann zu einer wahren Augenweide.
Ebenso wie körperlich ist der Leopard auch geistig das vollendete Raubtier. Er ist verschlagen, wild, mordlustig und dabei nichts weni-
30 ger als feig. Er mordet alle Geschöpfe, die er

bewältigen kann, gleichviel, ob sie groß oder klein sind, ob sie sich wehren oder ihm ohne Abwehr zur Beute fallen. Antilopen, Schakale und Kleinvieh bilden wohl seine Hauptnah-
35 rung; aber er klettert auch den Affen auf den Bäumen, den Klippschliefern in dem Gefelse nach, bespringt Trappen und Perlhühner bis zu den kleinsten Vögeln herab und verschmäht sicherlich auch Lurche nicht. Alles Getier ist ihm recht; aber er verschlingt auch die fetten
40 Früchte der Ölpalme. Den Pavianen ist er beständig auf den Fersen und verhindert ein gefährliches Überhandnehmen dieser Tiere; das sieht man in jenen Höhen, wo er nicht hinkommt. Unter eingepferchten Herden soll er
45 gelegentlich ein wirkliches Blutbad anrichten und in einer Nacht ein Dutzend und mehr Schafe töten. Deshalb wird er von den Viehhaltern auch weit mehr gefürchtet als andere Räuber, die sich meist mit einer Beute begnügen.
50 Den Hühnern schleicht er ohne Unterlaß nach.
Mit der Kühnheit und Raublust verbindet der Leopard überdies die größte Frechheit. Dreist und unverschämt kommt er bis in das Dorf
55 oder bis in die Stadt, ja selbst bis in die bewohnten Hütten hinein.

(Aus: Brehms Tierleben. Hg. von Otto zu Strassen.
Bibliographisches Institut, Leipzig/Wien 1915, S. 85 f.)

1. *Formuliere den Text von 1915 um in eine Beschreibung, wie sie in einem aktuellen Sachbuch über Tiere stehen könnte.*

2. *Markiere im Text alle Abweichungen in der Rechtschreibung, und notiere die Wörter in der heute gültigen Schreibung im Heft.*

3. *Übertrage die unterstrichenen Formulierungen in modernes Deutsch.*

Erwartungshorizont/Lösungshinweise:

1 *In der Beschreibung sollte der Leopard mit folgenden Eigenschaften dargestellt werden:*
- *Raubtier, gefährlich für (fast) alle Tiere, die gleich groß oder kleiner sind; sogar für den Menschen, auch wenn er diesen nur in Bedrängnis angreift;*
- *hervorragender Kletterer, der sich häufig in Bäumen aufhält;*
- *elegant, geschmeidig in seinen Bewegungen, die unangestrengt wirken;*
- *beim Verfolgen von Beute nutzt er häufig Bäume zur Beobachtung und zur Deckung; der Leopard durchschwimmt sogar Flüsse, um einer Beute zu folgen;*
- *ernährt sich hauptsächlich von Antilopen, Schakalen und Kleintieren, aber auch von Affen, Klippschliefern, Trappen und Perlhühnern, sogar von Lurchen;*
- *jagt auch Paviane (allerdings nur Einzeltiere), verhindert dadurch deren übermäßige Vermehrung;*
- *tötet bei einem Überfall auf Viehherden auch mehrere Tiere;*
- *Leoparden reagieren unvorhersehbar und feindselig auf alle Störungen, besonders bei der Jagd.*

Der Text soll sachlich formuliert sein und sich damit von der fast moralisierenden Verurteilung des Jagdverhaltens der Leoparden im Original abheben; die Freude an der Geschmeidigkeit der Bewegungen kann dagegen durchaus erwähnt werden – sie bezieht sich auf genuine Eigenschaften des Tiers und unterstellt ihm keine Eigenschaften, die beim Menschen zu verurteilen wären.

2 *Es gibt nur relativ wenige Abweichungen in der Schreibung:*
- *behende – behände*
- *daß – dass*
- *muß – muss*
- *Unterlaß – Unterlass*
- *ebensooft – ebenso oft*

3 *Übertragung in modernes Deutsch:*
- *In allen Leibesübungen Meister: mit meisterhafter Beweglichkeit/Gelenkigkeit;*
- *steht er nicht an, über ziemlich breite Ströme zu schwimmen: schwimmt er ohne weiteres über ziemlich breite Ströme/scheut er sich nicht, über …*
- *da kann man nichts gewahren, was irgendeine Anstrengung bekundet: da ist nichts von Anstrengung zu sehen/das sieht alles unangestrengt aus/nichts zeugt von Anstrengung.*

Vorschlag 3:
In einem funktionalen Zusammenhang auf der Basis von Materialien sachlich berichten und beschreiben

Zum Thema **Schreibung von Tageszeiten** (vgl. den Abschnitt „Dösen am Nachmittag – Tageszeiten und Wochentage", S. 141 im Schülerband, vgl. S. 156 f. in diesem Band):

1 *Wie stellst du dir einen Ferientag eines Touristen auf Foto-Safari vor? Beschreibe den Tagesablauf.*

Erwartungshorizont/Lösungshinweise:

1 *Inhaltlich können die Schülerinnen und Schüler die bisher erworbenen Kenntnisse über das Verhalten der verschiedenen Wildtiere zu verschiedenen Tageszeiten nutzen und in die Lösung einbringen. Die Transferleistung besteht darin, die jeweiligen Aktivitäten des Wildes hier aus dem Blickwinkel der Menschen darzustellen. Dazu gehört, Aktionen der Touristen zu ergänzen, z. B. Aufstehen vor/bei Sonnenaufgang, nächtliches Beobachten u.Ä.*

Unter dem Aspekt der Anwendung gelernter Rechtschreibregeln ist besonders auf die Schreibung der Zeitangaben zu achten: Adverbien für sich wiederholende Tätigkeiten, Nomen bzw. Nominalisierungen für singuläre Tätigkeiten.

Literaturhinweise

Augst, Gerhard/Dehn, Mechthild: Rechtschreiben und Rechtschreibunterricht. Können – Lehren – Lernen. Stuttgart 1998

Bünting, Karl-Dieter/Ader, Dorothee: Rechtschreibung und Zeichensetzung. Chur 1991

Eichler, Wolfgang: Schreibenlernen – Schreiben – Rechtschreiben – Texte-Verfassen. Bochum 1992

Gallmann, Peter/Sitta, Horst: Handbuch Rechtschreiben. Zürich 1996

Naumann, Carl Ludwig: Rechtschreibwörter und Rechtschreibregelungen: Hilfen für die Erarbeitung eines lerngruppenbezogenen Grundwortschatzes, mit einem Erfahrungsbericht von Ingrid Niedersteberg. 3. Auflage Soest 1990

9 „Kleider machen Leute" – Eine Erzählung aus dem 19. Jahrhundert

Konzeption des Gesamtkapitels

Die Arbeit mit diesem Kapitel dient dem Ausbau der Lese- und Verstehenskompetenz im Umgang mit epischen Texten. Dabei wird der Kanon der tradierten epischen Kurzformen um die Gattung der längeren Erzählung bzw. Novelle erweitert. Aus inhaltlichen und formalen Gründen fiel die Wahl auf Gottfried Kellers „Kleider machen Leute": Das Thema der Geschichte hat an Aktualität nichts verloren; es spielt im Denken und Verhalten gerade der Schülerinnen und Schüler dieser Altersstufe eine wichtige Rolle. Von daher dürfte der Inhalt von Kellers Erzählung genügend Leseanreize und Ansatzpunkte zur Auseinandersetzung bieten. Hinzu kommt, dass den Schülerinnen und Schülern mit Wenzel und Nettchen zwei literarische Figuren bekannt gemacht werden, die in ihrem Identifikationsangebot nahezu unwiderstehlich sind.

Formal kommt den jugendlichen Leserinnen und Lesern eine übersichtliche, einsträngige, chronologisch fortschreitende Handlungsführung entgegen; auch sind die Figuren in ihrem Charakter, ihren Beziehungen zueinander und in ihrer Funktion für die Handlung klar zu erfassen. Dennoch ist mit einigen Lesewiderständen zu rechnen: Sprache und Erzählstil sind den Schülerinnen und Schülern fremd, die Handlung ist nicht gerade von spannungsgeladenen äußeren Aktionen erfüllt und sie ist von umfangreichen beschreibenden Partien durchsetzt, was von der Lektüre abschrecken könnte. Angesichts dieser Voraussetzungen mag die Not, dass der komplette Text der Novelle hier nicht abgedruckt werden kann, als Tugend erscheinen: Durch die Präsentation wichtiger Ausschnitte, deren Verständnis im Unterricht erarbeitet wird, werden die Schülerinnen und Schüler in die Erzählung eingeführt und mit ihr so weit vertraut gemacht, dass sie eine Vorstellung von Inhalt, Form und Intention der Kellerschen Novelle entwickeln.

Das erste Teilkapitel (**„Ein Schneider macht Eindruck – Handlungsabläufe und Figurenentwicklung"**) gilt der Untersuchung des Erzähleinstiegs; das Schwergewicht der Interpretation liegt dabei auf der Figurenbeschreibung, der Darstellung des Verhaltens der Figuren im Handlungsablauf und ihrer Entwicklung sowie auf der Aufzeichnung der Figurenkonstellation. Ins Blickfeld rücken darüber hinaus die ungewohnte sprachliche Form des Textes, Erzählform und Erzählperspektive.

Im zweiten Teilkapitel (**„Der Graf gerät ins Gerede – Inhalte zusammenfassen"**) wird eine wichtige Technik bei der Dokumentation jeder Verstehens- und Interpretationsarbeit eingeführt: die Inhaltsangabe. Damit übernimmt der Lernbereich „Schreiben" in diesem Teilkapitel die führende Rolle.

Das dritte Teilkapitel (**„Projekt: Kleider machen Leute"**) greift das Sprichwort auf, das Kellers Erzählung als Titel dient, und gibt Anregungen zu einer aktualisierenden Auseinandersetzung damit. Das Unterrichtsvorhaben kann hier um folgende Aufgabenschwerpunkte ergänzt werden: Einblicke in Kultur- und Sprachgeschichte gewinnen, Umfragen durchführen, eine Diskussion vorbereiten und führen, eine Modenschau organisieren.

Weiteres Übungsmaterial zu diesem Kapitel

Übungsmaterial im **„Deutschbuch Arbeitsheft 7"**
– Inhaltsangabe eines Erzähltextes: S. 80–85

Inhalte	Kompetenzen

S. 163	**9.1 Ein Schneider macht Eindruck – Handlungsabläufe und Figurenentwicklung**	Die Schülerinnen und Schüler können – den Zusammenhang von Kleidung und gesellschaftlicher Position erfassen; – zu einer Bildfigur eine Geschichte erzählen;
S. 164	**Ein Schneidergeselle auf Wanderschaft – Figuren beschreiben**	– Beobachtungen zu einer literarischen Figur geordnet und mit Textbelegen notieren; – eine gegliederte Figurenbeschreibung anfertigen;
S. 166	**Tischmanieren – Die Entwicklung von Figuren**	– das Verhalten der Figuren im szenischen Spiel reflektiert darstellen; – Reaktionsketten als treibende Kraft im Handlungsablauf aufzeigen; – die Entwicklung von Figuren erkennen; – Erzählerkommentare erkennen und erläutern;
S. 169	**Die Begegnung mit Nettchen – Figurenkonstellation**	– die Figurenkonstellation grafisch darstellen; – den Sprachgebrauch mit Hilfe von Wörterbüchern untersuchen und den Text in heutiges Deutsch umschreiben; – zwischen verschiedenen Erzählformen und Erzählperspektiven unterscheiden; – sich in einem Rollenspiel mit der Schuldfrage im Text auseinandersetzen.
S. 173	**9.2 Der Graf gerät ins Gerede – Inhalte zusammenfassen**	Die Schülerinnen und Schüler können – den Handlungsablauf in Handlungsschritte gliedern; – Merkmale und Bestandteile einer Inhaltsangabe beschreiben; – eine Inhaltsangabe verfassen; – wörtliche Rede in unterschiedlichen Formen wiedergeben und auf den Gebrauch des Konjunktivs achten; – das Ende der Erzählung differenziert reflektieren und sich mit ihren Lektüreerfahrungen auseinandersetzen.
S. 173	**Die Verlobung mit Nettchen – Eine Inhaltsangabe schrittweise erarbeiten**	
S. 176	**Die Entlarvung des Grafen Strapinski – Inhaltsangaben verfassen**	
S. 179	**9.3 Projekt: Kleider machen Leute**	Die Schülerinnen und Schüler können – ein Übersetzungs-Quiz erarbeiten; – anhand einer alten Kleiderordnung Momente des Sprach- und des Kulturwandels aufzeigen;
S. 179	**„Württembergische Kleiderordnung"**	
S. 180	**Umfrage: Bist du für oder gegen eine Schuluniform?**	– einen Fragenkatalog für eine Umfrage erstellen; – im Internet zum Thema recherchieren;
S. 181	**Für und Wider einer Kleiderordnung**	– eine Pro-und-contra-Diskussion zu Schuluniformen und Kleiderordnungen durchführen;
S. 182	**Modenschau**	– in einer Modenschau ihre Vorstellungen des Mottos „Kleider machen Leute" verdeutlichen.

9.1 Ein Schneider macht Eindruck – Handlungsabläufe und Figurenentwicklung

S. 163

Das einleitende Bild soll die Schülerinnen und Schüler dazu anregen, sich der Aussage bewusst zu werden, die in dem Sprichwort „Kleider machen Leute" steckt. Dabei wird die Aufmerksamkeit auf die Bedeutung des Sprichworts im 19. Jahrhundert gelenkt, als dessen Verbindlichkeit weit größer war als heute; so kann ohne Umwege ein Zugang zu Kellers Novelle geschaffen werden.

1 *Um Aussehen und Kleidung der Personen zu differenzieren, bietet es sich an, eine Diagonale von links unten nach rechts oben durch das Bild zu legen. Die beiden Paare oberhalb dieser Diagonale unterscheiden sich deutlich von den drei Einzelpersonen unterhalb. Das ganze Bild kann man sich als Ausschnitt aus einer Straßen- oder Marktszene vorstellen. Die beiden Paare oben im Bild erscheinen als flanierende Passanten, während die drei Personen unterhalb der Diagonale offensichtlich ihrem Gewerbe nachgehen: ein Schusterjunge, eine Fischhändlerin, ein Dienstbote für den Transport schwerer Waren. In der Kleidung beider Gruppen zeigen sich markante Unterschiede. Die Paare tragen reich ausgestattete, verzierte Kleidungsstücke aus farbenfrohen, kostspieligen Materialien. Das gesamte Erscheinungsbild ist auf Repräsentation ausgerichtet, verlangt von den Trägern eine gemessene und würdevolle Haltung, hemmt die Beweglichkeit und ist nicht zur Arbeit geeignet. Die drei anderen Personen tragen sehr einfache Kleidung, die von keinerlei Stil- oder Formwillen geprägt ist. Die Gewänder wirken grob, knittrig, aus einfachen Materialien gearbeitet, schmucklos und wenig farbenprächtig. Auf das äußere Erscheinungsbild wird hier kaum Wert gelegt. Es handelt sich um Alltagskleidung, die man (auch) zur Arbeit anzieht.*

2 *Das Paar im Vordergrund gehört zum Adel oder zum reichen Bürgertum. Beide Stände hatten sich in Fragen des Lebensstils und der Mode zu Beginn des 19. Jahrhunderts einander angenähert. Typisch für den vornehmen Herrn ist der mächtige Mantel mit breitem Kragen und Überwurf, der schwarze Ausgehrock über der gestärkten weißen Hemdbrust mit Stehkragen und Fliege. Den Kopf bedeckt der typische hohe Zylinder, wichtiges Accessoire ist der Spazierstock. Die betont elegante Straßenkleidung der Dame ist üppig plissiert. Auffallendstes Merkmal ist die Krinoline, der weite Reifrock unter dem fliederfarbenen Überwurf. Die Krinoline ermöglichte die verschwenderische Drapierung mit allerlei kostbaren Stoffen und Verzierungen. Sie diente dem spektakulären Auftreten, war aber für natürliche Bewegungen (z. B. schon für das Hinsetzen) äußerst hinderlich. Als Kopfbedeckung dient die mit Bändern geschmückte, breitrandige Haube; Hauptaccessoire sind die Spitzenhandschuhe.*
Das hintere Paar kann man als wohlhabende Bauersleute ansehen, die in der typischen Sonn- und Feiertagskleidung der Landbevölkerung daherkommen, der Tracht. Die Tracht ist im Gegensatz zur Garderobe der feinen Gesellschaft nicht der Mode unterworfen und ist daher konservativ. So trägt der Mann weiterhin Kniebundhosen, die nach 1800 ebenso aus der Mode gekommen waren wie der Zweispitz als Kopfbedeckung. Kennzeichnend für die Frauentracht sind die auf dem Brustlatz bunt bestickte Schürze, der hohe weiße Kragen und das Häubchen.
Die drei Personen unterhalb der Bilddiagonale sind auf Grund ihrer Kleidung den unteren Ständen zuzuordnen.
Dass Kleidung nicht nur Schutz vor unterschiedlicher Witterung bietet und auch nicht nur im Schamgefühl begründet ist, sondern weit darüber hinausgehende Funktionen und Bedeutungen hat, wissen die Schülerinnen und Schüler aus der täglichen Erfahrung bei der Auswahl ihrer „Klamotten". Diese Erfahrung kann hier bewusst gemacht und in einem größeren gesellschaftlichen und historischen Kontext reflektiert werden. Deutlich werden sollte, dass Kleidung eine Code ist, mit dem der Träger etwas über sich aussagt und der von seinen Mitmenschen als Botschaft aufgefasst und interpretiert wird. Wie jeder

Code unterliegt auch der Dress-Code bestimmten Regeln bzw. Konventionen, die zu den individuellen Selbstdarstellungswünschen in einem Spannungsverhältnis stehen. Je fester gefügt und normiert eine Gesellschaft oder Gesellschaftsschicht ist, desto weniger Freiräume hat das Individuum in seinem persönlichen Dress-Code. Anhand des Bildes können die Schülerinnen und Schüler erkennen, dass im 19. Jahrhundert Kleidung ganz stark die soziale (und am Beispiel der Tracht auch regionale) Zugehörigkeit demonstrierte. Man erkannte am äußeren Erscheinungsbild sofort, welchen Platz in der gesellschaftlichen Hierarchie eine Person hatte, und konnte das eigene Verhalten darauf abstimmen.

3 *Auf der Basis des Unterrichtsgesprächs über die Kleidung als Code und dessen gesellschaftliche Bedeutung lassen sich leicht Situationen konstruieren, auf die man das Sprichwort „Kleider machen Leute" anwenden kann und die zu allerlei lustigen Geschichten Anlass geben können.*

Ein Schneidergeselle auf Wanderschaft – Figuren beschreiben

S. 164

1 *Es empfiehlt sich, den Anfang der Erzählung, aber auch weitere Textauszüge vorzulesen. Das eigene Lesen des Textes aus dem 19. Jahrhundert ist für die Schülerinnen und Schüler zunächst mit Schwierigkeiten verbunden, und sie kommen nur mühsam in die Geschichte hinein, was ihnen durch einen lebendigen mündlichen Vortrag erleichtert wird. Außerdem üben sie sich im konzentrierten Zuhören und im Hörverstehen. Im anschließenden Klassengespräch können die ersten subjektiven Verstehensansätze vorgestellt und verglichen werden.*

2 *a) Vorschlag für ein Tafelbild:*

äußere Erscheinung	Lebensumstände	Eigenschaften und Verhalten
- schwarzer Sonntagsanzug (Z. 20 f.)	- Schneidergeselle auf Wanderschaft (Z. 2 ff.)	- will und kann nicht betteln (Z. 18–20; 45 f.)
- dunkelgrauer Radmantel mit schwarzem Samtfutter (Z. 22 f.)	- arm, hat nur einen Fingerhut in der Tasche (Z. 5 f.)	- Bedürfnis nach eleganter Erscheinung (Z. 29 f., 34–38)
- edles und romantisches Aussehen (Z. 24 f.)	- arbeitslos (Z. 11–15)	- hat keine betrügerischen Absichten (Z. 30 f.)
- lange schwarze Haare und Schnurrbärtchen sorgfältig gepflegt (Z. 26 f.)	- hungrig und ohne Aussicht auf ein Essen (Z. 15–18)	- will in Ruhe arbeiten (Z. 31–34)
- blasse, regelmäßige Gesichtszüge (Z. 27 f.)	- wandert bekümmert und geschwächt seines Weges (Z. 50 f.)	- arbeitet nur in größeren Städten (Z. 39 f.)
- polnische Pelzmütze (Z. 36)	- wirkt matt und kümmerlich (Z. 67)	- ist nicht redegewandt (Z. 46 f.)
- blass und schön (Z. 83 f.)		- ist dankbar und bescheiden (Z. 69 f.)
- wie ein geheimnisvoller Prinz oder Grafensohn (Z. 85 f.)		- erscheint schwermütig (Z. 84)
		- erscheint willenlos und wenig reaktionsschnell (Z. 90–98)

b/c) *Die Figurenbeschreibung könnte etwa so aussehen:*

(Einleitungssatz)   *Ein armer Schneidergeselle, dessen Name zunächst noch unbekannt bleibt, wandert auf der Suche nach Arbeit die Landstraße von Seld-wyla nach Goldach entlang.*

(äußeres Erscheinungsbild)   *Er trägt einen schwarzen Sonntagsanzug und darüber einen weiten, dunkelgrauen Radmantel, der mit schwarzem Samt gefüttert ist. Sei-nen Kopf bedeckt eine polnische Pelzmütze. Die gesamte Kleidung verleiht ihm ein edles und romantisches Aussehen und passt zu sei-nem blassen, regelmäßig geschnittenen, schönen Gesicht mit den sorgfältig gepflegten langen schwarzen Haaren und dem Schnurr-bärtchen. Sein Anblick lässt an einen Prinzen oder Grafensohn den-ken, und dafür halten ihn denn auch die Goldacher bei seiner Ankunft.*

(Lebensumstände)   *Weil das Geschäft seines Meisters Bankrott gemacht hat, ist er ar-beitslos geworden. Alles, was er in seiner Armut in den Taschen trägt, ist ein Fingerhut, den er beim Wandern zwischen den kalten Fingern dreht. Er ist hungrig und hat auch in der nächsten Zeit keine Aussicht auf ein Essen. Er macht einen matten und kümmerlichen Ein-druck, wie er so frierend und geschwächt seines Weges geht. Seine Lebensumstände könnten also insgesamt kaum schlechter sein, als ein mitleidiger Kutscher anhält und ihn in seinem Wagen mit nach Goldach nimmt.*

(Verhalten und Eigenschaften)   *Da er ein starkes Bedürfnis nach elegantem Aussehen hat und sich für nichts auf der Welt von seiner vornehmen Kleidung trennen will, kann er sich nicht mit Betteln durchschlagen. Er kann auch nur in großen Städten arbeiten, wo der Gegensatz zwischen seinem Er-scheinungsbild und seinen Lebensumständen nicht so auffällt. Er verfolgt jedenfalls mit seiner Einkleidung als vornehmer Herr keine betrügerischen Absichten, sondern möchte nur in Ruhe seinem Handwerk nachgehen. Dankbar und bescheiden nimmt er das Ange-bot des Kutschers, ihn mitzunehmen, an, und in Goldach wird er von der Situation vor dem Gasthaus völlig überrumpelt, da er nicht rede-gewandt, wenig willensstark und reaktionsschnell ist. Insgesamt kann man also sagen, dass er von seinem Charakter und seinen Ver-haltensweisen her ein ehrlicher, schüchterner und bescheidener Mensch ist.*

3   *Die Schülerinnen und Schüler werden den Begriff „Märtyrer" von seinem religiös-kirchlichen Verwen-dungszusammenhang her kennen. Der Erzähler nimmt hier in seinem Kommentar eine metaphorische Übertragung des Begriffs in einen alltäglichen Bereich vor, deren Bedeutung sich aus dem Kontext er-schließt: Der Held der Geschichte ist eher bereit zu hungern, als sich von seinem Mantel zu trennen, wie der Märtyrer eher sein Leben opfert, als seinem Glauben abzusagen. Die Aufwertung, die das Verhalten des Helden damit erfährt, wirkt so übertrieben, dass ein ironisch-komischer Effekt entsteht.*

4   *Die Aufgabe soll die Fantasie der Schülerinnen und Schüler anregen, sich Entwürfe für mögliche Ge-schichten auszudenken, die sich aus der Anlage der Figur und der Ausgangssituation entwickeln lassen. Kriterien für gelungene Entwürfe sind das Zusammenpassen mit den Textelementen der Einleitung (Charakter des Helden; seine Lebensumstände; der historische Rahmen, z. B. wandernder Handwerksge-selle, Kutsche, altertümliche Sprache; die Anlage eines Konflikts um Schein und Sein am Ende der Einlei-*

tung) und die Stimmigkeit in der Entwicklung der Handlung. Die Übung verlangt genaues, wiederholtes Lesen (verzögertes Lesen) der Einleitung, fördert dies aber auch für die anschließenden Textpassagen, da sie mit den eigenen Entwürfen verglichen werden.

Tischmanieren – Die Entwicklung von Figuren

S. 166

1 *Das Spiel dient der Überprüfung des Textverständnisses, das hier auf eine andere Art gezeigt werden muss als in der üblichen verbalen Textwiedergabe. Die Befindlichkeit des Schneiders bei seiner Ankunft, seine Verwirrung, seine Angst, seine schüchterne Zaghaftigkeit, müssen ebenso deutlich werden wie sein erstes Sich-Einlassen auf die ihm zugewiesene Rolle (Verweilen auf der Toilette) und sein Entschluss am Ende der Szene, die Situation auszunutzen. Neben der handlungsorientierten Erarbeitung des Textverstehens schärft die Aufgabe die Aufmerksamkeit für nonverbale, analoge Kommunikationselemente.*

2 *a) Die Übersicht könnte so aussehen:*

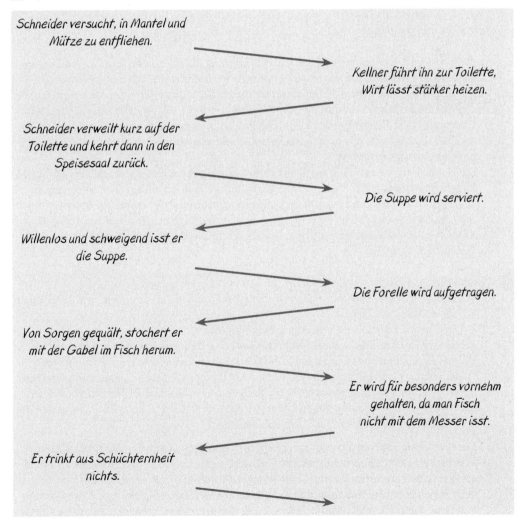

Schneider versucht, in Mantel und Mütze zu entfliehen.

Kellner führt ihn zur Toilette, Wirt lässt stärker heizen.

Schneider verweilt kurz auf der Toilette und kehrt dann in den Speisesaal zurück.

Die Suppe wird serviert.

Willenlos und schweigend isst er die Suppe.

Die Forelle wird aufgetragen.

Von Sorgen gequält, stochert er mit der Gabel im Fisch herum.

Er wird für besonders vornehm gehalten, da man Fisch nicht mit dem Messer isst.

Er trinkt aus Schüchternheit nichts.

181

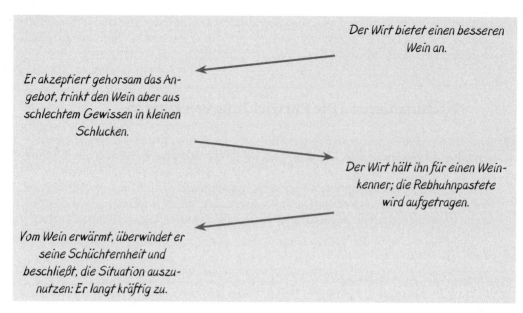

Der Wirt bietet einen besseren Wein an.

Er akzeptiert gehorsam das Angebot, trinkt den Wein aber aus schlechtem Gewissen in kleinen Schlucken.

Der Wirt hält ihn für einen Weinkenner; die Rebhuhnpastete wird aufgetragen.

Vom Wein erwärmt, überwindet er seine Schüchternheit und beschließt, die Situation auszunutzen: Er langt kräftig zu.

b) Das Verhalten des Schneiders wird von Schüchternheit und Ängstlichkeit bestimmt. Er reagiert nur auf das, was die anderen von ihm erwarten, tut das aber zaghaft, weil er dabei ein schlechtes Gewissen hat. Er ergreift nur einmal die Initiative, indem er aus der Situation zu fliehen versucht, fügt sich dann aber in das Missverständnis, das sein Verhalten hervorruft, und verstärkt sogar den falschen Eindruck. Er klärt die Situation und das falsche Bild, das sich die anderen von ihm machen, nicht auf. Am Ende beschließt er, die Situation auszunutzen, um die unvermeidliche Strafe nicht ganz ohne eigenen Vorteil erleiden zu müssen.

Das Gasthofpersonal macht sich auf Grund der Kleidung des Schneiders und dessen Ankunft in einer Kutsche ein bestimmtes Bild von der Person: Man glaubt, er sei ein vornehmer Herr, ein Prinz oder Grafensohn. Alle Verhaltensweisen des Schneiders interpretieren der Wirt und seine Leute von diesem Bild her, und sie sehen in allem eine Bestätigung dieses Bildes. Es zeigt sich der typische Ablauf bei der Bildung und Verfestigung eines Vorurteils. Beide Seiten tragen also mit ihrem Verhalten zu der Misslichkeit der Situation bei.

3 a) Erzählerkommentare:
– „Doch verwickelte er sich jetzt in die erste selbsttätige Lüge ... und er betrat hiemit den abschüssigen Weg des Bösen" (Z. 29 ff.);
– „Da beging der Schneider den zweiten selbsttätigen Fehler ...". (Z. 85 f.).
In beiden Fällen täuscht der Schneider etwas vor und bestärkt daher die anderen in ihrem falschen Bild von der Situation und seiner Person. Sein Verhalten unterscheidet sich hier von dem Herumstochern mit der Gabel im Fisch oder dem Weintrinken in kleinen Schlucken, wobei er unbewusst und ohne Absicht das Vorurteil der anderen bestätigt. Die in den beiden angeführten Beispielen erkennbaren ersten bewussten Beiträge des Helden zu dem falschen Bild, das im Entstehen ist, bezeichnet der Erzähler als „selbsttätige Lüge" bzw. „selbsttätigen Fehler".

b) Das Urteil des Erzählers mag moralisch gerechtfertigt erscheinen, wirkt aber sehr streng. Gewiss kann man ein Verhalten, das einen falschen Eindruck erweckt, wie das Verweilen auf der Toilette oder das Ja auf eine Frage, die ehrlicherweise verneint werden müsste, als Lügen bezeichnen, aber hier sind in der moralischen Verurteilung doch die mildernden Umstände zu berücksichtigen. Wichtig ist die Frage nach dem Motiv des Verhaltens: Der Schneider wird in seinem Verhalten von keiner geplant be-

trügerischen Absicht geleitet, sondern ist Opfer seiner Ängstlichkeit und Schüchternheit in einer ihm fremden Umgebung und Situation. Hinzu kommt, dass das Gasthofpersonal ihn massiv in eine Rolle drängt und ihm ein bestimmtes Verhalten geradezu abfordert. An dieser Stelle vom „abschüssigen Weg des Bösen" zu sprechen, wie der Erzähler es tut, kann der Leser denn doch für überzogen halten, zumal er sich mit dem liebenswürdigen Helden, der von der Situation überrumpelt wird, leicht identifizieren kann.

4 Vorschlag für ein Tafelbild:

> **Ergänzungen zu den Verhaltensweisen und Eigenschaften des Schneiders:**
> - er ist ehrlich, aber ängstlich und schüchtern (klärt die Situation nicht auf, sondern sucht aus ihr zu flüchten, Z. 1–10)
> - er wünscht sich trotz des schlechten Wetters auf die Landstraße zurück (Z. 25 ff.)
> - er verstrickt sich aus Ängstlichkeit und Hilflosigkeit in Unwahrheiten (Z. 29 ff.; Z. 85 ff.)
> - er lässt sich von dem Duft der Speisen verführen, isst und trinkt aber mit schlechtem Gewissen (Z. 47 ff.; Z. 91 ff.)
> - er überwindet seine Schüchternheit und isst sich mit dem Mut der Verzweiflung satt (Z. 111 ff.)

Der dritte und der letzte Spiegelstrich des Tafelbildes zeigen, dass die Figur gegenüber dem Anfang der Erzählung eine Entwicklung durchmacht.

Die Begegnung mit Nettchen – Figurenkonstellation

S. 169

1 Vorschlag für ein Tafelbild:

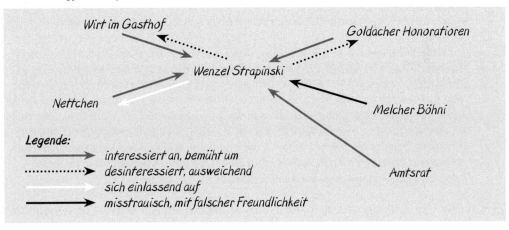

Mit dem Auftreten Nettchens gibt es plötzlich eine Person, für die sich Wenzel interessiert. Bisher hatten alle anderen Personen nur Interesse an ihm, während er selbst sich allenfalls auf dieses Interesse einließ; eigentlich möchte er sich dem so schnell wie möglich entziehen. Das ändert sich grundlegend mit dem Erscheinen Nettchens. Die Folge davon ist, dass Wenzel jetzt beginnt, die ihm zugedachte Rolle aktiv zu spielen. Er spricht „gesuchter ... und mischte allerhand polnische Brocken in die Rede" (Z. 65 ff.). Von hier an erscheint der Erzählerkommentar aus dem zweiten Textauszug vom „abschüssigen Weg des Bösen" angebracht.

3 a/b) Bei der Auswertung der Aufgabe ist darauf zu achten, dass man unterscheiden muss zwischen
   – Wörtern und Wendungen, die auf Grund des Sprachwandels ungebräuchlich geworden sind,
   – und sprachlichen Bildern, die auf Kellers individuellen, poetischen Sprachgebrauch zurückzuführen sind (die den Schülerinnen und Schülern natürlich auch ungebräuchlich erscheinen).
   So ist das Wort „Frauenzimmer" im letzten Satz (Z. 68) ein auf Grund des Sprachwandels ungebräuchlich gewordener Begriff, während der gesamte Ausdruck „das Schneiderblütchen fing in der Nähe des Frauenzimmers an, seine Sprünge zu machen und seinen Reiter davonzutragen" (Z. 67–70) eine originelle Metapher des Erzählers ist.

4 a) Die Übung dient dazu, das Gespür der Schülerinnen und Schüler für unterschiedlichen Sprachgebrauch und für Ausdrucksnuancen zu sensibilisieren, denn es sind ganz verschiedene Adaptionen des Originaltextes zu erwarten, von umgangssprachlich bzw. jugendsprachlich geprägten Fassungen über solche, die sich an der heutigen Standardsprache orientieren, bis hin zu Varianten, die nur eine leichte Glättung des alten Textes vornehmen. Beim Vergleich der Schülerarbeiten geht es nicht um Bewertungen, sondern um ein Herausarbeiten der Unterschiede im oben angeführten Sinn.

   b) Das Gespräch über den Vergleich mit der Originalfassung könnte dazu dienen, sich der Kriterien zur Bewertung von Erzähltexten bewusst zu werden und unter Schülern gängige Kriterien wie das einer leicht eingängigen Verständlichkeit zu überprüfen.

5 a) Hier wird aus der Perspektive einer distanzierten, über dem Geschehen stehenden und es kommentierenden Person erzählt, nämlich aus der des auktorialen Erzählers.

   b) Weitere Textstellen, die aus der Perspektive des allwissenden auktorialen Erzählers geschildert sind:
   – „... der Abendschein und das Säuseln der Bäume über ihm erhöhte den Eindruck, sodass die Gesellschaft ihn von ferne mit Aufmerksamkeit und Wohlwollen betrachtete". (Z. 20 ff.)
   – „Doch schadete ihm seine Blödigkeit und übergroße Ehrerbietung nichts bei der Dame; im Gegenteil ..." (Z. 45–55)
   – „... wie es die Art behaglicher Kleinstädterinnen ist, die sich den Fremden zeigen wollen." (Z. 59 f.)

6 a/b) Die grundlegenden erzähltechnischen Begriffe des auktorialen und personalen Erzählverhaltens können auf der Basis der Erfahrungen aus dem eigenen Schreiben verständlich gemacht werden. Es muss deutlich werden, dass mit dem Wechsel zum personalen Erzählen in der Ich-Form eine größere Nähe zum Geschehen verbunden ist sowie eine verstärkte Wiedergabe der Gedanken und Gefühle der gewählten Perspektivfigur (Innensicht), deren Verhalten nun nicht mehr von außen kommentiert und bewertet wird (wie im Original). Folge des Perspektivwechsels ist es auch, dass im Unterschied zum auktorialen Erzähler des Originals der personale Erzähler nicht beliebig in die Köpfe und Herzen aller Figuren schauen kann. Wird zum Beispiel die Perspektive Wenzels gewählt, kann die Passage Z. 45–55 aus dem Original nicht übernommen werden.

7 Es geht in der vorgeschlagenen Gerichtsverhandlung darum, sich mit der Schuldfrage argumentativ unter Rückgriff auf die bisher gelesenen Textauszüge auseinanderzusetzen. Ziel des Unterfangens ist damit, das im Unterricht erarbeitete Textverständnis handlungsorientiert zu überdenken und zu differenzieren, mithin eine Art Zwischenbilanz im Interpretationsprozess zu ziehen. Genauere Kenntnisse auf juristischem Gebiet, etwa in der Strafprozessordnung, bedarf es dazu nicht. Allerdings müssen gewisse Rahmenvorgaben für den Ablauf der Verhandlung gegeben werden, wie es in der Arbeitsanregung im Schülerband vorgeschlagen wird.
   Wichtig für die oben beschriebene Funktion des Vorhabens ist eine sorgfältige Vorbereitung der Verhandlung, bei der (am besten in Kleingruppen) die Textauszüge und Zwischenzusammenfassungen gründlich

durchgearbeitet werden, um die Plädoyers sowie die Aussagen des Angeklagten und der Zeugen auf eine solide Materialbasis zu stützen. Die Ergebnisse dieser Vorbereitungsarbeit sollten schriftlich fixiert und mit genauen Textbelegen abgesichert werden. Richter, Schöffen und Gerichtsdiener, die sich inhaltlich nicht in dieser Weise auf die Verhandlung vorbereiten können, müssen sich den anderen Arbeitsgruppen zuordnen. Sinnvoll ist es, die Anklageschrift sowie die Plädoyers des Staatsanwalts und des Verteidigers schriftlich abfassen zu lassen. Folgende Aspekte sollten dabei berücksichtigt werden:

Darstellung des Geschehens aus der Sicht des Staatsanwalts:

- Wenzels Ausnutzen der Situation, die er nicht aufklärt, und seine Irreführung der Goldacher (Verweilen auf der Toilette, Bestellen des teureren Weins, Annahme der Einladung zum Besuch des Amtsrats, polnische Brocken in seiner Redeweise);
- Akzeptieren und damit Verwenden des falschen Grafentitels;
- Motive: Sorgen für das eigene Wohl auf Kosten anderer, die er durch seine Täuschungen schädigt;
- → Antrag auf Schuldspruch wegen Betrugs bzw. Hochstapelei.

Darstellung des Geschehens aus der Sicht des Verteidigers:

- Wenzels Überrumpelung durch das Gasthofpersonal bei seiner Ankunft in Goldach;
- Aufdrängen der Grafenrolle;
- Lüge des Kutschers;
- Wenzels elende Lage;
- der verständliche Versuch, auf Nettchen Eindruck zu machen (Motiv der Liebe);
- → Antrag, auf Grund der mildernden Umstände zu einer sehr geringen Strafe zu greifen und diese zur Bewährung auszusetzen.

Bei der Verhandlung sollten die Schülerinnen und Schüler, die keine Rollen übernehmen, Beobachtungsaufgaben erhalten. Sie könnten zum Beispiel Gerichtsreporter sein, die über den Prozess berichten und das Verhalten aller Beteiligten kommentieren.

Erscheint das ganze Unternehmen zu zeitaufwändig, kann es reduziert werden, indem zum Beispiel nur Anklage- und Verteidigungsplädoyers verfasst, aber keine Zeugenvernehmungen durchgeführt werden. Entscheidend ist, dass bei der Schuldfrage nicht nur Wenzels Situation in den Blick genommen wird, sondern auch das Verhalten und die Mentalität der Goldacher Gesellschaft.

9.2 Der Graf gerät ins Gerede – Inhalte zusammenfassen

S. 173

Die Verlobung mit Nettchen – Eine Inhaltsangabe schrittweise erarbeiten

1 *Vorschlag für ein Tafelbild:*

> **Handlungsschritte:**
> - das Gerede über Wenzel und Nettchen
> - Einlösung eines Schecks (Lotteriegewinn) durch Wenzel
> - Verstärkung seines Ansehens als Graf
> - Besuch eines Balls und Ankündigung seiner Abreise
> - Nettchens Reaktion: Missachtung Wenzels
> - Wenzels Spaziergang im Garten und seine innere Zerrissenheit
> - Nettchens Erscheinen im Garten unter einem Vorwand
> - Umarmung unter Tränen
> - Nettchens Geständnis gegenüber ihrem Vater und Wenzels Heiratsantrag
> - unwilliges Einverständnis des Vaters unter Hinweis auf den Konkurrenten Melchior Böhni
> - Beschluss einer raschen Verlobungsfeier

2 a) *Vergleich der drei Inhaltsangaben:*
  - *Nur in der sehr knappen Inhaltsangabe von Tobias werden nicht alle Handlungsschritte erfasst. Hier wird nicht erwähnt, welche Folge Wenzels Einlösen des Schecks hat, nämlich die Verstärkung seines Ansehens als Graf bei den Goldachern.*
  - *Jennys Inhaltsangabe ist andererseits zu detailliert und bleibt daher zu nahe an einer Nacherzählung.*
  - *Lediglich Carinas Inhaltsangabe enthält alle Handlungsschritte und gibt dabei den Handlungsverlauf insgesamt kurz und verständlich wieder.*

  b) *Beachtung bzw. Missachtung weiterer wichtiger Kriterien für die Inhaltsangabe:*
  - *Nur Carinas Inhaltsangabe beginnt mit einem den Leser orientierenden Einleitungssatz.*
  - *Jennys und Tobias' Inhaltsangabe übernehmen das Präteritum des Erzähltextes und verwenden nicht das Präsens. Den Schülerinnen und Schülern sollte hier der Unterschied zwischen dem Erzählen oder Nacherzählen einer Geschichte und dem Zusammenfassen des Inhalts einer Geschichte zu Informationszwecken deutlich gemacht werden.*
  - *Jennys Inhaltsangabe genügt dem dritten Kriterium („Zusammenfassung des Handlungsverlaufs mit eigenen Worten") nicht. Sie bleibt zu nah am Text, arbeitet mit vielen wörtlichen Übernahmen.*

3 *Da Carinas Text weitgehend der unter Aufgabe 2) angeregten Überprüfung standhält, werden die Schülerinnen und Schüler vermutlich ihren Einstieg in die Inhaltsangabe übernehmen. Allerdings könnte er in Anlehnung an Tobias' Versuch noch gestrafft werden:*

Der vorliegende Auszug aus Gottfried Kellers Erzählung „Kleider machen Leute" handelt von Wenzels und Nettchens Verlobung.
In Goldach kommen Wenzel und Nettchen bald als ein Paar ins Gerede. Wenzel löst auf einer Bank einen größeren Scheck ein und verstärkt damit bei den Goldachern sein Ansehen als Graf.

Allerdings stammt der Scheck aus einem Lotteriegewinn. Bald darauf kündigt Wenzel auf einem Ball eine Geschäftsreise an. ...

Die Fortsetzungen der Inhaltsangabe durch die Schülerinnen und Schüler werden daraufhin überprüft, ob alle Handlungsschritte angemessen verarbeitet und ob die in Aufgabe 2 eingeführten Kriterien beachtet worden sind.

Eine Schwierigkeit wird sich für die Schülerinnen und Schüler bei der Zusammenfassung des Endes des Textauszugs ergeben: Wie kann die Rede von Nettchens Vater, die ein wichtiger Bestandteil des Inhalts ist, wiedergegeben werden? An dieser Stelle muss ein besonderes Problem bei der Abfassung von Inhaltsangaben fokussiert werden: die Möglichkeiten, Figurenrede wiederzugeben.

4 a) Tobias kennzeichnet das Redeverhalten der Figur („geht dabei auf ... ein"; „zeigt sich erfreut über ...") und benennt dann den Redeinhalt in Form eines präpositionalen Objekts bzw. eines dass-Satzes. An einer Stelle zitiert er auch ein Wort des Textes („Gans"). Solche Übernahmen des Textwortlauts in Form ganz kurzer Zitate sind in einer Inhaltsangabe möglich.
Carina kennzeichnet ebenfalls das Redeverhalten der Figur („beklagt", „betont"), gibt dann aber den Redeinhalt in Form der indirekten Rede in einem Nebensatz (Inhaltssatz) wieder („dass seine Tochter ..."; „er sei jetzt wirklich froh ...").

b) Carina verwendet hier korrekterweise den Konjunktiv I („abgewiesen habe", „sei", „nehme"). An dieser Stelle wird ein Exkurs zu Funktion und Bildung des Konjunktivs nötig sein; das kann mit Hilfe des Merkwissens in Kapitel 4.1 (S. 69–70 im Schülerband) geschehen. Dabei sollte deutlich gemacht werden, dass in Inhaltssätzen, die mit der Konjunktion „dass" eingeleitet werden, durchaus auch der Indikativ benutzt werden darf. Carinas erster Nebensatz könnte also auch lauten: „dass seine Tochter ... alle Kandidaten aus der Stadt abgewiesen hat".

5 Die Lösungen der Schülerinnen und Schüler bieten weiteres Material, die Wiedergabe von Figurenreden in der Inhaltsangabe zu überarbeiten und einzuüben.

Die Entlarvung des Grafen Strapinski – Inhaltsangaben verfassen

S. 176

1 a) Vorschlag für ein Tafelbild:

Handlungsschritte:
- Abmarsch der Seldwyler nach der Entlarvung Wenzels mit einem teuflischen Lachchor
- Böhnis Erklärung der Vorgänge unter den Goldachern
- Zurückbleiben des versteinert dasitzenden Paars allein im Saal
- Wenzels gespenstisches Verlassen des Saals durch den Tumult der Goldacher und Seldwyler
- Wanderung auf der winterlichen Landstraße nach Seldwyla ohne Pelzmütze und Handschuhe
- Gefühle von Schande, Selbsthass und -verachtung, aber auch des Selbstmitleids und der Trauer über sein ungerechtes Schicksal

b) Beispiel für eine Inhaltsangabe:

In diesem Textabschnitt aus Gottfried Kellers Erzählung „Kleider machen Leute" geht es um Wenzels Reaktion auf seine Entlarvung durch seinen alten Schneidermeister aus Seldwyla während seiner Verlobungsfeier.

*Nach dieser Entlarvung versammeln sich zunächst alle Seldwyler um den entgeistert dasit-
zenden Wenzel und schütteln ihm die Hand. Dann ziehen sie mit einem teuflischen Lachchor
ab, während Böhni den verdutzten Goldachern die ganze Geschichte eifrig erklärt. Das
Brautpaar bleibt, wie versteinert auf seinen Stühlen sitzend, im Saal zurück, während die
Goldacher in einem Tumult aufbrechen. Durch diesen Tumult hindurch wandelt Wenzel schließlich wie ein Toter ohne seine Pelzmütze und seine Handschuhe in die eiskalte Winternacht hinaus auf die Landstraße nach Seldwyla, auf der vor Monaten seine Geschichte begonnen hat.
Seine Benommenheit löst sich langsam und weicht einem Gefühl von Schande, Selbsthass
und Selbstverachtung. Er empfindet sein Unglück aber auch als eine Art Unrecht, da er von
Kindheit an nie ein Lügner und Betrüger war.*

3   *Der Hauptteil der Erzählung dreht sich um die Etablierung Wenzels in Goldach. Diese gelingt ihm dank
der Geschenke der Goldacher Honoratioren, die ihn mit allem Lebensnotwendigen ausstatten, und mit
Hilfe der Lotteriegewinne, deren Grundlage der Spielgewinn im Hause des Amtsrats ist. Dass er sich nun
ganz bewusst und gezielt bemüht, dem Bild zu entsprechen, welches sich die Goldacher Gesellschaft von
ihm macht, muss (z. B. für die Anklagevertretung bei der Gerichtsverhandlung, vgl. Aufgabe 7, S. 172 im
Schülerband) als Bestätigung und Beleg für seine Schuld erscheinen.*
*Demgegenüber kann man zu seinen Gunsten (im Sinne der „Verteidigung") auf weitere mildernde Um-
stände verweisen: Da ist zum einen Wenzels Beschluss, den er auf dem Ball auch kundtut, unter dem
Vorwand einer Geschäftsreise Goldach zu verlassen. Dabei plant er, von irgendeiner Stadt aus seine
Schulden zu bezahlen und den Goldachern mitzuteilen, dass besondere Umstände seine Rückkehr verhin-
derten. Zum anderen könnte man auf Wenzels durchaus ehrenwertes Motiv verweisen, nämlich die er-
wachende Liebe zu Nettchen, und die Skrupel, die er gerade Nettchens wegen empfindet („Wie konnte er
diesem Wesen nun eine solche Entwicklung bereiten?", S. 173 im Schülerband, Z. 7–8). Dass er dann Goldach doch nicht verlässt, liegt ganz an der Initiative Nettchens, die Wenzel schluchzend um den Hals fällt,
ihm damit ihre Liebe und ihre Verzweiflung über seine Abreisepläne gestehend. Es ist nur allzu verständlich, dass er darüber den Kopf verliert (vgl. S. 174, Z. 65/66) und nun sein Glück mit dem Heiratsantrag
und der Verlobung festhalten will. Für Wenzel spricht zuletzt auch sein Verhalten nach der Entlarvung,
der bitteren Strafe auf dem Höhepunkt seines Glücks. Er empfindet tiefe Scham und Reue, sein Gang hinaus in die kalte Winternacht kommt fast einem Selbstmordversuch gleich. So hatte sich Wenzel ohnehin
sein Ende vorgestellt, wie er in einem späteren Gespräch Nettchen gesteht, nachdem sie ihn gerettet hat:*

„Ja, jetzt ist es mir klar und deutlich vor Augen,
wie es gekommen wäre! Ich wäre mit dir in die
weite Welt gegangen, und nachdem ich einige
kurze Tage des Glücks mit dir gelebt, hätte ich
5 dir den Betrug gestanden und mir gleichzeitig
den Tod gegeben. Du wärest zu deinem Vater
zurückgekehrt, wo du wohl aufgehoben gewesen wärest und mich leider vergessen hättest.
Niemand brauchte darum zu wissen; ich wäre
10 spurlos verschollen. – Anstatt an der Sehnsucht nach einem würdigen Dasein, nach

einem gütigen Herzen, nach Liebe lebenslang
zu kranken", fuhr er wehmütig fort, „wäre ich
einen Augenblick lang groß und glücklich gewesen und hoch über allen, die weder glücklich noch unglücklich sind und doch nie ster-   15
ben wollen! O hätten Sie mich liegen gelassen
im kalten Schnee, ich wäre so ruhig einge-
schlafen!"

*(Aus: Gottfried Keller: Kleider machen Leute.
Klassische Schullektüre. Cornelsen, Berlin 1996)*

4 *Die entscheidende Frage ist:*
  – Wie wird Nettchen reagieren?
  Weitere Fragen könnten sein:
  – Was wird Melchior Böhni unternehmen, um Nettchen nun für sich zu gewinnen?
  – Was wird der Amtsrat unternehmen?
  – Wie werden die Goldacher reagieren?
  Schließlich auch:
  – Wie wird es Wenzel auf der nächtlichen Landstraße ergehen?
  – Wohin wird er sich wenden?
  Um Vermutungen zur Beantwortung dieser Fragen anzustellen, müssen die Charaktere der Personen noch einmal genau rekapituliert werden. So lassen zum Beispiel Nettchens Eigenwilligkeit, ihr Durchsetzungsvermögen gegenüber ihrem Vater in der Heiratsfrage sowie die Spontaneität und Initiative in ihrem Liebesgeständnis erwarten, dass sie nun nicht die Sache auf sich beruhen lässt und Wenzel einfach seinem Schicksal überlässt. Naheliegend ist vielmehr, dass Nettchen die bestimmende Figur des Schlussteils der Erzählung wird, für den das Interesse der Schülerinnen und Schüler mit diesen Überlegungen geweckt werden dürfte.

5 *Der Schluss der Erzählung lässt sich in zwei bis drei Stunden vorlesen (Aufgabenschwerpunkt: „Zuhören"). Sollen die Schülerinnen und Schüler das Vorlesen selbst übernehmen (Aufgabenschwerpunkt: „Gestaltend sprechen"), muss dafür gesorgt werden, dass sie das Vorlesen vorbereiten können.*

7 *Die Stellungnahmen können die Basis für ein Abschlussgespräch über die Lektüreerfahrungen der Klasse mit den Auszügen aus Kellers „Kleider machen Leute" bilden. In der Begründung der subjektiven Bewertungen muss der je eigene Lese- und Verstehensprozess noch einmal reflektiert und in der Auseinandersetzung mit anderen Urteilen plausibel gemacht werden.*

189

9.3 Projekt: Kleider machen Leute

S. 179

Übersetzungs-Quiz: „Württembergische Kleiderordnung"

In der ersten Projekt-Station geht es darum, den Aufgabenschwerpunkt „Sprachwandel" aus dem Lernbereich „Nachdenken über Sprache", der im Teilkapitel 9.1 (S. 171 im Schülerband) in den Blick gerückt wurde, aufzugreifen und mit weiterem Übungsmaterial zu versehen.

1 *a) Beispiele für heute nicht mehr gebräuchliche Wörter und Wendungen:*
- *die Seinigen = seine Familie*
- *darein er ... gehörig = in die er ... gehört*
- *Rent-Knecht = Eintreiber von Abgaben, Steuereintreiber*
- *Schultheissen = Dorfvorsteher, Bürgermeister*
- *Batzen = alte Münze*
- *Schürtz = Plural von Schurz, kurzes Kleidungsstück*

Wörter und Wendungen, deren Bedeutung sich gewandelt hat:
- *gehörig: (im Text:) gehörend – (heute:) sehr, groß*
- *gemein: (im Text:) allgemein, gewöhnlich, normal – (heute:) niederträchtig, bösartig*
- *schlecht: (im Text:) schlicht, einfach – (heute:) minderwertig*

Wörter, die heute anders geschrieben werden:

– *Claß – Klasse*	– *Strümpff – Strümpfe*
– *Schultheissen – Schultheißen*	– *fabricirt – fabriziert*
– *Burgermeister – Bürgermeister*	– *schwartz – schwarz*
– *Rathspersonen – Ratspersonen*	– *verbotten – verboten*
– *Würth – Wirte*	– *Sammet – Samt*
– *Dörffern – Dörfern*	– *neundte – neunte*
– *Ehl – Elle*	– *Leuthe – Leute*
– *Hüth – Hüte*	– *Wehrt – Wert*

S. 180

Umfrage: Bist du für oder gegen eine Schuluniform?

In der zweiten wie auch in der dritten Projekt-Station wird das Problem, um das es in Kellers Novelle geht, aktualisiert und zu der Lebenswelt der Schülerinnen und Schüler in Beziehung gesetzt.

1 *a/c) Beispiele für geschlossene Fragen:*
- *Bist du für eine Schuluniform?*
- *Wird dadurch der Zusammenhalt in der Klasse gestärkt?*
- *Hat das positive Auswirkungen auf den Unterricht?*
- *Geht dadurch nicht Individualität verloren?*
- *Wird dadurch der Umgang mit der Kleidung nicht weniger sorgfältig?*

Beispiele für offene Fragen:
- *Warum bist du für/gegen eine Schuluniform?*
- *Welche positiven/negativen Folgen hat eine Schuluniform?*
- *Wie könnte sich eine Schuluniform auf den Unterricht auswirken?*
- *Mit welcher Art von Schuluniform könntest du dich anfreunden?*

b) *Unter folgender Internetadresse sind Materialien zu dem Thema zu finden:*
   http://www.learn-line.nrw.de/angebote/zeus/thema/makenwahn/01_20mode.htm

Pro-und-contra-Diskussion: Für und Wider einer Kleiderordnung

S. 181

1 Schon der erste Satz des Textes – „*Kommst du in Jeans, wirst du behandelt wie eine Jeans; kommst du im Anzug, wirst du behandelt wie ein Anzug*" – zeigt, dass es hier wie in Kellers Novelle um dasselbe Phänomen geht: dass der Mensch nämlich von seinen Mitmenschen entsprechend seinem äußeren Erscheinungsbild behandelt wird. Wenzel Strapinski kommt – ganz im Sinne der Ausgangsthese dieser modernen Kleiderordnung – gräflich-vornehm gekleidet daher, und prompt begegnen ihm die Goldacher wie einem Grafen.

Der Unterschied zwischen Kellers Novelle und dem Sachtext besteht allerdings darin, dass Kellers Titel ironisch-kritisch zu verstehen ist, der des Sachtextes hingegen ernst gemeint ist und als Empfehlung ausgesprochen wird:
- Die Erzählung zeigt, wie fragwürdig es ist, dem Sprichwort „Kleider machen Leute" zu folgen. Es führt nämlich dazu, dass die Menschen sich von Vorurteilen leiten lassen, sich vorschnell feste Bilder von Personen machen und ihnen falsche Rollen zuweisen, den Schein für das Sein nehmen.
- In dem Sachtext wird das Sprichwort affirmativ verwendet, die Leserinnen und Leser werden am Ende dazu aufgefordert, sich daran zu halten.

(Der Sachtext stammt übrigens aus aus einer Ratgebersendung des Mitteldeutschen Rundfunks – mdr.)

2 Die Kleiderordnung von 1712 ist als amtliche Verordnung formuliert und besteht aus Vorschriften, deren Nichteinhaltung von der Obrigkeit sanktioniert wurde („So hat ein jeder ... sich ... zu kleiden", Z. 3–5; „Welchen zu tragen erlaubt seyn", Z. 11; „Hingegen ... verbotten", Z. 16 f.; „Welche keine Tücher ... tragen sollen", Z. 21/22). Es werden detailliert Kleidungsstücke und Schuhe genannt, vor allem aber wird der Wert, den die einzelnen Stoffe und Materialien haben dürfen, genau festgelegt. Hauptfunktion der obrigkeitlichen Kleiderordnung ist es also, die – nach damaligem Verständnis – von Gott gewollte Ständeordnung nach außen hin zu verdeutlichen und jedermann anzuhalten, in seiner Kleidung diese Ordnung anzuerkennen. Gefordert ist das Einhalten einer dem Stand gemäßen Lebensführung. Ein Überschreiten der obrigkeitlich vorgeschriebenen Kosten für die Kleidung, etwa durch die Wahl wertvollerer Stoffe, galt als Sünde (Hoffart) und Verstoß gegen die öffentliche ständische Ordnung.

Eine weitere Funktion der Kleiderordnung neben der Wahrung und Überwachung der ständischen Ordnung lag in der protektionistischen Förderung der einheimischen Textilmanufakturen im merkantilistischen Wirtschaftssystem („Zeug ... so im Land fabricirt werden", Z. 13/14).

Die Kleidung diente offensichtlich dazu, die Gesellschaft deutlich sichtbar in Klassen einzuteilen und jedem auf den ersten Blick erkennbar seinen Platz in der gesellschaftlichen Ordnung, die als unveränderlich angesehen wurde, zuzuweisen. Kleidung war damit in sehr viel geringerem Maße als heute Ausdruck der Individualität ihres Trägers/ihrer Trägerin. Auch gab es eine Mode nur in den reichen Klassen, wo sie überdies viel weniger schnell wechselte als heute.

Bei den heutigen Kleiderordnungen, wie z. B. der aus einer Ratgebersendung des mdr (S. 181 f. im Schülerband), handelt es sich nicht um Vorschriften, sondern um Hinweise auf Gepflogenheiten bzw. Konventionen. („Kommst du in Jeans, wirst du behandelt wie eine Jeans ...", Z. 2–4; „Wer sich den Erwartungen an seine Rolle entsprechend kleidet, hat es leichter ...", Z. 14–18; „... gilt über den Beruf hinaus auch im Stadtbild ...", Z. 51). Es geht hier also nicht um die Kategorien „erlaubt" oder „verboten", sondern darum, ob etwas „angemessen" oder „unangemessen" ist. Orientierungspunkt ist auch nicht eine Klassen- oder

Standesordnung, sondern die Unterscheidung zwischen Berufswelt und Freizeitbereich bzw. der Anlass, zu dem die Kleidung getragen wird. Die entscheidenden Kriterien sind damit nicht der Wert der Kleidung und die Frage, ob sie dem Stand angemessen ist, sondern Form, Farbe und Zusammenstellung und die Frage, ob sie zum Lebensbereich bzw. zur Situation passt. Außerdem spielen ästhetische Kriterien eine Rolle (vgl. Z. 52–59).

Insgesamt wird damit deutlich, dass der individuelle Rahmen für die Auswahl der Kleidung heute größer ist als in früheren Zeiten und dass es keine amtlich vorgeschriebenen Regelungen diesbezüglich mehr gibt, dass aber dennoch gesellschaftliche Konventionen gelten, deren Nichtbefolgung mit erheblichen Sanktionen verbunden sein kann (Verlust des Arbeitsplatzes, Ausgrenzung aus bestimmten Gruppen bzw. gesellschaftlichen Kreisen, Verhinderung von Aufstiegsmöglichkeiten etc.).

S. 182

Modenschau

1 *Die vierte Projekt-Station, die Organisation einer Modenschau, dient auf handlungsorientiert-ganzheitliche und spaßig-lustvolle Weise dazu, sich mit dem Thema „Kleider machen Leute" sowie mit den Kleiderordnungen des Alltags auseinanderzusetzen. Im anschließenden Auswertungsgespräch lassen sich Unterrichtsergebnisse aus der Erarbeitung des Gesamtkapitels aufgreifen.*

Lernerfolgskontrolle/ Themen für Klassenarbeiten

Einen literarischen Text mit Hilfe von Fragen untersuchen

Gottfried Keller

Kleider machen Leute

(Wenzel Strapinski ist mit den Goldacher Herren zum Gutshof des Amtsrats gefahren, hat dann aber nach einer Gelegenheit gesucht, sich davonzumachen. Als er gerade den Weg in die Felder einschlagen will, trifft er auf den Amtsrat und dessen Tochter Nettchen. Vom Anblick Nettchens und ihrer Freundlichkeit betört, nimmt er die Einladung des Amtsrats, zum Abendessen zu bleiben, an.)

Am Tisch erhielt er den Ehrenplatz neben der Tochter des Hauses; denn die Mutter war gestorben. Er wurde zwar bald wieder melancho-
lisch, da er bedachte, nun müsse er mit den
5 andern wieder in die Stadt zurückkehren oder gewaltsam in die Nacht hinaus entrinnen, und da er ferner überlegte, wie vergänglich das Glück sei, welches er jetzt genoss. Aber dennoch empfand er dies Glück und sagte sich
10 zum Voraus: „Ach, einmal wirst du doch in deinem Leben etwas vorgestellt und neben einem solchen höheren Wesen gesessen haben."
Es war in der Tat keine Kleinigkeit, eine Hand neben sich glänzen zu sehen, die von drei oder
15 vier Armbändern klirrte, und bei einem flüchtigen Seitenblick jedes Mal einen abenteuerlich und reizend frisierten Kopf, ein holdes Erröten, einen vollen Augenaufschlag zu sehen. Denn er mochte tun oder lassen, was er wollte,
20 alles wurde als ungewöhnlich und nobel ausgelegt und die Ungeschicklichkeit selbst als merkwürdige Unbefangenheit liebenswürdig befunden von der jungen Dame, welche sonst stundenlang über gesellschaftliche Verstöße
25 zu plaudern wusste. Da man guter Dinge war, sangen ein paar Gäste Lieder, die in den dreißiger Jahren Mode waren. Der Graf wurde gebeten, ein polnisches Lied zu singen. Der Wein überwand seine Schüchternheit endlich, ob-
30 schon nicht seine Sorgen; er hatte einst einige Wochen im Polnischen gearbeitet und wusste einige polnische Worte, sogar ein Volksliedchen auswendig, ohne ihres Inhaltes bewusst zu sein, gleich einem Papagei. Also sang er mit

edlem Wesen, mehr zaghaft als laut und mit 35
einer Stimme, welche wie von einem geheimen Kummer leise zitterte, auf Polnisch:

Hunderttausend Schweine pferchen[1]
Von der Desna[2] bis zur Weichsel[3]
Und Kathinka, dieses Saumensch, 40
Geht im Schmutz bis an die Knöchel!

Hunderttausend Ochsen brüllen
Auf Wolhyniens[4] grünen Weiden
Und Kathinka, ja Kathinka,
Glaubt, ich sei in sie verliebt! 45

„Bravo! Bravo!", riefen alle Herren, mit den Händen klatschend, und Nettchen sagte gerührt: „Ach, das Nationale[5] ist immer so schön!" Glücklicherweise verlangte niemand die Übersetzung dieses Gesanges. 50
Mit dem Überschreiten solchen Höhepunktes der Unterhaltung brach die Gesellschaft auf; der Schneider wurde wieder eingepackt und sorgfältig nach Goldach zurückgebracht, vorher hatte er versprechen müssen, nicht ohne 55
Abschied davonzureisen. Im Gasthof „Zur Waage" wurde noch ein Glas Punsch genommen; jedoch Strapinski war erschöpft und verlangte nach dem Bette. Der Wirt selbst führte

1 **pferchen:** in einem Pferch, einer eingezäunten Fläche für Tiere, gehalten werden
2 **Desna:** Fluss in Russland
3 **Weichsel:** Fluss in Polen
4 **Wolhynien:** Landschaft in Polen
5 **das Nationale:** gemeint ist hier das zu den Liedern eines Volkes Gehörende

60 ihn auf seine Zimmer, deren Stattlichkeit er kaum mehr beachtete, obgleich er nur gewohnt war, in dürftigen Herbergskammern zu schlafen. Er stand ohne alle und jede Habseligkeit mitten auf einem schönen Teppich, als der

65 Wirt plötzlich den Mangel an Gepäck entdeckte und sich vor die Stirne schlug. Dann lief er schnell hinaus, schellte, rief Kellner und Hausknechte herbei, wortwechselte mit ihnen, kam wieder und beteuerte: „Es ist richtig, Herr Graf,

70 man hat vergessen, Ihr Gepäck abzuladen! Auch das Notwendigste fehlt!"

„Auch das kleine Paketchen, das im Wagen lag?", fragte Strapinski ängstlich, weil er an ein handgroßes Bündlein dachte, welches er auf

75 dem Sitze hatte liegen lassen und das ein Schnupftuch, eine Haarbürste, einen Kamm,

ein Büchschen Pomade und einen Stengel Bartwichse enthielt.

„Auch dieses fehlt, es ist gar nichts da", sagte der gute Wirt erschrocken, weil er darunter etwas sehr Wichtiges vermutete. „Man muss 80 dem Kutscher sogleich einen Expressen[6] nachschicken", rief er eifrig, „ich werde das besorgen!"

Doch der Graf fiel ihm ebenso erschrocken in 85 den Arm und sagte bewegt: „Lassen Sie, es darf nicht sein! Man muss meine Spur verlieren für einige Zeit", setzte er hinzu, selbst betreten über diese Erfindung.

(Aus: Gottfried Keller: Kleider machen Leute.
Klassische Schullektüre. Cornelsen, Berlin 1996)

6 **Expresse:** Eilbote

---

[1] *Liste die wesentlichen Handlungsschritte auf.*

[2] *Verfasse auf der Basis der Handlungsschritte eine Inhaltsangabe.*

[3] *Erläutere, was das Singen des polnischen Liedes und Wenzels Äußerungen gegenüber dem Wirt am Ende des Textes für die Entwicklung des Helden bedeuten.*

Erwartungshorizont/Bewertungskriterien:

1 *Handlungsschritte:*
- *Wenzels Glücksgefühl auf dem Ehrenplatz neben Nettchen*
- *Nettchens offensichtliche Sympathie für Wenzel*
- *Wenzels polnisches Lied, dessen Inhalt er selbst nicht versteht*
- *die Rückkehr zum Gasthof in Goldach*
- *das Fehlen des Gepäcks und das Angebot des Wirtes, der Kutsche einen Eilboten nachzuschicken*
- *Wenzels fragwürdige Ausrede beim Zurückweisen dieses Angebots*

2 *Kriterien für die Inhaltsangabe:*
- *orientierender Einleitungssatz;*
- *Umsetzen der Handlungsschritte in einen kohärenten Fließtext;*
- *chronologisch richtige Reihenfolge;*
- *Verwendung des Präsens;*
- *Vermeidung allzu großer Nähe zum Wortlaut des Textes;*
- *korrekte Umsetzung der wörtlichen Rede des Textes.*

3 *Beide Textstellen zeigen, dass Wenzel sich in die ihm zugedachte Rolle des polnischen Grafen einzuleben beginnt und das falsche Bild von sich aktiv unterstützt. Besonders positiv zu bewerten wäre, wenn die Schülerinnen und Schüler auch auf das Motiv dafür (die beginnende Liebe zu Nettchen) eingingen und/ oder wenn sie an den Erzählerkommentar vom „abschüssigen Weg des Bösen" (S. 167 im Schülerband, Z. 32) erinnerten.*

Literaturhinweise

Giehrl, H. E.: Gottfried Keller: „Kleider machen Leute". In: J. Lehmann (Hg.): Deutsche Novellen von Goethe bis Walser. Interpretationen für den Literaturunterricht. Bd. 1. Regensburg 1980

Jeziorkowski, Klaus: Gottfried Keller: „Kleider machen Leute". Texte, Materialien, Kommentar. Hanser, München/Wien 1984 (= Hanser Literatur-Kommentare)

Keller, Gottfried: Kleider machen Leute. Novelle. Hg. und mit Materialien versehen von Herbert Fuchs und Dieter Seiffert. Cornelsen, Berlin 1980 (mit separaten Handreichungen für den Unterricht von Herbert Fuchs und Dieter Seiffert)

Keller, Gottfried: Kleider machen Leute. Erläuterungen und Dokumente von Rolf Selbmann. Reclam, Stuttgart 1984

Verfilmung:

Kleider machen Leute. Filmklassiker aus dem Jahr 1940 von Helmut Käutner, mit Heinz Rühmann, Hertha Feiler u. a. Der Film ist eine sehr freie Adaption von Kellers Novelle. (Als Video-Kassette erhältlich.)

10 Was ist richtig, was gerecht? – Geschichten aus alter und neuer Zeit

Konzeption des Gesamtkapitels

Das mündliche und schriftliche Erzählen, das in der Orientierungsstufe besonders im Zentrum der Schreibdidaktik stand, wird in Jahrgangsstufe 7 im Arbeitsbereich „Umgang mit Texten und Medien" weitergeführt. Im Mittelpunkt stehen epische Texte wie die Kalendergeschichte, die Novelle und die Kurzgeschichte, die im Hinblick auf Figuren, Handlungsabläufe und Erzählweisen zu untersuchen sind. Im Aufgabenfeld „Sprachaufmerksamkeit" erhalten die Schülerinnen und Schüler Einblick in die Sprachentwicklung; sie lernen z. B. semantische Verschiebungen kennen, die an epischen Kurztexten des 19. Jahrhunderts auffallen.

Das erste Teilkapitel (**„Richter-Geschichten – Unterhaltsames und belehrendes Erzählen"**) stellt Textsorten des 19. Jahrhunderts vor, die unter dem Sammelbegriff „kurze Erzähltexte" zusammengefasst werden. Es wurden vor allem die Kalendergeschichte (in der Form, die sie bei Johann Peter Hebel erhielt) und Anekdoten (Beispiele von Kleist) ausgewählt, die sich thematisch alle auf den gerechten Richter als Streitschlichter konzentrieren. Der Anlass, einen erstaunlichen Vorfall zu erzählen, ergibt sich für den Autor aus der Tatsache, dass er im überraschenden Einzelfall etwas Allgemeines entdeckt hat und es anschaulich vorstellen möchte. Die Verankerung dieses Erzählens in der Tradition der Aufklärung wird besonders da sichtbar, wo Kontrastierungen Einblick in die Erzählhaltung Kleists und Hebels ermöglichen und wo die Übergänge zwischen Fabel und Kalendergeschichte zu erkennen sind.

Das zweite Teilkapitel (**„Wo kein Richter hinreicht – Erzähltempora in kurzen Geschichten"**) konzentriert sich auf die Gestaltung der Erzählperspektive und die Gestaltung der Tempora (hier ist besonders der Unterschied zwischen Mündlichkeit und Schriftlichkeit wichtig). Im Zentrum steht die Einsicht, dass der Erzähler in kurzen Prosatexten dieser Art immer zwei Intentionen gleichzeitig verfolgt: Er will spannende Unterhaltung bieten, und er will zugleich nachdenklich machen und belehren. Ist er Journalist, so will er informieren und gleichzeitig Meinungsbildung betreiben. Die erzählten Vorgänge liegen jeweils in der noch aktuellen Vergangenheit, die Probleme, die angesprochen werden, dauern in der Gegenwart an.

Diese für die Textanalyse wichtigen Beobachtungen sollen auch für das eigenständige Verfassen von Erzähltexten genutzt werden können; deklaratives Wissen (um Erzählhaltung und Tempusgebrauch) soll in operatives Wissen überführt werden. Das erfolgt im dritten Teilkapitel (**„Unrecht hinnehmen? – Geschichten (weiter-)schreiben"**). In Schreibexperimenten erproben die Schülerinnen und Schüler die Erzählerrolle und die anderen formalen Gestaltungsmittel epischen Erzählens (Expandieren und Reduzieren eines Textes; Umschreiben eines Textes von einer Textsorte in eine andere.

Weiteres Übungsmaterial zu diesem Kapitel

Übungsmaterial im **„Deutschbuch Arbeitsheft 7"**
– Inhaltsangabe eines Erzähltextes: S. 80–85
– Einen literarischen Text verstehen: S. 88

Inhalte	Kompetenzen

S. 183 — **10.1 Richter-Geschichten – Unterhaltsames und belehrendes Erzählen**

S. 184 — **Rat wissen – Das Richtige tun**

S. 184 — Heinrich von Kleist **Sonderbarer Rechtsfall in England**

S. 185 — Johann Peter Hebel **Der kluge Richter**

S. 187 — **Zwei Gerechtigkeitsgeschichten aus dem Kriege für Zeitung und Kalender**

S. 187 — Heinrich von Kleist **Franzosen-Billigkeit**

S. 188 — Johann Peter Hebel **Der Husar in Neiße**

S. 190 — **Der Klügere gibt nach – Wer erzählt die Geschichte?**

S. 190 — nach Albert Ludwig Grimm **Die beiden Ziegen**

S. 191 — Johann Peter Hebel **Gute Geduld**

S. 192 — **10.2 Wo kein Richter hinreicht – Erzähltempora in kurzen Geschichten**

S. 192 — Heinrich von Kleist **Der Griffel Gottes**

S. 193 — Otto Flake **Die Versuchung des Richters**

S. 199 — **10.3 Unrecht hinnehmen? – Geschichten (weiter-)schreiben**

S. 199 — Bertolt Brecht **Gerechtigkeitsgefühl**

S. 199 — Bertolt Brecht **Der hilflose Knabe**

Die Schülerinnen und Schüler können
– das Zusammenspiel von Unterhaltung und Belehrung in Anekdote, Kalendergeschichte und Kurzgeschichte erkennen;
– Strukturmerkmale der Anekdote und der Kalendergeschichte bestimmen:
  – die Rolle des Erzählers,
  – die Rolle des Erzählkommentars;

– epische und dramatische Stilmerkmale erfassen, insbesondere
  – die Funktion von wörtlicher Rede und indirekter Rede,
  – die Funktion des Wechsels von Außensicht und Innensicht des Erzählers;

– das „Belehrende" der „unerhörten Begebenheiten" durch Aktualisierung auf eigene Lebensbereiche beziehen;
– den belehrenden Stil der Fabel mit dem der Anekdote/Kalendergeschichte vergleichen.

Die Schülerinnen und Schüler können
– die Tempora des Erzählens in ihrer Bedeutung für das Verstehen und die Bewertung des Erzählten bestimmen;
– Erzählmerkmale epischer Kurztexte (insbesondere Pointe/Zielpunkt des Erzählens) erfassen und diese bei eigenen Erzählversuchen selbst umsetzen.

Die Schülerinnen und Schüler können
– die Bedeutung des Erzählens als kreative Tätigkeit erkennen;
– Formen des „Weitererzählens" ausprobieren;
– die eigenen Erzähltexte untersuchen und „Mitleidsgeschichten" von „Lehrgeschichten" unterscheiden.

10.1   Richter-Geschichten –
Unterhaltsames und belehrendes Erzählen

S. 183

1 *Mögliche Gründe dafür, warum Autoren ihre Erzählungen in Zeitungen oder Kalendern (also in perio-*
dischen Printmedien und nicht in Büchern) veröffentlichen:

– *Die Kurzprosa muss nicht (wie in einem Buch) in eine größere Komposition einbezogen werden. Jede*
Geschichte steht für sich zwischen Artikeln, die nichts Näheres mit ihr zu tun haben.

– *Oft verfügt der Autor noch gar nicht über eine ausreichende Anzahl weiterer Geschichten, die er zu-*
sammenstellen könnte. Und wenn er sie zusammenstellen wollte, müsste er überlegen, ob er sie thema-
tisch gruppieren soll oder nach anderen Gesichtspunkten, ob er eine Rahmenerzählung erfinden muss,
um sie aneinanderzureihen, usw.

– *Der Leser nimmt die Erzählungen im Umfeld von Sachtexten und Informationen in besonderem*
Maße als unterhaltend wahr. Das Belehrende der Geschichte tritt zurück, allein deshalb, weil die Ge-
schichte scheinbar zwecklos zwischen Nachrichten, Kochrezepten, Reiseberichten eingestreut ist.

Johann Peter Hebel hat später seine Kalendergeschichten sehr wohl zu einem eigenen Buch zusammengefasst. Er nannte die Sammlung „Schatzkästlein des rheinischen Hausfreundes" und
machte damit klar, dass er eine Doppelrolle wahrgenommen hat: Er war Autor seiner Kalendergeschichten, und er komponierte sie als Anthologie im „Schatzkästlein".

2 *Literaturlexika, Autorenlexika, auch Literaturgeschichten bieten geordnete und übersichtlich strukturier-*
te Informationen (Artikel) zu einzelnen Schriftstellern. Aber sie sind oft nicht ohne weiteres verfügbar. Im
Internet hingegen drängen sich ganz unterschiedliche Informationslieferanten. Die Artikel sind nach der
Häufigkeit ihres Aufgerufenwerdens angeordnet. Am Anfang stehen zumeist Biografien, Werkausgaben,
dann aber auch Gesellschaften, die den Namen des Autors tragen, Homepages der Schulen oder Univer-
sitäten, die den Namen tragen, aber nichts über den Autor selbst enthalten, schließlich spezielle Internet-
publikationen der Werke (Gutenberg) usw. Die Schülerinnen und Schüler müssen hier lernen, dass nicht
alle Informationen des Internets korrekt, vollständig, objektiv sind. Ihre Sucharbeit ist immer begleitet von
Kontrollarbeit: Stimmen die Jahreszahlen, die Werktitel, die Aussagen zur Biografie mit denen in anderen
Einträgen überein?

S. 184

Rat wissen – Das Richtige tun

S. 184

Heinrich von Kleist

Sonderbarer Rechtsfall in England

1 *Das Wichtige an dieser Multiple-Choice-Aufgabe ist, dass sie nicht eine richtige Antwort und drei Dis-*
traktoren aufweist, sondern dass – mit unterschiedlichen Begründungen – alle Antworten etwas Rich-
tiges enthalten. In jedem Fall bedeutet das Wort „sonderbar" etwas anderes:

– *Die Regel, dass alle Geschworenen sich einigen müssen und dass die körperlichen Bedürfnisse einge-*
setzt werden, um diese Einstimmigkeit zu erzwingen, kann schon als „seltsam" gelten, auch wenn es
ähnliche Regelungen andernorts (z. B. beim Konklave, der Papstwahl) gibt. Denn – und das zeigt der
erzählte besondere Rechtsfall – man würde mit dieser Regel auch ein offensichtliches Unrecht durch-
setzen können. Was wäre, wenn der „Starrkopf", von dem erzählt wird, nicht aus lauteren Motiven
gehandelt hätte, sondern wirklich einen Schuldigen hätte „herauspauken" wollen?

– Dass einer der Geschworenen alle anderen nicht nur durch Argumente umstimmen, sondern durch Ausnutzung körperlicher Bedürfnisse zu einer Entscheidung veranlassen kann, die sie nicht freiwillig treffen, ist „sonderbar" in dem Sinne, dass es schon verwunderlich ist, dass „in England" ein solche Regelung zur Rechtspflege eingesetzt wird. „Sonderbar" heißt hier eher „kaum glaubhaft".

– Dass der König sich in die Rechtsfindung einschaltet und – sozusagen aus Neugier – Straffreiheit zusichert, wird zu Recht als „sonderbar" beurteilt, wenn man das Rechtssystem des Absolutismus kritisieren will. In einem rechtsstaatlichen System steht auch der König nicht über dem Gesetz und kann nicht willkürlich begnadigen. (Kleist hat daher auch dafür Sorge getragen, dass der König nur zusichert, dass „Aufrichtigkeit" des Edelmanns keine nachteiligen Folgen haben sollte.)

– Die unwahrscheinliche Konstellation, dass ein unerkannter Täter zum Richter in eigener Sache wird, dabei erfolgreich durchsetzt, dass ein Unschuldiger nicht bestraft wird, und so einen Justizirrtum verhindert, ist in der Tat „sonderbar". Hier ist „sonderbar" im Sinne von „unwahrscheinlich" zu verstehen.

2 Der Edelmann befindet sich in einem klassischen Dilemma: Will er nicht, dass ein Unschuldiger verurteilt wird, gegen den alle Indizien sprechen, so muss er den Schuldigen nennen. Tut er das, belastet er sich selbst und muss damit rechnen, selbst bestraft zu werden. Er löst sein Dilemma, indem er die „sonderbare" Rechtsregelung des Geschworenengerichts mit Einstimmigkeitszwang ausnutzt und sich dem König anvertraut.

3 a) Der inhaltliche Aufbau der Anekdote passt nicht zu der von Kleist vorgeschlagenen Einteilung in zwei Druckabschnitte, ja einige Abschnittgrenzen liegen sogar innerhalb eines Satzes.

Z. 1–7:   Die Rechtsregel in England, die „man weiß" – aber die der Erzähler der Sicherheit halber noch einmal wiederholt

Z. 7–22: Der Fall des Mordes an einem Edelmann

Z. 23–34: Der „Starrkopf" setzt sich durch

Z. 34–39: Die Sache kommt vor den König

Z. 39–51: Die Aufklärung des Falles und die Erklärung des sonderbaren Verhaltens des Geschworenen

Z. 51–53: Der Schluss

Mit diesem klassischen Erzählaufbau (Exposition – Ereignis – Komplikation – Lösung – Coda) und dem „Überfließen" der Satzgrenzen über die inhaltliche Entwicklung der Erzählung erfüllt Kleist die zentralen Anforderungen an die Anekdote: Sie muss knapp sein, das Wesentliche herausheben und von einem Standpunkt aus erzählt sein.

b) Der Schluss kann als befriedigender Abschluss gewertet werden, denn es ist alles „noch einmal gut gegangen". Er kann aber auch als äußerst brüchiges Ergebnis gesehen werden, wenn man in Anschlag bringt, wie viel Sonderbarkeiten notwendig waren, um dieses Resultat zu erzielen. Es sollte ein Ziel der Besprechung dieser Anekdote sein zu erkennen, dass es dem Erzähler Kleist sicher eher darum zu tun war, auf diese Brüchigkeit aufmerksam zu machen, als ein befriedigendes Ergebnis zu präsentieren.

4 In einer eigenen Stellungnahme sollten die Schülerinnen und Schüler darauf abheben, dass der Edelmann sein Dilemma auch anders hätte beheben können (nur dass dann nichts Erzählenswertes dabei zu finden gewesen wäre): Er hätte sich dem Gericht stellen, den Sachverhalt aufklären und dann darauf hoffen können, dass man den Jagdunfall als solchen richtig einschätzen würde (ein Unfall ist kein Mord). Oder er hätte dem zu Unrecht Beklagten helfen können, seine Unschuld über ein Alibi nachzuweisen.

5 *Eine Zeitungsmeldung über den Vorfall könnte beispielsweise so aussehen:*

Justizirrtum verhindert

Den Zorn seiner elf Mitgeschworenen zog ein Edelmann aus N... auf sich, weil er als Einziger sich hartnäckig weigerte, die erdrückend gegen den Angeklagten sprechenden Indizien anzuerkennen und den Schuldspruch zu unterschreiben. Man schaltete den König ein, nachdem alle anderen Geschworenen sich – gegen die eigene Überzeugung – zu einem Freispruch hatten bewegen lassen. Dem König gestand der Starrkopf, dass er selbst bei der Rückkehr von der Jagd durch eine Unachtsamkeit beim Hantieren mit seinem Gewehr den Tod des Opfers verursacht hatte. Der König verfügte eine Einstellung des Verfahrens.

S. 185

Johann Peter Hebel

Der kluge Richter

Die Überschrift des Abschnitts, „Rat wissen – Das Richtige tun", macht darauf aufmerksam, dass sich diese beiden Geschichten über die Grenze zwischen Anekdote und Kalendergeschichte hinweg zu einem Vergleich eignen. In beiden Fällen sind es Menschenkenntnis, Klugheit und vielleicht sogar List, die einzelne Wohlmeinende in die Lage versetzen, das Richtige gegen den Augenschein oder gegen das eigennützige Denken der Kläger oder der Beklagten durchzusetzen. Aus dieser Konstellation wird augenfällig, wie die beiden Funktionen des Erzählens, nämlich „unterhalten" und „belehren", zusammengehen.

1 *a/b) Anders als Kleist kommentiert und wertet Hebels Erzähler das berichtete Geschehen. Er spricht auch im Folgenden von einem „ehrlichen" Mann mit „gutem Gewissen" und seinem Gegenspieler, dessen „schlechte Gesinnung" er kennt und die dem klugen Richter gleich aufgefallen ist. Dazu nimmt der Erzähler direkten Kontakt zu seinem Publikum auf, er erinnert gleich zu Beginn an andere Geschichten, die er in früheren Kalendern erzählte, er spricht das Vorwissen und die Voreinstellungen seiner Leser an. Er kommentiert wertend das, was er erzählt. Das ist schon im ersten Satz zu sehen, der ein allgemeines Urteil über den Orient – durch einen Voraushinweis auf die zu erzählende Geschichte – korrigieren möchte. Hebels Erzähler ist damit der Prototyp eines auktorialen Erzählers.*

2 *Vorschlag für ein Tafelbild:*

Ein reicher Mann	Der ehrliche Finder
– er ist unvorsichtig (verliert sein Geld, obwohl es sicher „eingenäht" war) – er hält sich an die Regeln, die beim Verlust von Wertsachen üblich sind, er bietet eine Belohnung – er scheint sich zu freuen, als das Geld auftaucht, ärgert sich aber darüber, dass er Finderlohn geben soll – er ist unehrlich, zählt das Geld und überlegt, wie er den Finder betrügen kann – er denkt sich eine besonders hinterhältige Form des Betruges aus, aber er bedenkt nicht, dass jemand sein Spiel durchschaut.	– er hat (sagt der Erzähler) den „heitern Blick eines ehrlichen Mannes" – er ist ein Mann von Prinzipien, der sich nicht nachsagen lassen will, er habe sich selbst seine Belohnung genommen – seine unbescholtene Rechtschaffenheit ist ihm mehr wert als die Belohnung – er vertraut auf den Gerechtigkeitssinn des Richters

3 / **4** *Die Methode des Richters entspricht seiner Lebenserfahrung und seiner Menschenkenntnis.*
– *Er scheint die schlechte Gesinnung des reichen Mannes im Voraus zu kennen (Z. 44–46).*
– *Er lässt beide Parteien Versicherungen über die Richtigkeit ihrer Aussage abgeben (Z. 46–48).*
– *Er argumentiert logisch, obwohl klar ist, dass er etwas anderes meint, als er sagt, denn er redet von dem reichen Mann nur als „der Erste", von dem Finder aber als „Du, ehrlicher Freund" (Z. 54).*
– *Er begibt sich nicht aufs Glatteis, indem er sagt, was er nicht beweisen kann, dass nämlich der reiche Mann lügt („Da war guter Rat teuer", Z. 42 f.). Der Leser weiß alles direkt vom Erzähler (... dachte (...) geschwinde nach, wie er den treuen Finder um seine versprochene Belohnung bringen könnte", Z. 20–23), so kann er beobachten, wie der Richter dem Betrüger eine Falle stellt. Sein Urteilsspruch ist dem Erzähler so wichtig, dass er ihn wörtlich zitiert.*

5 **Die „Lehre", die der reiche Mann ziehen könnte:**
Wer andern eine Grube gräbt, fällt selbst hinein. Ich bin ein betrogener Betrüger. Ich wollte den Finder um seinen Lohn bringen, nun bin ich meine ganze Barschaft los. Eigentlich geschieht mir Recht.
Die Lehre, die der Finder ziehen könnte:
Rechne nicht auf die Dankbarkeit der anderen Menschen. Tue selbst das Rechte und sieh zu, dass niemand deine Rechtschaffenheit in Zweifel ziehen kann. Lass dich nicht einschüchtern, wenn andere versuchen, dich zu übervorteilen.
Die Lehren, die der Leser ziehen könnte:
Es gibt rechtschaffene und schlechte Menschen. Die schlechten kennen keine Dankbarkeit. Aber sie haben manchmal doch das Nachsehen, dann nämlich, wenn sie auf Menschen treffen, die gut und böse auseinanderhalten können und die sich nicht scheuen, gegen Betrüger vorzugehen.

Zwei Gerechtigkeitsgeschichten aus dem Kriege für Zeitung und Kalender

S. 187

Heinrich von Kleist
Franzosen-Billigkeit

S. 187

1 a) *Der preußische Bürger ist (nach der Meinung von Kleist) nicht wert, ein preußischer Bürger zu heißen. Er schmeichelt sich beim Kommandanten der französischen Besatzung ein, indem er angibt, wo noch Reparationsgüter versteckt lagern. Denn „zu des Feindes Besten" bedeutet, dass er den Vorschlag macht, die Franzosen könnten die Baumstämme als Eigentum des Königs beschlagnahmen, verkaufen und das Geld als Kriegsbeute behalten.*

c) *Das Wort „billig" hatte bis ins 19. Jahrhundert eine bedeutend größere Begriffsextension als heute. In Redewendungen wie „recht und billig" oder „etwas billigen" (= gutheißen) ist aufbewahrt, dass „billig" in der Rechtssprache so etwas heißt wie „angemessen", „gerecht". Ein „billiger Preis" war also ursprünglich ein „angemessener" Preis. Die Bedeutung „billig" = „minderwertig" ist neueren Datums. „Franzosen-Billigkeit" ist also zu übersetzen mit „vorbildliches, richtiges, wünschenswertes Verhalten, das Preußen von ihren französischen Feinden lernen könnten".*

2 *Die besondere Provokation der Anekdote liegt darin, dass Kleist seinen Lesern unterstellt, dass sie korrektes Verhalten eher mit Preußen als mit Franzosen verbinden würden. Deshalb lobt er Napoleons General, würde ihm gern ein Denkmal gesetzt sehen (und tut dies – indirekt – durch das Aufzeichnen seiner*

Anekdote), weil er die Szene als Lehrstück nimmt: Die Preußen sollen sich für ihren korrupten Lands-
mann schämen und das Verhalten des Franzosen, dem sie Derartiges nicht zugetraut hätten, zum Vorbild
nehmen. Kleist hält eine moralische Stärkung der Bevölkerung für einen politischen Gewinn.

3 *a/b) Im Text selbst steht nichts über den preußischen Bürger, nichts darüber, wie er zu seinem Vorschlag*
kam, nichts darüber, wie er auf die Reaktion des französischen Generals seinerseits reagiert. Also kann
spekuliert werden: Wie fühlt sich einer, der sich völlig unerwartet mit einer unrechtmäßigen Hand-
lungsweise konfrontiert sieht? Er kann Einsicht zeigen, er kann aber auch verstockt reagieren. Da die
Schülerinnen und Schüler in der Schule erwarten, dass sie Einsicht zeigen sollen, wird dies die häu-
figere Variante sein.
Beispiel eines Gegenmusters: So ähnlich würde auch eine Selbstrechtfertigung des preußischen Bür-
gers aussehen, wenn er sich denn mit der Anekdote konfrontiert sähe:

Diese Napoleon-Franzosen sind die wahren Preußen

Da glaubt man, man tut der Revolution, der neuen Zeit, der französischen Sache einen wirklichen
Dienst – und dann dies. Dabei fragt niemand, wie der preußische König in den Besitz dieser
Baumstämme gekommen ist. Es ist gutes Bauholz. Man hätte dafür wirklich eine gute Stange
Geld erlöst. Und nun fehlt den Franzosen das Geld. Woher werden sie es sich holen – natürlich
von uns, den Bürgern. Ja, es ist wirklich zum Verzweifeln. Die adeligen Offiziere sind überall
gleich. Arrogant und hochnäsig. Da glaubt dieser Franzose, er muss das Eigentum des preu-
ßischen Königs schützen. So, als würde er nicht für eine neue Ordnung eintreten, in der der
Bürger etwas gilt. Und was ist ein Bürger? – Einer, der Geschäfte machen muss. Und wenn der
König abgesetzt ist, seinen Krieg verloren hat, wem gehören dann die Schlösser, die Länder, die
Straßen? Dem Sieger. Und der will das Holz nicht haben und das Geld wohl auch nicht. So ein
arroganter Hund, dieser Franzose, fast so, wie man es von einem Preußen erwartet hätte.

S. 188

Johann Peter Hebel

Der Husar in Neiße

1 *Bei der Bearbeitung dieser Aufgabe müssen die Schülerinnen und Schüler vor allem auf die Regie-Rede*
des Erzählers achten, der vorgibt, welche Reaktionen seitens der Leserschaft er erwartet: „Der geneigte
Leser denkt vielleicht auch: ,Jetzt wird der Franzos den Husaren zusammenhauen', und freut sich schon
darauf…" (Z. 86–88) Die Spannung, die er damit aufbaut, beruht auf einer Erwartungstäuschung. Der
Franzose verhält sich anders, als man erwartet. Spannend ist dann, wie dieses Verhalten sich seinerseits
auswirkt. In der mündlichen Erzählung wird die Leseranrede fehlen oder durch eine allgemeine Vermu-
tung ersetzt worden sein.

2 *Hebel beginnt seine Geschichte im Präteritum (Z. 1–16), nur in der indirekten Rede verwendet er – wie es*
die Grammatik vorsieht – den Konjunktiv I. Die dramatische Begegnung des plündernden Husaren mit
den Kindern des beraubten Franzosen jedoch setzt er ins Präsens (Z. 18–24), behält aber – gegen die Rege-
lung, die für das Erzählen im Schulaufsatz Gültigkeit hat – das Präsens bei, um im Zeitraffer die Ereig-
nisse der folgenden achtzehn Jahre zu berichten (Z. 24–36), geht dann zurück ins Präteritum (ab Z. 37),
um nur noch einmal vorübergehend das Präsens zu verwenden (Z. 38/39). Der ganze zweite Teil der Ge-
schichte ist im Präteritum erzählt, das allerdings noch einmal an zwei Stellen durch das Präsens unter-
brochen wird (Z. 86–94 und Z. 111–115). Dieses Präsens ist aber nicht um der Steigerung der drama-

tischen Wirkung willen verwendet, sondern um Gegenwärtiges („Der geneigte Leser denkt vielleicht…"), Immerwährendes, eine Regel oder den Merksatz der Geschichte als etwas dauernd Gültiges zu formulieren („Man muss in der Fremde nichts tun…").

Die Schülerinnen und Schüler können außerdem noch feststellen, dass innerhalb der erzählten Vergangenheit nicht immer das Präteritum verwendet wird, sondern auch das Perfekt. Das ist dort der Fall, wo mündliche Rede berichtet wird (Z. 66–71 und Z. 96–101). Hebel ist es also darum zu tun, in seiner Kalendergeschichte möglichst nahe am „natürlichen" Sprachgebrauch zu bleiben, der Vergangenes in der Sprache der Mündlichkeit im Perfekt wiedergibt, besonders dann, wenn Zeitsprünge innerhalb des Erzählten sichtbar gemacht werden müssen („So dachte der Franzose auch und sagte: ,Dass du mich misshandelt hast, das verzeihe ich dir …'", Z. 95 ff.). Die Schülerinnen und Schüler können hier an einem literarisch gelungenen Text sehen, dass die stereotype Regelung, „das" Erzähltempus des schriftlichen Erzählens sei das Präteritum, zwar grundsätzlich gilt, dass aber Abweichungen davon durchaus zu den Erzählregeln des spannenden und lebendigen Darstellens vergangener Ereignisse gehören.

3 Das Gespräch zwischen dem französischen Sergeanten und dem preußischen Husaren (Z. 66 ff.) ist ebenfalls dazu geeignet, die Regelung der Tempora differenzierter zu sehen. Während der Erzähler selbst im Erzählgestus verbleibt („sagte er zu dem Husaren…"), muss in der wörtlichen Rede natürlich das Präsens stehen („Denkt ihr noch daran?") und der Verweis auf die Vergangenheit innerhalb dieser Rede – der Mündlichkeit wegen – ins Perfekt gesetzt werden („und habt keine Barmherzigkeit gehabt"), nicht ins Präteritum.

4 a–c) Der französische Sergeant ist Muster eines edel denkenden und sich vorbildlich verhaltenden Menschen, der preußische Husar hingegen ist ein „alter Sünder". Diese einfache Gegenüberstellung von gut und böse entspricht dem Muster der Kalendergeschichte, deren Sache die differenzierte Charakterzeichnung nicht ist. Die Bewertungen werden vom Erzähler direkt und explizit vorgenommen. Als auktorialer Erzähler verfügt er auch über die Gedanken seiner Figuren, er weiß, dass der Husar zunächst glaubt, es sei Gras über die Sache gewachsen (Z. 27 f.), dass er die Rache des jungen Franzosen fürchten muss (Z. 82 ff.) und dass er für seine Untat vor das Jüngste Gericht gestellt werden müsste (Z. 105 ff.). Durch diese Gedanken zeichnet er den Husaren indirekt als feige und schwach, aber auch als einen, der sich nicht über sein schlechtes Gewissen hinwegsetzen kann. Den Sergeanten hingegen charakterisiert Hebel durch dessen Rede (Z. 96–102) und darüber hinaus durch eine verallgemeinernde Überlegung über Menschen, die im Schmerz den Gedanken an Rache kleinlich finden und deswegen geneigt sind zu verzeihen, wo Rachegefühle nahegelegen hätten.

Diese ethische Haltung vorzustellen, ist das eigentliche Ziel des Erzählers Hebel. Ob die Schülerinnen und Schüler die Entscheidung des Sergeanten verstehen, ist ungewiss. Der Erzähler jedenfalls kommentiert sie als mustergültig und auch als heilsam: „… und es ward ihm in seinem Herzen wieder wohl." (Z. 104 f.) Für den Husaren hingegen ist diese noble Haltung keineswegs eine Erleichterung. Denn sie zeigt seinem Gewissen, wie weit er selbst sich vom Maßstab des Menschlichen entfernt hat. Das wiederum kann er nicht lange aushalten. Nach einem Vierteljahr ist er tot.

Seine Gedanken müssten um seine Schuld und um das Verhalten des jungen Mannes kreisen. Denn seine Ruhe („denkt nimmer daran", Z. 25) ist dahin, nachdem er sich nicht mit dem Rachehandeln des anderen, sondern mit dessen Verweis auf das göttliche Gericht konfrontiert sieht („Dass du meine Schwester in den Brunnen geworfen hast und ist nimmer davongekommen, das verzeihe dir Gott!", Z. 100–102).

5 Der erste der Merksätze ist konkret an die Geschichte gebunden, der zweite verallgemeinert und verschärft den gleichen Gedanken: Deine Taten folgen dir nach. Es gibt Verbrechen, die nicht verjähren. Auch im Strafgesetzbuch ist dies festgeschrieben: Mord verjährt nicht. Der gedankliche Hintergrund dieser

Merksätze ist – wie der der gesamten Geschichte – eine letztlich „gerechte" Weltordnung. Dort, wo menschliche Gerichte nicht eingreifen, bleibt die Hoffnung auf die Wirkung der inneren Stimme des Gewissens.

Wir kennen heute Verbrechen und Verbrecher, für die diese Prämisse nicht gilt. In den Begründungen der Schülerinnen und Schüler werden solche eher skeptischen Feststellungen zu erwarten sein. Für den Theologen und Lehrer Hebel ist es jedoch ein Ziel, seinen Lesern in seinem Kalender die christliche und humane Haltung als die dem Menschen angemessene vorzustellen und unter Beweis zu stellen.

6 *Kleist ist Preuße, er lobt den französischen Gegner als edel denkend, kritisiert den eigenen Landsmann als servil und korrupt, um ein provozierendes Beispiel zu geben, wie es nicht sein sollte.*

Hebel ist Badener, schon immer eng mit Frankreich und den Franzosen verbunden. Preußen ist für ihn und seine Leser nicht das Muster eines vorbildlichen Staatswesens. Der erste Satz seiner Erzählung („Als die Preußen mit den Franzosen Krieg führten …" und „den ungebetenen Besuch wettmachen") deutet verhalten an, dass er wenig Sympathie für die Aktionen der deutschen Souveräne im Koalitionskrieg hatte. In der Napoleonischen Ära, als viele deutsche Autoren (auch Kleist) den deutsch-französischen Hass schürten, ging es Hebel darum, Menschlichkeit und ethisches Verhalten nicht an eine Nation zu binden.

S. 190

Der Klügere gibt nach –
Wer erzählt die Geschichte?

S. 190

nach Albert Ludwig Grimm
Die beiden Ziegen

1 *In der Fabel haben die Tiere, so sagt Lessing, eine gewisse „Bestandheit" des Charakters. Der Wolf gilt als gierig, der Fuchs als schlau. Bei zwei Ziegen kann man damit rechnen, dass sie bockig und nicht eben schlau sind. Man erinnert sich an den Fuchs, der den Ziegenbock in den Brunnen lockt und ihn dort stecken lässt. Im Gegensatz zum bekannten Fabelmuster, das eine Opposition von stark und schwach, dumm und klug, gierig und zurückhaltend, schlau und naiv verwendet, haben wir hier zwei eigensinnige und uneinsichtige Wesen. Auch sie repräsentieren Menschen, aber eben Menschen des gleichen Schlages.*

2 *Mögliche Formulierungen einer Moral: „Wer sich nicht einigen kann/wer keine Kompromisse finden kann/wer hartnäckig auf seinem Recht besteht/wer sich selbst für wichtiger nimmt als andere usw. – fällt in den Bach/fällt herein/merkt bald, dass es so nicht geht usw."*

Die Formulierungen der Schülerinnen und Schüler werden die gleiche Struktur haben: im ersten Satz das Fehlverhalten, im zweiten die daraus folgenden Konsequenzen.

3 *In der Fabeltradition ist diese Geschichte mehrfach als Muster für den notwendig zu findenden Kompromiss umerzählt worden. Eine Hierarchie könnte die Lösung des Problems bieten: Ein höherrangiges Tier erhält den Vortritt. Oder es könnte Großzügigkeit oder Höflichkeit im Spiel sein: Der Klügere gibt nach. Es könnte auch sein, dass beide ihr Gesicht wahren müssen, dass also einer den ersten Schritt zu einem Kompromiss tut, der Zweite dann den nächsten unternehmen kann. Sogar komische Lösungen sind denkbar, etwa die, dass die eine Ziege der anderen erlaubt, über ihren Rücken hinweg die andere Seite der Brücke zu gewinnen.*

Johann Peter Hebel

Gute Geduld

S. 191

1 *Die Kalendergeschichte hat Ähnlichkeit mit der Fabel von den beiden Ziegen auf der Brücke. Aber die beiden menschlichen Figuren sind nicht gleich, sie haben typische „nationale" Eigenschaften. In der Zeit der Napoleonischen Kriege und der Kontinentalsperre waren Franzosen und Engländer Gegner. Interessant ist, wie Hebel diese Gegnerschaft modelliert. Der Engländer beginnt mit einem Manifestsatz, der Franzose antwortet leicht ironisch, sein Pferd sei auch ein Engländer – und daher solle man den Streit doch auf der Ebene der Pferde und nicht der Nationaleigenschaften austragen. Er schlägt dann noch vor, die Sache über die Kategorie des Alters (also der Würde) zu regeln. Der Engländer scheint indes humorlos. Er setzt auf eine Zermürbungstaktik. Engländer sind in Deutschland dafür bekannt, dass sie ausführlich Zeitung lesen und „kaltblütig" ihren Vorteil zu nutzen verstehen. So erfüllt der Erzähler die Erwartungen an Franzose (witzig) und Engländer (kaltblütig). Als der Engländer dann allerdings etwas leutselig (er spricht den Franzosen französisch an) den Erfolg seiner Hartnäckigkeit einsammeln will, muss er feststellen, dass der Franzose ihn übertrumpft. Dessen Antwort ist geistreich und zeigt zugleich Kaltblütigkeit. Das überzeugt. Der Engländer kann – auch dies eine Nationaleigenschaft – als Fairplay anerkennen, dass der Gegner gewonnen hat.*

2 *Die Ziegen in Grimms Geschichte sind in ihrem Horizont begrenzt, zur Durchsetzung ihres Begehrens kennen sie nur die körperliche Konfrontation. Sie stoßen einander, nachdem sie sich zuvor gezankt haben. Die beiden Reiter in Hebels Geschichte streiten nicht, sie rangeln nicht, sie verhalten sich – bei aller Hartnäckigkeit und allem Eigensinn – zivilisiert. Deswegen ist bei ihnen auch ein Kompromiss möglich, bei dem keiner das Gesicht verliert.*

3 *b) Hebel scheint zuerst Sympathien für den witzigen und geistreichen Franzosen zu haben, der zudem noch die gleiche Kaltblütigkeit und Geduld wie der Engländer besitzt. Die Pointe aber geht an den Engländer, der anerkennen kann, dass der andere ein geistreicher Gegner ist.*
Der Erzähler kommentiert das Verhalten seiner Protagonisten in dieser Kalendergeschichte nur indirekt. Er nennt sie in dem Satz über die Sonne (Z. 28–31) „Toren". Später urteilt er, dass der Franzose „den Kopf auch nicht verloren" (Z. 34 f.) hatte.
Zum Vergleich: In den zuvor gelesenen Kalendergeschichten bewertet der auktoriale Erzähler direkt das erzählte Verhalten. Solche Stellen sind z. B.:
– „Dass nicht alles so uneben sei, was im Morgenlande geschieht ..." (S. 185 im Schülerband, Z. 1 f.)
– „So sprach er mit dem heitern Blick eines ehrlichen Mannes ..." (S. 185, Z. 14 f.)
– „Der geneigte Leser denkt vielleicht ..." (S. 189, Z. 86)
– „... wenn das Herz bewegt ist ..., mag der Mensch keine Rache nehmen ..." (S. 189, Z. 90 ff.)
– „Merke: Es gibt Untaten, über welche kein Gras wächst." (S. 189, Z. 114 f.)

4 *a) Eine Parallelgeschichte könnte so beginnen:*

> *Zwei Autofahrer warten auf einem überfüllten Parkhaus auf einen Parkplatz, der frei wird. Sie fahren langsam, halten Ausschau. Da sieht der eine, wie hinter ihm eine Frau in ihren Wagen steigt. Gleich wird sie losfahren. Er legt den Rückwärtsgang ein. Der andere hat das auch gesehen. Er hofft, vorwärts in die bald entstehende Lücke zu kommen ...*

Achtung: Bei dem zu erwartenden Rededuell der Parkplatzsuchenden ist darauf zu achten, dass es nicht darum geht, eine Schimpf- und Beleidigungskanonade loszulassen, sondern dass es darauf ankommt, eine interessante Pointe zu entwickeln. (Einem der beiden läuft die Zeit davon; ein Polizist erscheint; sie blockieren den Verkehr, und andere Verkehrsteilnehmer greifen ein ...).

b) *Der Unterschied zwischen Anekdote und Kalendergeschichte ist nicht leicht zu bestimmen. Eine kurze Prosaerzählung sind beide, beide mischen Unterhaltung und Belehrung, oftmals steuern sie auch auf eine Pointe oder eine Moral hin. Der einzige für Siebtklässler sichtbare Unterschied liegt in der Hinwendung des Erzählers zum Publikum. Während der Anekdotenerzähler die Personen und das Ereignis, von denen er berichtet, in den Mittelpunkt stellt, hat der Kalendergeschichtenschreiber die Absicht, eine menschliche Haltung, eine Entscheidung, eine Konfliktlösung zu empfehlen oder zu kritisieren. Anekdote und Kalendergeschichte werden beide in aller Regel auktorial erzählt, das heißt, der Erzähler kennt die Situation, die darin handelnden Figuren, ihre Motive – und er spricht darüber mit seinem Leser.*

In einem Tafelbild können Merkmale des auktorialen Erzählers, wie er in Anekdote und Kalendergeschichte auftritt, festgehalten werden:

Wer erzählt die Geschichte? – Der auktoriale Erzähler

Der Erzähler einer Anekdote oder einer Kalendergeschichte, der seine Leser unterhalten, informieren, belehren, vielleicht sogar bessern will, gibt sich selbst in seiner Geschichte zu erkennen:

- *Er **spricht** seine Leser oft **direkt an** („das haben wir schon einmal gehört").*
- *Er **bewertet** das Verhalten der Personen, von denen er erzählt („Der ehrliche Finder, dem es ... um seine unbescholtene Rechtschaffenheit zu tun war").*
- *Er **deutet an**, was noch kommt („denn wie es um seine Ehrlichkeit aussah, das wird sich bald zeigen").*
- *Er **fasst zusammen** und **verallgemeinert** durch Redensarten, die jeder kennt („Da war guter Rat teuer.").*
- *Er **weiß, was die Personen** seiner Erzählung **denken** („und dachte unterdessen geschwinde nach, wie er den treuen Finder um seine versprochene Belohnung bringen könnte").*

*Einen solchen Erzähler, der alles überschaut und alles weiß, nennt man **allwissenden** oder **auktorialen Erzähler.***

Dem Geschichtenanfang (vgl. Aufgabe 4 a) kann man nicht ansehen, wie sich die Erzählung entwickeln wird. Lediglich die Abgrenzung zur Fabel ist relativ einfach. In der Fabel agieren Gegensatzpaare, und aus der Aktion geht eine verallgemeinerbare Regel oder Lehre hervor. Viele Erzählversuche von Schülerinnen und Schülern arbeiten allerdings mit dem Schwarz-Weiß-Schema und der moralischen Schlussfolgerung der Fabel auch dann, wenn eine Anekdote gefordert war.

Zusatzmaterial zum Thema Fabel – Kalendergeschichte:

Johann Peter Hebel (zugeschrieben)

Die beiden Fuhrleute

Zwei Fuhrleute begegneten sich mit ihren Wagen in einem Hohlweg und konnten einander nicht gut ausweichen. „Fahre mir aus dem Wege!", rief der eine. „Ei so fahre du mir aus dem
5 Wege!", rief der andere. „Ich will nicht!", sagte der eine. „Ich brauche nicht!", sagte der andere. Weil keiner nachgab, kam es zu heftigem Zank und zu Scheltworten. „Höre du", sagte endlich der Erste, „jetzt frage ich dich zum letzten Mal: Willst du mir aus dem Wege fahren oder nicht?
10 Tust du es nicht, so mache ich es mit dir, wie ich es heute schon mit einem gemacht habe." Das schien dem andern doch eine bedenkliche Drohung. „Nun", sagte er, „so hilf mit wenigs-

15 tens, deinen Wagen ein wenig beiseitezuschieben. Ich habe ja sonst nicht Platz, um mit dem meinigen auszuweichen!" Das ließ sich der Erste gefallen, und in wenigen Minuten war die Ursache des Streites beseitigt. Ehe sie schieden, 20 fasste sich der, der aus dem Wege gefahren war, noch einmal ein Herz und sagte zu dem andern: „Höre, du drohtest doch, du wolltest es mit mir machen, wie du es heute schon mit einem gemacht hättest! Sage mir doch, wie hast du es mit ihm gemacht?" – „Ja, denke dir", 25 sagte der andere, „der Grobian wollte mir nicht aus dem Wege fahren, da – fuhr ich ihm aus dem Wege!"

(Aus: Kurzgeschichten für Gottesdienst, Schule und Gruppe. Hg. von Willi Hoffsümmer, Matthias-Grünewald-Verlag, 21. Aufl. Mainz 2002)

1 *Schreibt die Geschichte ab. Verwandelt dabei die wörtliche Rede der beiden Fuhrleute in indirekte Rede.*

2 *Der Erzähler hätte seine Kalendergeschichte auch mit Zeile 18 f. so enden lassen können: „… und in wenigen Minuten war die Ursache des Streites beseitigt." Er fügt aber noch einen zweiten Schluss an, der endet: „da – fuhr ich ihm aus dem Wege!" Überlegt und entscheidet:*

a) Welcher der beiden Fuhrleute war der Sieger in diesem Streit?

b) Welches war für euch die „besondere Überraschung", die eine Kalendergeschichte ja enthalten sollte?

3 *Was, meint ihr, will Hebel mit der Pointe seiner Geschichte beweisen? Nehmt Stellung zu dem folgenden Auszug aus einer Predigt, in der der Pfarrer diese Kalendergeschichte erzählt hat:*

Die Macht der klugen Worte

Und dann, so Hebel: „in wenigen Minuten war die Ursache des Streites beseitigt." Damit könnte die Geschichte ihr Bewenden haben: Der Stärkere hat sich wieder einmal durchgesetzt, 5 der andere weicht wohl oder übel zur Seite. Jetzt geht es zwar wieder voran, aber der Schwächere wird vermutlich eher denken: Zum Glück bin ich noch einmal davongekommen. Aber vielleicht denkt er auch: Das lasse 10 ich mir das nächste Mal nicht mehr bieten. […] Aber gerade jetzt nimmt die Geschichte einen anderen Verlauf. […] Und zwar dadurch, dass der eine, vermeintlich Stärkere, sich mitten im Dilemma nun eben nicht auf die Stärke des 15 lauten Wortes, seine Pferdestärken und seine urwüchsige Kraft besinnt, sondern auf eine ganz ähnliche Situation, die aber friedlich gelöst wurde. Im Volksmund heißt es nicht zu Unrecht: Der Klügere gibt nach. Und dieser Satz ist wohl richtig so zu verstehen, dass dieser 20 Klügere eben, indem er nachgibt, kein Weichei, Angsthase ist, sondern sich gerade hier als der Stärkere erweist. […] [Die Geschichte] erzählt eine Konfliktlösung, die ganz durch Worte funktioniert. […] Letztlich, so zeigt sich, 25 liegt in klugen Worten mehr Macht und mehr nachhaltiger Friede als in der brutalen Verfechtung des eigenen Interesses.

(Aus: Thomas Schlag: Akademie-Andacht. In: http://de.groups.yahoo.com/group/predigtvorbereitung/ message/139)

10.2 Wo kein Richter hinreicht –
Erzähltempora in kurzen Geschichten

S. 192

Heinrich von Kleist
Der Griffel Gottes

Das Problem der göttlichen Gerechtigkeit, der Theodizee, hat Kleist in fast allen seinen Werken beschäftigt. Ob „Der Findling", „Das Erdbeben von Chili" oder „Michael Kohlhaas", immer geht es um die Frage nach einer gerechten Weltordnung. Während aber die Novellen fast immer diese Ordnung in Frage stellen, behalten die Anekdoten den Gestus der Beleg-Geschichte bei, das heißt, sie sind so angelegt, dass die Leser den sicheren Eindruck gewinnen, es gäbe so etwas wie ein göttliches Eingreifen zur Herstellung oder zur Unterstützung von Gerechtigkeit. Kleists Anekdoten befriedigen damit ein elementares Bedürfnis der Leser, die es nach Erzählungen verlangt, die man als Beispiel für die These einer gerechten Weltordnung hinnehmen kann.

1 *Der griechische Gott Jupiter schleuderte den Blitz gegen seine Feinde. Mit einem blitzähnlichen Feuer schrieb Gott die zehn Gebote auf Tafeln. Ein Feuer schrieb das Menetekel an die Palastwand des Belsazar. „Der Griffel Gottes" ist also eine Metapher für den Blitz, welche auf diese Tradition anspielt.*

2 *Die Beteuerung der Wahrheit ist in Kurzerzählungen eine sehr ambivalente Sache. Lügengeschichten (Eulenspiegel, Münchhausen) enthalten regelmäßig derartige Versicherungen. Auch in Märchen kommen sie vor. In Zeitungsberichten gehören Beglaubigungen dieser Art zur Textsorte. Sie sind auch durchweg ernst gemeint, und der Wahrheitsgehalt der Geschichte kann eingeklagt werden.*
Bei Kleist hält sich der Erzähler selbst auffällig zurück. Er meint, dass die „Schriftgelehrten" prüfen sollten, ob das Sprachspiel der Bedeutungsveränderung durch Weglassen von Buchstaben im Polnischen möglich ist. Dementsprechend hält er sich trotz der Versicherung, der Vorfall sei „gegründet", bei der Frage heraus, ob der Blitz wirklich als „Griffel Gottes" gewirkt hat – oder ob es sich um ein frommes Erzählstück handelt.

3 *Das Präsens hat innerhalb des Bestätigungsrituals die Aufgabe, die Wahrheitsbeteuerung in die Gegenwart hinüberzuziehen. Vergleichbar der Versicherung: „Du kannst das, was ich sage, jederzeit nachprüfen."*

4 *a/b) Die polnische Adelige mit dem bösen Lebenswandel und der selbstsüchtigen Beziehung zur Kirche ermöglicht dem Protestanten Kleist eine doppelte Kritik am naiven Katholizismus: Die Gräfin glaubt, dass ihre Schenkung ihre Sünden aufwiegt. Aber das widerspricht – und das schreibt der „Griffel Gottes" – der gerechten Weltordnung, an die auch der Katholik glaubt. Indiz dafür, dass nicht nur die bösartige Gräfin, sondern auch das Kloster, „das ihr die Absolution erteilt hatte", kritisiert wird, sind die Betonung des Aufwandes, mit dem die Stiftung auf dem Grabstein vermerkt wurde. Kleist erinnert indirekt an den Ablasshandel: Absolution gegen Bezahlung.*

5 *Zeitangaben in dem Text:*
– „als sie starb" (Z. 5): Temporalsatz
– „tags darauf" (Z. 11): adverbiale Bestimmung
– „noch" (Z. 17): Zeitadverb
Die grammatischen Kategorien können ineinander überführt werden: „noch" = „bis zum heutigen Tag" usw.

6 *a/b)* *Adverbiale Bestimmungen und Temporalsätze in Hebels Kalendergeschichte „Der Husar in Neiße":*

Adverbiale Bestimmung	Temporalsatz
– *im Anfang der Französischen Revolution (Z. 1)* – *im Jahr 1806 (Z. 5 f.)* – *nach Jahr und Tagen (Z. 23)* – *im Jahr 1806 (Z. 28)* – *den andern Morgen (Z. 33)* – *heute Nacht (Z. 50)* – *vor achtzehn Jahren (Z. 51, Z. 67)* – *von dieser Zeit an (Z. 108 f.)* – *nach einem Vierteljahr (Z. 110)*	– *Als die Preußen mit den Franzosen Krieg führten (Z. 1 f.)* – *als er noch immer nicht kommen wollte (Z. 36 f.)* – *Als er aber merkte (Z. 77)* – *Als er ihn … erinnerte (Z. 79 f.)*

Es gibt Zweifelsfälle:
— *„… wenn das Herz bewegt ist …" (Z. 90): Der Nebensatz ist nicht temporal, sondern eher konditional zu verstehen.*
— *„es sei schon lange Gras darüber gewachsen" (Z. 26 f.): „Es wächst Gras über eine Sache" ist keine Zeitangabe.*

Beide Textstellen gehören im grammatischen Sinn nicht zu den Zeitangaben, auch wenn darin eine zeitliche Angabe versteckt ist.

Zusätzlich zu der Aufgabe können noch alle **Zeitadverbien** *aus dem Text herausgeschrieben werden: damals (Z. 10), zuletzt (Z. 14), nimmer (Z. 25, Z. 101), abends (Z. 29), noch (Z. 35), noch immer nicht (Z. 36 f.), endlich (Z. 37), jetzt (Z. 54), zuletzt (Z. 69), anfänglich (Z. 73), schon (Z. 88), nachher (Z. 106).*

c) *Hier können die Schülerinnen und Schüler auf die Ergebnisse ihrer Analyse (zu Aufgabe 2 und 3, S. 188 f. im Schülerband) zurückgreifen (vgl. S. 202 f. in diesem Handbuch). Sowohl die adverbialen Ergänzungen und Adverbien als auch die Tempora situieren das Geschehen in der Zeit. Wenn allerdings das Präsens nicht als Tempusindikator, sondern stilistisch (zur Herstellung von Spannung) eingesetzt wird, müssen die Temporalangaben über die adverbialen Bestimmungen sichergestellt werden: „Den andern Morgen kommt der Sergeant nicht zum Frühstück. Die Frau denkt: ‚Er wird noch schlafen'… Als er noch immer nicht kommen wollte (!), ging sie endlich …, macht leise die Türe auf und will sehen … (Z. 33–39)*

Otto Flake

S. 193

Die Versuchung des Richters

Die Kurzgeschichte aus dem Jahr 1952 greift ein damals wie heute aktuelles Thema der Rechtspflege auf. Es geht um die Frage, ob die Normen der Strafverfolgung „ohne Ansehen der Person" anzuwenden sind oder ob die Persönlichkeit, das Lebensschicksal oder die näheren Umstände der Tat Berücksichtigung finden sollen. In einer Zeit, in der viele Menschen sich mit der Tatsache konfrontiert sahen, dass sie viele Jahre (nämlich unter der Herrschaft des Nationalsozialismus) etwas als rechtens angesehen hatten, dessen Unrecht sie jetzt offenbar vor Augen hatten, kam noch ein zweiter Gesichtspunkt hinzu: das Aufarbeiten oder Verdrängen und Verschweigen der dunklen Stellen in der eigenen Biografie. Flake verbindet beide Gesichtspunkte zu einer spannenden und menschlich rührenden Geschichte. Der alte Richter verhält sich vorbildhaft, er setzt das von ihm in der Rechtspflege vertretene Prinzip der Einzelfallbeurteilung und der Priorität der Resozialisierung vor der Bestrafung in einer individuellen Entscheidung um.

1 *Der Richter verhält sich gegenüber dem Polizisten korrekt und zurückhaltend. Er weiß etwas, sagt aber nichts. Es bleibt unklar, warum er das tut. Erst im Gespräch mit der Tochter, die von sich aus (ohne dass er etwas von dem Polizistenbesuch erzählt hatte) eine Hausdurchsuchung anregt, teilt der Erzähler seine Gedanken mit: „Er sah das junge, verzweifelte Gesicht vor sich …" (Z. 45 f.). Der Gang in die Stadt mit der Tochter muss nach dieser Information als ein Ablenkungsmanöver verstanden werden. Der Richter versucht, die Diebin zu decken. Damit ist ein Spannungspunkt erreicht, denn der Leser muss sich natürlich fragen, warum gerade ein Richter die Verfolgung des Diebstahls zu verhindern versucht.*

2 *a) Die Rückblende in die Jugend des Richters beginnt in Z. 59 mit dem Aufschlagen der „vergilbten Hefte" des Tagebuchs aus der Zeit vor dem Ersten Weltkrieg. Sie endet Z. 150 f. mit der Aussage: „Der Richter schloss das vergilbte Heft und sann den Wirkungen nach …"*

b) Die Erzählperspektiven und ihr Wechsel:
 - *Die Geschichte ist grundsätzlich auktorial erzählt. Der Erzähler beschreibt das Verhalten des Richters, kennt aber auch seine Gedanken und Gefühle.*
 - *Der Text des Tagebuchs ist dann als „Zitat" mitgeteilt. Sein Verfasser ist der Richter. Dieser berichtet als Ich-Erzähler von seinem Verhalten, dem seiner Verlobten, seiner Notlüge.*
 - *Nachdem der Richter sein Tagebuch geschlossen hat, wechselt Flake zu einem personalen Erzählstil. Der Blick auf die eigenen Bücher lässt in dem Richter Gedanken aufsteigen, die ganz aus dessen Sicht vorgestellt sind: „Ohne den Blick in sein Inneres wären sie nicht entstanden." (Z. 158 ff.)*
 - *Der Schluss der Erzählung – „Am nächsten Morgen ging er …" (Z. 167 ff.) – ist wieder auktorial erzählt.*
 - *Der allerletzte Satz („Es wurde so viel gestraft …", Z. 176 f.) ist jedoch erneut eine Reflexion des Richters und aus dessen Perspektive mitgeteilt.*
 Flake benutzt die Erzählweisen zur zeitlichen Gliederung seiner Erzählung und um klarzumachen, wer für die einzelnen Informationen des Textes verantwortlich ist: der Richter oder der Erzähler.

c) Der Diebstahl ist für den Richter so entscheidend, weil er ihn zu der Erkenntnis bringt, dass man dem Bild, das man von sich selbst hat, nicht trauen kann, dass Triebe, die man nicht kannte, eine Rolle spielen können, dass man also das Verhalten von Menschen nicht nach starren Normen bewerten darf, sondern unter Berücksichtigung der Tatmotive beurteilen muss.

4 *a) „Die Versuchung des Richters" ist mehrdeutig zu verstehen:*
 - *Einmal kann sich der Titel auf die im Tagebuch festgehaltenen Ereignisse aus der Jugendzeit des Richters beziehen. Aus der Reflexion dieser Versuchung entstand dessen rechtsphilosophische Grundüberzeugung.*
 - *Der Titel kann sich aber auch auf die aktuell erzählte Geschichte beziehen, die Versuchung nämlich, bei der Überführung einer Diebin mitzuwirken und das gestohlene Eigentum der Tochter zurückzubekommen.*
 - *Oder ist es für einen Richter eine Versuchung, wenn er es – gegen das Rechtssystem verstoßend – unternimmt, „einem jungen Menschen eine Chance zu geben"?*

b) Das Dilemma, in dem sich der alte Richter befindet, ist durch diese Aufgabe an die jugendlichen Leserinnen und Leser weitergegeben. Die Sympathielenkung der Geschichte sorgt dafür, dass einige von ihnen bereit sein werden, „Gnade vor Recht" ergehen zu lassen und der jungen Diebin „eine Chance zu geben". Die Rechtslage ist demgegenüber eindeutig. Der Richter hat nicht das Recht, einen Diebstahl als Bagatellfall zu bewerten und eine Strafverfolgung zu vereiteln. Gleich, welche Meinung die Schülerinnen und Schüler vertreten werden, es kommt darauf an, dass sie zur Rechtfertigung der Handlungsweise des Richters oder zu deren Kritik eine plausible und zusammenhängende Argumentation aufbauen.

5 a) Der Anfang der Geschichte informiert über die Situation, in der sich der alte Richter befindet. Er lebt in dem vornehmen Haushalt der Tochter. Es gibt Dienstpersonal, und er selbst gehört zur „Herrschaft", das „Sagen im Haus" hat aber seine Tochter. Er redet sich auf diese Autoritätsperson heraus: „Ich muss mit meiner Tochter sprechen..." (Z. 26 f.) Das alles wird nicht geordnet mitgeteilt, sondern der Leser kann es aus dem Text erschließen.

   b) Es gibt zwei Möglichkeiten der Fortsetzung:
   – Die von der Geschichte nahegelegte ist: Die junge Ostdeutsche erkennt – wie seinerzeit der Richter – das Unrecht ihres Verhaltens und die Chance, die ihr durch den Verzicht auf eine Anzeige geboten wird, sie ist dementsprechend dankbar und kann sich irgendwann einmal für die Großzügigkeit und das Verständnis des Richters revanchieren.
   – Es kann aber auch so sein, dass der Richter eine herbe Enttäuschung erlebt, dass die junge Person nicht einsichtig, sondern verstockt ist, ihre Unschuld beteuert und ihre Handlungsweise rechtfertigt (die Reichen merken doch gar nicht, wenn ihnen etwas fehlt). Diese zweite Version entspricht allerdings wenig der Geschehensethik der jugendlichen Leserinnen und Leser, die auf ein „gutes Ende" Wert legen.

   c) Der „unmittelbare Anfang" als typisches Merkmal der Kurzgeschichte ist mit dem Satz „Es schellte" gegeben. Es fehlt eine Exposition, durch die der Leser mit Figuren und Situation bekannt gemacht würde (etwa „In der Stadt X lebte in den sechziger Jahren ein alter Richter bei seiner Tochter. Eines Tages ..."). Der „offene Schluss" ist in der Aufgabe 5 b) schon herausgearbeitet. Es ist am Ende nicht klar, wie sich die junge Frau gegenüber dem Richter verhalten wird: Wird sie leugnen, wird sie einsichtig sein und ähnlich denken wie der Richter selbst, als er als junger Mensch aus Übermut Ähnliches getan hatte?

6 Die Selbstbeobachtungen des Richters könnten z. B. so aussehen:

Der Blick in mein Inneres hat mein Leben verändert.

Mein Tagebuch gibt Auskunft über mich selbst. Es zeigt, wie ich Entdeckungen an mir machte, die mich erschreckten. Ich habe - ohne im Geringsten darüber nachzudenken - einen Warenhausdiebstahl begangen, ich habe meine Karriere aufs Spiel gesetzt und sogar meine Beziehung zu meiner Verlobten. Ich habe mich nur durch eine Notlüge retten können, die mein Verhalten einigermaßen plausibel erscheinen ließ. Aber ich habe nachgedacht. Es ist mir aufgefallen, dass in jedem Menschen eine Seite seiner Persönlichkeit schlummert, über die er sich keine Vorstellungen macht, die aber in besonderen Situationen „herauskommen" kann. Bei der Rechtsprechung sollten solche Besonderheiten des einzelnen Falles in Rechnung gestellt werden.

7 Der Richter hat sich entschlossen, der jungen Frau zu einem Neuanfang zu verhelfen. Er regelt die Angelegenheit mit der Wirtin, obwohl das sicher auch für ihn nicht ganz ungefährlich ist, wenn diese tatsächlich die „unangebrachten Vermutungen" anstellen sollte, von denen er spricht. Dann führt er das Gespräch, über das in der Erzählung nichts mehr gesagt wird (es handelt sich um eine „Leerstelle", der Leser muss selbst Vermutungen anstellen, wie dieses Gespräch verläuft). Es gibt zwei mögliche Wendungen, die die Schülerinnen und Schüler ausführen könnten: Die erste nimmt an, dass die junge Frau einsichtig ist, die Chance, die der Richter ihr gibt, ergreift und – ähnlich wie dieser selbst – das Erlebnis verarbeitet. Es

211

kann aber auch möglich sein, dass der Richter scheitert, dass sie verstockt ist, die Tat leugnet und Ausflüchte sucht.

8 *Otto Flakes Erzählung ist eine Kurzgeschichte im Sinne der Definition. Sie zeigt einen Menschen in einer Entscheidungssituation, sie hat einen offenen Anfang („Es schellte …"), und sie hat einen offenen Ausgang (man erfährt nicht, wie das Gespräch mit der jungen Flüchtlingsfrau ausgeht). Eigentlich ist jeder der beiden Teile (das, was im Tagebuch erzählt wird, und der Parallelfall in der erzählten Gegenwart, der den Richter zur erneuten Lektüre des Tagebuchs anregt) eine eigene Geschichte. Derartige Zeitsprünge sind in der Kurzgeschichte eher unüblich. Besonders die Überlegungen des Tagebuch-Lesers und die Schlussgedanken des Richters vor seinem Gespräch mit dem Mädchen sind ganz aus der Sicht der Figur (also personal) erzählt.*

9 *a) Die Tempora in der Einleitung:*
- *„Es schellte" (Z. 1):* **Präteritum** *als „Norm" des schriftlichen Erzählens (ebenso z. B. „öffnete und erblickte", Z. 2 f.; „fragte", Z. 4; „lautete", Z. 6, usw.);*
- *„waren ausgegangen" (Z. 1 f.):* **Plusquamperfekt** *der Vorzeitigkeit gegenüber dem Erzählten;*
- *„Was führt Sie zu mir" (Z. 4):* **Präsens** *der wörtlichen Rede in der Erzählsituation;*
- *„Wir haben eine junge Frauensperson verhaftet und festgestellt …" (Z. 7 f.):* **Perfekt** *für die Vergangenheit gegenüber der wörtlichen Rede, zugleich Indiz für Mündlichkeit;*
- *„Ihre Wirtin hat sie angezeigt" (Z. 9 f.):* **Perfekt** *für Erzählvergangenheit und Mündlichkeit;*
- *„befinden sich Gegenstände" (Z. 11), „Wir vermuten (Z. 12 f.), „ich soll mich erkundigen" (Z. 13 f.):* **Präsens** *für die aktuelle wörtliche Rede;*
- *„vermisst worden ist … nachdem gegangen war" (Z. 14 ff.):* **Plusquamperfekt** *der Vorzeitigkeit.*

b) Der Erzähler wechselt die Tempora, um eine genaue zeitliche Strukturierung seiner Erzählung zu erreichen. Immerhin hat er es mit der Zeitschicht der erzählten Gegenwart zu tun (der Polizist vor der Tür) und der Zeitschicht der unmittelbar davorliegenden Ereignisse (Verhaftung der jungen Person). Das muss er beim Erzählen auseinanderhalten, indem er unterschiedliche Formen der Vergangenheit wählt. Außerdem kann er so noch Mündlichkeit und Schriftlichkeit unterscheiden und die wörtliche Rede (als Präsens im Präteritum) situieren („Was führt Sie zu mir?' – ‚Eine Nachforschung', lautete (!) die Antwort.").

c) **Der Tempus-Gebrauch des Erzählers und die Techniken des genauen Lesens**
Die reale Zeit, in der etwas geschieht, und die grammatische Zeitform, das Tempus, sind nicht dasselbe. Etwas Vergangenes kann durchaus im Präsens dargestellt werden, es kommt auf die Erzählabsicht an, die der Sprecher mit dem Dargestellten verfolgt: Möchte er ein Ereignis erzählen, eine Vorgeschichte einflechten, möchte er das Berichtete kommentieren und darauf hinweisen, dass seine Beobachtungen noch immer Gültigkeit haben, will er eine Situation besonders lebendig und gegenwärtig schildern?
Beim schriftlichen Erzählen ist das Präteritum das üblicherweise verwendete Tempus. Auf diese Erzählebene ist alles bezogen. Alles, was vor dem erzählten Geschehen passiert ist, muss deshalb im Plusquamperfekt stehen. Die unterschiedlichen Tempora können im Erzählzusammenhang darüber hinaus unterschiedliche Funktionen haben. Über die Tempora lässt sich zum Beispiel klären, ob der Erzähler eine seiner Figuren selbst sprechen lässt oder ob er die Rede eines anderen wiedergibt.
Die Regeln, die die Schülerinnen und Schüler hier formulieren sollen, sind auf S. 198 im Schülerband auch als Grafik wiedergegeben.

10.3 Unrecht hinnehmen? – Geschichten (weiter-)schreiben

Bertolt Brecht

Gerechtigkeitsgefühl

S. 199

„Gerechtigkeitsgefühl" oder „Gewissen" oder „die innere Stimme" sind Konstruktionen der Erziehung, über die in der Gesellschaft gestritten wird. Ist ein Mensch mit einem „natürlichen" Gerechtigkeitsgefühl und Unrechtsbewusstsein ausgestattet, oder ist beides anerzogen und damit wechselhaft? Herr Keuner, Brechts Figur für den Querdenker, überträgt diese menschliche Besonderheit (Goethe: „Dies allein unterscheidet ihn [den Menschen] von allen Wesen, die wir kennen") auf den Hund. Auch dieser verfüge über ein „Gerechtigkeitsgefühl", das ihm sagt, dass auf ein Fehlverhalten eine Strafe zu folgen habe.

Die kleine Geschichte ist also geeignet für eine Anschlussdiskussion: Haben nur Menschen oder haben auch Tiere ein Gewissen, ist das Gerechtigkeitsempfinden erziehungsabhängig? Besteht das Gewissen darin, dass man eine Strafe erwartet, wenn man etwas Unrechtes getan hat?

1 *Die Antwort auf diese Frage ist abhängig von der Voreinstellung zu dem oben diskutierten Thema. Herrn Keuners Vorschlag ist gerecht, wenn die Prämisse stimmt, dass die eingeborene Naturordnung so etwas wie ein Gewissen kennt.*

2 *Eine Parallelgeschichte zwischen Eltern und Kindern könnte so aussehen:*

Die Tochter

Die vierzehnjährige Tochter der Familie, bei der Herr Keuner zu Gast war, hatte das erste Mal erlaubt bekommen, zusammen mit ihrer Freundin ein Tanzvergnügen im Nachbarort zu besuchen. Ein Vetter, der eben den Führerschein gemacht hatte, nahm sie mit, und alle drei versprachen, noch vor ein Uhr zurück zu sein. Die Eltern saßen mit Herrn Keuner zusammen, es wurde ein Uhr und dann zwei, die Eltern begannen, sich Sorgen zu machen. Endlich kam die Tochter. Schuldbewusst entschuldigte sie sich mit dem Hinweis, dass ihre Freundin und der Vetter nicht früher hätten aufbrechen wollen. Schon waren die Eltern bereit, die Sache nicht weiter zu vertiefen, sie waren froh, dass das Mädchen wieder da war. „Sie ist für ihre Freunde und für ihre Versprechen verantwortlich", redete da Herr Keuner streng mit den Eltern, „sprechen Sie eine Strafe aus." – „Aber sie kann doch gar nichts dafür", verteidigten die Eltern nun die Tochter. „Das ist nicht die wahre Meinung der Tochter", sagte Herr Keuner dringlich, „zeigen Sie ihr, dass sie immer und in jedem Fall dafür verantwortlich ist, dass ihre Zusagen eingehalten werden, sonst leidet ihr Gerechtigkeitsgefühl".

Bertolt Brecht

Der hilflose Knabe

S. 199

Auch in dieser Geschichte arbeitet Brecht mit einer gezielten Erwartungstäuschung. Er vertritt als Erzieher die Auffassung, dass das Beobachten von Widersprüchen, Unebenheiten in der Argumentation oder im Verhalten der Königsweg des Lernens durch Erfahrung ist. Hier wird die Verletzung des Gerechtigkeitsempfindens (man wünscht als Leser, dass dem hilflosen Knaben

Hilfe zuteilwird) benutzt, um einen Lernprozess in Gang zu setzen. Der Mann, der dem Knaben auch den letzten Groschen wegnimmt, ist – im Sinne des Erzählers Keuner – ein Lehrer, der dem Knaben eine Lektion erteilt: Hilf dir selbst, wer Hilflosigkeit zeigt, wird auch um das Wenige gebracht, das er noch hat.

3 *An den abgedruckten Teil der Geschichte geknüpft, ist die Frage nur unvollständig zu beantworten (sie muss am Ende der Besprechung noch einmal aufgegriffen werden). Hier wird die Perspektivübernahme dazu führen, in dem Mann, dessen Freundlichkeit ausdrücklich betont wird, einen Helfer in der Not zu erblicken. Das Gerechtigkeitsgefühl wird dem gutwilligen Leser also sagen, dass alles wieder gut werde, weil ja, wenn jemand unverschuldet in Not gerät, die Hilfe nicht weit sei.*

4 *Der „Helfer" könnte unterschiedliche Freundschaftsdienste leisten:*
- *er könnte reich sein und den geraubten Groschen einfach ersetzen;*
- *er könnte ein tätiger Helfer sein und die Verfolgung des Knaben, der den Groschen weggenommen hatte, aufnehmen;*
- *er könnte die Polizei verständigen und bezeugen, dass der bestohlene Knabe wirklich bedroht worden ist.*

Auch an Ratschlägen für den bestohlenen Jungen wird es den Schülerinnen und Schülern nicht fehlen: Pass besser auf dein Geld auf, wehr dich, zeig nicht, was du hast usw. Auch hier kennen die Schülerinnen und Schüler sicher genügend Parallelfälle aus eigener Erfahrung.

5 *In den spontanen Begründungen für die Wahl eines Schlusses werden die Gerechtigkeitsvorstellungen der Sprecher sichtbar. Der Wunsch nach einer „gerechten" Lösung der Situation wird sie die Variante C ablehnen lassen.*

6 *Der einleitende Satz von der „Unart", Unrecht hinzunehmen, macht klar, dass die Lösung A nicht richtig sein kann. Denn hier wird das Unrecht einfach übergangen. Der Schlusssatz des abgedruckten Teils der Geschichte spricht von der „neuen Hoffnung", die der weinende Knabe auf den freundlichen Helfer setzt. Auch hier muss der Leser sich fragen, ob der Wunsch nicht Vater dieser Hoffnung ist. Der Knabe erwartet Hilfe als Geschenk der Erwachsenen. Auch das, muss er lernen, ist ein Irrtum. Also kann auch die Lösung B kein hinreichender Beleg dafür sein, dass Herr Keuner die Geschichte ja als Beleg dafür erzählt, dass er es für eine „Unart" hält, sich auf Hilfe von außen zu verlassen und erlittenes Unrecht einstweilen zu erdulden.*

7 *a) Die Brecht'sche Version ist die Variante C. Der Blick in die Ausgabe zeigt den recherchierenden Schülerinnen und Schülern die große Anzahl weiterer Keuner-Geschichten, die alle das auch hier sichtbare „abweichende Denken" belegen.*

b) Natürlich sind nur Vermutungen möglich. Aber der Textbefund spricht dafür, dass es sich um eine Belehrgeschichte handelt. Gewisse Mühe macht bei der Deutung des freundlich blickenden Mannes, der nun auch die Hilflosigkeit des Knaben ausnutzt, statt ihm zu helfen, das Adjektiv „unbekümmert": Ist er unbekümmert, weil er sich vorher abgesichert hat? Geht er unbekümmert weg, weil er sicher sein kann, dass der Junge seine Lektion gelernt hat? Ist seine Unbekümmertheit ein Zeichen dafür, dass er sich in Übereinstimmung mit dem „Lauf der Welt" weiß? Will Herr Keuner dadurch, dass er den Mann so charakterisiert, den Leser zum Widerspruch reizen?

8 Liest man die Geschichte vom hilflosen Knaben als Belehrung darüber, dass es in unserer Gesellschaft darauf ankommt, eine gewisse Coolness zu entwickeln, die eigenen Möglichkeiten richtig einzuschätzen und nicht auf das Mitleid der anderen zu setzen, so ist auch die Rede des Me-ti klar. Sie besagt, dass Unrecht zu dulden, das Unrecht in der Welt stärkt, also selbst wieder Unrecht ist.

9 Musterlösung:

Um seinen Schülern klarzumachen, dass Unrecht zu dulden selbst ein Unrecht ist, erzählte der Lehrer Me-ti folgende Geschichte:
„In den Armenvierteln der großen Städte Amerikas war es üblich geworden, dass die Polizei dem Drogenkonsum der mittellosen Bevölkerung tatenlos zusah. Man habe Mitleid mit diesen Ärmsten, die nur so ihre hoffnungslose Lage ertrügen.
Über geschickte und skrupellose Drogenhändler breitete sich erst das Kiffen, dann das Heroinspritzen an den Schulen der anderen Stadtviertel aus. Selbst Kinder der Polizisten wurden zu Drogenabhängigen.
Zu spät erkannte man, dass man das Unrecht früher und an der Wurzel hätte bekämpfen müssen."

Lernerfolgskontrolle/
Themen für Klassenarbeiten

Sich mit einem literarischen Text durch Umgestaltung auseinandersetzen

...

Ende vorigen Jahres ließ ein Fremder, der gerade im Wirtshaus von Segringen angekommen war, durch den Wirt einen Barbier holen. Dem erklärte der Fremde, der von der Armee kam
5 und ein recht wildes Aussehen hatte, er wolle seinen Vollbart abgenommen haben; dafür zahle er vier Taler, sollte ihm jedoch der Barbier auch nur den kleinsten Schnitt zufügen, würde er ihn auf der Stelle erstechen. Zur Be-
10 kräftigung seiner Drohung legte er einen Dolch auf den Tisch. Der Barbier zog sich eiligst zurück und schickte seinen Gesellen. Auch dieser ließ sich nicht auf das Wagnis ein und schickte den Lehrjungen. Der kam, dachte
15 wohl an die vier Taler, viel Geld für einen Lehr-

ling, und begann, den seltsamen Kunden zu rasieren. Kaltblütig nahm er dem Fremden den Bart bis zum letzten Härchen sauber ab, ohne ihn auch nur einmal zu ritzen. Der Herr stand
20 auf, gab dem Jungen das Geld und fragte ihn erstaunt, wieso er so viel mutiger gewesen sei als Meister und Geselle. Der Lehrling bedankte sich lächelnd für die vier Taler und erklärte dem Herrn, er wäre ihm, wenn er ihn verletzt
25 hätte, zuvorgekommen, indem er ihm mit dem Rasiermesser sofort die Kehle durchgeschnitten hätte. Der fremde Herr wurde blass vor Schreck und schenkte dem Burschen noch einen Taler extra.

1 *Überarbeite den Bericht über den Barbierjungen von Segringen, um daraus eine Kalendergeschichte zu machen. Nimm dazu folgende Arbeitsschritte vor:*

a) *Finde eine Überschrift.*

b) *Gib der Geschichte eine Einleitung und einen Schluss, wobei die Lehre, die dem Leser gegeben werden soll, deutlich wird.*

c) *Suche dir jeweils eine geeignete Textstelle heraus, an der du eine Innensicht (Wiedergabe von Gedanken und Gefühlen), eine genaue Außensicht (detaillierte Beschreibung) und szenisches Erzählen (wörtliche Rede) verwendest.*

2 *Gib zwei Stellen an, an denen du einen Tempuswechsel vornehmen würdest, und begründe diese Tempuswechsel.*

Johann Peter Hebels Kalendergeschichte „Der Barbierjunge von Segringen" – die hier nacherzählt ist – ist abgedruckt in: Johann Peter Hebel: Schatzkästlein des rheinischen Hausfreundes. Hg. v. Winfried Theiss. Reclam, Stuttgart 1981, S. 159–161

Literaturhinweise

Der menschenfreundliche Ton: Zwei Dutzend Geschichten von Johann Peter Hebel mit kleinem Kommentar von Michael Stolleis. Insel, Frankfurt/M./Leipzig 2003

Förster, Jürgen: Analyse und Interpretation. Hermeneutische und poststrukturalistische Tendenzen. In: K.-M. Bogdal/H. Korte (Hg.): Grundzüge der Literaturdidaktik. dtv, München 2002, S. 231–246

Kämper-van den Boogaart, M.: Lässt sich normieren, was als literarische Bildung gelten soll? Eine Problemskizze am Beispiel von Brechts Erzählung „Der hilflose Knabe". In Heidi Rösch (Hg.): Kompetenzen im Deutschunterricht. Lang, Frankfurt/M. 2005, S. 27–50

Knopf, Jan: Die deutsche Kalendergeschichte. Ein Arbeitsbuch. Suhrkamp, Frankfurt/M. 1983

Kurze Geschichten. Praxis Deutsch 75/1986

Pfeifer, Joachim: Romane und Erzählungen im Unterricht. In: K.-M. Bogdal/H. Korte (Hg.): Grundzüge der Literaturdidaktik. dtv, München 2002, S. 190–202

Rupp, Gerhard/Bonholt, Helge: Mit dem Stift zum Sinn. Schreiben als Lesestrategie (= Erarbeitung der Kalendergeschichte von J. P. Hebel: „Unverhofftes Wiedersehen"). In: Praxis Deutsch 187/2004 (Lesestrategien), S. 48–52

Spinner, Kaspar H.: Moderne Kurzprosa in der Sekundarstufe I. Schroedel, Hannover 1990

Hörmedien:

Das **„Deutschbuch Hörbuch 7/8"** enthält Geschichten von Johann Peter Hebel („Böser Markt", „Das Mittagessen im Hof") und Bertolt Brecht („Herrn K's Lieblingstier"), die ergänzend zu den in diesem Kapitel behandelten eingesetzt werden können.

11   Reisen – Berichte und Reportagen

Konzeption des Gesamtkapitels

Das Themenfeld „Reisen" hat im Deutschunterricht auf Grund seiner vielfältigen pädagogisch-didaktischen Entfaltungsmöglichkeiten einen festen Platz. Entsprechende Unterrichtsvorhaben kommen sowohl dem jugendlichen Interesse am Fremden und Exotischen entgegen als auch fachdidaktischen und curricularen Vorgaben. Zentrale literarische und publizistische Textsorten (Reisebericht, Reisetagebuch, Reportage, Fernsehreport etc.) können anschaulich vermittelt und entsprechende Kompetenzen auf Schülerseite aufgebaut werden.

Im ersten Teilkapitel (**„Fremde Welten entdecken – Von Reisen berichten"**) geht es thematisch vor allem um die historische Dimension, fachspezifisch um die Struktur des Reiseberichts; hervorgehoben wird dabei die Verwendung von Formen des Erzählens und Schilderns beim Schreiben über Reiseerfahrungen. Wichtige Beispiele aus der Tradition der europäischen Reiseliteratur, Entdeckerberichte, aber auch Dokumente unbekannter Privatpersonen sollen die Geschichte des Reisens (und der Reisebedingungen) exemplarisch beleuchten, bedeutende Forschungsreisende und Entdecker vorstellen und schließlich die so unterschiedlichen Reiseanlässe und Reiseerlebnisse eines Auswanderers im 19. Jahrhundert und einer modernen Afrika-Reisenden zeigen. Zugleich kann im Rahmen des Teilkapitels der Problemgehalt des Themas „Begegnung fremder Kulturen" erkannt und differenziert besprochen werden (fruchtbarer Austausch und wissenschaftlicher Fortschritt einerseits, die Gefahr von Eroberung und Kolonialisierung andererseits; Reisen aus Not oder aus persönlichem Interesse etc.).

Im zweiten Teilkapitel (**„Große und kleine Reiseerlebnisse – Reportagen schreiben"**) steht eine anwendungsorientierte, schreibdidaktische Unterrichtseinheit im Vordergrund. Am Beispiel des Themas „Klassenfahrt" lernen die Schülerinnen und Schüler lehrgangsmäßig Aufbau und Gestaltung einer Reisereportage kennen. Das auf den ersten Blick konventionelle Thema bietet sich aus didaktischen Gründen an, weil es von jeder Lerngruppe praktisch umgesetzt werden kann. Auch eine Exkursion oder ein Wandertag genügt als Schreibanlass; entscheidend ist die Möglichkeit zur vergleichbaren Umsetzung eines Fahrt- oder Reiseerlebnisses.

Mit dem dritten Teilkapitel (**„Expeditionen im Film – Fernsehreportagen untersuchen"**) wird ein curricular gefordertes, wichtiges medienpädagogisches Unterrichtsfeld thematisch eingebunden. Materialgrundlage sind Dokumente der Fernsehreportage einer wissenschaftlichen Tauchexpedition, die der Erforschung eines untergegangenen Piratenschiffs aus dem späten 17. Jahrhundert galt. Das Teilkapitel vermittelt die fachlichen Grundlagen, mit denen dann in der Klasse eine aktuelle Fernsehreportage zu den Themen „Abenteuer", „Reisen", „Expeditionen" gezielt analysiert werden kann. Alle öffentlich-rechtlichen Fernsehsender und ein Teil der privaten Anstalten haben Sendereihen zu diesem Themenfeld und bieten dazu, was ebenfalls für den Unterricht gut zu nutzen ist, ausführliche Internetpräsentationen an.

Weiteres Übungsmaterial zu diesem Kapitel

Übungsmaterial im **„Deutschbuch Arbeitsheft 7"**
– Sachtexte lesen und verstehen: S. 75–79

Die Übersicht auf den Seiten 310 f. dieses Bandes zeigt Verknüpfungen der Software-Übungen **„Deutschbuch 7 interaktiv"** mit diesem Kapitel.

Inhalte

Kompetenzen

S. 201 **11.1 Fremde Welten entdecken – Von Reisen berichten**

S. 201 **Zeitreise – Bilder und Dokumente**

S. 203 Alexander von Humboldt **Das Hochland von Caxamarca**

S. 205 Georg Forster **Reise um die Welt**

S. 207 **Brief eines Auswanderers**

S. 209 Bettina Selby **Ah Agala! Mit dem Fahrrad durch Afrika**

Die Schülerinnen und Schüler können
– aus Texten und Bildern gezielt Informationen entnehmen;
– Texte gliedern und zusammenfassen;
– Texte mit Hilfe inhaltlicher Leitfragen analysieren und sie sprachlich und stilistisch untersuchen;
– den Wechsel von subjektiv schildernden und sachlich berichtenden Passagen als typisch für den klassischen Reisebericht kennzeichnen;
– Beispiele historischer Reise- und Forschungsliteratur auswerten und beurteilen;
– sich sachbezogen mit dem vielfältigen Themenfeld „Reisen, Entdeckungen, Begegnung mit fremden Kulturen" auseinandersetzen und ein differenzierteres Bild vom Wert des Reisens gewinnen.

S. 213 **11.2 Große und kleine Reiseerlebnisse – Reportagen schreiben**

S. 213 **Erlebnisse einer Klassenfahrt**

S. 213 **Mit Hochgeschwindigkeit ins Mittelalter**

S. 215 **Schritt für Schritt zur guten Reisereportage**

Die Schülerinnen und Schüler können
– die Elemente einer Reisereportage anhand eines altersgerechten Beispiels erkennen;
– sach- und themenbezogene Ergänzungen aus eigener Erfahrung formulieren;
– textanalytische Kenntnisse anwenden und zwischen Erlebnisbericht, Hintergrundinformation und Kommentar unterscheiden;

– den systematischen Aufbau einer Reisereportage in sechs Schritten nachvollziehen und selbst anwenden;
– anschließend selbst planmäßig eine Reisereportage verfassen.

S. 218 **11.3 Expeditionen im Film – Fernsehreportagen untersuchen**

S. 218 **Tauchfahrt in die Vergangenheit – Sir Henry Morgan**

Die Schülerinnen und Schüler können
– die Darstellung und den Inhalt einer Online-Präsentation zu einer Fernseh-Reisereportage analysieren;
– die Funktion von Text- und Bildteilen im Einzelnen erfassen und beschreiben;
– Strukturen der filmischen Gestaltung des Themas nachvollziehen und fachgerecht beschreiben.

11.1 Fremde Welten entdecken – Von Reisen berichten

S. 201

Zeitreise –
Bilder und Dokumente

Die Abbildungen zum Auftakt des Teilkapitels lenken den Blick bewusst auf einige alltägliche Notwendigkeiten früherer Forschungs- wie Privatreisen; zusätzlich können die leichter zugänglichen Bilder historischer Transportmittel wie Kutsche, Segelschiff, erste Eisenbahnen, Dampfschiffe, Zeppelin etc. herangezogen werden, um im Hinblick auf die Geschichte des Reisens die wichtigen Aspekte zunehmender Reisegeschwindigkeit und wachsender Reisemöglichkeiten hervorzuheben.

1 *Die vier Abbildungen sollen Reisebedingungen in früheren Zeiten veranschaulichen helfen; sie deuten außerdem auf das Thema „Forschungsreisen" hin; das Reiseservice wie die Reiseapotheke gehörten aber auch zum Gepäck von Privatreisenden. Da Jugendliche Vergangenes oft aus der vermeintlich überlegenen Perspektive heutigen wissenschaftlich-technischen Standards beurteilen, kann man darauf hinweisen, dass die gezeigten Gegenstände Belege für ein bereits beachtliches technisch-handwerkliches Niveau, einen hohen zivilisatorischen Standard und ein reiches Erfahrungswissen sind, wie sie in vielen Teilen der Welt noch bis ins 20. Jahrhundert hinein keineswegs selbstverständlich waren.*

Anmerkung zum Reiseservice: Seit dem Ende des 17. Jahrhunderts nahmen zunächst Adelige in der Kutsche ihre Reiseküche – das so genannte „Reiseservice" – mit. Im Laufe der Zeit wurde die Kunst, die notwendigen Utensilien möglichst Platz sparend zu verpacken, immer perfekter. Der gezeigte Koffer stammt aus England um 1900 und enthält neben Besteck und Geschirr auch einen Teekocher nebst Kanne, Metallkästen für Lebensmittel und Flaschen für Essig und Wasser. Wenn man den Koffer zuklappte, konnte man ihn als Fußbank in der Kutsche benutzen.

Folgende Rückschlüsse auf die damaligen Reisebedingungen im Vergleich mit den gegenwärtigen könnten erwartet werden:

– *Reisen war in früheren Zeiten sehr aufwändig.*
– *Die Forschungsinstrumente waren nicht so einfach zu bedienen wie entsprechende heutige Geräte; die Benutzer mussten sich auch technisch damit auskennen, sie notfalls sogar reparieren können.*
– *Man brauchte einige medizinisch-pharmazeutische Grundkenntnisse, um die Reiseapotheke benutzen zu können. (Bei Bedarf mischte man nach bewährten Rezeptbüchern die Grundsubstanzen selbst.)*
– *Das Reiseservice steht für einen gewissen Komfort.*
– *Alle vier Gegenstände dokumentieren, dass Forscher wie Privatreisende vor und auf längeren Reisen vieles bedenken und mitnehmen mussten, da man nicht davon ausgehen konnte, dass es die Sachen, wenn nötig, unterwegs auch gab. (Für Forschungsreisen gilt dies ja durchaus auch heute noch.)*

Über das Festgestellte hinaus kann ein Vergleich mit heutigen Reisen noch folgende Aspekte herausstellen:

– *Den größten Unterschied wird man hinsichtlich der Reiseapotheke ausmachen: Vieles, was früher aufwändig als Pulver angerührt oder gemischt werden musste, ist heute in Tabletten- und Salbenform und damit platzsparender erhältlich. Hinzu kommt für Urlaubsreisende, dass unterwegs und am Zielort in der Regel eine medizinische Grundversorgung vorhanden ist. Dennoch bieten vor allem zur Ferienzeit viele Apotheken eine „Reiseapotheke" an. Als kleinen Info-Auftrag könnte man die Schülerinnen und Schüler erkunden lassen, was heutzutage darin zu finden ist.*
– *Ein Reiseservice nimmt man heute in der Regel nicht mehr mit (es sei denn, als Picknickkoffer).*
– *Forschungsinstrumente werden auch heute noch meist von den Forschern selbst mitgenommen.*

Resümee: Forschungs- wie Privatreisen sind heute in vielerlei Hinsicht leichter zu unternehmen.

2 a) Die Reiseratschläge stammen aus der Hamburger Moralischen Wochenschrift „Der Patriot" von 1725 und waren zur Warnung vor allem an junge Reisende gedacht. Erziehungsregeln und Verhaltensvorschriften waren in früheren Zeiten selbstverständlicher als heute – sowohl in der Familie als auch in der Öffentlichkeit der Gesellschaft und des Alltagslebens. Dies hatte durchaus seinen Grund: Schon damals war die Gesellschaft einem zunehmenden Wandel unterworfen; vieles war daher für die Menschen ungewohnt, die Nutzung neuer Möglichkeiten (dazu gehörte mehr und mehr auch das Reisen) bedurfte der Anleitung.

Die Regeln kreisen vor allem um drei Bereiche:
— Sicherheit/Vorsichtsmaßnahmen
— Selbstbeschränkung/Bescheidenheit
— Bildungsgebot/Umgang mit fremder Kultur

Es bietet sich an, die Schülerinnen und Schüler die neun Regeln den drei Zielbereichen zuordnen zu lassen; einige Regeln lassen sich dabei mehreren Stichpunkten zuordnen.

Vorschlag für ein Tafelbild:

Sicherheit/Vorsichtsmaßnahmen	Selbstbeschränkung	Bildungsgebot
(1) auf ein gutes Reiseunternehmen achten (2) nur soliden, verlässlichen Informationsquellen trauen (4) auf Sicherheit in der Herberge achten (8) nicht leichtgläubig sein (9) keine Glücksspiele spielen	(3) wenig Gepäck ist praktisch; nicht mit dem eigenen Wohlstand angeben (6) seinen Stand nicht höher ausgeben, als er ist (nicht mit seiner sozialen Stellung angeben wollen) (7) sich normal und entsprechend den Sitten des Landes kleiden, nicht mit teurer Kleidung prahlen	(5) die Sprache des Gastlandes lernen; nur dann bietet die Reise Nutzen und sinnvolles Vergnügen (8) Offenheit gegenüber den Sitten des Gastlandes (9) Reiseziel: geschickter und klüger werden

b) Mögliche weitere Rückschlüsse aus den Reiseregeln:
— Reisen galt früher als unsicher.
— Verlässliche Landkarten, gut ausgebaute Straßen gab es kaum.
— Wirtshäuser und Herbergen standen in schlechtem Ruf und galten als nicht sicher, oft als „Räuberhöhlen".
— Bescheidenheit galt in Zeiten fester bürgerlicher Moralvorstellungen als selbstverständlich; das Verhalten sollte so sein, dass andere keinen Vorwand hatten, daran Anstoß zu nehmen.
— Verlässliche, vertrauenswürdige Ansprechpartner waren wichtig.
— Ohne Sprachkenntnisse kam man nicht aus, blieb eine Reise nach damaligem Verständnis ohne Nutzen.
— Reisen diente nicht in erster Linie der bloßen Unterhaltung, der Urlaubsentspannung.
— Der Verfasser der Regeln hatte wohl wenig Vertrauen in die „Touristen" von gestern.

Mögliches Resümee: Reisen war noch nicht selbstverständlich.

c) Wenngleich Reisen in unserer Gesellschaft noch nie als so selbstverständlich empfunden wurde wie heute (und es wohl de facto für viele Menschen auch ist), zeigt ein kurzer Blick in Reiseführer und -prospekte, dass Tipps zum Reisen Konjunktur haben und auch weiterhin notwendig sind (z. B. hinsichtlich der Vorbeugung gegen Infektionen, angemessener Kleidung und entsprechender Verhaltensweisen in fremden Kulturen, Ernährungstipps, Rechtsschutz etc.). Insofern macht die Erstellung eines Reiseratgebers durchaus Sinn.

Den Schülerinnen und Schülern sollte Raum gegeben werden, ihrem Spaß an der unfreiwilligen Komik einiger der Reiseregeln von 1725 Ausdruck zu geben; doch es sollte auch darauf hingewiesen werden, dass einige der Regeln in veränderter Form auch heute durchaus angebracht sind: z. B. Sicherheitshinweise wie die Empfehlung, nicht zu viel Bargeld an einer Kasse zu zeigen, einen Brustbeutel zu tragen, oder die Ermahnung, auf landestypische Eigenarten zu achten, etc.

Einige Beispiele für mögliche neue Reisetipps:
– für Sonnenschutz sorgen;
– auf notwendige Impfungen achten;
– beim Handy auf Auslandstarife achten;
– Reiseschecks besorgen;
– daran denken, dass die bei uns übliche Freizügigkeit in der Kleidung oder im Umgang von Mädchen und Jungen nicht in allen Kulturkreisen akzeptiert wird.

Gestaltungstipp: Die Schülerinnen und Schüler können ihre Reisetipps adressatenbezogen, im Tonfall entsprechender Aufklärungs- und Info-Teile in Jugendzeitschriften/-sendungen abfassen. Zudem können sie jedem Stichwort eine passende Illustration (Foto, Logo etc.) beifügen, z. B. die Abbildung einer Spritze bei der Impfempfehlung.

3 Weitere Gründe für Reisen: Forschungsreise, Klassenfahrt, Dienstreise, Mannschaftsreise, Bildungsreise, Hochzeitsreise, Flucht, Abenteuerreise ...

S. 203

Alexander von Humboldt

Das Hochland von Caxamarca, der alten Residenzstadt des Inka Atahuallpa

1 Entdeckungen und Beobachtungen, von denen Humboldt berichtet:
– Kunststraßen und Wasserleitungen der Peruaner, für die Humboldt Bewunderung hegt – dies umso mehr, als er und seine Gefährten am eigenen Leibe erfahren müssen, was es heißt, sich in einem solchen Gelände ohne befestigte Straßen fortbewegen zu müssen;
– Zuflüsse zum Amazonas;
– Versteinerungen;
– die effiziente Nutzung der Flüsse als Postwege.

2 Humboldts Beschreibung: anschauliche, lebendige Schilderung, kombiniert mit genauen Angaben, z. B.
– Anzahl der Flussdurchquerungen (Z. 13);
– Breite des Gießbaches (Z. 17 f.);
– detaillierte Beschreibung, wie die Briefe verpackt werden (Z. 40 ff., in einem „turbanartig" gewundenen Tuch, Z. 43);
– Anführen verlässlicher Zeugen für das Berichtete wie den Gouverneur (Z. 59 f.).

3 *a/b*   *Vorschlag für ein Tafelbild:*

Humboldt, der vielseitige Forscher		
	Aufgaben generell	*Stellen im Text*
Biologe	*Erforschung aller Organismen: der Pflanzen, Tiere und Menschen (zu griech. „bios", Leben)*	*Pflanzensammler, Hinweise auf Schwimmholz aus der Familie der Bombaceen und auf das Verhalten von Krokodilen*
Geologe	*Erforschung des Aufbaus und der Geschichte der Erde (zu griech. „geos", Erde)*	*Hinweise auf Syenitfelsen und Versteinerungen*
Geograf	*Erforschung der Erscheinungen und Räume auf der Erdoberfläche und in der erdnahen Atmosphäre*	*topografische Kenntnisse; Fluss- und Ortsnamen*
Historiker	*Erforschung der Geschichte: der politischen, wirtschaftlichen, sozialen und kulturellen Entwicklungsprozesse (zu lat. „historia", Geschichte)*	*Hinweise auf Konquistadoren, in der Überschrift auf den Inkakönig Atahuallpa*
Ethnologe	*Erforschung der Kultur der Völker, insbesondere der Naturvölker (zu griech. „ethnos", Volk)*	*Kenntnisse über Indianerstämme, Hinweise auf deren Verhalten*

4   a) Die Ausführlichkeit des Berichts über den schwimmenden Postboten hat sicherlich mit der Originalität dieser Postbeförderung zu tun, mit der Bewunderung, wie geschickt die Einwohner die Gegebenheiten der Landschaft nutzen, mit der Überraschung, bei den „wilden Indianerstämmen" sowohl das Bedürfnis nach brieflicher Kommunikation anzutreffen wie die Fertigkeit zu schwimmen (zu einer Zeit, als kaum jemand in Europa schwimmen konnte). Hinzu treten Humboldts adressatenbezogenes Interesse und seine Fähigkeit, dem Leser in Europa mit seinem Reise- und Forschungsbericht neben Bildung auch Unterhaltung zu bieten.

     b) Die zahlreichen Auslandsreportagen und Reise-/Expeditionsberichte im Fernsehen unterstreichen das ungebrochene Interesse gerade unserer Zivilisationsgesellschaft an ungewohnten, uns abenteuerhaft erscheinenden Lebensverhältnissen. Finden sich dann noch Beispiele für ein besonders originelles Brauchtum, die ungewohnte, ideenreiche Nutzung bestimmter Materialien etc., verzichtet kein Bericht darauf, dies im Interesse einer lebendigen, auch spektakulären Veranschaulichung aufzunehmen.

5   Nicht zuletzt dank der Humboldt-Renaissance, die 2004 unter anderem mit einer Titelgeschichte des Magazins „Spiegel" und zahlreichen Fernsehsendungen einsetzte, sind Humboldts spannende Reise- und Forschungsberichte wieder leicht zugänglich, auch als preiswerte Taschenbücher für Schüler. Hinzu treten zahlreiche Internetangebote. Eine Abbildung der Reiseroute Humboldts findet sich auf der nächsten Seite.

Die Reiseroute Alexander von Humboldts:

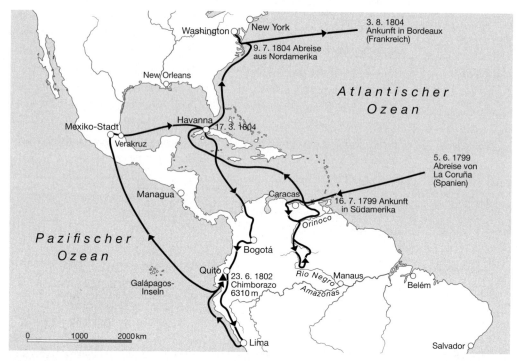

S. 205

Georg Forster

Reise um die Welt

1 *a–c) Es ist nicht vorauszusehen, ob die Schülerinnen und Schüler die Indianer in Schutz nehmen, deren Verhalten als Kleinigkeit abtun und die Gegenreaktion Cooks als vollkommen überzogen ansehen oder ob sie auch der Meinung sind, dass der Missbrauch der Gastfreiheit nicht zu entschuldigen ist und eine entsprechende Strafe nach sich ziehen muss.*
Mögliche Gründe, die Gegenstände zu stehlen:
– den Indianern unbekannte Qualität der Gegenstände Messer und zinnener Löffel;
– besonders aus Metall und Glas/Edelsteinen handwerklich ausgearbeitete Gegenstände übten eine große Faszination aus;
– eventuell argloses Entwenden, da bei vielen Indianerstämmen Eigentumsfragen nicht die Rolle spielten wie in der europäischen Kultur der Entdecker; durch die vorher von Cook überreichten Geschenke waren sie vielleicht in dem Glauben bestärkt worden, dass dies bei den fremden Besuchern ebenfalls so ist.
Cooks Verhalten erklärt sich zum einen aus der Enttäuschung über den Missbrauch der Gastfreundschaft (aus seiner Sicht war er doch zuvor freigiebig gewesen), zum anderen aus seiner Verantwortung für die Expedition: Auch bei Schwierigkeiten mit der eigenen Mannschaft (z. B. Meuterei) galt auf hoher See und bei Expeditionen im Auftrag des Staates stets das eiserne militärische Gesetz, dass die Disziplin um jeden Preis aufrechterhalten werden musste, weil davon das Überleben abhängen konnte. Cook befürchtete vermutlich, dass ein Tolerieren des Diebstahls ähnliche Vorfälle nach sich ziehen würde: deshalb die scharfe Reaktion als Abschreckung.

2 Vor allem der erste Abschnitt (Z. 1–34) stellt eine fast poetische, klassisch-idyllische Landschaftsschilderung dar. Es sind denn auch die schildernden Stilelemente, die diese Passage so anschaulich machen. Alle Sinneseindrücke kommen zur Geltung und lassen so die Landschaft und ihren Reiz vor dem inneren Auge des Lesers entstehen. Ausdrucksstarke Verben („schwebten", „emporragen" etc.), Adjektive und Partizipien („wehendes Lüftchen", „schäumende Brandung") fallen als sprachliche Mittel besonders auf.

3 Forsters Wahrnehmung als Natur- und Verhaltensforscher:
- genaue Beschreibung der Pflanzen- und Tierwelt;
- Interesse an den Verhaltensweisen der Ureinwohner und genaue Beschreibung ihrer äußeren Erscheinung; hierzu gehört auch seine Beschreibung des Tätowierens (Z. 87–92), was die Schülerinnen und Schüler vielleicht überrascht angesichts der Mode, sich ein Tattoo machen zu lassen.

4 „Paradiesische" Eigenschaften der Insel und ihrer Bewohner – Lösungsvorschlag für die ausgefüllte Tabelle:

Landschaft	Pflanzen/Tiere	Witterung	äußere Erscheinung der Bevölkerung	Verhaltensweisen der Bevölkerung
- waldgekrönte Berge (Z. 8) - stolze Gipfel (Z. 9) - sanft abhängende Hügel (Z. 13) - eine Reihe niedriger Klippen parallel zum Land, an denen sich die See schäumend brach (Z. 27 ff.) - spiegelglattes Wasser, sicherer Ankerplatz (Z. 29–31) - ...	- tragbare Brodfrucht-Bäume (Z. 17 f.) - unzählbare Palmen (Z. 18) - Pisang-Pflanze (= Banane, Z. 53) - unbekannte, farbenprächtige Vögel und Fische (Z. 70 ff.) - ...	- ein vom Land wehendes Lüftchen führt die erfrischendsten und herrlichsten Wohlgerüche heran (Z. 5–7) - majestätische Berggipfel glühten bereits im ersten Morgenstrahl der Sonne (Z. 9–11) - Wälder mit anmutigem Grün und herbstlichem Braun (Z. 13–16) - die Ebene, von unzählbaren Bäumen beschattet (Z. 17 ff.) - ...	- fast ganz nackte Leute mit Turban und Scherfe ... (Z. 41 ff.) - sanfte Züge in ihrem Äußeren (Z. 78 f.) - mahagonibraun (Z. 81) - schöne schwarze Augen und Haare (Z. 81 f.) - Tücher in malerischen Formen um Körper und Kopf gewunden (Z. 82–86) - Tattoos (Z. 87–92) - ...	- schwenken grünes Blatt und rufen Freundschaftsgrüße (Z. 44 ff.) - unbefangene Neugier (Z. 59 ff., 62 ff.) - voll Zutrauen (Z. 62 f.) - viel Gefälliges in ihrem Betragen (Z. 79 f.) - ...

5 Der Arbeitsauftrag kann dahingehend ausgeweitet werden, nicht nur bloße touristische Informationen einzuholen, sondern die Selbstdarstellung als „Paradies" mit aktuellen lexikalischen Informationen zu Land und Leuten, Geschichte, Wirtschaft und Politik zu kombinieren.

Zudem können unser geläufiger Begriff vom „Paradies" und seine vielfältige Verwendung grundsätzlich erläutert und hinterfragt werden:
– Was kennzeichnet eigentlich ein Paradies? Welche Paradies-Vorstellungen habt ihr?
– Ist ein Paradies auf Erden überhaupt wünschenswert?

Nicht nur in der Bibel, deren Paradies-Beschreibung an dieser Stelle in Erinnerung gerufen werden sollte, sondern in fast allen Kulturen gibt es die Vorstellung eines „goldenen Zeitalters", frei von Mühsal, Not und Zwang.

Es dürfte die Schülerinnen und Schüler interessieren, dass einem Teil von Cooks Mannschaft Tahiti in der Tat als Paradies erschien und es mehrere Versuche gab zu desertieren; die Strafen dafür waren drakonisch, die Versuchung dennoch groß: Die Matrosen, die in England nur das armselige Leben kleiner Leute kennen gelernt hatten und auf den Schiffen einem extrem harten Alltag ausgesetzt waren, fühlten sich von dem sinnenfrohen, naturnahen Leben der Ureinwohner – und natürlich auch von dem Reiz der jungen Frauen, dem Überfluss an frischen Nahrungsmitteln – stark angezogen.

Zusatzmaterial, das sich ebenfalls auf James Cooks Expeditionsreise bezieht, findet sich auf S. 228 ff. in diesem Handbuch.

S. 207

Brief eines Auswanderers

1 a) Aus dem Brief spricht der Charakter eines freundlichen, geduldigen, erwartungsfrohen, interessierten, auch mitfühlenden jungen Mannes – z. B. als er an die schlaflosen Nächte der zurückgebliebenen Familie denkt (Z. 2/3), als er sich erinnert, was der Abschied bedeutete (Z. 5), als er ahnt, dass seine Angehörigen dringend auf Nachricht warten (Z. 2/3).

b/c) Insgesamt dominiert in den Briefauszügen die sachliche Beschreibung, besonders deutlich im Bericht über das Zwischendeck (Z. 9–24): Hier sprechen die Fakten für sich, jede Ausschmückung würde die beabsichtigte Darstellung der Enge eher wieder aufheben. Stimmungen werden unmittelbar – wenn überhaupt – nur knapp angesprochen („glücklich angekommen", Z. 2; „unbeschreibliche Freude", Z. 39). Eine eher schildernde Passage findet sich bei der Wiedergabe des Sturmerlebnisses (Z. 30–35).

Durch den Wechsel von sachlicher und schildernder Beschreibung wirkt der Text sehr authentisch, die Angehörigen können sich ein genaues Bild nicht nur von der äußeren Situation machen, sondern auch vom Zustand der Menschen an Bord.

2 Mögliche Fragen der amerikanischen Leser bzw. Reporter an die Einwanderer:
– Beweggründe für die Auswanderung (wirtschaftliche Not, politische Gründe, religiöse Gründe, Abenteuerlust);
– welche Vorkenntnisse sie über das Einwanderungsland haben und welche Erwartungen sie deshalb hegen;
– ob sie eventuell schon Verwandte, Freunde in den USA haben;
– welchen Beruf sie erlernt haben oder gerne ausüben wollen;
– ...

Zusätzliche Arbeitsanregungen

[1] *Versetzt euch in die Rolle der Eltern oder der Geschwister von Gustav Bauer und setzt das Vorlesen des lange erwarteten Briefes szenisch um. Welche Reaktionen, Fragen, Vermutungen werden die Daheimgebliebenen zum Ausdruck bringen? Wie sieht wohl ihr Antwortbrief aus?*

[2] *Stellt euch vor, Gustav Bauer hat sich einem großen Treck nach Westen angeschlossen, um dort als Siedler sein Glück zu finden. Verfasst einen Brief an seine Eltern/Geschwister, in dem er diese Erlebnisse schildert. Was könnte er erlebt haben? Schaukelnde Planwagen, Begegnungen mit Indianern, seltsamen Mitreisenden, netten Familien, die Weite der Prärie, Entbehrungen, Hoffnungen, Naturwunder ...*

Bettina Selby   S. 209

Ah Agala! Mit dem Fahrrad durch Afrika

[1] *Allein die geografischen Gegebenheiten (Wüstengebiete, Gebirge) sowie die politischen und landeskundlichen Informationen (geringe Infrastruktur, politische Krisen, ethnische Probleme, wirtschaftliche Not) lassen deutlich werden, dass es sich um ein mutiges und riskantes Reiseprojekt gehandelt hat. Will man diesen Text ausführlicher bearbeiten, bietet es sich an, für jedes Land ein Infoplakat erstellen zu lassen, z. B. zu den Themen: Bevölkerung/Ethnien – Religion – politisches System – kulturelle Besonderheiten – Geografie.*

[2] *Vorschlag für ein Tafelbild:*

> **„Ah Agala" – Gliederung und Zwischenüberschriften**
>
> 1. Häuser und Dörfer auf der Durchreise (Z. 1–15)
> 2. Überraschende Einladung (Z. 16–79)
>   *Könnte noch weiter unterteilt werden, z. B.:*
>   *Abendessen: Als Gast in einer Männergesellschaft (Z. 52–68)*
> 3. Abschied mit guten Wünschen (Z. 80–89)
> 4. Gastfreundschaft unterwegs (Z. 90–99)
> 5. Mühsame Fahrt am Nil entlang (Z. 100–125)
> 6. Wüste, Habubs und Orientierungsnöte (Z. 126–155)
> 7. Wasser – das kostbarste Gut (Z. 156–174)
> 8. Herausforderung und Faszination: Die Wüste (Z. 175–195)

[3] *a/b)   Die Schnittstelle „zwischen zwei Welten" verdeutlicht das Besondere dieses Lebensraums: die Nähe von Wildnis und Kulturlandschaft, Leben und Tod, Dürre und Fruchtbarkeit, Hitze und Erfrischung, Lebensfeindlichkeit und Lebensfülle, Monotonie und Farbigkeit.*

[4] *Die Radfahrerin erlebt die Wüstenbewohner als freundlich, überaus hilfsbereit, praktisch denkend, großzügig. Umgekehrt kann man nur Vermutungen anstellen, wie es die Autorin selbst tut (vgl. Z. 37 f.): Sie wird offensichtlich vorbehaltlos als fremder Besucher angesehen, dem in der Wüste ein selbstverständliches Gastrecht zusteht, ohne dass man den Gast zunächst fragt, wo er herkommt, wer er ist, wohin er geht.*

[5] *Sachlicher Bericht: Beispiele 1, 2, 4; Bericht plus Schilderung: Beispiele 3, 5, 6 und 7.*

Zusatzmaterial:
Mit James Cook auf Entdeckungsreise

Für eine motivierende Abwechslung kann der folgende Textauszug aus einem Jugendbuch sorgen. Der dokumentarische Reisebericht von Georg Forster lässt sich so mit einer fiktiven Schilderung des Geschehens, ebenfalls aus der Perspektive eines Jugendlichen, vergleichen.

Jürgen Seidel

Young Nick und die Verschwörung auf der Endeavour

Im Frühjahr 1768 gerät der zwölfjährige Nicholas Young als Schiffsjunge an Bord der „Endeavour", mit der Kapitän Cook seine erste Weltumsegelung unternahm, um den unentdeckten, sagenumwobenen Südkontinent zu entdecken. Drei Jahre dauert die abenteuerliche Expedition, bei der Young Nick nicht nur die paradiesische Insel Tahiti, sondern auch die rauen Sitten der Seefahrer kennen lernt. Das Leben als Schiffsjunge ist äußerst hart, und er fühlt sich zunächst als ausgenutztes Arbeitstier. Er kämpft um Anerkennung bei der Mannschaft und gerät in eine Verschwörung. Mit der Zeit fallen dem Kapitän seine Begabung und Intelligenz auf. Von nun an darf Nick an der Arbeit der mitreisenden Forscher und des Schiffsarztes teilnehmen.

Die *Endeavour*, das wurde immer deutlicher, war eigentlich viel zu klein für eine solche Menge von Menschen, Tieren und Material. Immer mehr Matrosen und Seesoldaten klet-
5 terten aus den Niedergängen ans Licht, es mochten schon an die hundert sein. Aus dem Bauch des Schiffs wehte der Geruch von Essig herauf, mit dem die Böden auf allen Decks gesäubert wurden. Das hatte Sam ihm erklärt.
10 Erst wenn ein Schiff sauber ist, kann es Gottes Segen halten, sonst bläst der schwächste Wind den Segen weg, das ist uraltes Wissen. [...]
Maat[1] und Bootsmann[2] ließen die Signale pfeifen und der Lieutenant Commander[3] James
15 Cook betrat das Hauptdeck. Er stellte sich neben das Steuerrad, legte eine Hand ausgestreckt auf die Kompasssäule und wartete, bis es still

1 **Maat:** niedrigster Unteroffiziersrang der Marine
2 **Bootsmann:** Unteroffiziersrang der Marine
3 **Lieutenant Commander:** Korvettenkapitän

geworden war. Dann nickte er und sagte mit ruhiger, voller Stimme: „Gott schütze den König, das Schiff und seine Seelen. Amen." Von 20 überall her raunte es „Amen! Amen!" und echote nach, so als reichte die Menge der Leute bis weit auf das Meer hinaus.
Nick horchte und starrte.
Cook stand da, als wäre er ein Teil des Schiffs. 25
„Männer!", sagte er und blickte jedem ins Gesicht, wobei er in ruhiger Folge wirklich jedes Augenpaar vor und hinter ihm suchte und ansah.
„Unser Ziel ist ein Ozean, von dem ich glaube, 30 dass er größer ist als alle anderen. Mitten darin liegt die König-Georgs-Insel, ein kleines Eiland, dessen Bewohner erst ein- oder zweimal Besuch von Europäern erhalten haben. Von dieser Insel aus werden wir ein paar sehr wich- 35 tige astronomische Beobachtungen vornehmen. Die Venus wird an einem bestimmten Tag als dunkler Punkt durch die Sonnenscheibe wandern. Die präzise Dauer dieses Vorgangs ist für die Seefahrt von unschätzbarer Wich- 40 tigkeit. Aber zuvor muss es uns gelingen, die Menschen dieser Inselwelt für uns einzunehmen, denn ohne sie werden wir die Beobachtungen nicht durchführen können." Er machte eine Pause und ließ den Blick über die 45 Gesichter wandern.
Nick hatte genau zugehört, alles war in seinem Kopf versammelt. Er sah die Insel vor sich, die schwarzen, wilden Menschen, deren Körper voller Haare waren. Er sah die Venus über den 50 Himmel fliegen und in der Sonne verbrennen.
„Eines liegt mir sehr am Herzen", fuhr der Kapitän fort.

55 Nick war sofort bei ihm, flog auf ihn zu, kroch ihm in den Kopf, in seine Gedanken.

„Die *Endeavour* ist ein besonderes Schiff. Aber ein besonderes Schiff braucht auch eine besondere Besatzung. Damit meine ich alle, die 60 Backschaft[4], die Soldaten, die Befehlsträger und Offiziere, aber auch die Mitreisenden, jeden Einzelnen, der hier und jetzt vor Gott und mir anwesend ist."

Nick hätte am liebsten Ja gerufen und dem 65 Lieutenant Commander zugewunken. Aber dieser wichtige, großartige Mann stand viel zu weit von ihm entfernt, war zu groß und erhaben. Er begnügte sich damit, ihn einfach zu bewundern.

70 Cook sprach weiter. „Wenn wir das gewaltige Meer im Westen von Amerika bewältigt haben, wird uns ein Volk begegnen, das anders ist als wir, ganz und gar anders. So anders nämlich, dass wir versucht sein könnten, diese 75 Menschen für geringer zu halten, als wir selbst zu sein glauben. Davor will ich warnen! Wir werden gewiss befremdet sein, sie auf ihre Weise leben zu sehen. Aber wie man dort lebt, das wissen die Insulaner zweifellos besser als 80 wir, und das müssen wir lernen. Denn wenn einer von ihnen durch die Straßen Londons ginge, so würde auch er sich irren, uns den Umgang mit Speeren und Pfeilen zu verordnen. In Demut achte einer den andern höher als sich 85 selbst, schreibt Paulus an die Philipper, und ein jeglicher sehe nicht auf das Seine, sondern auch auf das, was des andern ist ... Demut also ..." Er zögerte. Das Letzte hatte er rufen müssen. Der Wind hatte aufgefrischt, die Wolken 90 verdeckten kurz die Sonne; die Luft wurde sofort kühler.

Nick zog sich den Kragen seiner Jacke um den Hals. Das kantige Holz des Glockenbalkens schnitt ihm in den Rücken, aber er fühlte es 95 kaum. Es gab also Menschen, die von England nichts ahnten, so wie es ihn gab, der von diesen Menschen am Ende der Welt nichts ahnte – geahnt hatte, denn nun ahnte er ja, jetzt sah er, roch er, hörte er schon ihre Rufe und Lieder, das 100 Klappern ihrer hölzernen Waffen, mit denen sie gegen haushohe Drachen und entsetzliche Schlangen kämpften mussten, die dicker und länger waren als der Großmast der *Endeavour* hoch.

„Noch ein Wort", sagte Cook. „Jeder weiß, dass 105 es niemandem vor dem Mast erlaubt ist, während der Reise ein Tagebuch zu führen. Unsere Mission ist geheim und muss geheim bleiben ..."

„Unsere Fahrt wird lange dauern", sagte Cook, 110 „längere Zeit, als je einer von uns an Bord ein und desselben Schiffs zugebracht hat. Ich übertreibe nicht, wenn ich sage: Wir alle werden altern, und wir werden uns verändern. Wenn wir nach England zurückkehren, wer- 115 den wir nicht mehr dieselben sein, die sich auf den Weg um die Welt gemacht haben. Unsere Herzen werden gedehnt sein vom Suchen und Warten."

„Aber wehe denen", rief Cook plötzlich, „die 120 segeln wie Pizarro[5] und die fliegen wie Ikarus[6]! Wir maßen uns nicht an, die Sonne zu erreichen. Unsere Ziele sind bescheiden. Der Mensch soll suchen und erobern. Aber er soll immer sich selbst suchen und erobern. Wenn 125 wir fremde Völker kennen lernen, lernen wir uns selbst erkennen. Wehe dem, der über seinen Arm hinausgreift! Wehe dem, der mehr nehmen will, als er tragen kann!" Er streckte beide Hände vor. Die Männer tuschelten. Die 130 Luft, das Licht enthielt eine merkwürdige Spannung. Nick spürte sie beim Atmen. Die Wolken hingen tiefer, die Segel zerrten an den Rahen[7], die Wanten[8] ächzten unter der Last. Bereits nach wenigen Tagen der Atlantikpassa- 135 ge erschien es Nick trotz aller Widrigkeiten, als sei das Leben auf See immer schon sein ersehntes Ziel gewesen. Er war selbst verwundert. Während der Freiwachen[9] wurde es ihm nie zu viel, oben an Deck in die Masten zu 140 schauen, wo die Männer in grausiger Höhe in

---

4 **Backschaft:** Tischgemeinschaft der Schiffsmannschaft

5 **Pizarro:** Francisco (ca. 1478–1541), spanischer Eroberer

6 **Ikarus:** Figur aus der griechischen Mythologie, die mit Hilfe von Flügeln aus Kreta floh; da die Flügel mit Wachs zusammengehalten wurden und Ikarus der Sonne zu nahe kam, schmolz das Wachs, Ikarus stürzte ab

7 **Rahe:** Querstange am Mast

8 **Wanten:** Tauwerk zum seitlichen Festhalten des Mastes

9 **Freiwache:** dienstfreie Zeit

den Rahen standen und mit dem Gleichgewicht rangen, sangen, fluchten und lachten.
Sie setzten oder refften die Segel, je nachdem,
145 wie der Wind es nötig werden ließ. Sie flickten
Risse, zogen Seile auf und erneuerten das Öl in
den höchsten Signallaternen. Über ihnen flo-
gen Seevögel und Wolken, und dazwischen
strahlte das geheimnisvolle Blau des Himmels,
150 wo sich am Tag die Sterne und in der Nacht das
Licht versteckten.

Augenblicke wie diese erschienen Nick so
wertvoll, dass sie ihn bald für all die Dunkelheit, den Lärm, die Enge und den Gestank ent-
155 schädigten, die jenseits der Kombüse
herrschten, vor allem aber in der Tiefe des Vor-
pieks. Thomsons brodelndes Nebelreich war
das Fegefeuer zwischen dem hellen Leben an
Deck und der krummen, feuchten Hölle im
160 Bauch des Schiffs.

Unter Thomsons Augen, vor der Treppe zum
Licht, schälte Nick, wenn er für Kohlen gesorgt
hatte, ganze Berge von Zwiebeln, schnitt Speck,
walkte Salzfleisch und stampfte Zwieback zu
165 Bröseln, die Thomson mit Salzwasser, Fisch-
tran und Pfeffer zu einem zähen, grauen Brei
vermengte, den die Männer *channel-mash*
nannten und erstaunlicherweise lieber aßen
als frisches Rindfleisch. Nick flämmte leere
170 Wasserfässer aus, lernte Bretter hobeln, Knoten machen und Seile spleißen[10]. Er schaufelte
den Unrat, der sich täglich überall ansammel-
te, in einen Kübel und leerte ihn über Bord. Er
reinigte die Hühnerställe, fütterte sämtliche
175 Tiere und bediente die Pumpen, mit denen das
Brackwasser aus der Bilge[11] nach oben gezogen
wurde. [...]

„Bald ist Äquatortaufe!", erklärte Sam Moody
und rieb sich die Hände.
180 Während sonst höchstens einmal am Tag der
große Sextant an Deck gebracht wurde, um die
Position des Schiffs zu bestimmen, wurde er
jetzt mehrmals geholt und das Ergebnis von
allen sichtlich mit der größten Leidenschaft
185 erörtert.

In der Nacht zum sechsundzwanzigsten Oktober kam Wind auf. Noch vor dem Morgengrau-
en wurde die neue Position bestimmt. Diesmal
kam der Bootsmann selbst vor den Mast und
machte das Ergebnis bekannt. „Wir haben die
190 Linie gekreuzt", rief er. „Jeder, der nicht beweisen kann, dass er schon einmal hier war, muss
entweder seine Tagesration Brandy an die
Backschaft vergeben oder sich vor aller Augen
taufen lassen, wie es Sitte ist." Die Männer
195 klatschten und pfiffen. Viele holten ihre Pa-
piere, um sich vom Bootsmann freisprechen
zu lassen. Die weitaus meisten aber mussten
sich zwischen Brandy und Seewasser entscheiden.
200 Als es hell war, wurde ein Seil über die Rahnock[12] des Großmasts geführt und mit einer
großen Schlaufe versehen. Dem Ersten, der
sich der „Äquatortaufe" stellte, wurde das Seil
um den Leib geschnürt. Drei Matrosen bedien-
205 ten den Kran, und der Mann schwebte über alle Köpfe hinweg nach oben und flog über die
Reling hinaus. Dort ließ man ihn unter gro-
ßem Beifall bis auf das Wasser hinunter, tunkte
ihn ein paar Mal kräftig ein und zog ihn zurück
210 in die freie Luft, wo er wie ein Lappen dahing,
spuckte, lachte und schließlich allerhand ulkige Verrenkungen machte, für die er abermals
Applaus bekam.

So folgte Mann auf Mann. Sogar Mister Banks'
215 Hund und eine Katze wurden in ein Netz gesteckt und dem Element übergeben.

Nick legte sich ins Hundenetz. Die Männer zogen ihn singend unter die Rahe. Es war, als
würde er fliegen. Die Seevögel kamen nah her-
220 an und äugten neugierig herüber. Dann ging
es abwärts. Der Maat hatte ein Nachsehen und
gab den Befehl, den Jungen nur einmal einzu-
tauchen. Schon flog Nick wieder in die wun-
derbare Höhe und blickte auf die winkende
225 Welt hinunter. „In die Wolken mit dir!", riefen
die Männer und machten das Kranseil für eine
Weile fest. Nick pendelte glücklich in seinem
Netz. Er kriegte nicht genug. Jede Bewegung
des Schiffs wurde hier oben ins Vielfache ver-
230 stärkt; und jedes Mal, wenn es auf die Seite roll-
te, glaubte Nick, es würde kentern. Aber egal,
wie tief sich der Mast herüberneigte, er stand
mit der nächsten Woge wieder auf. Nick

---

10 **spleißen:** Seilenden miteinander verflechten

11 **Bilge:** Kielraum des Schiffs

12 **Rahnock:** über das Segel hinausragendes Ende der Rahe

235 jauchzte und rüttelte übermütig an den Knoten seines fliegenden Gefängnisses. Seine Freude übertrug sich auf die Männer, die schon begonnen hatten, ihre gesparten Rumrationen zu verzehren.

240 Alles war an Deck gekommen und vermischte sich. Es war ein Volksfest, ein schmaler, wogender Jahrmarkt, ein buntes Gewimmel aus hundert Köpfen, Mützen, Tüchern und winkenden Händen. Später trat Cook unter die

245 Leute. Nick wurde heruntergelassen und der Bootsmann sorgte für Ruhe und Respekt.
Wieder war Nick beeindruckt. Der „L. C.", wie Nick ihn für sich nannte, sprach kurz über die Bedeutung der Äquatorüberquerung für jeden

250 Seemann und seinen Beruf.
Schließlich wies er den Bootsmann an, [...] ein Fässchen Portwein anschlagen zu lassen, „damit uns Neptun[13] auch weiterhin wohlgesinnt bleibt". Die Männer klatschten. Cook ging zu

255 rück und verschwand im Niedergang des Achterdecks.
Am Nachmittag waren die meisten Männer

betrunken. Die Taufen waren erfolgreich vollzogen.

Nick hatte längst wieder die Arbeit aufgenom 260 men, leere Krüge und Flaschen eingesammelt, ein paar hässliche Pfützen aufgewischt und Thomson beim Herstellen von *channel-mash* geholfen, das neuerdings mit Sauerkraut gegessen wurde, nachdem der L. C. selbst, zusam 265 men mit seinen Offizieren, an einem eigens hierfür vor dem Großmast aufgestellten Tisch vor aller Augen ein paar tapfere Portionen davon verzehrt hatte. Das Theater lohnte sich, weil das Sauerkraut nachweislich dem Skor 270 but[14] entgegenwirkte. Zuerst waren alle misstrauisch gewesen. Nie zuvor hatten die Männer etwas von Sauerkraut gehört. Schließlich wagte sich einer vor und durfte probieren, drei weitere folgten und am Ende aß die ganze 275 Backschaft Sauerkraut.
Nick war müde. Er hockte neben den Pumpen an der Reling und ruhte sich aus.

(Aus: Jürgen Seidel: Young Nick und die Verschwörung auf der Endeavour. Beltz & Gelberg, Weinheim/Basel/Berlin 2000)

---

13 **Neptun:** römischer Meeresgott

14 **Skorbut:** Erkrankung auf Grund von Vitaminmangel

---

1 *Was erfährt man über die Reisebedingungen auf einem Forschungsschiff im 18. Jahrhundert?*

2 *Was für ein Bild entwirft das Jugendbuch von James Cook?*

a) *Sucht die Stellen heraus, an denen das Auftreten des Kapitäns und sein Verhalten beschrieben werden.*

b) *Notiert in Stichworten, worum es in seiner Rede vor der Mannschaft geht. Unterscheidet zwischen dem Inhalt der Rede und der Absicht, die Cook mit seiner Ansprache verfolgt.*

c) *Besitzt die Rede Cooks auch noch für heutige Fernreisende und Expeditionsteilnehmer Gültigkeit? Sucht Beispiele.*

3 *Nick macht sowohl schöne wie auch harte Erfahrungen, er lebt „zwischen Himmel und Hölle".*

a) *Nennt diese Erlebnisse und die Tätigkeiten, die er auszuführen hat.*

b) *Wie werden sie vom Autor beschrieben, damit der Leser sich in Nicks Situation hineinversetzen kann?*

4 *Stellt euch vor, nach seiner Rückkehr fällt Nick auf, was für Illusionen viele Jungen über das abenteuerliche Leben auf hoher See haben. Er beschließt, einen Ratgeber für angehende Schiffsjungen zu verfassen. Wie könnte der wohl ausgesehen haben? Stellt einen solchen Ratgeber zusammen. Denkt sowohl an die Anforderungen, die ein Schiffsjunge erfüllen musste, als auch an die Erlebnis- und Lernmöglichkeiten.*

5 *Auch Nicks Teilnahme an Cooks erster Südseereise führte schon an Tahiti vorbei. Welche Erlebnisse könnte Nick dort, im „Paradies auf Erden", gemacht haben? Verfasst entsprechende Tagebucheinträge.*

11.2 Große und kleine Reiseerlebnisse – Reportagen schreiben

S. 213

Erlebnisse auf einer Klassenfahrt

S. 213

Mit Hochgeschwindigkeit ins Mittelalter

1 *Als typische Klassenfahrterlebnisse wäre z. B. an folgende Zusatzinformationen bzw. Schilderungen zu denken:*
- *Ausflugsprogramm*
- *Programmgestaltung während der Abende*
- *Probleme während des Aufenthaltes (Streitereien, Fehlverhalten wie unerlaubtes Verlassen der Herberge in der Nacht, Alkohol, verlorene oder entwendete Sachen, kleinere Unfälle, Verletzungen etc.)*

2 *a) Vorschlag für ein Tafelbild:*

Gliederung und Zwischenüberschriften
1. Chaotische Zugfahrt – Beginn einer Klassenfahrt (Z. 1–23)
2. Fußweg zum Ziel (Z. 24–39)
3. Eine echte Burg als Herberge (Z. 40–82)
4. Jugendherberge heute – Internetcafé und Wirtschaftsfaktor (Z. 83–99)
5. Zur Person: Der Herbergsvater – und die Herbergsfrau (Z. 100–111)

---

b) Der unvermittelte Einstieg soll den Leser sofort ins Geschehen mit einbeziehen, ihm das Gefühl geben, selbst als Augenzeuge dabei zu sein. (Vgl. den ersten Punkt der Arbeitstechnik „Eine Reportage schreiben", S. 217 im Schülerband.)

c) Vorschlag für die Zuordnung:

Abschnitte	Erlebnisse	Hintergrundinfo	Kommentar
1	X		
2	X		
3	X		
4		X	
5	X	X	X
6		X	X
7		X	X

3 *Die Wiedergabe direkter und indirekter Rede in Reportagen hat den Zweck, den Wahrheitsgehalt (die Authentizität) zu unterstreichen (z. B. die Angaben des Herbergsvaters zum Wirtschaftsfaktor Jugendherberge, Z. 88–99) und dem Leser lebendige Zeugen vorzustellen (die Zugbegleiterin, Z. 19–23, den Zivi Klaus, Z. 25–27).*

Die unterschiedliche Wiedergabe der Personenrede ist meist eine stilistische Entscheidung; die indirekte Rede im letzten Abschnitt vermeidet z. B. die unpassende längere Wiedergabe der Biografie des Herbergsvaters in der Ich-Form, die bei direkter Rede nicht zu umgehen wäre. Die indirekte Rede ermöglicht konzentriertere Angaben und die Beschränkung auf wichtige Informationen (bei direkter Rede müssten in einem solchen Fall stets Auslassungszeichen eingefügt werden).

Schritt für Schritt zur guten Reisereportage

S. 215

Die sechs Arbeitsschritte sind als eine Art Lehrgang konzipiert. Für eine erfolgreiche Durchführung im dicht gedrängten Schulalltag kommt es darauf an, dass die von den Schülerinnen und Schülern gewählten Reportagethemen auch tatsächlich umsetzbar sind. Deshalb eignen sich als mögliche Themen am besten kleine Reisen und Ereignisse, an denen die Schülerinnen und Schüler als Reporter/Reporterin vor Ort teilnehmen können; eigene Erfahrungen sind für eine Reportage unverzichtbar.

1 *Themenvorschläge:*
- *Greift das Thema „Klassenfahrt" aus der Sicht eines Reporters/einer Reporterin auf. Dabei muss nicht über die ganze Fahrt berichtet werden. Häufig schildern Reportagen nur einen typischen Ausschnitt und informieren über die Vorgeschichte und die mögliche Nachgeschichte nur durch knappe Hinweise.*
- *Verfasst eine Reportage über den Besuch einer Schüler-/Lehrergruppe eurer Partnerschule für die Lokalzeitung.*
- *Schreibt eine Reportage über die Fahrt zu einem auswärtigen Sport- oder Konzertereignis.*
- *Ferienbeginn am Flughafen/am Hauptbahnhof – eine Reportage*
- *Austauschschüler zu Gast – eine Reportage*
- *Lohnende Ausflugsziele in der Region – eine Reportage*

11.3 Expeditionen im Film – Fernsehreportagen untersuchen

S. 218

Tauchfahrt in die Vergangenheit – Sir Henry Morgan

1 *Die meisten Schülerinnen und Schüler werden die Frage, ob die Homepage Interesse für die Fernsehreportage weckt, bejahen und das z. B. folgendermaßen begründen:*
- *Informationen zu einem spannenden Thema;*
- *kommt der Schatzsuche-Neugier des Menschen entgegen;*
- *kombinierte Text-Bild-Darstellung;*
- *Übersichtlichkeit des Layouts.*

2 *Aufgaben von Bildern, die Reportagen illustrieren:*
- *das Beschriebene veranschaulichen;*
- *die Textaussage verstärken;*
- *nur knapp Beschriebenes ergänzen;*
- *den Wahrheitsgehalt des Berichts unterstreichen;*
- *die „Textwüste" auflockern;*
- *besitzen einen hohen Wiedererkennungswert für den Leser;*
- *sind plastischer als andere Formen von Belegen (Zitate, Interviews etc.);*
- *kommen dem an Bildkonsum gewöhnten modernen Informationsbedürfnis entgegen.*

3 *a–c) Für einen gesprochenen Kommentar kommen vor allem diejenigen Textteile in Frage, in denen Schlussfolgerungen gezogen werden, wie etwa im letzten Abschnitt „Die Sensation auf dem Meeresboden". Zur Illustration können natürlich auch hier die Tonscherben gezeigt werden und/oder ein Experte, der gegenüber einem Kollegen mit dem Finger auf die Ringe im Inneren des Kruges verweist.*
Einen begleitenden Kommentar erfordert auch die Darstellung des zweiten Abschnitts „Der Untergang der Jamaica Merchant", weil im Rahmen einer Expeditionsreportage der historische Bezug wohl nicht extra in Szene gesetzt werden kann; hier wird man auf Bilddokumente oder stumme Ausschnitte aus Piratenfilmen zurückgreifen, um die Geschichte des Henry Morgan darzustellen.
Textteile, die sich weitgehend durch Kamerabilder ersetzen lassen, finden sich im dritten Abschnitt „Keppler sucht nach Beweisen", mit Ausnahme der Schlussfolgerungen bzw. der Hintergrundinformation im letzten Satz.

4 – 6 *Die Schülerinnen und Schüler üben die gemeinsame Analyse einer Fernsehreportage zum Themenkreis „Reisen, Entdeckungen, Expeditionen". Die Fülle des Angebots ist groß und qualitativ sehr gut. Ob bei ARD, ZDF, 3SAT, Arte oder anderen: Regelmäßig werden entsprechende Reportagen gesendet (z. B. „Terra X", „360 Grad" etc.), sodass man nicht lange auf einen passenden Beitrag warten muss. Hilfreich bei der Vorauswahl sind die ausführlichen Vorabinformationen, die zu jeder Sendung als Internetpräsentation bereitgestellt werden.*
Eine weitere lohnende Möglichkeit, zur Erarbeitung des Themenfeldes den Umgang mit neuen Medien zu nutzen, stellen die zahlreichen Online-Reisereportagen bzw. -Reisetagebücher dar, die ebenfalls von den genannten Sendern, aber auch von zahlreichen Hilfsorganisationen, wie z. B. terre des hommes, regelmäßig im Internet erscheinen – häufig mit Kontaktmöglichkeiten, sodass die Schülerinnen und Schüler z. B. per E-Mail oder Chat mit einem Reporter auf Reisen ins Gespräch kommen können.

Lernerfolgskontrolle/ Themen für Klassenarbeiten

Vorschlag 1: Einen Sachtext mit Hilfe von Fragen untersuchen

Hiltgund Jehle

„Ich reiste wie der ärmste Araber" – Reisende Frauen am Beispiel Ida Pfeiffers (1797–1858)

Heute ist es, wenngleich auch nicht in allen Teilen der Welt, selbstverständlich, dass Frauen alleine reisen können, an Expeditionen teilnehmen, im Himalaya Bergtouren organisieren, als Politikerinnen, Journalistinnen oder Wissenschaftlerinnen weltweit unterwegs sind. Noch vor 200 Jahren war eigenständiges Reisen selbst Frauen aus wohlhabenden Ständen versagt. Erst im Verlauf des 19. Jahrhunderts gelang es einigen wenigen Frauen gegen Widerstände und Vorurteile vielerlei Art, einen Freiraum zu erkämpfen. Zu den ersten Frauen, die mit viel Mut und festem Willen ihren Anspruch auf Reisefreiheit durchsetzten, gehörte Ida Pfeiffer.

Im März 1842 tritt die vierundvierzigjährige Ida Pfeiffer – ausgestattet mit einer mäßigen Summe privater Ersparnisse – allein ihre erste größere Reise nach Palästina an. Alle ihre An-
5 gelegenheiten sind geordnet, das Testament ist gemacht, denn sie hält ihren Tod für wahrscheinlicher als eine glückliche Rückkehr.

Um den großen Schritt in die Welt tun zu können, sagt sie nur die halbe Wahrheit. Sie gibt
10 vor, eine Freundin in Konstantinopel, dem heutigen Istanbul, zu besuchen.

Auf der Donau und durch das Schwarze Meer fährt Ida Pfeiffer nach Konstantinopel, wo sie sich erlebnishungrig gleich nach allen Sehens-
15 würdigkeiten erkundigt. Und dann wird sie vor die erste große Herausforderung gestellt: Um an einem Ausflug teilnehmen zu können, gibt sie vor, reiten zu können, obwohl sie noch nie zuvor auf einem Pferd saß. Die drei Männer
20 der Reisegruppe, der sie sich anschließt, legen ein schnelles Tempo vor: „... als der Trab anfing,

wurde mir ganz kurios zu Mute, ich konnte mit den Steigbügeln nicht zurechtkommen, bald saßen sie mir auf der Ferse, bald verlor ich sie ganz und kam dadurch in Gefahr, das
25 Gleichgewicht zu verlieren ... Ich blieb daher vorsätzlich die Letzte, unter dem Vorwand, dass mein Pferd stützig sei und nur dann gut gehe, wenn es die andern vor sich habe; die eigentliche Ursache aber war, dass die Herren
30 meine Manöver nicht sähen, denn alle Augenblicke glaubte ich herabzustürzen." Ohne Unfall gelangt sie ans Ziel und hat die Feuerprobe bestanden.

Nun schifft sich Ida Pfeiffer nach Beirut ein.
35 Alle Warnungen vor der im Libanon wütenden Pest und vor den dort herrschenden politischen Unruhen schlägt sie in den Wind. Auch von dem Rat, doch wenigstens Männerkleidung zu tragen, hält sie nichts, „... indem meine
40 kleine, magere Gestalt wohl für einen Jüngling, mein ältliches Gesicht aber für einen Mann gepasst hätte. Da mir aber der Bart fehlte, so würde man die Verkleidung gleich geahndet und ich mich dadurch mancher Un-
45 annehmlichkeit ausgesetzt haben ... In der Folge wurde ich immer mehr überzeugt, wie gut ich getan, mein Geschlecht nicht zu verleugnen. Man begegnete mir überall mit Achtung und hatte oft Nachsicht und Güte für mich, ge-
50 rade weil man auf mein Geschlecht einige Rücksicht nahm."

Sie reise wie „der ärmste Araber", schreibt Ida Pfeiffer einmal, und führe stets nur so viel Gepäck mit sich, wie sie auch eigenhändig tragen
55 könne. Im Laufe der langen Reisejahre entwickelt sie eine äußerst zweckmäßige Reisekluft,

235

die ihr die nötige Bewegungsfreiheit erlaubt und doch ihr strenges Sittlichkeitsempfinden
60 nicht außer Acht lässt: Sie trägt einen knöchellangen grau-schwarz karierten Leinenrock und darunter Kniehosen. So kann sie auf den Fußmärschen den Rock ungeniert weit nach oben schlagen. Die Schultern bedecken ein
65 kurzes Cape. Aus Hygienegründen hatte sie sich schon auf ihrer Palästinafahrt zu einem praktischen Kurzhaarschnitt entschlossen. Für das Wien der Biedermeierzeit, in der die Frauen ihre Haare – sofern nicht unter der
70 Haube versteckt – aufwändig toupierten und mit den charakteristischen Seitenlöckchen versahen, war dies eine völlig undenkbare Haartracht!
Auf dem Schiff nach Beirut lernt sie einen Eng-
75 länder kennen, mit dem sie von nun an gemeinsam weiter nach Jerusalem reist. Hier ist sie am Ziel ihrer Träume: „... und eilte in die Kirche, um mein Herz durch ein inniges Gebet zu erleichtern". Sie unternimmt Ausflüge zu
80 all den biblischen Stätten: nach Bethlehem, ans Tote Meer, zum Jordan und ins Tal von Jericho.
Zehn Tage dauert die strapaziöse Rückreise zu Pferde von Jerusalem nach Beirut, die sie in Be-
85 gleitung einer kleinen Gruppe von böhmischen Grafen zurücklegt. Es ist tagsüber unerträglich heiß und nachts eisig kalt. Wenn es überhaupt Wasser gibt, ist es lauwarm „und von den ledernen Schläuchen, in welchen
90 man es bei sich führt, übel riechend". „Ich bekam unterwegs heftige Kopfschmerzen, wiederholtes Erbrechen und starken Fieberschauer ... Das Traurigste bei der Sache war, dass ich meine Unpässlichkeit ... verbergen musste, aus
95 Furcht, zurückgelassen zu werden ... Als wir zu Tisch gingen, erregte mir der Geruch der Speisen einen solchen Ekel und solche Übelkeit, dass ich mir schnell das Sacktuch vor die Nase hielt und ein plötzliches Nasenbluten vorgab,
100 um hinauseilen zu können." So übersteht sie auch diese Tour. Es scheint, als ob diese ersten, überaus anstrengenden Unternehmungen ihre Willenskraft und ihr Selbstvertrauen so stärkten, dass sie sich nun auch weitere Unter-
105 nehmungen bedenkenlos zutraut.

Sie fährt allein auf einem griechischen Zweimaster weiter nach Alexandria in Ägypten. Bevor Ida Pfeiffer die Stadt Alexandria betreten darf, muss sie erst noch zehn Tage in Quarantä-
110 ne bleiben, kommt sie doch aus einem Land, in dem die Pest herrscht. Als erholsame Ruhepause ist die Kasernierung jedoch nicht zu sehen. So werden die Einreisenden zum Beispiel dazu gezwungen, fünf Minuten in einem geschlos-
115 senen Raum zu verharren, es werden „große Räucherfässer gebracht und ein grässlich stinkender Rauch aus Schwefel, Asant, Federn und dergleichen gemacht ... Ein Lungenkranker hätte diese kannibalische Expedition schwer-
120 lich ausgehalten". So soll sichergestellt werden, dass die Ankömmlinge keine Krankheiten einschleppen.
Kairo und die Pyramiden von Gizeh stehen auf dem Programm, und kurz entschlossen schiebt
125 Ida Pfeiffer einen mehrtägigen Kamelritt nach Suez ein. Über Malta, Sizilien und durch das klassische Reiseland Italien tritt sie die Rückreise nach Wien an. Neun Monate ist Ida Pfeiffer unterwegs. Ihre Erlebnisse hält sie in einem
130 Reisetagebuch fest. Noch als sie unterwegs ist, hört der Wiener Verleger Dirnböck über Oscar Pfeiffer von ihren Reisen. Er setzt sich mit ihr in Verbindung, und so gelangen die ursprünglich rein privaten Aufzeichnungen in seine
135 Hände. Er ist gefesselt von der Lektüre, aber es kostet ihn einige Mühe, Ida Pfeiffer zu überreden, ihre Notizen zu veröffentlichen. Sie zögert, nicht nur, weil sie zu bescheiden ist, sondern vor allem, weil die Verwandten entsetzt
140 sind über ihr eigenmächtiges Handeln. Sie muss sich der Peinlichkeit aussetzen, das Manuskript von Dirnböck zurückzuverlangen. Mann und Geschwister wollen es sehen. Die weiteren Verhandlungen werden der Autorin
145 aus der Hand genommen. Ihr Ehemann beziehungsweise ein von ihm bestimmter Vertreter führen sie fort. Ida Pfeiffer wird mit aller Macht deutlich, gegen was sie ihr selbstbestimmtes Handeln auf der Reise hier in Wien eintau-
150 schen muss: gegen das Leben einer von allen Seiten kontrollierten und bevormundeten Ehefrau und Schwester. Nachdem einige Stellen in ihren Notizen gestrichen wurden, darf

155 das Buch „Reise einer Wienerin in das heilige Land" erscheinen – anonym.

Es wird ein Erfolg! Aber erst als 1856 die vierte Auflage erscheint, gibt sich Ida Pfeiffer auch als Autorin zu erkennen. Die Verfasserin ist 160 jetzt eine bekannte und selbstbewusste Reisende.

(Aus: Susanne Härtel/Magdalena Köster (Hg.): Die Reisen der Frauen. Lebensgeschichten von Frauen aus drei Jahrhunderten. Beltz & Gelberg, Weinheim/Basel 1994, S. 37–41)

1. *Überlege dir eine weitere Überschrift zu dem Text und begründe kurz deine Wahl.*

2. *Gliedere den Text, indem du passende Zwischenüberschriften findest.*

3. *Beschreibe nun in eigenen Worten den Text und beachte dabei folgende Arbeitsfragen:*

   a) *Welchen Herausforderungen musste sich Ida Pfeiffer als reisende Frau stellen und wie begegnete sie ihnen?*

   b) *Welche Erfahrungen musste sie nach ihrer Rückkehr in Wien machen?*

   c) *Kann man dem Text entnehmen, wie die Verfasserin zu der von ihr beschriebenen Person steht?*

   d) *Welche Aufgabe haben die Zitate, die die Verfasserin anführt?*

Erwartungshorizont/Lösungshinweise:

1. *Abgesehen von dem möglichen kleinen Motivationseffekt im Rahmen einer Klassenarbeit kann die Schülerin/der Schüler mit dieser Aufgabe zeigen, ob sie/er das Hauptthema des Textes eigenständig erfasst hat und in einer Überschrift konzentriert zum Ausdruck bringen kann.*

2. *Methodisch hilft dieser Schritt, den im Folgenden zu schreibenden Text sinnvoll aufzubauen; zudem spielte die Arbeitsanregung „Zwischenüberschriften finden" im Verlauf des Unterrichtsvorhabens mehrmals eine Rolle, sodass die Schülerinnen und Schüler im Stande sein sollten, auf eine eingeübte Arbeitstechnik zurückzugreifen.*

3. *Erwartungen/Kompetenzen:*
   - *Die Schülerinnen und Schüler vermögen methodisch angemessen in ihre Arbeit einzuführen, z. B. mit ähnlichen Einleitungen wie den folgenden: „In dem vorliegenden Text wird über das Leben von Ida Pfeiffer berichtet, die zu den ersten Frauen gehörte, die allein auf weite Reisen gingen." Oder: „Die Autorin Hiltgund Jehle berichtet in ihrem Beitrag „Ich reise wie der ärmste Araber' – Reisende Frauen am Beispiel Ida Pfeiffers (1797–1858)" über eine Zeit, als es noch unüblich war, dass Frauen alleine auf weite Reisen gingen."*
   - *Die Schülerinnen und Schüler sollten fähig sein, den Text in seinen wesentlichen Aussagen in eigenen Worten zusammenzufassen. Dabei sollten sie die Bedeutung der Reisevorbereitungen erwähnen, die Reiseroute, einige Reiseerlebnisse und Verhaltensweisen Ida Pfeiffers beispielhaft wiedergeben, um daran die schwierigen Reisebedingungen für Frauen in früheren Zeiten zu erläutern; schließlich sollten sie kurz die schwierige Situation Pfeiffers nach ihrer Rückkehr ansprechen.*
   - *Abschließend sollten die Schülerinnen und Schüler erkannt haben, dass die Autorin den Bericht mit viel Respekt vor dieser Reisenden verfasst hat, die von ihrem Recht auf Selbstbestimmung gegen Widerstände vieler Art Gebrauch gemacht hat.*
   - *Die Funktion der Zitate in der Reportage müssten die Schülerinnen und Schüler auf Grund ihrer Kenntnisse aus der Unterrichtsreihe problemlos benennen können: Veranschaulichung des Berichts, Belege für Authentizität, die Hauptperson kommt selbst zu Wort.*

Vorschlag 2: Sich mit einem Text durch dessen Umgestaltung auseinandersetzen

Robert Falcon Scott

Eingeschlossen im Eis –
Aus dem Tagebuch

Der Reiz der Entdeckungsreisen ist nicht immer nur Reichtum, Handel, Gewinn oder wissenschaftlicher Forscherdrang. Auch sportlicher Ehrgeiz und Abenteuer oder Ruhm locken.

So kam es im Jahre 1912 zu einem „Wettlauf zum Südpol" zwischen dem Engländer Scott und dem Norweger Amundsen. Für Scott und seine Begleiter endete das Abenteuer tödlich. Sie kamen in einem Schneesturm um, nachdem sie den Südpol erreicht hatten und feststellen mussten, dass Amundsen schon vor ihnen da gewesen war.

Scott führte auf der Reise regelmäßig ein Tagebuch. Dieses wurde später neben seiner Leiche gefunden.

Sonntag, 17. März 1912. Ich kann nur absatzweise schreiben. Die Kälte ist ungeheuer, mittags 40°. Meine Kameraden sind heiter, aber wir sind drauf und dran, zu erfrieren, und ob-
5 wohl wir beständig davon reden, dass wir uns doch noch durchschlagen werden, glaubt es im Herzen keiner mehr. Gestern mussten wir des Orkans wegen stillliegen, und heute geht es furchtbar langsam. Wir sind nur 2 Ponymär-
10 sche vom Ein-Tonnen-Lager entfernt. Hier lassen wir unsern Theodoliten[1], eine Kamera und Oates' Schlafsäcke zurück. Die Tagebücher sowie die auf Wilsons speziellen Wunsch mitgenommenen Gesteinsproben wird man bei uns
15 oder auf unserm Schlitten finden.

19. März. Gestern Abend waren wir fast erstarrt, bis wir unser Abendessen verzehrt hatten: Es bestand aus Schiffszwieback, kaltem Pemmikan[2] und einem halben Kännchen Ka-
20 kao. Dann wurden wir wider Erwarten ganz warm und haben alle gut geschlafen. Heute brachen wir in der gewöhnlichen, schleppend langsamen Weise auf. Wir sind 29 Kilometer vom Depot entfernt und könnten in 3 Tagen

1 **Theodolit:** Instrument zur Erdvermessung
2 **Pemmikan:** Nahrungsmittel aus pulverisiertem Büffelfleisch, Fett und Beeren

hinkommen. Wir haben noch auf 2 Tage Le- 25
bensmittel, aber nur noch auf 1 Tag Brennmaterial. Wilsons Füße sind noch am besten, mein rechter am schlechtesten, nur mein linker ist ganz in Ordnung. Aber wie sollen wir unsere Füße schonen, ehe wir das Depot er- 30
reicht haben und uns wieder mit warmen Essen pflegen können?

21. März. Montagabend waren wir noch 20 Kilometer vom Depot entfernt; gestern konnten wir eines wütenden Orkans wegen nicht wei- 35
ter. Heute wieder eine verlorene Hoffnung – Wilson und Bowers wollen zum Depot gehen, um Brennstoff zu holen.

22. und 23. März. Der Orkan wütet fort – Wilson und Bowers konnten sich nicht hinauswa- 40
gen – morgen ist die letzte Möglichkeit – kein Brennstoff mehr und nur noch auf 1, höchstens zwei Tage Nahrung – das Ende ist da. Wir haben beschlossen, eines natürlichen Todes

45 zu sterben – wir wollen mit unsern Sachen oder auch ohne sie zum Depot und auf unserer Spur zusammenbrechen.

Freitag, 29. März. Seit dem 21. hat es unaufhörlich aus Südwest gestürmt. Jeden Tag waren 50 wir bereit, nach unserm nur noch 20 Kilometer entfernten Depot zu marschieren, aber draußen vor der Zelttür ist die ganze Landschaft ein wirbelndes Schneegestöber. Wir können jetzt nicht mehr auf Besserung hoffen.

Aber wir werden bis zum Ende aushalten; der 55 Tod kann nicht mehr fern sein. Es ist ein Jammer, aber ich glaube nicht, dass ich noch weiter schreiben kann.

R. Scott

Um Gottes willen – sorgt für unsere Hinter- 60 bliebenen! –

(Aus: Letzte Fahrt. Scotts Tagebuch. Eberhard Brockhaus, Wiesbaden 1951, S. 187–189)

[1] *Verfasse auf der Grundlage von Scotts Expeditionstagebuch einen Zeitungsbericht.*

[2] *Überlege in Stichworten, wie heute eine Fernsehreportage über die Expedition von Scott das im Tagebuch geschilderte Geschehen filmisch umsetzen würde.*

Erwartungshorizont/Lösungshinweise:

[1] *Der vielfach im Unterricht genutzte Textauszug bietet sich für eine Klassenarbeit auf Grund seiner Kürze und inhaltlichen Spannung an. Zudem waren und sind solche Dokumente und Ereignisse der Stoff, aus dem Zeitungs- und Medienberichte gemacht werden.*
Die Schülerinnen und Schüler sollten bei entsprechenden Vorkenntnissen einen adressatengerechten Bericht verfassen können, der weitgehend sachlich das dramatische Geschehen zum Ausdruck bringt. Er sollte auf die geschilderten Ereignisse eingehen, die Person Scotts und seine letzten Eintragungen würdigen wie auch Sinn und Zweck dieser Expeditionen hinterfragen.

Literaturhinweise

Forster, Georg: Reise um die Welt. Hg. v. Gerhard Steiner. Insel, Frankfurt/M. 1983 (insel taschenbuch 757)

Härtel, Susanne/Köster, Magdalena (Hg.): Die Reisen der Frauen. Lebensgeschichten von Frauen aus drei Jahrhunderten. Beltz, Weinheim/Basel 1999 (Beltz Gulliver Taschenbuch 795)

Humboldt, Alexander von: Ansichten der Natur. Reclam, Stuttgart 2003 (Reclam UB 2948)

ders.: Über die Freiheit des Menschen. Insel, Frankfurt/M. 1999 (insel taschenbuch 2521)

Platt, Richard: Große Entdecker. Die bedeutendsten Expeditionen aller Zeiten. Dorling Kindersley, München 2002 (Reihe Mega-Wissen) (Mit interessanten Netz-Adressen; für erste Informationen und für die Schülerinnen und Schüler zu empfehlen)

Polk, Milbry/Tiegreen, Mary: Frauen erkunden die Welt. München 2001

Reisen. Praxis Geschichte, Heft 3/1991 (Westermann) (Reisen in der Geschichte, schöne Unterrichtsvorschläge und -materialien, die auch gut im Deutschunterricht einsetzbar sind)

Seidel, Jürgen: Young Nick und die Verschwörung auf der Endeavour. Beltz & Gelberg, Weinheim/Basel/Berlin 2002 (Beltz&Gelberg Gulliver Taschenbuch 527) (Anschaulich und spannend geschriebener Jugendroman)

12 Finster ist die Mitternacht – Moritaten und Balladen

Konzeption des Gesamtkapitels

Das Kapitel nutzt die motivierende, spannende Handlungsstruktur der Ballade, um die Auseinandersetzung der Schülerinnen und Schüler mit ästhetisch anspruchsvollen, komplexen Texten zu vertiefen. Die Kenntnisse, welche die Schülerinnen und Schüler in den Klassen 5 und 6 bei der Gedichtanalyse erworben haben, werden wiederholend aufgegriffen und kommen bei den kreativen Aufgabenstellungen zur Anwendung. Auf gattungspoetologische Fragestellungen und erst recht auf inhaltliche Klassifizierungen verschiedener Balladentypen wird in dieser Altersstufe verzichtet.

Das erste Teilkapitel (**„Mordtaten und andere Verbrechen – Schauriges vortragen"**) stellt in bewusster didaktischer Reduktion Moritaten und Schicksalsballaden in den Mittelpunkt der Betrachtung, bei denen Normverletzung und sittliche Sanktion die beiden Pole der dramatisch zugespitzten Handlungsstruktur bilden. Wesentliche inhaltliche und formal-strukturelle Gattungsmerkmale von Moritat und Ballade können vergleichend herausgearbeitet werden. Dabei erfahren die Schülerinnen und Schüler auch, dass moderne Liedermacher in ihren balladesken Songs bewusst auf die Tradition von Bänkelsang und Moritat zurückgreifen. Der Lernbereich „Sprechen" wird im ersten Teilkapitel in den dominanten Lernbereich „Umgang mit Texten" dergestalt integriert, dass die erarbeiteten Inhalts- und Formmerkmale von Balladen und Moritaten für den Vortrag der Texte genutzt werden.

Das zweite Teilkapitel (**„Dramatische Ereignisse – Balladentexte umgestalten"**) akzentuiert den Lernbereich „Schreiben". Die überwiegend einsträngige, zielgerichtete und erzählerisch handlungsreiche Struktur der Ballade, ihre relative Kürze und Überschaubarkeit bilden gute Voraussetzungen, unterschiedliche Formen der Textwiedergabe (z. B. die Inhaltsangabe) zu üben, aber auch die in Kapitel 4 eingeführten Schreibformen des Berichtens (insbesondere die Reportage) sowie szenische Umgestaltungen kreativ anzuwenden. Sowohl die Inhaltsangabe als auch die Umgestaltung der Balladentexte in eine Reportage oder ein Drehbuch tragen zu einem vertieften Verständnis der Texte bei und bereichern somit den interpretatorischen Diskurs über den Text.

Das dritte Teilkapitel (**„Projekt: Balladen präsentieren"**) rückt den Lernbereich „Sprechen" in das Zentrum der gemeinsamen Arbeit. Im Rahmen der Vorbereitung und Durchführung eines kleinen Projekts „Vortragsabend" wenden die Schülerinnen und Schüler durch Vortrag und produktiv-kreativen Umgang mit den Texten das in den vorangegangenen Teilkapiteln Gelernte an und erschließen sich auf diese Weise neue Verstehensdimensionen.

Weiteres Übungsmaterial zu diesem Kapitel

Übungsmaterial im **„Deutschbuch Arbeitsheft 7"**
– Lesetraining: eine Ballade vortragen: S. 86–87

Das **„Deutschbuch Hörbuch 7/8"** enthält Gedichte, die in diesem Kapitel behandelt werden.

Inhalte

Kompetenzen

S. 221 | **12.1 Mordtaten und andere Verbrechen – Schauriges vortragen**

S. 222 | Anonym **Finster ist die Mitternacht**

S. 223 | **Die biblische Geschichte von Belsazar**

S. 223 | Rembrandt van Rijn **Das Gastmahl des Belsazar**

S. 224 | Heinrich Heine **Belsazar**

S. 226 | Annette von Droste-Hülshoff **Die Vergeltung**

S. 228 | Funny van Dannen **Wozu noch beten**

S. 230 | **12.2 Dramatische Ereignisse – Balladentexte umgestalten**

S. 230 | **Aus der Ballade wird eine Reportage**

S. 230 | Theodor Fontane **Die Brück' am Tay**

S. 233 | Annette von Droste-Hülshoff **Der Knabe im Moor**

S. 234 | **Aus der Ballade wird ein Drehbuch**

S. 234 | Eduard Mörike **Die traurige Krönung**

S. 236 | **12.3 Projekt: Balladen präsentieren**

S. 236 | Friedrich Schiller **Der Handschuh**

S. 238 | Johann Wolfgang Goethe **Der Zauberlehrling**

S. 240 | Johann Wolfgang Goethe **Erlkönig**

Die Schülerinnen und Schüler können
– anhand einer Bildvorlage typische Merkmale des Bänkelsangs erklären;
– inhaltliche und formale Merkmale einer Moritat beschreiben und sie bei einer eigenen Textproduktion anwenden;
– anhand von Bild und Texten einen Lexikonartikel über die Moritat schreiben;
– Bibeltext und Gemälde Rembrandts in Beziehung setzen;
– biblische Vorlage und Ballade vergleichen;
– signifikante Formmerkmale der Ballade in ihrer Bedeutung für die inhaltliche Aussage deuten;
– eine Lehre zu der Ballade formulieren;
– die Ballade sinngebend vortragen;
– die Intention der Ballade durch Simulation einer Gerichtsverhandlung erschließen;
– durch den Vergleich von Ballade und Moritat wesentliche Gattungsmerkmale vieler balladesker Texte herausarbeiten.

Die Schülerinnen und Schüler können
– den Inhalt der Balladen wiedergeben;
– Personifikationen und andere in der Ballade verwendete sprachliche Mittel benennen;
– die Ballade in eine Reportage umschreiben;
– das Infragestellen des Fortschrittsoptimismus als Intention der Ballade deuten;
– die lautmalerischen Mittel beschreiben;
– eine Dialogszene zu der Ballade schreiben;
– eine Spannungskurve des Geschehens zeichnen und den „dramatischen" Aufbau erkennen;
– ein Filmdrehbuch zu der Ballade schreiben;
– den Einbruch des Numinosen als Reaktion auf die Gewissensqualen des Königs deuten.

Die Schülerinnen und Schüler können
– Stimmungen und Atmosphäre der Balladen beschreiben;
– verschiedene Rollen im Balladentext erkennen;
– gestaltendes Lesen und den Vortrag als Möglichkeit der Texterschließung nutzen;
– Balladentexte inhaltlich und szenisch gestalten;
– dies als Möglichkeit begreifen, neue Verstehensdimensionen zu erschließen.

12.1 Mordtaten und andere Verbrechen – Schauriges vortragen

S. 221

1 / 2 *Das Bild zeigt eine typische Jahrmarktsszene mit Bänkelsängern, die bis in das 20. Jahrhundert von Ort zu Ort zogen, um auf Marktplätzen, Jahrmärkten, in den Straßen der Städte oder auf der Dorfwiese von schauerlichen Geschichten, von Mord, Liebe, Katastrophen und aufregenden politischen Ereignissen zu berichten. Dazu stellten sich die Vortragenden auf ein „Bänkel", also eine kleine Bank, und illustrierten ihre Neuigkeiten, indem sie mit einem Stab auf Wachstuch-Bildtafeln zeigten. Drehorgel, Violine oder Laute bildeten die musikalische Untermalung. Die Lieder und Geschichten wurden häufig in einem Bänkelheft aufgeschrieben und für wenig Geld an das Publikum verkauft. Die zunehmende Verbreitung von Tageszeitungen und Illustrierten zu Beginn des 20. Jahrhunderts entzog dem Bänkelsänger seine Existenzgrundlage.*

S. 222

Anonym

Finster ist die Mitternacht

1 *Vorschlag für ein Tafelbild:*

Finster ist die Mitternacht – Unheimliche Geräusche und Furcht erregende Bilder	
Geräusche	optische Sinneswahrnehmungen
- Sausen des Windes - Dröhnen - Rasseln der Wagenräder - Prasseln der Hufe - Peitschenschlag - Stampfen der Pferde - Seufzen und Wimmern	- schemenhafte Wolken am Himmel - Schwärze der Pferde - Feuerschein von Pferd und Wagen (Nüstern, Augen, Räder, Polster) - Ungeheuer als Kutscher

Bild der Höllenkutsche
Zeichen der ewigen Verdammnis und Höllenqual

2 *Lehre in Z. 23: „Arger Lohn folgt argen Taten". Andere mögliche Formulierung: „Dem Verbrechen folgt die Strafe auf dem Fuß."*
Die Moritat folgt in ihrer Aussage dem typischen „Schuld-Sühne-Schematismus als Demonstration der Funktionstüchtigkeit des göttlichen Ordo" (Braungart 1985, S. 415).
Weitere signifikante Merkmale der Moritat lassen sich erarbeiten:
- *direkte Anrede an das Publikum (Z. 5);*
- *Betonung der Faktizität der Ereignisse (Z. 21 ff.);*
- *Verweis auf das Exemplarische des Falls (Z. 21 ff.);*
- *indirekter Appell an das Publikum („moralische Aufrüstung");*
- *regelmäßige Strophenform: vierhebige Verse, umarmender Reim.*

Zusatzmaterial

Der Untergang von Plurs

Merkt zu, ihr Christen, all zugleich,
Ihr seid jung, alt, arm oder reich –
Hört zu, was ich euch sage
Von Jammer und unerhörter Not,
5   So sich erst zugetragen hat,
Vor Leid möcht eines verzagen.

Der große Flecken, Plurs genannt,
So den Kaufleuten wohl bekannt,
Im Pündter[1] Land gelegen,
10   Ist durch des Allerhöchsten Gewalt
Verderbt und zugrund gangen bald,
Von einem Berg, merket eben.

Als nun die Sonn ihr Urlaub nahm
Und jetzt die Nacht auch herzu kam,
15   Fielen vom Berg herunter
Etliche große Schiffterstein
So sonsten bei Landvolk gemein,
Weil's oft geschach besonder.

Als nun die Leut nach ihrem Wohn[2]
20   Jetz und bald wollten schlafen gahn,
Fiengs an erschröcklich krachen,
Und fiel der Berg ganz überall
Im Augenblick aufs Dorf zumal;
Tät ihn' den Garaus machen.

Bedeckt also erschröckenlich   25
Den ganzen Flecken jämmerlich,
Versenkt's tief in die Erden.
Kirchen, Paläst und Häuser fest,
Viel Herbergen und fremde Gäst
Mussten zunichten werden.   30

Man sieht dort nichts mehr überall,
Was da gestanden sei zumal,
Von Kirchen oder Palästen.
Es hat des Erdrichs Abgrund hohl,
Verschlucket und verderbt zumal,   35
Ganz überall gefressen.

Man hat auch die verschinen Tag
Etlich ausgraben mit großer Klag;
Auch han sich underwunden
Viel, wöllen jetzt zusammen stohn,   40
Auch starke Arbeit wenden an,
Ob sie noch etwas funden.

Steck ein dein Schwert, du treuer Gott,
Behüte uns vor solcher Not,
Lass uns nicht verderben;   45
Verleih uns allen ein seligs End
Und dort ein fröhlich Auferstend
Durch Jesum Christum. Amen

*(Aus: Deutsche Balladen. Volks- und Kunstballaden, Bänkelsang,
Moritaten. Hg. und mit einem Nachwort versehen
von Hans Peter Treichler. Manesse, Zürich 1993, S. 51–53)*

1 **Pündter Land:** Graubünden (Kanton in der Schweiz)
2 **Wohn:** Gewohnheit

1 *Erzählt, um welche Sensation es in der Moritat geht.*

2 *Die Moritat bezieht sich auf Vorkommnisse des Jahres 1618 im Schweizer Städtchen Plurs (Graubünden).*

   a) Nennt Wörter und Wendungen, die auf das Alter der Moritat hinweisen.

   b) Sucht Wörter im Text, die heute anders geschrieben werden. Benutzt dazu Wörterbücher.

3 *Gebt Textstellen an, aus denen deutlich wird, worin der Moritatensänger die Ursache des Unglücks sieht. Formuliert die versteckte Moral (Lehre) der Moritat in einem Satz.*

4 *Schreibt zu der Sensationsmeldung der Moritat einen Artikel für eine Boulevardzeitung und vergleicht beide Textsorten.*

Lied von der schönen Antonia Morina

S. 222

4 *Der vollständige Text des Liedes über die schöne Antonia Morina findet sich bei Braungart, 1985, S. 223 ff. Im Schülerband sind die 5. Strophe (ab Vers 5) sowie die 6. und 7. Strophe (ab Vers 5) abgedruckt.*

a) Hier der vollständige Text der im Schülerband abgedruckten Strophen:

Wo Verona sich erhebet
Stolz, die hochberühmte Stadt,
Sie nach neuer Beute strebet
Von der man verkündet hat.

5 Durch den Wald ein Kaufmann ziehet,
Ihm folgt die Soldatenschar;
Doch Antonia, sie glühet
Nach des Kaufmanns reicher War'.
Nun beginnt ein wildes Kämpfen,
10 Und Antonia unterliegt,
So gelang's, die Wut zu dämpfen,
Die so Schlimmes zugefügt.

[Elend muss die Räub'rin enden,
Wird lebendig bald verbrannt,
Ihren Leuten sieht man senden   15
Auch den Tod durch Henkers Hand.]
Strafe folget dem Verbrechen,
Denn es lebt ein weiser Gott,
Welcher wird gerecht stets rächen
Frecher Sünder Hohn und Spott.   20

(Aus: Wolfgang Braungart (Hg.): Bänkelsang.
Texte – Bilder – Kommentare. Stuttgart 1985)

b/c)   Als Hilfe könnte man wiederum Bruchstücke aus den ersten Versen der letzten Strophe vorgeben und dann fortfahren:

Elend muss die Räub'rin enden,
Wird ... verbrannt,
Ihren Leuten sieht man senden
Auch den Tod ...
5 Darum merket wohl, ihr Leute,
Sterben muss der Wüterich,
Leicht wird er der Strafe Beute,
Drum meidet Gottes Strafgericht
usw.

5 *Möglich ist der Rückgriff auf das Bild S. 221 im Schülerband, anhand dessen* **Kriterien des Vortrags einer Moritat** *erarbeitet werden können, z. B.:*
- *erhöhte Position;*
- *lautes Deklamieren;*
- *z. T. belehrender Sprechgestus (Gestik: warnender Zeigefinger etc.);*
- *andererseits marktschreierischer Sprechgestus (Aufreißen der Augen etc.).*

Tafel und Zeigestock können als Requisiten genutzt werden. Die Ernsthaftigkeit des Vortrags kann dadurch gesichert werden, dass die Vortragsbeispiele auf Video festgehalten und analysiert werden.

6 *Hier zum Vergleich zwei authentische Lexikonartikel:*

Moritat [wohl durch zerdehnendes Singen des Wortes „Mordtat" (etwa Mo-red-tat) entstanden]: Bezeichnung für Lied- oder Prosatext des Bänkelsangs, insbesondere für parodistisch übertreibende Lieder. Der Schluss des   5
Liedes enthält eine belehrende Moral.

(Aus: Schüler Duden Literatur. Dudenverlag, Mannheim/
Leipzig/Wien/Zürich, 3. Aufl. 2000, S. 256 f.)

Bänkelsang kommt von der Bank, auf der der Bänkelsänger seinen Vortrag hielt. Das Wort wird zum ersten Mal 1709 erwähnt. [...] Die Bänkelsänger hielten ihren Vortrag, indem sie
5 zusätzlich auf Schilder gemalte Bilder vorzeigten und ihn mit Musikinstrumenten wie Geige, Akkordeon oder Drehorgel begleiteten. Zudem verkauften sie bebilderte Texthefte. Der Bänkelsang hatte meist eine **Moritat**
10 (wohl nicht von Mordtat, sondern aus dem Rotwelschen more = Schrecken, Furcht, Geschrei) zum Thema. Er wurzelte in der Tradition des Zeitungssanges der frühen Neuzeit, dem Ausrufen von Nachrichten (= Zeitung).
15 Die Bänkelsänger traten in Gassen und Höfen, auf Märkten und Messen auf und sprachen das Volk an. Im Gegensatz zu ihrer hohen Publikumswirksamkeit stand das niedere soziale Ansehen der Bänkelsänger. Zum **Gassenhau-**
20 **er** (zusammengesetzt aus Gasse und hauen im Sinne von laufen), der Bezeichnung für ein einprägsames, künstlerisch anspruchsloses, aber sehr erfolgreiches Lied innerhalb der städtischen Bevölkerung, wurde das Lied des Bänkelsängers leicht, wenn seine Einprägsam- 25 keit und seine Aktualität ihm die nötige Beachtung und Popularität verliehen.

Das Aufbaumuster der **Moritaten** war schlicht. Eine Aufsehen erregende Mordtat störte die göttliche Ordnung, die durch die 30 weltliche Obrigkeit oder eine schicksalhafte Fügung wiederhergestellt wurde. Dabei wurde nicht mit Sentimentalität und Rührseligkeit gespart. Der Bänkelsang verfolgte moralische Absichten. Er sollte das Vertrauen in die 35 weltliche Ordnung festigen, gleichzeitig aber auch die Sensationslust des Publikums befriedigen. Den Bänkelsang griff das Kabarett der Jahrhundertwende parodierend auf.

(Aus: Wieland Zirbs (Hg.): Literaturlexikon. Daten, Fakten und Zusammenhänge. Cornelsen Scriptor, Berlin 1998, S. 42f.)

Zusatzmaterial

Moritat über eine tödliche Brandstiftung

1866 ereignete sich im holsteinischen Groß-Campen ein Verbrechen, bei dem sieben Angehörige der Gutsbesitzerfamilie Thode und ein Diener durch eine Brandstiftung ums Leben kamen. Die Tat blieb unaufgeklärt. Von der Moritat sind leider nur Bruchstücke erhalten geblieben:

Lieblich scheint......................
Auf die sommerliche Flur,
......................muntre Lieder
Loben schmetternd die Natur.
5 Aber, ach! der......................
Füllt oft böses Laster an,
Welches man mit bittren Schmerzen
Wiederum......................

Thodes Scheune......................
10 ....wecken will,
Findet tot man dort beisammen
Acht Personen,......................

Unter fürchterlichen Wunden
Hat man Tochter, Elternpaar
15 Und den......................,
der bei jenen......................

Wüste liegt die Stätte nieder,
Wo jüngst......................
Denen, weil sie brav und bieder,
Stets der Nachbarn Lieb' gelohnt. 20
Einer......................,
Dem der Schreck die Sprache nahm,
Seine......................sieben,
Frevle Mörderhand......................

Noch ist keine...................... 25
Von der......................Mörderschar,
Die verhöhnte unumwunden,
Was im Herzen stehet wahr:
Kein Verbrecher......................
....
....
....

1 *Rekonstruiert den Inhalt mit Hilfe des Wortmaterials im Kasten:*

> stand in Flammen; nur ist übrig blieben; die Sonne wieder; bleich und still; Teuren, alle;
> Menschen Herzen; Menschen froh gewohnt; ihm nahm; Und der Vögel; Spur gefunden;
> jüngsten Sohn gefunden; schlimmen; schlafend war; erkennen kann; Und als man ihn

2 *Ergänzt die Moritat und formuliert in den fehlenden Versen der letzten Strophe die Lehre, die der Bänkelsänger aus dem grausigen Geschehen zieht.*

3 *Ihr könnt auch weitere Strophen hinzudichten.*

4 *Überarbeitet eure Texte in einer **Schreibkonferenz**. Achtet dabei besonders auf die Reimform und die
Betonung.*

*Hinweis: Der vollständige Balladentext findet sich in: Deutsche Balladen. Volks- und Kunstballaden,
Bänkelsang, Moritaten. Hg. und mit einem Nachwort versehen von Hans Peter Treichler. Manesse,
Zürich 1993, S. 67–69.*

S. 223

Die biblische Geschichte von Belsazar

S. 223

Rembrandt van Rijn
Das Gastmahl des Belsazar

1 *a/b) Größe des Bildes im Original: 167,6 × 209,2 cm. Das Bild ist bezeichnet: Rembrand fecit 163
(die letzte Ziffer der Jahresangabe fehlt).
Rembrandt gibt in seinem Gemälde genau jenen Kulminationspunkt des Geschehens wieder, in dem
die ausgelassene Stimmung umschlägt. Belsazar fährt erschreckt auf, wendet sich der geheimnisvollen
Schrift zu und stößt dabei seinen Pokal mit Wein um. Eine ähnliche Reaktion erleben wir bei der rechten Repoussoirfigur, während die linke die geheimnisvolle Schrift offensichtlich noch nicht wahrgenommen hat. Beide Rückenfiguren ziehen den Betrachter ins Bild und lenken die Blickrichtung auf die
deutlich im Zentrum stehende Figur Belsazars (der von der geheimnisvollen Schrift als Lichtquelle an-
gestrahlte Kopf bildet die Spitze der Dreieckskombination), der mit ausladender Gebärde der Arme
(Bilddiagonale) und mit aufgerissenen Augen sich der geheimnisvollen Schrift zuwendet.*

S. 224

Heinrich Heine
Belsazar

🎧 Das „**Deutschbuch Hörbuch 7/8**" enthält die Ballade „Belsazar" von Heinrich Heine, gelesen
von Udo Wachtveitl.

2 *Als Quellen für Heines Ballade gelten in der Literatur allgemein Lord Byrons Gedicht „Vision of Belshaz-
zar" (1815), Rembrandts Gemälde, vor allem aber die Beschreibung des Alten Testaments im 5. Buch
Daniel. Im Unterschied zu Bild und Bibelbericht, wo der Einbruch des Göttlichen eher überraschend*

kommt, tritt bei Heine der Stimmungsumschwung unmittelbar nach der Gotteslästerung und vor dem Auftauchen der Flammenschrift ein. Es herrscht gleichsam Ruhe vor dem Sturm. Die schlotternden Knie versagen Belsazar den Dienst: Er kann sich nicht mehr erheben.

3 a) Gliederung der Ballade:

1.–3. Strophe:	Exposition: Schilderung der Ausgangssituation: Im Gegensatz zur mitternächtlichen Ruhe in Babylon findet in Belsazars Schloss ein lärmendes Fest statt.
4.–5. Strophe:	Darstellung der ausgelassenen Stimmung auf dem Fest
6.–13. Strophe:	Die Freveltat Belsazars: Die Entweihung der Kultgegenstände und die Gotteslästerung Jehovas
14.–17. Strophe:	Wendepunkt: Die geheimnisvolle Flammenschrift
18.–21. Strophe:	Die Katastrophe: Die Ermordung Belsazars durch seine Diener

b) Vergleich von Bibeltext und Ballade – Vorschlag für ein Tafelbild:

Bibeltext	Ballade	Bedeutung der Änderung
Gastmahl mit den Großen des Reichs	Gastmahl mit den Knechten	Betonung der gesellschaftlichen Standesunterschiede
Trinken aus den geraubten Tempelgefäßen, Anbetung der babylonischen Gottheiten	Trinken aus den geraubten Tempelgefäßen und Lästerung des Judengottes	Betonung der Freveltat des Herrschers und der daraus folgenden Bestrafung (Sühne)
Deutung der Schrift durch Daniel	keine Deutung der Schrift	Verstärkung der Rätselhaftigkeit und Unheimlichkeit des Geschehens
Tötung Belsazars durch unbekannte Mörder	Tötung durch die eigenen Knechte	Warnung aller Machthaber vor Selbstüberhebung

c) Der Bibeltext lautet: „Das Geschriebene lautet aber: Mene mene tekel u-parsin. Diese Worte bedeuten: Mene: **Gezählt** hat Gott die Tage deiner Herrschaft und macht ihr ein Ende. Tekel: **Gewogen** wurdest du auf der Waage und zu leicht befunden. Peres: **Geteilt** wird dein Reich und den Medern und Persern gegeben." (Aus: Daniel 5,25 ff., Neue Jerusalemer Bibel. Einheitsübersetzung mit dem Kommentar der Jerusalemer Bibel. Neu bearbeitete und erweiterte Ausgabe. Freiburg/Basel/Wien 1985, S. 1269f.)

4 a) Wörter, die den Umschwung der Atmosphäre vermitteln, sind z. B.: grause (Z. 27), heimlich (Z. 28), bang (Z. 28), verstummte (Z. 29), leichenstill (Z. 30), stieren Blicks (Z. 35), mit schlotternden Knien (Z. 36), totenblass (Z. 36), kalt durchgraut (Z. 37), keinen Laut (Z. 38).

b) Auf einer Kopie können die Schülerinnen und Schüler den Balladentext mit Betonungszeichen bearbeiten (vgl. S. 237 im Schülerband).
Zusätzlich sollte auf die notwendige Betonung Sinn tragender Vokale beim Vortrag aufmerksam gemacht werden:
   – Vorwiegend a- und o-Laute als dunkle Vokale in den ersten drei Strophen;
   – die e-, i- und ei-Laute der 3. bis 6. Strophe deuten den Lärm des Festes an;
   – die Wiederholung des i-Lautes in „schrieb" (16. und 17. Strophe) trägt zur Eindringlichkeit bei (Wendepunkt);
   – die a-, o- und au-Laute in den Strophen 18 und 19 spiegeln Angst und Entsetzen der Festbesucher.

5 a/c)   Strophe 15 bietet sich für eine vertiefende Betrachtung an:

Das gellende Lachen verstummte zumal;

x |x́ x x|x́ x   x| x́ x x| x́

Es wurde leichenstill im Saal

x x́ |x x́| x x́ |x   x́

Korrespondenz von Inhalt und Versmaß: Das gellende Lachen, Ausdruck von höchstem Übermut, weicht der Leichenstille, die sich in der Gleichförmigkeit des vierhebigen Versmaßes spiegelt.

b/c)   Weitere Beispiele von Versen mit Jamben und Daktylen sowie deren Wirkung:

z. B. Strophe 5:

Es klirrten die Becher, es jauchzten die Knecht'   → Ausgelassenheit der Zecher

x|x́ x x|x́ x x| x́   x x | x́

z. B. Strophe 11:

Und der König ergriff mit frevler Hand   → zunehmende innere Erregung des Königs;

x x |x́ x x|x́   x |x́ x | x́   Steigerung seiner frevelhaften Handlungen

Einen heiligen Becher, gefüllt bis am Rand

x x |x́x x |x́ x   x|x́ x x | x́

6   Hätte Heine eine Moritat geschrieben, könnte die Lehre z. B. lauten: „Hochmut kommt vor dem Fall." Oder: „Wer Gott nicht ehrt, wird bestraft."

S. 226

Annette von Droste-Hülshoff
Die Vergeltung

1   Bei der inhaltlichen Erschließung sollten die Schülerinnen und Schüler die Zweiteilung der Ballade und den damit verbundenen Schauplatzwechsel nutzen:

I   Schiffbruch auf See

1. Strophe.:   Der Kapitän sieht den Sturm voraus.
2. Strophe: Ein Kranker auf dem Schiff klammert sich an einen Balken mit der Aufschrift „Batavia. Fünfhundertzehn".
3. Strophe: Das Schiff sinkt im Sturm.
4./5. Strophe: Der an seinen Balken geklammerte Kranke und ein Passagier auf einer sinkenden Kiste können sich retten.
6. Strophe: Der Kranke, der Land im Westen erkennt, ruft den Passagier heran, um ihn zu retten.
7. Strophe: Der Passagier ermordet den Kranken, indem er ihn vom Balken stößt, und rettet sich selbst auf die Planke.
8. Strophe: Der Passagier wird von einem Piratenschiff geborgen.

II Aburteilung der Seeräuber an Land

1. Strophe: Das Korsarenschiff ist gestrandet.
2. Strophe: Viele Menschen wollen die Hinrichtung der Piraten sehen, für die man am Meer aus Strandgut Galgen errichtet hat.
3. Strophe: Der Passagier wird trotz Unschuldsbeteuerungen für einen Seeräuber gehalten und soll wie diese gehängt werden.
4. Strophe: Alle Seeräuber sagen gegen ihn aus.
5. Strophe: Gott höhnend entdeckt er als Baumaterial seines Galgens den Balken mit der Aufschrift „Batavia. Fünfhundertzehn".

2 / 3 Die Produktionen der Schülerinnen und Schüler sollten im Unterricht besprochen, die Ergebnisse könnten in einem Tafelbild festgehalten werden, wobei die Schülerbeiträge überschreitende Argumente und Interpretationsansätze aufgenommen werden sollten.

Vorschlag für ein Tafelbild:

Die Hinrichtung des Passagiers – Unrecht oder höhere Gerechtigkeit?

Argumente des Passagiers	Stellungnahme des Zeugen	Urteil des Richters
– kein Pirat, Schiffbrüchiger	– kein Pirat, Schiffbrüchiger	– Verbrechen am Nächsten in einer außergewöhnlichen Situation
– unbeteiligt an den Verbrechen der Seeräuber	– Mörder eines Wehrlosen	– Verstocktheit und Selbstgerechtigkeit
– Anspruch auf Barmherzigkeit	– Verweigerung der Barmherzigkeit	– Verheimlichung des schweren Verbrechens durch Beteuerung der Unschuld im leichteren
	– keine Zwangssituation („Land in Sicht")	
unschuldig	schuldig	schuldig

Das „Unrecht" der irdischen Verurteilung erweist sich als höhere, göttliche Gerechtigkeit.

---

4 Vorschlag für ein Tafelbild:

Vergleich der Balladen von Heine und Droste-Hülshoff

Inhalt	Form
– Begehen einer Freveltat: Gotteslästerung / Mord	– Eine spannende Geschichte wird **erzählt**.
– Bestrafung des Täters und Wiederherstellung der göttlichen Ordnung	– Die Geschichte strebt in **dramatisch zugespitzter** Form (Zielgerichtetheit; Dialog; Monolog) dem Ende zu.
	– Das Geschehen wird in **lyrisch gebundener** Form (Strophe, Vers, Reim) berichtet.
Schuld-Sühne-Ballade	Ballade als episch-dramatisch-lyrische Mischform

---

5 *Mögliche Erklärungsansätze für den journalistischen Grundsatz „bad news are good news":*
- *Sensationsgier*
- *Schadenfreude*
- *Voyeurismus*
- *Projektion eigener Ängste und Befürchtungen*

Die Schülerinnen und Schüler werden Beispiele aus ihrem Erfahrungsbereich nennen: einen Unfall auf der Autobahn, Rettungsaktionen im Urlaub etc.

S. 228

Funny van Dannen
Wozu noch beten

1 *a/b) Susi und Georg sind zwei junge Menschen (20 bzw. 23 Jahre alt), die in schwierigen persönlichen Verhältnissen leben. Offensichtlich haben beide, obwohl nicht unbegabt, keine qualifizierte Berufsausbildung, finden deshalb auch keine befriedigende Arbeit. Georg jobbt als Taxifahrer, Susi geht putzen, da sie sich um ihre beiden kleinen Kinder kümmern muss. Geldnöte, das Gefühl, das Leben zu verpassen, insgesamt die beide überfordernde persönliche Lebenssituation treiben sie mit dem Überfall auf ihren Onkel und dem eigentlich geplanten Raub zu einem Verbrechen, dessen schlimmstmögliche Wendung, nämlich die Mordtat, sie überhaupt nicht in ihr Kalkül gezogen haben.*

2 *Vorschlag für ein Tafelbild:*

Wozu noch beten – eine moderne Moritat?	
Formmerkmale und Motive der	
Ballade	**Moritat**
handlungsreiche Geschichte	Bestrafung des Verbrechers (Schuld-Sühne-Modell?)
Dialoge der Personen	Lehre → moralisierende Intention
dramatische Zuspitzung	Erzählung in Versform
Gedichtform	volkstümliche Sprache
...	Liedform (→ Song)
...	...

3 *a/b) Vordergründig scheint sich das Schuld-Sühne-Modell vieler Moritaten zu wiederholen. Angeklagt sind aber nicht in erster Linie die beiden jugendlichen Täter, sondern eine Gesellschaft, die, da sie nicht ausreichend Chancen gewährt, ein derartiges Verbrechen erst möglich macht. Somit stehen die gesellschaftlichen Ursachen der Tat im Vordergrund. Die Bestrafung des Täters kann nicht, wie im Mittelalter, eine sittliche göttliche Ordnung wiederherstellen, da diese gar nicht existiert, wie der Refrain „Wozu noch beten?" nachdrücklich betont. Susis Kniefall entspringt denn auch nicht dem Wunsch, eine tradierte Gebetshaltung einzunehmen, sondern ist Ausdruck ohnmächtiger Verzweiflung („in die Knie gehen").*

12.2 Dramatische Ereignisse – Balladentexte umgestalten

Das Teilkapitel regt zum einen den kreativen und produktiven Umgang mit Balladentexten an, zum anderen greift es mit Inhaltsangabe und Reportage sachliche bzw. subjektiv-erlebnishafte Schreibformen auf, die an anderer Stelle eingeführt wurden (vgl. S. 73, S. 173 ff. im Schülerband). Diese Schreibformen können mit der Umgestaltung von Balladen wegen deren relativer Kürze, Überschaubarkeit und einsträngiger Handlungsstruktur, im Falle der Reportage auch wegen ihres dramatischen, handlungsreichen Geschehens besonders gut geübt werden.

Aus der Ballade wird eine Reportage

S. 230

Theodor Fontane
Die Brück' am Tay

S. 230

1 *Vorschlag für ein Tafelbild:*

Die Brück' am Tay – Handelnde Personen und Schauplätze		
1. Strophe:	Windhexen, Brücke	
2. Strophe:	Johnies Eltern, Brückenhaus	Erhöhung der Spannung durch Perspektivenwechsel in Form schneller Schnitte (vgl. Film)
3. Strophe:	Johnies Eltern, Brückenhaus	
4. Strophe:	Johnie, Zug, Süderturm	
5. Strophe:	Johnie, Zug, Brücke	
6. Strophe:	Johnies Eltern, Brückenhaus	
7. Strophe:	Windhexen, zerstörte Brücke	

2 *a/b) Personifikationen in Fontanes Ballade: 2. Strophe: „Ich komme, trotz Nacht und Sturmesflug, Ich, der Edinburger Zug." 4. Strophe: „keucht".*
Die Personifikation führt zu einer Verlebendigung und Vermenschlichung des Zuges, der damit als Verbündeter des Menschen im Kampf der Technik gegenüber den Naturgewalten erscheint. Die 6. Strophe nimmt in den ersten Versen den Wortlaut der 2. Strophe wieder auf, die Personifizierung des Zuges entfällt aber, da sich der Glaube des Menschen an die Technik als trügerisch erwiesen hat.

3 *a/b) Vorschlag für ein Tafelbild:*

Die Brück' am Tay – Sprachliche Mittel und deren Wirkung	
Sprachliches Mittel	**Wirkung**
Satzanfang mit „und"	Ungeduld der Eltern, evtl. Rollen des Zuges, Unausweichlichkeit der Katastrophe

Unvollständige Sätze (1. Strophe)	Aufgeregtheit der Windhexen
Alliterationen (z. B. „ohne Rast und Ruh")	Unruhe und Angst der Eltern
Lautmalerei (z. B. i- und ei-Laute in der 1. Strophe)	Gekreische der Hexen

4 *Eine Inhaltsangabe könnte so lauten:*

In Theodor Fontanes Ballade „Die Brück' am Tay" von 1886 werden Fortschrittsoptimismus und Technikgläubigkeit des Menschen im ausgehenden 19. Jahrhundert in Frage gestellt. In einem Dialog dreier Hexen zu Beginn der Ballade wird ein Zugunglück während eines Sturms als unabwendbar vorausgesagt. Die Hoffnungen der Eltern des Lokomotivführers auf die Rückkehr ihres Sohnes, dessen Stolz auf das Wunder der Technik und sein Vertrauen in die Verlässlichkeit menschlicher Ingenieurkunst werden durch die elementare Kraft der Naturgewalten zerstört. Die Brücke hält dem Wirbelsturm nicht stand und reißt den Edinburger Zug mit in die Tiefe. Die als Hexen personifizierten Naturgewalten triumphieren angesichts ihres Sieges.

5 *Methodische Anregungen für die Umsetzung in eine Reportage:*
- *Hauptschlagzeile als Blickfang mit Übertreibungen, Verallgemeinerungen, sprichwörtlichen Wendungen sowie eine Unterschlagzeile;*
- *kurzer Nachrichtenbericht (W-Fragen);*
- *eingestreute Interviews;*
- *Bilder/Fotos: Kombination von Text und Bild;*
- *Bearbeitung des Textes am PC.*

S. 233

Annette von Droste-Hülshoff

Der Knabe im Moor

🎧 Das **„Deutschbuch Hörbuch 7/8"** enthält die Ballade „Der Knabe im Moor" von Annette von Droste-Hülshoff, gelesen von Udo Wachtveitl.

1 / **2** *Vorschlag für ein Tafelbild:*

O schaurig ist's übers Moor zu gehn – „Der Knabe im Moor"	
Geräusche	**optische Eindrücke**
- Zischen (= Geräusche des Moorwassers) - Knistern des Röhrichts - Sausen des Windes - Rascheln des Gebüschs (Hag) - Rieseln und Knittern in den Riesenhalmen - Pfeifen des Moorbodens - Seufzen des Moores (= geräuschvolles Nachgeben des Moorbodens) - Rufe der verdammten Margret (= Windgeräusche)	- Heiderauch - Dünste (= Nebelschwaden) - Starren des Gestumpfs (= unheimliche Strauch- und Baumreste) - Nicken der Föhre (= Schwanken der Bäume) - Riesenhalme wie Speere, Geröhre (= Schilfhalme) - Moorgeschwele (= Nebelschwaden) - Lampe (= Lichtschein)

2 Die realen Naturerscheinungen werden aus der Sicht des Knaben als magische Gestalten, als Geister und Gespenster empfunden (vgl. naturmagische Ballade). Die sinnlichen Wahrnehmungen des Jungen produzieren in seiner Fantasie Bilder der unheimlichen Moorgestalten: des Gräberknechts, der Spinnlenor, des Fiedlers Knauf, der verdammten Margret.
Die Motive der heimatlich flimmernden Lampe und des Schutzengels zeigen den Sieg des Christlichen über die dämonische Macht des Heidnischen.

3 a/b Vorschlag für ein Tafelbild:

Sprachliche Mittel in Droste-Hülshoffs Ballade „Der Knabe im Moor"

Verben	Adjektive	Nomen	Vergleiche
zischen	schaurig	Dünste	als ob man es jage
knistern	gespenstig	Hauch	wie ein irres Rind
rascheln	unheimlich	Moorgeschwele	wie Speere
rieseln	unselig	Spalte	wie eine gespenstige
knittern	gebannt	Geröhre	Melodei
brodeln	verdammt	Seufzer	als woll es ihn holen
pfeifen	fürchterlich	Höhle	wie ein wundes Reh
bersten			
lautmalende Verben	Adjektive aus dem Wortfeld „unheimlich"	Unheimlichkeit der Moorlandschaft	Verdeutlichung der Angst des Kindes

Auf einer Kopie des Textes können die Schülerinnen und Schüler lautmalerische Vokale und Konsonanten in unterschiedlichen Farben markieren und deren Wirkung beschreiben:
– Dunkle Vokale a (ä), o (ö), u drücken Bedrohung, Angst, Unheimlichkeit der Natur aus;
– helle e- und i-Laute deuten auf die Erregung des Knaben, seine Unruhe, den „Angriff der Natur";
– Zischlaute (st, sp, sch, s) und f-Laute charakterisieren die Geräusche, die der Junge hört.

4 a/b) Die Dialoge sollten zuerst in Einzelarbeit erstellt, dann aber in einer Schreibkonferenz verbessert und verändert werden. In den Dialoganteilen des Jungen könnten die onomatopoetischen Verben und die sprechenden Vergleiche eine wichtige Rolle spielen.

Aus der Ballade wird ein Drehbuch

S. 234

Eduard Mörike

S. 234

Die traurige Krönung

1 Gliederung der Ballade:
1. Strophe: Vorgeschichte: Die Ermordung des rechtmäßigen Thronerben durch Milesint **(Exposition)**
2. Strophe: Begehren nach Bestätigung der Herrschaft: Milesint will sich die Krone bringen lassen.
   (Steigende Handlung mit erregendem Moment)
3. Strophe: Der Totenzug: Ein Totenzug kommt in den Marmorsaal.

4. Strophe: *Die Überreichung der Krone: Das ermordete Kind reicht Milesint die Krone.* **(Höhepunkt und Wendepunkt)**

5. Strophe: *Verschwinden des Geisterzuges und Tod Milesints: Milesint stirbt vor den Augen seines angstvollen Sohnes.* **(Katastrophe)**

2 *Das eigene schlechte Gewissen spiegelt dem König das Gaukelbild des Geisterzuges vor. Der Sohn erkennt nur an den Reaktionen seines Vaters dessen Seelennot und Grauen. Die Schuld des Königs wird durch den nur von ihm wahrgenommenen Einbruch des Numinosen gesühnt.*

3 *Belegstellen, die zeigen, woran der König stirbt:*
- *„Im leeren Marmorsaale" (Z. 9): Der König ist auf sich selbst zurückgeworfen. Die Bilder der Vergangenheit bedrängen ihn, sodass er sich seines Königtums neu versichern will.*
- *„Sieht irr in all die neue Pracht" (Z. 10): Unsicherheit, Schuldgefühle des Königs.*
- *„Dem Könige, dem wird so geisterschwül" (Z. 21), „Dem Könige, des Herze tief erschrickt" (Z. 28): Die eingebildete Begegnung mit dem Geist des Mordopfers und damit die Erinnerung an das eigene Verbrechen wirken tödlich.*

4 *Die Spannungskurve könnte etwa so aussehen:*

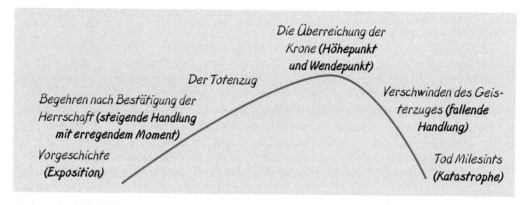

5 *Für eine Realisierung des Filmprojekts empfiehlt sich die Zusammenarbeit mit dem Fach Kunst. Einfache Requisiten (Krone, Thron, Kerzenleuchter etc.) und Kostüme (Bettlaken, Goldkette für den König, Umhang aus Samt etc.) lassen sich so leicht herstellen. Die einzelnen Szenen sollten mit zwei Kameras auf fest stehendem Stativ aus unterschiedlichen Perspektiven aufgenommen werden.*

12.3 Projekt: Balladen präsentieren

Die in diesem Teilkapitel vorgestellten Balladen können natürlich auch als Unterrichtsgegenstände vor allem für Teilkapitel 12.2 genutzt werden, wie sich andererseits auch alle Moritaten und Balladen der beiden ersten Teilkapitel für einen Vortragsabend eignen. Die abschließenden Kopiervorlagen und Aufgaben (siehe S. 258 ff. in diesem Handbuch) sind als Anregungen für weitere Balladeninszenierungen zu sehen.

Friedrich Schiller

Der Handschuh

S. 236

1 *Aus der Belustigung von König Franz beim Betrachten seiner Raubtiere in Anwesenheit des Hofstaates erwächst eine tödliche Bedrohung für einen jungen Ritter, die durch die Laune eines Hoffräuleins hervorgerufen wird (**Anlass des Geschehens**). Die Dame fordert den jungen Ritter auf, als Beweis seiner Liebe ihren herabgefallenen Handschuh aus dem Raubtierkäfig herauszuholen. Der Ritter besteht die Mutprobe (**Verlauf**), um sich dann sofort von seiner Herzensdame zu trennen, der er den Handschuh ins Gesicht wirft (**überraschender Ausgang**).*

2 *Die ganzseitige Miniatur stammt aus der Manessischen Liederhandschrift, die wahrscheinlich zwischen 1304 und 1314 in Zürich unter Benutzung der Liedersammlungen der dortigen Patrizierfamilie Manesse entstanden ist. Das Werk enthält Gedichte von 140 Minnesängern. Die im Schülerband abgebildete Miniatur zeigt – wie alle anderen Bilder in der Prachthandschrift – ein Motiv aus der ritterlichen Lebenswelt: Ein Ritter erhält als Sieger des Turniers aus der Hand einer Dame einen Kranz, Symbol der Erfüllung seines Liebeswerbens.*
Ritterturniere sind als Kampfspiele seit dem 12. Jahrhundert in Deutschland bekannt. Sie dienten nicht nur als Vorbereitung auf den Krieg, sondern vornehmlich auch der Unterhaltung am Hof. Zu unterscheiden ist zwischen dem ritterlichen Zweikampf (Tjost), bei dem sich die Kämpfer mit ihren Lanzen aus dem Sattel ihrer Pferde zu heben versuchten, und dem Buhurt, bei dem die nur mit einem Schild gerüsteten Ritter einen Gruppenkampf ausführten, wobei sie versuchten, sich gegenseitig vom Pferd zu stoßen. Ruhm, Ehre, Ansehen bei der verehrten Dame, materieller Gewinn waren nur einige der Anreize für die Teilnahme an einer häufig blutigen Veranstaltung, die wegen ihrer Gefährlichkeit auch von der Kirche bekämpft und verboten wurde.

3 *Der junge Ritter erkennt die Grausamkeit und Menschen verachtende Gedankenlosigkeit von Kunigund, die ihn vor König und Hofstaat in eine sinnlose Mutprobe zwingt, bei der er sein Leben aufs Spiel setzen muss. Kunigunde treibt mit Entsetzen Scherz. Delorges will seine Ehre retten und seiner Ritterpflicht Genüge tun, den Siegespreis, nämlich die Zuwendung Kunigundes, lehnt er jedoch ab, da ihr kokettes Spiel mit der Liebe, die sie mit männlichem Imponiergehabe verwechselt, die – von seiner Seite – vertraute und innige Beziehung zwischen dem Ritter und dem Hoffräulein zerstört hat.*

4 *Die zweite bis vierte Strophe charakterisieren durch Lautmalerei und Metrum die verschiedenen Raubkatzenarten. So wird durch gedehnte Vokale (a, ä) und die stauende Wirkung des aufsteigenden Metrums (Anapäst) die träge Gangart des Löwen ausgedrückt, während z. B. der Daktylus (fallendes Metrum) als Versmaß die schnelle Bewegung der Leoparden charakterisiert. Das Verhalten des Tigers, eine Mischung* *aus Kraft, Schnelligkeit und katzenhafter Zurückhaltung, wird durch den ständigen Wechsel von stei-genden und fallenden Metren zum Ausdruck gebracht. Auffallend ist auch die Häufung der Spiranten f und der Dentale t und z sowie der s-Laute, die auf die Wildheit der Raubkatzen verweisen und beim Vor-trag betont werden müssen.*

Mit der fünften Strophe setzt dann die Handlung der Mutprobe ein, wobei die Kurzverse „Mitten hinein" (Z. 47) und „Mit festem Schritte" (Z. 55) gleichsam den angehaltenen Atem der Beobachter sinnfällig ma-chen. Ansonsten dominiert ein erzählerischer Sprachgestus, der allerdings in der vorletzten Zeile in der harschen Rüge des Ritters (Z. 66) rhythmisch deutlich durchbrochen wird.*

5 *Der markierte Text könnte etwa so aussehen:*

Und herum im Kreis
Von <u>Mordsucht</u> heiß,
Lagern die gräulichen Katzen.

Da fällt ǀ von des Altans Rand ǀ
Ein <u>Handschuh</u> von <u>schöner</u> Hand
<u>Zwischen</u> den Tiger und den Leun
<u>Mitten</u> hinein.

Und zu Ritter Delorges spottenderweis
Wendet sich <u>Fräulein Kunigund</u>:
„Herr Ritter, ǀ ist Eure Liebe <u>so</u> heiß,
Wie Ihr mir's schwört zu jeder Stund,
Ei, ǀ so hebt mir den Handschuh auf." ǁ

Und der <u>Ritter</u> in schnellem Lauf
ǀ Steigt hinab in den <u>furchtbarn</u> Zwinger

....

Zum Einüben des Vortrags empfiehlt sich folgendes Vorgehen:
- *Vortrag durch eine Schülerin/einen Schüler;*
- *Aufnehmen des Vortrags auf Kassette;*
- *Besprechung einzelner wichtiger Vortragspassagen;*
- *erneuter Vortrag (Aufnahme auf Kassette);*
- *Vergleich.*

S. 238

Johann Wolfgang Goethe
Der Zauberlehrling

Das **„Deutschbuch Hörbuch 7/8"** enthält die Ballade „Der Zauberlehrling" von Johann Wolf-gang Goethe, gelesen von Klaus Kinski und Udo Wachtveitl.

1 *Die Sinnnuancen zwischen den einzelnen Sprichwörtern lassen sich am besten dadurch erarbeiten, dass die Schülerinnen und Schüler Beispiele aus ihrer Lebenswirklichkeit benennen, die zu den Sprichwörtern passen, z. B.:*

- *„Hochmut kommt vor dem Fall": Man hält sich in einer Sportdisziplin für unbesiegbar und prahlt mit der eigenen Überlegenheit, beim Wettkampf strauchelt man bei der ersten Hürde.*
- *„Schuster, bleib bei deinen Leisten": Ein erfolgreicher Torwart möchte unbedingt den Mittelstürmer in seiner Mannschaft abgeben, scheitert dabei aber kläglich.*
- *„Es ist noch kein Meister vom Himmel gefallen": Ein talentierter jugendlicher Tennisspieler muss bei seinem ersten Turnier erleben, dass sein Training absolut unzureichend war.*

Der Zauberlehrling handelt nicht absichtlich aus selbstsüchtigen Motiven, sondern aus Unbedachtsamkeit und jugendlicher Selbstüberschätzung. Er maßt sich die Kunst des Meisters an, ohne sie zu beherrschen. Da er ohne bösen Vorsatz handelt, nimmt seine Verfehlung ein gutes Ende: Der Meister stellt die Ordnung wieder her.

2 *Beim Schwarzlichttheater lassen sich mit relativ geringem Aufwand imposante Effekte erzielen. Einiges gilt es zu bedenken:*
- *Der Vorführraum muss absolut dunkel sein. Jeder Einfall von Tageslicht zerstört den Effekt.*
- *Der Effekt, dass nur weiße Pigmente sichtbar sind, kann einfach genutzt werden: Einen Besen z. B. kann man weiß anmalen, ein Gesicht weiß schminken etc. Im Zweifel muss man die Wirkung erproben.*
- *Die Schwarzlichtlampen (am besten zwei Röhren an der Bühnenkante) sollten am Boden installiert werden, damit das Publikum nicht geblendet wird.*
- *Bei den Proben nur kurze Phasen mit Schwarzlicht proben, da die Augen schnell ermüden.*
- *Ein schwarzes Tuch kann als Vorhang dienen, hinter dem alles jederzeit verschwinden kann.*

Johann Wolfgang Goethe
Erlkönig

S. 240

1 *a) In Goethes Ballade „Erlkönig" wird der Sieg magisch-dämonischer Naturkräfte über die rationalen Erklärungsversuche des Vaters dargestellt. Ein Vater reitet mit seinem fieberkranken Kind durch Nacht und Wind zu einem entfernten Gehöft. Das fiebernde Kind sieht in den realen Naturerscheinungen geisterhafte Wesen und Dämonen. Obwohl der Vater beruhigend auf das Kind einzuwirken versucht, indem er den Angstfantasien rationale Erklärungen gegenüberstellt, kann er das Kind nicht vor dem Tod retten.*

b) Adjektive, die die Stimmung der Ballade umschreiben: dämonisch, magisch, unheimlich etc.

2 *a) Die Verteilung der Rollen in der Ballade:*
1. Strophe: Erzähler
2. Strophe: Vater, Sohn, Vater
3. Strophe: Erlkönig
4. Strophe: Sohn, Vater
5. Strophe: Erlkönig
6. Strophe: Sohn, Vater
7. Strophe: Erlkönig, Sohn
8. Strophe: Erzähler
Die Schülerinnen und Schüler erkennen den Aufbau der Ballade: Zwei einrahmende Strophen umschließen sechs Dialogstrophen.

Zusatzmaterial

Johann Wolfgang Goethe

Der Totentanz

Der Türmer, der schaut zu Mitten der Nacht
Hinab auf die Gräber in Lage;
Der Mond, der hat alles ins Helle gebracht;
Der Kirchhof, er liegt wie am Tage.
5 Da regt sich ein Grab und ein anderes dann:
Sie kommen hervor, ein Weib da, ein Mann,
In weißen und schleppenden Hemden.

Das reckt nun, es will sich ergetzen sogleich,
Die Knöchel zur Runde, zum Kranze,
10 So arm und so jung und so alt und so reich;
Doch hindern die Schleppen am Tanze.
Und weil hier die Scham nun nicht weiter gebeut,
Sie schütteln sich alle, da liegen zerstreut
Die Hemdelein über den Hügeln.

15 Nun hebt sich der Schenkel, nun wackelt das Bein,
Gebärden da gibt es vertrackte;
Dann klippert's und klappert's mitunter hinein,
Als schlüg man die Hölzlein zum Takte.
Das kommt nun dem Türmer so lächerlich vor;
20 Da raunt ihm der Schalk, der Versucher, ins Ohr:
„Geh! hole dir einen der Laken."

Getan wie gedacht! und er flüchtet sich schnell
Nun hinter geheiligte Türen.
Der Mond und noch immer er scheinet so hell
25 Zum Tanz, den sie schauderlich führen.
Doch endlich verlieret sich dieser und der,
Schleicht eins nach dem andern gekleidet einher,
Und husch! ist es unter dem Rasen.

Nur einer, der trippelt und stolpert zuletzt
30 Und tappet und grapst an den Grüften;
Doch hat kein Geselle so schwer ihn verletzt;
Er wittert das Tuch in den Lüften.
Er rüttelt die Turmtür, sie schlägt ihn zurück,
Geziert und gesegnet, dem Türmer zum Glück,
35 Sie blinkt von metallenen Kreuzen.

Das Hemd muss er haben, da rastet er nicht,
Da gilt auch kein langes Besinnen,
Den gotischen Zierat ergreift nun der Wicht

Und klettert von Zinne zu Zinnen.
40 Nun ist's um den Armen, den Türmer, getan!
Es ruckt sich von Schnörkel zu Schnörkel hinan,
Langbeinigen Spinnen vergleichbar.

Der Türmer erbleichet, der Türmer erbebt,
Gern gäb er ihn wieder, den Laken.
45 Da häkelt – jetzt hat er am längsten gelebt –
Den Zipfel ein eiserner Zacken.
Schon trübet der Mond sich verschwindenden Scheins,
Die Glocke, sie donnert ein mächtiges Eins,
Und unten zerschellt das Gerippe.

(Aus: Johann Wolfgang Goethe: Gedichte (Ausgabe letzter Hand. 1827),
S. 234; vgl. Goethe-BA, Bd. 1, S. 146–147)

1 *Beschreibt mit eigenen Worten die Situation, in die der Türmer (Turmwächter) gerät, und verdeutlicht, wie er reagiert. Übertragt dazu die Tabelle in euer Heft und sammelt die passenden Textstellen.*

Was sieht der Türmer?	Was hört der Türmer?	Wie reagiert der Türmer?
Gräber im hellen Mondschein Gräber öffnen sich Tote steigen heraus …	…	…

2 *Bei einer **Pantomime** kommt es darauf an, allein durch **Bewegung, Gestik** (Körpersprache) und **Mimik** (Gesichtsausdruck) das Geschehen und die Stimmung zu verkörpern.*

a) *Probiert – ausgehend von der ersten Spalte eurer Tabelle – zunächst zu zweit verschiedenartige Bewegungen der Gespenster aus. Ihr solltet dabei durchaus übertreiben: Schließlich handelt es sich um keine besonders alltägliche Situation.*

b) *Bringt passende Requisiten und Kostüme (z. B. Bettlaken) mit, die euer Spiel unterstützen.*

c) *Passend zum Text könnt ihr nun die einzelnen Bewegungen auf der Bühne zu einer großen Szene zusammensetzen. Dabei sollte der Text zunächst langsam vorgelesen werden, während sich die Darstellerinnen und Darsteller auf der Bühne bewegen.*

d) *Beobachtet euer Spiel und besprecht, ob die Wirkung des Geschehens angemessen ist. In der Beobachterrolle solltet ihr euch abwechseln.*

3 *Überlegt – ausgehend von der zweiten Spalte eurer Tabelle –, wie ihr das Geschehen durch Klänge und Geräusche untermalen könnt. Vielleicht findet ihr auch im Musikunterricht Gelegenheit, Klangelemente oder Instrumente auszuprobieren. Besonders das Ende der Ballade könnte dramatisch wirkungsvoll mit Instrumenten ausgestaltet werden.*

Auch **Friedrich Schillers Ballade „Die Bürgschaft"** (z. B. in: Friedrich Schiller: Sämtliche Werke. Hg. von Gerhard Fricke und Herbert G. Göpfer. Bd. 1. München, Hanser 1980, S. 352) bietet sich für einen produktiv-kreativen Umgang mit dem Text an:

Ihr könnt die Ballade (ähnlich einer Moritat) mit Illustrationen versehen oder auch insgesamt als Comic gestalten. Sinnvoll ist es, die Arbeit aufzuteilen, dabei solltet ihr euch jedoch auf wenige Dinge verständigen, die alle beherzigen müssen, damit ihr am Ende die einzelnen Elemente zu einem Ganzen zusammensetzen könnt:

– Das Format der Zeichnungen ist festzulegen (z. B. DIN A3, Hochformat). Man kann auch kleinere Formate wählen und diese dann für den Vortrag vergrößern.

– Ihr könnt eure Zeichnungen auch auf Buntfolien abziehen und dann per Overheadprojektor einsetzen.

– Die äußeren Merkmale der Hauptfiguren müssen abgesprochen werden: Haarfarbe, Kleidung, Bart usw.

1 *a) Teilt die äußere Handlung der Ballade in Abschnitte (Sequenzen) ein.*

 b) Fasst jeden Abschnitt mit eigenen Worten zusammen.

2 *a) Überlegt nun für jede Sequenz, wie viele Szenen sinnvoll und notwendig sind, um die Handlung bildlich darzustellen.*

 b) Verteilt (oder verlost) nun die Sequenzen innerhalb der Klasse oder der Gruppe.

3 *Erstellt mit euren Zeichnungen eine Wandzeitung, und tragt den Balladentext wie ein Bänkelsänger vor.*

Lernerfolgskontrolle/ Themen für Klassenarbeiten

Einen Text nach einem vorgegebenen Textmuster umschreiben

Theodor Fontane

John Maynard

John Maynard!
„Wer ist John Maynard?"
„John Maynard war unser Steuermann,
Aus hielt er, bis er das Ufer gewann,
5 Er hat uns gerettet, er trägt die Kron',
Er starb für uns, unsre Liebe sein Lohn.
                              John Maynard."

                   *

Die „Schwalbe" fliegt über den Eriesee,
Gischt schäumt um den Bug wie Flocken von Schnee;
10 Von Detroit fliegt sie nach Buffalo –
Die Herzen aber sind frei und froh,
Und die Passagiere mit Kindern und Fraun
Im Dämmerlicht schon das Ufer schaun,
Und plaudernd an John Maynard heran
15 Tritt alles: „Wie weit noch, Steuermann?"
Der schaut nach vorn und schaut in die Rund':
„Noch dreißig Minuten ... Halbe Stund'."

Alle Herzen sind froh, alle Herzen sind frei –
Da klingt's aus dem Schiffsraum her wie Schrei,
20 „Feuer!" war es, was da klang,
Ein Qualm aus Kajüt' und Luke drang,
Ein Qualm, dann Flammen lichterloh,
Und noch zwanzig Minuten bis Buffalo.

Und die Passagiere, bunt gemengt,
25 Am Bugspriet[1] stehn sie zusammengedrängt,
Am Bugspriet vorn ist noch Luft und Licht,
Am Steuer aber lagert sich's dicht,
Und ein Jammern wird laut: „Wo sind wir? Wo?"
Und noch fünfzehn Minuten bis Buffalo. –

30 Der Zugwind wächst, doch die Qualmwolke steht,
Der Kapitän nach dem Steuer späht,
Er sieht nicht mehr seinen Steuermann,
Aber durchs Sprachrohr fragt er an:

---

1 **Bugspriet:** Mast, der über den vorderen Teil des Schiffes (den Bug) hinausragt

„Noch da, John Maynard?"

35   „Ja, Herr. Ich bin."

„Auf den Strand! In die Brandung!"

        „Ich halte drauf hin."

Und das Schiffsvolk jubelt: „Halt aus! Hallo!"

Und noch zehn Minuten bis Buffalo. – –

40 „Noch da, John Maynard?" Und Antwort schallt's

Mit ersterbender Stimme: „Ja, Herr, ich halt's!"

Und in die Brandung, was Klippe, was Stein,

Jagt er die „Schwalbe" mitten hinein.

Soll Rettung kommen, so kommt sie nur so.

45 Rettung: der Strand von Buffalo!

       *

Das Schiff geborsten. Das Feuer verschwelt.

Gerettet alle. Nur *einer* fehlt!

       *

Alle Glocken gehn; ihre Töne schwell'n

Himmelan aus Kirchen und Kapell'n,

50 Ein Klingen und Läuten, sonst schweigt die Stadt,

Ein Dienst nur, den sie heute hat:

Zehntausend folgen oder mehr,

Und kein Aug' im Zuge, das tränenleer.

Sie lassen den Sarg in Blumen hinab,

55 Mit Blumen schließen sie das Grab,

Und mit goldner Schrift in den Marmorstein

Schreibt die Stadt ihren Dankspruch ein:

    „Hier ruht John Maynard! In Qualm und Brand

    Hielt er das Steuer fest in der Hand,

60   Er hat uns gerettet, er trägt die Kron',

    Er starb für uns, unsre Liebe sein Lohn.

     John Maynard."

(Aus: Theodor Fontane: Sämtliche Werke. Hg. von Walter Keitel. Bd. 6. Hanser, München 1964)

1   *Verfasse eine spannende Reportage für die Lokalzeitung „Buffalo Observer" zum Ablauf des Unglücks, wie Fontane es beschreibt.*

   a) Formuliere eine Hauptschlagzeile, in der du die beispielhafte Bedeutung des Geschehens festhältst.

   b) Gib zu Beginn der Reportage einen knappen inhaltlichen Überblick über das Schiffsunglück für den eiligen Leser deines Artikels.

   c) Baue in deine Reportage kurze Interviews mit den Überlebenden ein, die das Unglück an Bord durchlitten haben.

   d) Fehlende Fakten für den Zeitungsbericht kannst du erfinden. Sie müssen aber den Zeitungsbericht sinnvoll ergänzen.

Erwartungshorizont:

1 *Die Schülerinnen und Schüler müssen einen Text nach einem vorgegebenen Textmuster umschreiben, nämlich in eine Reportage. Sie haben diese produktionsorientierte Schreibform an Fontanes Ballade „Die Brück' am Tay" geübt. Auch das Zusatzmaterial „Der Untergang von Plurs" (vgl. S. 243 in diesem Handbuch) bietet die Möglichkeit, diesen Aufgabentyp vorzubereiten.*

Thema der Ballade „John Maynard" ist das Verhältnis des Einzelnen zur Gemeinschaft. „Die Ballade wird zur Parabel einer sozialen Verpflichtung des Einzelnen gegenüber einer Gemeinschaft, aber auch der Gemeinschaft gegenüber dem Einzelnen" (Karl Richter, in Gunter E. Grimm (Hg.): Gedichte und Interpretationen, S. 357). Dies wird im Opfertod John Maynards und in dem ehrenden Andenken der Passagiere an ihren Lebensretter sinnfällig. Die Hauptschlagzeile der Schülerreportage müsste diesen Sinnzusammenhang aufgreifen (z. B. „Heldenhafter Opfertod des Steuermanns der Schwalbe"). Die inhaltliche Zusammenfassung orientiert sich an den bekannten W-Fragen und erfüllt stilistisch die Forderungen des sachlichen Berichtsstils. In den Aussagen der überlebenden Passagiere könnte das stille Heldentum des Steuermanns deutlich werden. Die Lebendigkeit der Darstellung, die Berücksichtigung von Hintergrundinformationen, die Kommentierung durch den Reporter sind einige der Stilmittel, die die Schülerinnen und Schüler in ihrer Reportage anwenden sollten.

Literaturhinweise

Balladen. Praxis Deutsch 169/September 2001

Braungart, Wolfgang (Hg.): Bänkelsang. Texte – Bilder – Kommentare. Stuttgart 1985

Freund, Winfried (Hg.): Deutsche Balladen. Reclam, Stuttgart 1982 (= Arbeitstexte 9571)

Grimm, Gunter E. (Hg.): Gedichte und Interpretationen. Deutsche Balladen. Reclam, Stuttgart 1988

Hansen, Walter (Hg.): Sabinchen war ein Frauenzimmer. Moritaten und Jahrmarktlieder. Artemis & Winkler, Düsseldorf/Zürich 1996

Treichler, Peter (Hg.): Deutsche Balladen. Volks- und Kunstballaden, Bänkelsang, Moritaten. Manesse Verlag, Zürich 1993

13 „Die Zauberfee von Oz" – Jugendtheater

Konzeption des Gesamtkapitels

Das Kapitel öffnet einen weiten Spielraum für die Rezeption und Bearbeitung: Bei allerkürzester Behandlung (ohne Klassenarbeit) bietet „Die Zauberfee von Oz" mit lautem, rollenverteiltem Lesen eine vergnügliche, gemeinsam erlebte Lektüre. Der Text mit viel Wort- und Situationskomik belustigt, regt die Fantasie an, gibt surreale Verfremdungsimpulse und verweist auf eine höchst aktuelle Problematik: auf unseren Umgang mit der Zeit. Steht mehr Unterrichtszeit zur Verfügung, kann der Text szenisch interpretiert werden, szenische Texte und Rollenbiografien können erarbeitet, Einsichten in die typische Konstruktion dramatischer Texte gewonnen und die Bedeutung der Zeit und der Zeitlichkeit altersgerecht thematisiert werden (ggf. mit schriftlichen Leistungsüberprüfungen). Darüber hinaus bietet das Kapitel Grundlagen und Anregungen, das Projekt „Ein Theaterstück in Szene setzen" zu verwirklichen. Als Theaterprojekt mit Aufführung sensibilisiert das Unterrichtsvorhaben nicht nur für die Rezeption professioneller Theaterdarbietungen, es vermittelt auch Erfahrung und Mut, sich in der Interaktion mit anderen gestisch und stimmlich im Schutz einer Rolle zu präsentieren. Das Welt- und Selbstverstehen der Schülerinnen und Schüler wird erweitert, sozial verantwortungsbewusstes Handeln wird eingeübt und altersgerecht reflektierbar gemacht, denn die organisierenden und spielenden Individuen sowie die Gruppe sind gleichermaßen wichtig und aufeinander angewiesen.

Im ersten Teilkapitel (**„Suzan Zeder: ‚Die Zauberfee von Oz' – Den Aufbau eines Theaterstücks kennen lernen"**) wird eine intensive Beziehung zu den handelnden Hauptfiguren aufgebaut und Verständnis dafür entwickelt, wie Menschen aus einer alltäglichen Situation – einer Urlaubsreise mit dem Schiff – durch eine Naturkatastrophe hinausgeschleudert und in dramatisch zugespitzte Handlungssituationen auf einer ihnen unbekannten Bühne – der Insel Oz – verwickelt werden. Exposition und erregendes Moment sowie Eigenart und Konstellation der Figuren werden so eindringlich zum Erlebnis- und Verstehensgegenstand gemacht, dass eigene Hypothesen zum Höhepunkt und zum Ende der dramatischen Handlung herausgefordert werden. Der komisch-surreale Tenor des Stücks trifft die Interessen der Altersgruppe, verleiht der Thematisierung des Kampfes der Inselbewohner um die Beherrschung der Zeit Glaubwürdigkeit und ermöglicht ein intensives Verstehenstraining zu den Mechanismen der komischen Genres in der Literatur.

Im zweiten Teilkapitel (**„Dramatische Verwicklungen – Figurencharakteristik und Szenenbewegung"**) wird deutlich, worin die Interessengegensätze der verfeindeten Inselparteien bestehen und warum der Umschlag der Handlung in eine riskante Auseinandersetzung unausweichlich ist. Durch das Schreiben von Monologen und Dialogen und das Verfassen der Szenen, die nach der Zuspitzung der dramatischen Handlung bis zu ihrer Auflösung in ein Happy End oder in der Katastrophe folgen müssen, werden die Schülerinnen und Schüler zu Autoren, die das tradierte Schema des Dramas zu nutzen vermögen. Sie ermitteln gezielt die Bedeutung der Figurenkonstellation für die dramatische Handlung und für die Wirkung auf die Zuschauer.

Im dritten Teilkapitel (**„Die Inszenierung – Rollen umsetzen, eine Aufführung planen"**) werden den Schülerinnen und Schülern Übungen angeboten, sich durch ein Rollenprofil in eine Figur einzufühlen. Kreativität wird im Blick auf die Requisiten herausgefordert. Mehrere Übungen trainieren den Einzelnen und die Gruppe, Naturgewalten auf der Bühne erlebbar zu machen. Ein Ablaufplan von der ersten Probe bis zur Premiere sensibilisiert die Schüler dafür, welche Gruppenerlebnisse, welche Belastungen und welche Profilierungschancen, aber auch Handlungsrisiken ein Theaterprojekt für die Klasse mit sich bringen kann.

Inhalte

Kompetenzen

S. 241 **13.1 Suzan Zeder:
„Die Zauberfee von Oz" –
Den Aufbau eines
Theaterstücks kennen
lernen**

Die Schülerinnen und Schüler können
– altersgemäße dramatisch-dialogische Texte untersuchen und für eigene Darbietungen nutzen;
– Dialog und Monolog unterscheiden;
– die Bedeutung der Figuren für die Handlung einschätzen;

S. 242 **Szene 1:
Die Bühne ist ein Schiff –
Exposition mit Standbild**

– Handlungsabläufe in Texten wiedergeben;
– gestaltend sprechen und szenisch spielen;
– durch Standbilder interpretieren;

S. 244 **Szene 2:
Schiffbrüchige mit ge-
mischten Gefühlen –
Wie Komik entsteht**

– Komik und Tragik unterscheiden;
– spielend und sprechend komische Wirkungen von
  dramatischen und epischen Texten vermitteln;
– Situations-, Charakter- und Wortkomik nutzen;
– die Bedeutung von Requisiten einschätzen;

S. 246 **Szene 3:
Ein Spiel mit ungewissem
Ausgang – Szenen und Akte**

– wichtige Informationen aus einem Text entnehmen und für Deutungen nutzbar machen;
– Handlungsmotive von Figuren erklären;
– Problemthemen auf das eigene Leben übertragen;
– Konstruktionselemente des Dramas beschreiben;
– diese Kenntnisse für die eigene Textproduktion
  und für eine Dramenaufführung nutzen.

S. 251 **13.2 Dramatische
Verwicklungen –
Figurencharakteristik
und Szenenbewegung**

Die Schülerinnen und Schüler können
– Dialoge im Hinblick auf die Konstellation der Figuren, deren Charaktere und Verhaltensweisen untersuchen und selbst produzieren;

S. 251 **Szene 4:
Griseldas Palast – Flüster-
gespräche ergänzen**

– die Bedeutung von Fremdsprachennutzung und
  Ausspracheeigenheiten erklären;
– Parallel- und Ergänzungsdialoge verfassen;
– eigene Leitfiguren reflektieren;
– Recherchen durchführen, Ergebnisse präsentieren;
– Textauszüge in ihren funktionalen Zusammen-

S. 254 **Szene 5:
Im Kampf gegen
Felser vom Fels –
Spielvorlagen erstellen**

  hang einordnen und verstehen;
– eigenständig Szenen verfassen;
– ihre Entscheidung für ein tragisches oder glückli-
  ches Ende des Dramas begründen.

S. 257 **13.3 Die Inszenierung –
Rollen umsetzen, eine
Aufführung planen**

Die Schülerinnen und Schüler können
– sich durch das Verfassen von Rollenbiografien in
  literarische Figuren eindenken und -fühlen;
– aus der Textvorlage und eigenen Szenentexten ein

S. 257 **Rollenprofile entwerfen**

  zusammenhängendes Stück konzipieren;

S. 258 **Requisiten nutzen**

– Requisiten erstellen und reflektiert einsetzen;

S. 258 **Naturgewalten erlebbar
machen**

– in Interaktion mit den Mitspielern im Bühnenraum
  atmen, sprechen und sich bewegen;

S. 260 **Vorhang auf!**

– einen Zeitplan für den Projektablauf erstellen.

13.1 Suzan Zeder: „Die Zauberfee von Oz" – Den Aufbau eines Theaterstücks kennen lernen

Zu den Autoren:

Suzan Zeder: Die amerikanische Theaterautorin, Theatermacherin und Professorin für Jugendtheater Suzan Zeder hat Frank Baums Erzählung „Ozma of Oz" mit einigen Veränderungen für das Poncho Theater in Seattle dramatisiert.

Informationen kann man unter google.de recherchieren; biografische Informationen mit Foto finden sich z. B. unter www.utexas.edu/cofa/theatre/people/zeder.html. Eine Kurzinformation enthält auch: Spielplatz 8. Fünf Theaterstücke für Kinder. Hg. von Marion Victor. Verlag der Autoren, Frankfurt/M. 1995, S. 262.

Lyman Frank Baum: Lyman Frank Baum, geboren am 15. 5. 1856 in Chittenango, New York, gestorben am 5. Mai 1919. Der Vater ermöglichte dem herzkranken Sohn mehrere Berufskarrieren: als Schriftsteller, Verleger, Theatermacher. Als der Vater starb und Schulden hinterließ, musste Frank Baum sich neu orientieren. Seine als Feministin bekannte Schwiegermutter forderte ihn auf, für seine Kinder Erzählungen zu verfassen. Berühmt wurde Frank Baum mit dem Werk „Der Zauberer von Oz". Ort der Handlung ist, wie in der Dramatisierung, die Insel Oz. Einige Figuren des Theaterstücks spielen auch in dieser Erzählung eine Rolle.

Informationen im Internet:
www.literarytraveler.com/spring/west/baum.htm
www.suite101.com/article.cfm/classic_literature/33963

Anregung für die Schülerinnen und Schüler: Wer das Buch „Der Zauberer von Oz" gelesen oder eine Film- oder Theaterfassung gesehen hat, sollte der Klasse erzählen, wer Dorothy ist und welche Abenteuer sie erlebt.

Zum Text:

Die englische Fassung der Erzählung von L. Frank Baum aus dem Jahr 1907 findet sich im Internet unter www.gutenberg.org/dirs/etext96/ozmoz10.txt

Die von Suzan Zeder erstellte dramatische Fassung findet sich in deutscher Übersetzung von Winni Victor in: Spielplatz 8. Fünf Theaterstücke für Kinder. Hg. von Marion Victor. Verlag der Autoren, Frankfurt/M. 1995, S. 167–252.

Die Figuren und der Konflikt:

Sympathische Hauptfiguren (Protagonisten)	Feindliche Gegenspieler/innen (Antagonisten)
– Dorothy, 13 Jahre alt – Onkel Henry, 72 Jahre alt – Bill, ein Riesenhuhn – Ozma von Oz, die Zauberfee von Oz – Armee – General	– Felser vom Fels, der Zwergenkönig – Rauchquarz, ein Diener des Zwergenkönigs – Prinzessin Griselda, die Frau mit den 30 Köpfen – Nanda, ihre Dienerin – Wächter
Überläufer:	
Rädermensch I und Rädermensch II (je nach Schülergestaltung evtl. auch Nanda)	

Ozma von Oz will den alten zeitlosen Zustand auf Oz wiederherstellen.	Felser vom Fels will, dass es immer Nacht ist auf Oz, damit er auch oberirdisch leben und herrschen kann.

Konflikt:

Kampf um Ticktack, die Zeitmaschine, mit der man die Zeit beschleunigen und verlangsamen, Tag oder Nacht auf der Insel Oz erzeugen kann;
Kampf um den Bedienungsschlüssel für Ticktack, den Dorothy besitzt.

Zum Plot:

Onkel Henry und seine Nichte Dorothy werden durch ein Unwetter auf die Insel Oz verschlagen und in den Kampf zwischen den guten und bösen Mächten der Insel, die in polarer Gegensätzlichkeit gestaltet sind, gezogen.

Ursprünglich gab es auf der Insel Oz nur den Tag und eitel Sonnenschein – und keine Zeit. Dadurch war der als böse dargestellte Zwergenkönig Felser vom Fels dauerhaft in ein Leben unter der Erdoberfläche verbannt, denn die Sonne hätte ihn zu Asche verbrannt. Dann kam die menschliche Erfindung Ticktack, die Zeitmaschine, auf die Insel Oz, und mit ihr die Zeit. Dadurch wurde ein Kampf des Zwergenkönigs gegen die Fee Ozma von Oz ausgelöst. Die Zauberfee konnte bei der Auseinandersetzung den Bedienungsschlüssel aus Ticktack entfernen, sodass die Zeitmaschine außer Funktion war. Den Schlüssel hat sie ins Meer geworfen.

Dorothy erhält, als ein Unwetter sie und ihren Onkel Henry vom Schiff schleudert, auf dem rettenden Floß von einem fliegenden Fisch den Schlüssel, landet auf der Insel und wird mit dem Onkel und Bill, dem Riesenhuhn, in den Kampf der Inselgruppen verstrickt. Nachdem die Gruppe um Dorothy – ohne Ahnung um die Folgen – Ticktack mit dem Schlüssel in Funktion setzt, kann die Zeitmaschine von den Menschen nicht mehr abgestellt werden, aber sie können mit ihrer Hilfe die Zeit beschleunigen oder verlangsamen, sie können es Tag und Nacht werden lassen. Felser vom Fels möchte mit seinen Gehilfen nicht mehr unter der Erde leben. Nach oben kann er aber nur, wenn es dort Nacht ist. Daher benötigt er Ticktack und den im Besitz von Dorothy befindlichen Schlüssel, denn Felser möchte mit der Zeitmaschine dafür sorgen, dass es ausgedehnte, überlange Nächte auf der Insel Oz gibt. Allerdings kann niemand Dorothy den Schlüssel gewaltsam abnehmen, wenn sie nicht einverstanden ist, ihn herzugeben.

Prinzessin Griselda, die unter keinen Umständen altern will, paktiert mit Felser vom Fels, sie verkauft Onkel Henry und Ticktack an den Zwergenkönig und zwingt dadurch Dorothy und die Fee von Oz, in das unterirdische Reich Felsers einzudringen. Gefährliche Rätsel müssen gelöst, Kämpfe mit List bestanden werden, ehe am Ende das Gute und seine Gehilfen siegen.

Überblick über die 12 Szenenbilder im Stück:

Das Schülerbuch regt dazu an, dass die Schülerinnen und Schüler die dramatische Handlung nach der Peripetie eigenständig zu Ende führen. Für den Fall, dass zusätzliche Szenen aus dem Originaltext herangezogen werden sollen, hier ein Überblick über alle 12 Szenenbilder:

1. An Bord: Die Szene zeigt über das im Schülerband Abgedruckte hinaus sehr witzig, dass die Interessen der Jugendlichen Dorothy und des alten Onkel Henry bei ihrer Schiffsreise mit dem Ziel Australien nicht zusammenpassen: Alterskonflikt, theaterwirksam zu spielen, aktualisierbar.

2. In der Kabine: Gehört noch zur Rahmenhandlung auf dem Schiff, Vorbereitung auf das Unwetter.

3. Auf dem Floß: Leitet als surreal-komische Handlung zu den späteren dramatischen Handlungen im Kampf um die Zeitmaschine über. Im Schülerbuch repräsentiert.

4. Am Strand von Oz: Nichte und Onkel finden wieder zueinander. Das erregende Moment, Ticktack, die Zeitmaschine, wird in allen Funktionen erkundet. Bill, ein Riesenhuhn, wird von den Felsenmenschen entführt; die Suche nach der helfenden Fee Ozma von Oz wird notwendig. Dieser Teil ist im Schülerbuch repräsentiert. Darüber hinaus kommt es im 4. Bild zu einer ersten Konfrontation mit dem Zwergenkönig Felser vom Fels. Die Rädermenschen, bis dahin von Felser vom Fels unterworfen und geknechtet, greifen Onkel Henry nicht wie befohlen an, sondern laufen zu ihm über, weil sie ihn wegen seines Rollstuhls für den „Großen Räderer" halten, der sie retten und befehligen soll.

5. Die Treibsandwüste: Auf dem Weg zu Ozma von Oz muss die Treibsandwüste durchquert werden, eine theaterwirksame kurze Szene. Im Schülerbuch nicht repräsentiert.

6. Griseldas Palast: Griselda, die mit Felser vom Fels paktiert, weil sie auf keinen Fall altern will, löst durch ihr Handeln den Umschlag der Handlung, die Peripetie, aus, denn sie verkauft Onkel Henry und Ticktack, die Zeitmaschine, an Felser vom Fels, sodass Dorothy und die gute Fee Ozma von Oz in den Kampf mit dem Zwergenkönig ziehen müssen.
Die Figur der Griselda kann vielfältige kreative Tätigkeiten der Schülerinnen und Schüler auslösen und zu einer Auseinandersetzung mit aktuellen Idolen und Stars herausfordern: Griselda setzt sich immer andere Köpfe auf und wandelt mit diesen ihre Stimme und ihren Charakter. Auch die hochaktuelle Abscheu Griseldas vor Onkel Henrys Altersmerkmalen (Hautfalten, graue Haare) ist im Schülerbuch repräsentiert.

7. Im Gefängnis: Dorothy muss im Gefängnis hilflos erleiden, dass Griselda Onkel Henry und Ticktack von Wächtern abführen lässt. Nicht im Schülerbuch repräsentiert.

8. Vor dem Gefängnis: Ozma von Oz erscheint mit General und Armee, befreit Dorothy aus dem Gefängnis, entlarvt die verlogene Griselda. Die Nachricht, dass Onkel Henry und Ticktack von Griselda verkauft worden sind und nun unter der Erde beim Zwergenkönig Felser vom Fels in Gefangenschaft gehalten werden, zwingt Ozma von Oz und Dorothy, in den Kampf gegen Felser vom Fels zu ziehen. Im Schülerbuch repräsentiert. Das Ergebnis des Verhörs, dass Griselda Onkel Henry und Ticktack an den Zwergenkönig verkauft hat, wird den Schülerinnen und Schülern im Arbeitsauftrag 3, Seite 255 im Schülerband, mitgeteilt, damit sie dieses Verhör in eigener Szenengestaltung ausformulieren können.

Die folgenden Bilder 9 bis 12 sind nicht im Schülerband abgedruckt, weil die Schülerinnen und Schüler die Handlung mit Hilfe der Figurenkonstellation und des dramatischen Grundschemas eigenständig bis zum Happy End oder zur Tragödie fortführen sollen. Beide Lösungsrichtungen sind vom Inhalt, aber auch vom Thema „Nutzung der Zeit" her vertretbar. Die komisch-surreale Gestaltung drängt allerdings eher zum Happy End; auch die Protagonistin, Dorothy, lässt eher an ein Happy End denken. Im Gegensatz zum Original könnten die Schülerinnen und Schüler jedoch die scharfe Polarität von Gut und Böse aufweichen, das scheinbar selbstverständliche Recht der Fee von Oz auf zeitlose Sonnentage in Frage stellen und dem Zwergenkönig Felser vom Fels zugestehen, dass auch er sich mit seiner Gruppe zeitweise auf der Erdoberfläche aufhalten darf.

9. Ein Engpass: Auf spannende und gefährliche Weise muss die Gruppe um Ozma von Oz sich durch zwei Felsen hindurchmanövrieren, die alle Eindringlinge zu zerquetschen versuchen. Erstes Gespräch mit Felser vom Fels.

10. Die Höhle des Zwergenkönigs: Der Zwergenkönig hat Bill, das Riesenhuhn, und Onkel Henry in Gegenstände verwandelt. Dorothy muss unter Zeitdruck treffend raten, hinter welchen Gegenständen von mehreren sich die beiden auf Grund ihrer Eigenschaften verbergen könnten, sonst will Felser vom Fels den Schlüssel von Dorothy erhalten und die gesamte Gruppe in Erz verwandeln. Dorothy löst das Rätsel um Bill sogleich, das um Onkel Henry nach aufregendem Schwanken zwischen den Alternativen. Felser vom Fels ist aber nicht fair und gibt die Gruppe nicht frei, sondern will sie verhungern lassen, damit er an den Schlüssel für Ticktack kommt.

Während das Rätsel noch zur Konstruktion des Stückes passt, ist die entscheidende Handlung zum Happy End wenig überzeugend, weil sie überwiegend auf einem körperlichen Kampfsieg der Gruppe um Ozma von Oz gegen den Felsenkönig und seine Gehilfen beruht. Das mag zwar an Körperaktionen interessierte Schüler ansprechen, hat aber nichts mit Wesensqualitäten z. B. der Fee Ozma von Oz zu tun. Die Schülerinnen und Schüler erfinden mit einiger Wahrscheinlichkeit angemessenere Schlusshandlungen.

11. Vor der Höhle des Zwergenkönigs: Die Gruppe ist zwar aus der Höhle entkommen, aber draußen herrscht Nacht, der Zwergenkönig hat die Gruppe umzingeln lassen und will eine Person nach der anderen zerquetschen lassen. Als überraschend die Rädermenschen mit dem General und der Armee der Zauberfee von Oz eingreifen, kann Onkel Henry Dorothys Schlüssel an sich nehmen und Ticktack auf Tag schalten, sodass Felser vom Fels und seine Mannschaft im Sonnenlicht zu Asche zerfallen. Happy End. Ozma zerbricht den Schlüssel, sodass es für immer Tag bleibt auf der Insel, sie zaubert Onkel Henry und Dorothy, deren Wünschen entsprechend, zurück auf das Schiff.

12. An Bord: Am Morgen nach dem Sturm finden die Seeleute Dorothy und Onkel Henry zunächst bewusstlos, dann aber gesund erwachend, an Bord ihres Schiffs.

„Die Zauberfee von Oz" – Figurentableau

S. 241

1 *Das Figurentableau ist sprechend genug, um bei den Schülerinnen und Schülern Ideen zu wecken, in welche Handlungen diese Figuren geraten könnten. Die stichwortartige Entfaltung einer Erwartungsfolie weckt produktive Aktivitäten, soll aber auch für das spätere Rezipieren und Interpretieren der Handlung des Stückes ein selbstständigeres und vergleichendes Verstehen vorbereiten. Im Verlauf der Interpretation wird nutzbar gemacht werden können,*
  - *ob die Schülerinnen und Schüler ebenfalls mit polaren Entgegensetzungen von Gut und Böse gearbeitet haben oder mit differenzierender Abschattierung;*
  - *ob sie das Thema „Zeit" als herausragend aufgenommen und entfaltet oder aber andere Themen zum Handlungs- oder Streitthema gemacht haben;*
  - *welche Figurenkonstellationen und -gruppierungen sie sich ausgedacht haben;*
  - *ob sie märchenhafte, groteske, surreale Impulse verstärkt oder beseitigt haben.*

Szene 1:
Die Bühne ist ein Schiff – Exposition mit Standbild

1 / 2 *Die Schülerinnen und Schüler sollten folgende Handlungen und deren Träger unterscheiden:*
- *Ein Sturm nähert sich dem Schiff: ein für die Menschen bedrohliches Naturereignis, auf das sie reagieren müssen.*
- *Zwei Matrosen unterbrechen ihre Routinearbeit, weil sie vor dem Sturm die Ladung sichern sowie die Reisepassagiere warnen und zum Gang in die Kabine auffordern müssen.*
- *Dorothy und Onkel Henry als Passagiere tragen zunächst den typischen Alterskonflikt aus, dass Dorothy vom alten Onkel nicht über das Reiseziel Australien belehrt werden will; nach der Warnung der Matrosen geht dieser Beziehungskampf mit dem neuen Thema weiter, dass Dorothy ihren Onkel durch eine Schwimmweste schützen will, während er ungeschützt den Sturm als Abenteuer erleben möchte.*
- *Am Ende erfasst der Sturm das Schiff, wirbelt Dorothy und Onkel Henry übers Deck und stürzt sie, wie man vermuten kann, ins Meer.*

Durch Linien und ihre Zuordnung sollten die Schülerinnen und Schüler optisch verdeutlichen, dass das Naturereignis Sturm schon im Herannahen die Matrosen zum Handeln bringt, diese erfolglos auf Dorothy und Onkel Henry einzuwirken versuchen, der Gesprächsinhalt zwischen Dorothy und Onkel Henry verändert wird und dann die beiden auseinandergewirbelt werden.

Den Schülerinnen und Schülern wird durch die Analyse und die optische Differenzierung bewusst, dass in einer kurzen Szene mehrere Handlungen aufeinander einwirken können, dass äußere Handlungen zu inneren Handlungen führen können und umgekehrt, dass eine Inszenierung erfolgreich wird, wenn sie für die Zuschauer die Wechselwirkungen erlebbar macht.

Im dritten Teilkapitel, S. 258 f. im Schülerband, werden Übungen vorgeschlagen, wie im darstellenden Bühnenspiel mit einfachen Mitteln das Erleiden von Naturgewalten präsentiert werden kann.

3 *In diesem Standbild sollten die Schülerinnen und Schüler auch die unterschiedliche innere Bewegtheit, mit der die beiden Matrosen und die beiden Passagiere auf den drohenden Sturm reagieren, körpersprachlich verdeutlichen. Sie können eine Stelle aus der Szene wählen, in der die beiden Gruppen miteinander kommunizieren, oder eine andere, in der sie voneinander getrennt die Konsequenzen im Blick auf den Sturm ziehen; Dorothy und Onkel Henry können in ihrer Interaktion mit den Matrosen gezeigt werden oder in ihrer beider Auseinandersetzung um Rettungsmaßnahmen.*

Bei jeder Lösung müsste bei den Matrosen Erregung, Eile, Bewegtheit durch Körperstellung und Arm- und Beinhaltung deutlich werden, bei Onkel Henry Gelassenheit oder Vorfreude durch die Mimik; Dorothy kann auf unterschiedliche Weise ausgestaltet werden, als Vermittlerin zwischen der Aufregung der Matrosen und der unangemessenen Gelassenheit von Onkel Henry oder aber ganz darauf konzentriert, den widerstrebenden Onkel Henry in eine Schwimmweste zu bringen.

Jeder Standbildgruppe sollte ein Requisit angeboten werden, das für die Schwimmweste stehen kann, z. B. entsprechend ausgeschnittene große Müllbeutel; dazu der Hinweis, dass diese nicht eingesetzt werden müssen.

4 *a) Bei der Beschreibung von Standbildern durch die Zuschauerinnen und Zuschauer sollten diese dazu angehalten werden, möglichst viele Detailwahrnehmungen genau zu beschreiben und die jeweils daraus resultierenden Wirkungen ausdrücklich darauf zu beziehen. Das Beschreiben von offensichtlichen mimischen Eigenheiten und gestischen Stellungen und das Beschreiben der Zuordnungen der Figuren im Raum wird ohne Lehrerimpuls von Schülern häufig als zu trivial eingeschätzt und daher nicht vorgetragen.*

b) Bei der Auswertung sollten die Schülerinnen und Schüler vergleichen können, inwiefern bei den Standbildern, die gleichermaßen die Matrosen und die Passagiere in Interaktion zeigen, die vier Figuren für die Zuschauer gleiche oder divergierende Bedeutungen bekommen: Sind die beiden Matrosen nach Bedeutung und Funktion ähnlich dargestellt? Wie unterscheiden sich Dorothy und Onkel Henry in ihrer Reaktion? Sind unterschiedliche Höheneinstufungen (Kopfhöhe) genutzt? Wie sind Nähe und Distanz zwischen den Gruppen und innerhalb der beiden Gruppen im Bühnenraum dargestellt und einsehbar gemacht? Welche andere Wirkung konnte bei den Zuschauern durch die Standbilder ausgelöst werden, die die beiden Gruppen nicht in Interaktion zeigen, sondern z. B. die Matrosen in eiliger Flucht weg von den beiden Passagieren, Dorothy und Henry bei der Schwimmwestenversorgung? Sollte keine Gruppe diese Szenensequenz in ein Standbild gebracht haben, könnte dies im Gespräch mit der Klasse nachgeholt werden, damit bewusst wird, wie in diesem Fall die Zuschauer mit zwei unterschiedlichen Schwerpunkthandlungen in einem Bühnenraum konfrontiert werden können und der Zuschauerblick zu einem Hin und Her zwischen den in Distanz voneinander postierten Gruppen veranlasst werden kann.

5 Diese Übung soll den Schülerinnen und Schülern vermitteln, dass es nicht darum geht, einen auswendig gelernten Text aufzusagen, sondern Sprechen als Handeln vorzuführen: Zwei Personen zeigen eine gegensätzliche innere Haltung zur herannahenden Naturgewalt und werden dann durch den Sturm aus der sicheren Position hinausgeschleudert ins Meer. Körperbewegung, der auswendig gesprochene Text, Interaktion der Figuren und Bewegung auf schwankendem Schiff, Davongewirbeltwerden – all das muss für die Zuschauer in ein überzeugendes Zusammenspiel gebracht werden.
Im dritten Teilkapitel, S. 258 f. im Schülerband, werden Übungen vorgeschlagen, wie im darstellenden Bühnenspiel mit einfachen Mitteln das Erleiden von Naturgewalten präsentiert werden kann.

6 In diesem Monolog des Sturms können die Schülerinnen und Schüler Omnipotenzgefühle eines den Menschen und ihrer Technik weit überlegenen Naturelements versprachlichen, dabei können sie variieren von arroganter und ignoranter Überlegenheit, sadistischer Quällust über neugierigen Experimentiergeist, objektive Forschererkundung bis zu mitleidiger Großzügigkeit. Die Sprachhaltung muss konsequent der gewählten Grundhaltung entsprechen; sie kann auch Interjektionen und onomatopoetische Sprechmomente integrieren.
An den Textprodukten und ihrem Vortrag kann reflektierend entdeckt werden, warum es beim Bühnenspiel überhaupt Monologe gibt und in welcher Weise mit Monologen gezielt eine Steuerung der Zuschauer angestrebt werden kann.

Szene 2:
Schiffbrüchige mit gemischten Gefühlen –
Wie Komik entsteht

S. 244

1 Vgl. das Stichwort „Maske" in Gero von Wilpert: Sachwörterbuch der Literatur, Stuttgart ⁶1979:
„[...] Das aus dem religiös-magischen Kult der Dionysien [griech. Feste zu Ehren des Gottes Dionysos im antiken Athen] entstandene griech. Drama behielt für die tragischen wie komischen Schauspieler und Satyrn [Fruchtbarkeitsdämonen aus dem Gefolge des Dionysos] die Maske bei. Sie bestand aus Baumrinde, Leder, Holz, später meist stuckierter Leinwand [...]." (S. 497)
Die beiden Masken im Schülerband zeigen die beiden Erlebnisarten Freude und Trauer, erkennbar vor allem an der Mundstellung, an den nach oben gezogenen oder gesenkten Augenlidern, an der Wangen-

partie und den Stirn- und Mundfalten, die Lachen, Freude, Erheiterung bzw. Trübsal, Trauer, Bedrückt-
sein zum Ausdruck bringen.

Die Lehrkraft könnte Gesprächsimpulse geben, warum wohl Menschen in eigens hergestellten kulturellen
Kunstsituationen – z. B. auf der Kirmes, beim Filmschauen, beim Sport und im Theater – extreme Ge-
fühlsschwankungen vom Schrecken bis zur Heiterkeit zu erleben versuchen. Denkbare Schülerhypothe-
sen dazu:
- *Probe für den Ernstfall;*
- *Flucht aus Alltagsernst und -stress;*
- *die Gefühle gehen lassen;*
- *Spaß an großen Gefühlen;*
- *Therapie zur seelisch-körperlichen Gesundung;*
- *Vorbereitung auf schlimme Situationen im Leben usw.*

2 *Die rechte, Trauer und Entsetzen signalisierende Maske passt zu folgenden Textstellen aus Szene 1 und 2:*
- *Szene 1, Z. 10, Regieanweisung: Die Gefährlichkeit der Situation wird deutlich, weil der Matrose*
  Steve ängstlich zum Himmel blickt, einen Schreckensruf ausstößt und eilig an die Arbeit geht.
- *Szene 1, Z. 89 f.: Dorothys Vorhersage, dass ein Schiffsuntergang droht, klingt Besorgnis erregend, weil*
  sie im Gegensatz zu Onkel Henry die tödliche Bedrohung zu begreifen beginnt und ausdrücklich davor
  warnt.
- *Szene 1, Z. 94–96: Die Menschen und das Schiff werden in den Untergang gerissen, weil sie dem*
  Sturm ausgeliefert sind.
- *Szene 2, Z. 7–13: Dorothy erwacht nach der Katastrophe auf einem Floß und gerät in Panik, weil sie*
  merkt, dass sie verlassen und ohne Hilfe ist.
- *Szene 2, Z. 34–35: Dorothy redet gegen ihre Furcht an, weil sie fürchtet, dass ihr Onkel Henry bei der*
  Sturmkatastrophe gestorben sein könnte.

3 *An sechs Textstellen sollten diskrepante Pfeile gegeneinanderstoßen, sechs Karteikarten entstehen, die un-*
erwartete, nicht zusammenpassende Umstände bezeichnen:
1. *Unerwartet ist, dass sich auf Dorothys Hilfeschrei: „Hilfe! Bitte helft mir!" (Z. 12 f.) die Plane zu bewe-*
   gen beginnt (Z. 14) und Bill mit der Äußerung: „Gackgackgack da ga!" (Z. 15) auftritt.
2. *Zu Dorothys berechtigter Frage an ein menschengroßes Wesen, das die menschliche Sprache spricht:*
   „Du bist ... du bist ... ein Huhn?" (Z. 21), passt nicht Bills Antwort, der auf Dorothys Verwunderung
   gar nicht eingeht: „Hast du einen Ameisenbär erwartet?" (Z. 22)
3. *Unangemessen, aber gewitzt wirkt Bill, wenn er Dorothys selbstverständliche Behauptung „Du*
   sprichst unsere Sprache." (Z. 25/26) in Frage stellt: „Woher willst du wissen, dass du nicht die Hüh-
   nersprache sprichst?" (Z. 27/28)
4. *Unangemessen ist, wie Bill nach dieser tragischen Naturkatastrophe Onkel Henry und dessen Fortbe-*
   wegung im Meerwasser benennt – „Das alte Schneehuhn ist hier herumgeschwappt ..." (Z. 32/33),
   „der alte Trottel ist da in diesem Rollstuhl vorbeigeschwommen" (Z. 37/38) –, während Dorothy in ei-
   ner dem Anlass angemessenen Sprache ihrer Hoffnung Ausdruck verleiht, dass Onkel Henry noch le-
   ben möge.
5. *Überraschend das Thema wechselnd, verfällt Bill in ein Count-down-Zählen, das im Legen eines Eis*
   endet (Z. 41–44). Dorothy behandelt das zu selbstverständlich, während der Zuschauer überrascht
   und belustigt sein dürfte.
6. *Ein springender Fisch, der einen riesigen Schlüssel übergibt, passt nicht zu einem realistischen Welt-*
   verstehen (Z. 57–70). Die Reaktion Bills auf den Schlüssel ist witzig, weil er nur ans Essen denkt: „Ist
   es ein Wurm?" (Z. 71)

Mit Hilfe der ermittelten Beispiele kann man mit den Schülerinnen und Schülern eine „Gebrauchsanleitung" zur Erzeugung komischer Wirkungen erstellen und die Eigenart der Wirkung herausfinden. Diskrepanzen, Missverhältnisse, das Aufeinandertreffen von nicht Zusammenpassendem in einer gleichwohl einenden Situation führen zur Auffälligkeit im Sinne von Komik.

Situationskomik

— Diese kann sich körperlich manifestieren, z. B. in einem menschengroßen Huhn;
— oder in der Überschneidung unpassender Situationen: Dorothys Notlage und der surreale gefahrfreie Aktionsraum des Menschenhuhns auf demselben Floß im gleichen Augenblick.

Charakterkomik

— Die Figur eines menschengroßen Huhnes mit teils menschlichen Haltungen, teils hühnertypischen Handlungen.

Sprach- und Wortkomik

— Infragestellung von Wirklichkeitsdeutungen: Welcher Gruppe gehört die gemeinsame Verständigungssprache zu, wenn beide darauf beharren, dass es ihre Sprache ist?
— Unangemessene Benennungen: „altes Schneehuhn" für einen älteren Mann in Notsituation, „herumgeschwappt" für ein Schwimmen, bei dem es um die Rettung des Lebens geht.
— Verstoß gegen Normen und Sprechweisen: „der alte Trottel" (Z. 37).

4 a) Diese Anwendungsaufgabe bietet ein Training, bewusst komisch wirkende kleine Szenentexte in Erzählerrede in der 3. Person, nicht in der Ich-Erzählhaltung, und in wörtlicher Rede zu gestalten. An den Schreibprodukten wird deutlich werden,
  — ob die Mechanik, Unangemessenes zusammenzuführen, begriffen wurde;
  — ob mehrere Momente zur Erzeugung von Komik genutzt werden;
  — ob auch schon individuelle Gestaltungen gelingen oder noch stark in Analogie zu der Theaterszene gearbeitet wird.

b) Der Vortrag in der Klasse sollte zu der Rückmeldung führen, ob Schmunzeln, Lächeln oder Lachen bei den Zuhörerinnen und Zuhörern erreicht werden.

5 a) Erforderliche Requisiten für die Szene:
  — eine Plane für Billy (Z. 14);
  — ein Hühnerschnabel, Hühnerfüße oder ein Hühnerschwanz zur Kennzeichnung, dass Billy ein Huhn ist (Z. 21) (evtl. Micky-Maus-Hefte als Anregung für eine Detail-Kennzeichnung nutzen; Ganzkostüm ist nicht nötig);
  — ein großes Ei (Z. 44);
  — ein Fisch, z. B. an einer langen Stange, der in Luftbewegungen versetzt werden kann. (Die Schülerinnen und Schüler werden ermitteln, ob man einen aufblasbaren Fisch nimmt, ein Fischbild auf Pappe vergrößert oder aus Maschendraht und Pappmaschee einen Fisch herstellt oder ob man sogar einen Spieler einsetzt. Sie sollten dabei die gewünschten und die erwartbaren Wirkungen auf die Zuschauer begründet erwägen.)
  — ein riesiger Schlüssel (Z. 63), der später in die Zeitmaschine eingeführt und gedreht werden kann.

b) Die Diskussion zur Ausgestaltung des Schlüssels könnte durch die Frage angeregt werden, ob es nicht reicht, einen normalen Schrankschlüssel zu nehmen.

6   *Schülerlösungen könnten z. B. lauten: „Mich hat neugierig gemacht, dass auf so seltsame Weise ein Schlüssel an Dorothy übergeben wird. Deshalb erwarte ich eine Szene, in der der Schlüssel für Dorothy und Bill noch eine Hilfe sein könnte, z. B. um einen Tresor zu öffnen oder eine geheimnisvolle Tür oder den Zugang zu etwas, das sehr viel Macht verleiht."*

Es ist unwahrscheinlich, dass die Schülerinnen und Schüler ein anderes Geschehnis als die Schlüsselübergabe als Neugier erweckend ermitteln. Die Füllungen dieser Leerstelle, welche Handlungen an welchem Ort daraus später folgen könnten, dürften aber divergieren. Daraus können die Schülerinnen und Schüler erschließen, auf welche Weise Literatur einerseits die Leser durch Bedeutungsaufladungen vorhersagbar steuert, andererseits aber durch bedeutsame Leerstellen die Leser auch zu individuell „weiterfantasierenden" Mitautoren macht, die in Gedanken selbstständig weiter„schreiben".

S. 246

Szene 3:
Ein Spiel mit ungewissem Ausgang – Szenen und Akte

1   *Felsers Taten, Hoffnungen, Wünsche und Ziele:*
- *Z. 133–135 und Z. 217 f.: will die Erdoberfläche besetzen;*
- *Z. 135–139: möchte die Zauberfee von Oz besiegen und ihre Macht haben;*
- *Z. 142–144 und Z. 210 f.: möchte das für ihn tödliche Licht beseitigen;*
- *Z. 217 f.: will, dass es immer Nacht ist, damit er die Erdoberfläche besetzen kann;*
- *Z. 215 f.: will Ticktack, die Zeitmaschine, und Dorothy, weil sie den Schlüssel zu Ticktack besitzt.*

3   *Die Diskussion könnte z. B. als Fishbowl-Diskussion organisiert werden (vgl. S. 35 f. im Schülerband). Die vier Schülerinnen und Schüler, die die Pro-und-contra-Diskussion durchführen, können mit ihrer eigenen Meinung argumentieren oder aber aus zeittypischen Rollen, als Rollenträger, die in den Zusammenhang von Gesellschaft und Zeitprozessgestaltung stark involviert sind.*

4   *Mögliche Darstellungen Dorothys in dem Dialog:*
- *Dorothy könnte Onkel Henry zu differenzierenden Erklärungen über den Zwergenkönig Felser vom Fels herausfordern, indem sie eine Grundhaltung der Gutmütigkeit und des naiven Wohlwollens gegenüber allen Wesen zeigt und sich nicht vorstellen kann, dass jemand so bedingungslos herrschsüchtig sein kann, wie Felser es nach dieser Darstellung ist.*
- *Dorothy könnte durchaus in einer Kontroverse mit Onkel Henry und entgegen der Gut-Böse-Dichotomie des Originals aus Fairnessgründen darauf bestehen, dass man dem Zwergenkönig und seiner Mannschaft zeitweilig einen Aufenthalt auf der Erdoberfläche einräumen müsse.*
- *Dorothy könnte auch als eine Gesprächspartnerin gestaltet werden, die bei Einzelheiten von Ticktacks Erzählung nicht so genau zugehört hat, sodass sie nicht in Erinnerung hat, dass das Licht die Zwerge tötet.*
- *Oder Dorothy könnte bezweifeln, dass es einen großen Unterschied macht, ob man sich bei Nacht unter oder über der Erde aufhält.*
- *Schließlich könnte Dorothy sich unangreifbar fühlen und keine Angst vor Felser vom Fels haben, weil Onkel Henry sie bisher immer beschützen konnte und sie beide Menschen sind.*

Im Vergleich der Dialoge können mit den Schülerinnen und Schülern Kriterien für das Gelingen abgesprochen werden. So dürfte das Dialogische vom Publikum dann intensiver erlebt werden, wenn Onkel Henry nicht einfach einen belehrenden Vortrag hält, sondern die Zuschauer in eine ähnliche Position wie Dorothy versetzt werden und zunächst einmal emotionale und rationale Argumente dafür entwickeln, dass der Zwergenkönig doch so gefährlich wohl nicht sein könne. Gelungen sind auch Dialoge, die nicht nur die Ziele und Wünsche des Zwergenkönigs vermitteln, sondern auch noch Vorahnungen, in welche Gefahren er Dorothy und ihre Begleiter bringen und zu welchen Tricks und Gewaltmaßnahmen er noch greifen könnte.

5 *Das erregende Moment, welches die dramatische Handlung auslöst, ist im engeren Sinne, dass Dorothy mit dem Schlüssel Ticktack aktiviert (Z. 56) und Ticktacks Kontrollaktivierungsanzeige eingestellt wird (Z. 62–70). Da Ticktack nicht wieder abgestellt werden kann (Z. 161–163), ist der Versuch des Zwergenkönigs unabwendbar, in den Besitz von Ticktack und des dazugehörigen Schlüssels zu gelangen. Denkbare Schülerlösungen:*

Bill: *Ich wünsche diese Zeitmaschine zum Teufel, denn als sie aktiviert wurde, fing der Zwergenkönig mit seinen bösen Machenschaften an, und ich war sein erstes Opfer. Dabei hätte ich so gerne in aller Ruhe Würmer gepickt auf dieser schönen Ferieninsel.*

Dorothy: *Ticktack hat mein Leben verändert, weil ich plötzlich als Besitzerin des Schlüssels eine Hauptrolle in einem Spiel bekommen habe, das mir erst mal ziemlich befremdlich vorkommt. Ich weiß nicht, ob ich mich freuen soll oder ärgern, dass plötzlich alle hinter mir her sind.*

Onkel Henry: *Durch Ticktack wird mein Leben endlich spannend, weil es in einen Kampf auf Leben und Tod geht. Endlich kann ich zeigen, dass ich noch nicht zum alten Eisen gehöre. Ohne mich wäre die kleine Dorothy doch vollständig überfordert. Wie die mich jetzt mögen wird!*

7 *Zum Fortgang der Handlung:*
Weitere Zuspitzung: *Die zentrale Handlung spitzt sich in der Szene 4 weiter zu, weil Griselda entdeckt, dass Dorothy und Onkel Henry Ticktack aktiviert haben und damit Griseldas Wunsch, niemals zu altern, zerstören. Eine weitere Zuspitzung folgt in Szene 5, in der die Fee Ozma von Oz Dorothy aus dem Gefängnis bei Griselda befreit und deutlich wird, dass Griselda mit Onkel Henry und Ticktack etwas Schlimmes angestellt haben muss.*
Weiteres erregendes Moment: *Die Frage nach einem weiteren erregenden Moment soll zum Nachdenken anregen, was unter diesem für dramatische Handlungen zentralen Begriff verstanden wird.*
Wendepunkt: *Den Wendepunkt bringt die Information, dass außer Bill jetzt auch Onkel Henry und Ticktack im Besitz des Zwergenkönigs Felser vom Fels sind. Da der Zwergenkönig sein Ziel, über die Zeit zu herrschen, bedingungslos verfolgt und da Dorothy ihren Onkel aus menschlich-familiären Gründen auf jeden Fall retten muss und da Ozma von Oz andere in das unterirdische Reich des Zwergenkönigs führen kann und in die Auseinandersetzung eingreift, ist der Kampf um Sieg oder Niederlage unausweichlich. Der Umschwung der Handlung, die Peripetie, ist eingeleitet (vgl. das pyramidale Schema, S. 250 im Schülerband).*
Retardierende Momente: *Da die Schülerinnen und Schüler die Szenen nach dem Wendepunkt selbst gestalten müssen, können sie retardierende Momente hineinkomponieren.*
Happy End oder Katastrophe: *Von der Thematik und der Figurenkonstellation her sind verschiedene Versionen gleichermaßen vorstellbar und zu begründen:*
– ein tragisches Ende, das in eine Katastrophe für die Bewohner der Insel Oz mündet;
– oder ein glücklicher Ausgang auf Kosten des Zwergenkönigs Felser vom Fels;
– oder eine Kompromissversion für alle Beteiligten.
Die Schülerinnen und Schüler können also Happy End oder Katastrophe gestalten – oder sogar bei einer Aufführung die Zuschauer wählen lassen, welchen Ausgang sie vorziehen. Das Original bietet das Happy End auf Kosten des Zwergenkönigs: Dorothy und Onkel Henry kehren in ihre Welt zurück, die Fee Ozma von Oz stellt auf der Insel wieder die Zeitlosigkeit her, der Zwergenkönig ist zu Asche zerfallen.

13.2 Dramatische Verwicklungen – Figurencharakteristik und Szenenbewegung

S. 251

Szene 4:
Griseldas Palast –
Flüstergespräche ergänzen

1   a) *Griselda erweckt den Eindruck einer verrückten, gnadenlosen, egoistischen Frau, bei der sich alles um Mode dreht. Ihre Art zu sprechen wechselt, mal spricht sie mit französischem Akzent, mal normal. Das könnte von dem Kopf abhängen, den sie gerade aufsetzt (vgl. Regieanweisung, Z. 7–11).*

    b) *Die französischen Sätze und ihre Übersetzung:*
    Z. 20: C'est la même chose! = Das ist dieselbe Sache.
    Z. 24: Sacre Bleu! = Hol's der Teufel!
    Z. 31: Vingt-huit! Vite! Vite! = Achtundzwanzig! Schnell! Schnell!

    c) *Durch den Gebrauch der Fremdsprache entsteht eine verfremdende, komische, zuweilen auch verharmlosende Wirkung.*

2   *Vorschlag für ein Tafelbild:*

Griselda ist eher eine komische Figur	Griselda wirkt eher gefährlich
- französische Aussprache (Z. 12/13) - Übertreibung, Generalisierung (Z. 17) - übertriebene Eitelkeit und Fixierung auf ihr Äußeres (Z. 29 f.)	- herrisch, will Personen ohne Klärung der Umstände beseitigen lassen (Z. 47 f.) - will Köpfe der Personen abschlagen lassen (Z. 50, Z. 65–67)
- die Prüfung von Alterszeichen bei Onkel Henry kann man komisch oder auch gefährlich finden (Z. 90 ff.)	

3   *In ihren Dialogen können die Schülerinnen und Schüler Kreativität entfalten und zugleich unter Beweis stellen, dass sie ein Charakteristikum der dramatischen Gattung verstanden haben, dass nämlich Monologe und Dialoge sich immer auch an das Publikum wenden, um dieses über innere Haltungen oder die von einer Figur intendierte zukünftige Handlung zu informieren.*
Die Schüler zeigen zudem, dass sie Eigenheiten der drei Figuren Dorothy, Onkel Henry und Griselda nach Wort- und Sprachwahl, nach Sprachgestus und typischer Figurenhaltung treffend umzusetzen verstehen.

4   *Das Verhältnis von Griselda und Nanda – Vorschlag für ein Tafelbild:*

Griselda	Nanda
- herrschsüchtig - Nanda als Werkzeug ausnutzend	- dienend, nur behutsam widersprechend - jeden Wunsch erfüllend, nur innerlich widerstrebend - unterwürfig, aber innerlich auch kritisch

5 Die Schülerinnen und Schüler könnten beispielsweise Nandas angedeutete Kritik an Griselda und ihr potenzielles Interesse, das permanent erlittene Herrschaftsspiel einmal umzukehren, als Ansatzpunkte wählen für den Versuch von Dorothy und Onkel Henry, Griselda mit Nandas Hilfe einen Kopf zu verpassen, der sie entweder menschenfreundlich oder aber besiegbar macht.

6 Griselda ist als Figur ausgezeichnet geeignet, mit der Lerngruppe auszuarbeiten, durch welche – auch medial vermittelten – Leitfiguren die Schülerinnen und Schüler ihr Weltbild ausgestalten. Das liefert auch der Lehrkraft interessante Hinweise, die das Verhältnis zur Lerngruppe intensivieren und die erzieherischen Einwirkungen erfolgreicher gestalten können.
(Informationen zum Kopf von Dolly Parton (S. 251, Z. 34) im Internet unter: _www.dollyon-line.com/_.)
Tipp zum Maskenbau: Masken kann man ganz unaufwändig aus festen Kartonseiten herstellen, die mit einem Gummi am Kopf befestigt werden; man kann sie auch aus Maschendraht und Kleisterpapier herstellen oder mit einem Gipsverband aus der Apotheke dem Gesicht von Menschen anpassen. Kunstlehrer/innen kennen sich oft sehr gut damit aus.

7 Griseldas Abneigung gegen jede Veränderung durch das Altern, das Thema „Jugendlichkeitskultur und Altern" kann die Schülerinnen und Schüler zur Kommunikation mit Eltern, Verwandten, anderen Erwachsenen und auch sehr alten Menschen anregen; die Problematik kann für das aktuelle Thema der kommerziellen „Anti-Aging-Strategien" von der Verjüngungscreme bis zur Schönheitsoperation und die entsprechende Werbung sensibilisieren. Das Thema kann auch durch eigene Szenen in das Stück eingebaut werden.

Szene 5:
Im Kampf gegen Felser vom Fels –
Spielvorlagen erstellen

S. 254

1 Das Geschehen in wenigen Sätzen:
Die Fee Ozma von Oz erscheint mit ihrem General und ihrer Armee bei Griselda. Sie befreit Dorothy aus dem Gefängnis, verhindert, dass Griselda und ihre Mannschaft Dorothy etwas antun können, und verhört Griselda, was sie mit Onkel Henry und Ticktack gemacht hat.

2 In der Szene kommt Ozma von Oz, zu der die Gruppe um Dorothy ja eigentlich ziehen wollte, um zu klären, was mit Ticktack geschehen sollte (Szene 3, Z. 228 f.), Dorothy entgegen. Aber die Lage hat sich verschlechtert, weil Onkel Henry und Ticktack von Griselda an Felser vom Fels verkauft worden sind (Aufgabe 3, S. 255 im Schülerband). Erst durch Ozmas Erscheinen kann die Handlung wieder im Sinne von Dorothy und ihrer Gruppe aufgenommen werden, bis dahin sind sie Griselda und den zu erwartenden Angriffen des Zwergenkönigs ausgeliefert gewesen. Durch Ozmas Erscheinen wird der Kampf um die Benutzung von Ticktack unausweichlich.

3 Mit dieser Szene gestalten die Schülerinnen und Schüler den Wendepunkt der dramatischen Handlung, die Peripetie. Es sollte deutlich werden, warum die Gruppe um Dorothy und die Fee Ozma von Oz gar nicht anders kann, als in die direkte Konfrontation mit dem Zwergenkönig Felser vom Fels zu ziehen. Dies kann dadurch eindringlicher gestaltet werden, dass die Schülerinnen und Schüler von den Figuren Alternativen durchdenken lassen, die aber verworfen werden müssen, sofern Onkel Henrys Leben gerettet und Ticktack für den Gebrauch durch die Fee wiederbeschafft werden soll.

Im Original lässt Ozma Griselda einfach in ihrem Palast zurück: „GRISELDA: *Was machst du jetzt mit mir?* OZMA: *Nichts. Die Zeit bestraft dich schlimmer, als ich es jemals könnte. Geh jetzt!"* (Aus: *Spielplatz 8. Fünf Theaterstücke für Kinder. Verlag der Autoren, Frankfurt/M. 1995, S. 220)*

4 *Siehe dazu die Ausführungen zu Aufgabe 1 auf S. 249 im Schülerband, S. 274 in diesem Handbuch. Die Aufgabe soll die Schülerinnen und Schüler zu einer intensiven Auseinandersetzung mit der Gegenfigur, die im Text des Schülerbandes nicht mit eigenen Dialogen auftritt, anregen. Zudem soll sie den Schülern durch die Einnahme der Perspektive des Zwergenkönigs auch noch einmal die Chance eröffnen, ihn nach ihren Intentionen zu gestalten: ihn entweder im Sinne des Originals als uneingeschränkt böse zu charakterisieren oder aber ihn – entgegen dem Original – mit Verständnis und differenzierenden Charaktereigentümlichkeiten nicht nur als böse, sondern auch als benachteiligt zu kennzeichnen, als eine Figur, die durchaus auch legitime Hoffnungen verfolgt.*

5 *Siehe dazu das Figurentableau auf S. 266 f. dieses Handbuchs.*

6 *Diese produktive Arbeit muss damit beginnen, dass die Schülerinnen und Schüler sich für ein stimmiges Ende entscheiden, dann den Zwischenraum zwischen den vorliegenden fünf Szenen und dem Ende überzeugend füllen. Im Blick auf eine Aufführung sollte die Textmenge begrenzt werden. Falls arbeitsteilig unterschiedliche Konzepte verfasst werden, muss für die Aufführung die überzeugendste Version gewählt oder eine harmonisierende Überarbeitungsfassung erstellt werden.*

13.3 Die Inszenierung – Rollen umsetzen, eine Aufführung planen

Sich eine Figur zu eigen machen – Rollenprofile entwerfen S. 257

1 *Literatur ermöglicht es den Schülerinnen und Schülern, geschützt durch die „Maske" der Figur eigene Intentionen, Haltungen, Emotionen, Denkweisen auszudrücken und zur Grundlage für eine kommunikative Auseinandersetzung mit den Mitschülern zu machen. Zugleich können die Figuren aber auch genutzt werden, um Fremdes zu erfahren, nicht zum eigenen Repertoire Gehörendes zu erkunden.*

Der Vorschlag im Schülerbuch kann entweder so umgesetzt werden, dass die Schüler eine Figur nach ihrem Interesse frei wählen oder dass die Auswahl dadurch bestimmt ist, welche Figur sie bei einer Aufführung darstellen werden.

Kreative Ideen – Requisiten nutzen S. 258

1 *Wenn bei einer Aufführung als oberstes Ziel gilt, dass jede Spielerin/jeder Spieler sich als Person mit ihrer/seiner Stimme im Raum und vor Zuschauern riskiert und dabei erfährt, dass die Zuverlässigkeit jedes Individuums für die Gruppe unabdingbar ist und die Gruppe den Einzelnen schützt, dann ist das Bühnenbild und sind die Requisiten nicht als pseudorealistische Illusionierung eines Spielraums wichtig, sie sollen aber Spielhandlungen ermöglichen, befördern, legitimieren.*

Die Kommunikation mit den Schülerinnen und Schülern über die für notwendig erachteten Requisiten sollte immer durch Spielproben auf die Aufführungsnotwendigkeiten hin abgestimmt werden. Requisiten sollen das Spiel unterstützen sowie die Fantasie der Zuschauerinnen und Zuschauer aktivieren und in die gewünschte Richtung lenken.

Wesentlich ist auch, dass die Requisiten bezahlbar bleiben, von den Schülern oder durch die Mithilfe von Eltern herstellbar sind und entsprechend der Schul- und Aufführungssituation angemessen gelagert und während der Aufführung aktiviert und deaktiviert werden können. Je nach Beleuchtungssituation wird die Farbgestaltung bei den Requisiten variiert werden müssen.

Zusatzmaterial

Mit Licht und Geräuschen Wirkungen erzielen – Anleitungen zu Übungen

1 *Verdunkelt euren Klassen- oder den Aufführungsraum und nutzt bei der Inszenierung der Szene, in der Ticktack von Dorothy und Onkel Henry wieder zum Funktionieren gebracht wird, wechselndes Licht, z. B. Dunkelheit und wechselnde Beleuchtungen auf die sprechenden und handelnden Figuren.*

2 *Erprobt auch das Einspielen von Geräuschen:*
- *Wie ändern sich die Wirkungen des Spiels?*
- *Ist es ein zu einfaches Mittel, die Zuschauer über eingespielte Geräusche oder Musik zu beeinflussen?*
- *Lenkt das von der darstellerischen Leistung ab?*
Diskutiert eure Meinungen.

Meerestoben und Schiffsuntergang – Vorschläge für die Darstellung

- *Laptop und Beamer zur Projektion von Naturgewalten nutzen.*
- *Naturgewalten mittels Overheadprojektor projizieren: Eine Schiffssilhouette aus Pappe und Gefrierbeutel mit farbigem Wasser verwenden.*

279

- *Blaue Plastikmüllsäcke aufschneiden, zu langen Wellenbahnen verbinden und auf und ab wedeln.*
- *Naturgewalten personifizieren: Blaue Müllplastiksäcke als Kostüm benutzen, Wollwedel als Haare aus Tang usw.*
- *Geräusche von einer Geräusche-CD einspielen.*
- *Alles als Schattenspiel zeigen, dazu Geräusche selbst erzeugen oder einspielen. (Zum Schattenspiel vgl. auch www.learn-line.nrw.de/angebote/schulkultur/medio/fachwe00/seitz/schatten.html)*

S. 258

Naturgewalten erlebbar machen – Steh- und Fallübungen

1 *Die auf Seite 259 des Schülerbuchs empfohlenen Übungen sollten nach Aufwärmübungen erprobt werden. Es gehört zum Beruf der Schauspielerin/des Schauspielers, den Körper als Instrument aufzuwärmen, fit und flexibel zu machen. Einige Übungen zum Aufwärmen helfen, nicht nur auf der Bühne, sondern auch im Alltagsleben erfolgreicher aufzutreten:*

Übungen, die Lippen- und Gesichtsmuskulatur entspannen, Mund- und Rachenraum weiten und mehr Resonanz bringen:

- **Höflichkeitsgähnen:** Hand vor den Mund halten und mit etwas gerundeten und fast zusammengepressten Lippen Gähnen erzeugen.
- **Energiegähnen:** Als wäre man unbeobachtet mit weit offenem Mund genussvoll gähnen, dabei beide Hände mit offenen Handflächen nach vorne gewendet, etwas über Schulterhöhe erhoben und Arme und Schulterblätter nach hinten leicht weggedrückt.
- **Kerzen auspusten:** Blitzschnell beim Einatmen mit dem Bauchmuskel das Zwerchfell nach oben ziehen, als hätte man einen Schlag in den Magen bekommen, und dann mit kurzen und explosionsartigen Stößen ein gedachtes Kerzenlicht auspusten.
- **Kauen:** Bei weit geöffnetem Mund Kaugummi oder Brötchenteig kauen, dabei Laute sprechen: „juiumm" oder „maoamm". Zwischen die Silben einzelne Wörter bringen: „juiumm" „Oktober" „juiumm" „maoamm" „Dezember" „maoamm" „blumje" „Radel" „blumje". Schließlich ganze Sätze bilden: „Radelnde Radfahrer räumten Rudis Resterampe ratzeputz."
- **Korkenübung:** Echten Korken ganz vorne zwischen die Vorderzähne stecken, wenig Druck ausüben und einen kurzen Text deutlich vorlesen.
- **Sirenenübung:** Tief atmen, dann den Vokal u erst mit ganz hoher Kopfstimme sprechen, dann, ohne neu zu atmen, immer tiefer werdend über die Brust- zur dunklen Bauchstimme wandern lassen und wieder zurück nach oben. Alles mit einem tiefen Atemzug ausführen. Danach ebenso mit den Vokalen a, e, i, o.

Diese Übungen zwei Mal in der Woche und vor jeder Probe vor dem Spiegel wiederholen.

Stehübung im Raum, Körperhaltungen:

- **In einem Straußenei:** Fest auf beide Füße stellen, dann die Bewegungen eines ausgewachsenen Kükens machen, welches im Ei steckt und die Schale noch nicht durchbrechen kann, aber mit dem Körper alle Stellen der Schale von innen zu berühren und abzutasten versucht.
- **Im engen Würfel:** Wie bei der Übung „Im Straußenei".
- **In einer Stahlkugel:** Wie bei der Übung „Im Straußenei".

Gehübungen, Körperhaltungen, Körperschwerpunkte erfahren:

- **Erde:** „Ich stehe mit beiden Beinen fest auf der Erde, verwurzelt": dann schwerfällig schreiten, Füße fest aufsetzen, im Becken sehr schwer fühlen.

- **Luft:** „Ich hebe ab, fühle mich leicht, wohne im Wolkenkuckucksheim": schwerelose Bewegung, als fühle man einen mit Gas gefüllten Rettungsring um den Hals, der einen nach oben in die Luft zieht.
- **Wasser:** „Ich fühle mich schwerelos, leichte Wellen bewegen mich": flüssige Bewegungen, das Wasser reicht bis zur Brust, man muss es mit den Armen beim Voranschreiten teilen.
- **Feuer:** „In meinem Zentrum, in meinem Bauch, brennt ein Feuer, das sich in die Gliedmaßen ausbreitet": hektische Bewegungen.

(Vgl. auch die Übungen im „Deutschbuch 5", S. 238 ff., und im „Deutschbuch 6", S. 250 ff.)

Vorhang auf! – Einen Ablaufplan entwerfen

S. 260

Als günstiger Zeitraum für das Projekt „Ein Theaterstück interpretieren, umschreiben und aufführen" hat sich die Zeit von November bis Ende Januar des nächsten Jahres erwiesen, weil dann die Weihnachtsferien und die in vielen Bundesländern klassenarbeitsfreie Zeit im Januar genutzt werden können. Es muss jedoch ermittelt werden, ob die Schülerinnen und Schüler überhaupt gemeinsame Probentermine in der Freizeit wahrnehmen können, ob die zusätzliche Belastung verantwortbar ist und mitgetragen wird, ob unterstützende Hilfe von Kolleginnen und Kollegen oder Eltern genutzt werden kann.

Der im Schülerband abgebildete Ablaufplan wurde für eine mit einer 7. Klasse realisierte Aufführung entwickelt; er zeigt, welche Arbeiten und welche Terminzwänge zu bewältigen sind. Seine Diskussion und Versuche, diesen Plan auf die eigenen Bedingungen hin zu variieren, können den Schülerinnen und Schülern eine realistische Vorstellung davon vermitteln, welche Verpflichtungen sie eingehen, wenn sie eine Aufführung verwirklichen wollen.

Die Kostenfrage ist im Schülerbuch nicht thematisiert, muss aber ebenfalls erwogen werden: Gibt es eine Finanzierung durch Eintrittsgelder, durch Spenden oder durch Werbung im Theaterheft, durch die jeweiligen Rollenträger?

Frühzeitig muss auch besprochen und entschieden werden, ob die Rollen so vervielfältigt werden, dass alle spielwilligen Schülerinnen und Schüler eine eigene Rolle im Stück bekommen, oder ob Figuren mehrfach besetzt werden und die Spielerinnen und Spieler dann entweder innerhalb einer Aufführung wechseln (was bei diesem Stück mit Erfolg praktiziert wurde) oder aber bei einer weiteren von etwa drei Aufführungen ins Spiel gebracht werden.

Lernerfolgskontrolle/
Themen für Klassenarbeiten

Vorschlag 1: Eine Szene spannend ausgestalten

Suzan Zeder
Die Zauberfee von Oz

10. Bild: Die Höhle des Zwergenkönigs

FELSER: Na, Ozma, es scheint mir Äonen[1] her zu sein, seit wir uns zuletzt gesehen haben. Wie geht's dir, mein Halbedelstein?

5 OZMA: Ausgezeichnet, falls dich das was angeht.

FELSER: Und wer ist das kleine Schmuckstückchen, das du mitgebracht hast?

DOROTHY: Ich heiße Dorothy Gale, und mein 10 Onkel, Henry Gale, ist der alte Mann, den du …

FELSER: Setz dich, Kind. Du musst ganz verwittert sein von der Reise.

Er schnippt mit dem Finger, und aus Rauchquarz 15 *wird ein Stuhl.*

OZMA *argwöhnisch:* Du bist sehr freundlich, Felser.

FELSER: Ich entschuldige mich wegen unserer kleinen Erdbeben in der Vergangenheit. 20 Vielleicht bin ich nur ein sedimentärer[2] alter Esel, aber ich hoffe, wir werden Freunde.

OZMA: Wir sind Feinde, daran wird sich nichts ändern.

FELSER: Jetzt sicherlich, doch es ist Zeit genug 25 für uns beide in Oz.

OZMA: Du sprichst über Freundschaft und hältst doch zwei Gefangene fest.

FELSER: Gefangene? Sie sind keine Gefangenen … Sie gehören mir.

30 DOROTHY: Was?

FELSER: Rauchquarz, meine Schatzkammer!

Rauchquarz rollt ein großes Kabinett mit Schau- fenster heran, in dem mehrere übergroße Objekte stehen.

OZMA: Was hast du gemacht? 35

FELSER: Als Mensch war dein Onkel nutzlos für mich, aber als Spitzenedelstein ist er ziemlich amüsant.

Dorothy schnappt hörbar nach Luft.

FELSER: So wie Kohle zu Diamant wird, Harz zu 40 Bernstein, Sand zu Glas. Ich habe ihn nur verwandelt in einen dieser schönen Gegenstände der Natur.

DOROTHY: Onkel Henry!

FELSER: Es tut nicht weh, das versichere ich dir! 45 Tatsächlich ist er ganz heil, irgendwo. Aber nur ich weiß wo. *Felser lacht überlaut.*

OZMA: Was ist mit dem Ticktackmenschen? Hast du den auch verwandelt?

FELSER: Wir beide wissen doch, dass er dafür zu 50 wertvoll ist! Horch mal! *Man hört ein tickendes Geräusch.*

OZMA: Wo ist er?

FELSER: Das willst du wohl gern wissen. Er ist auch hier. Irgendwo. *Felser lacht wieder.* 55

DOROTHY: Bitte erlöse meinen Onkel von der Verzauberung. Bitte, ich flehe dich an.

FELSER: Gewiss, aber zuerst, mein lieber kleiner Goldbarren, glaube ich, du hast was, was ich haben möchte. 60

DOROTHY: Den Schlüssel?

FELSER: Genau. Du gibst mir den Schlüssel, und ich lasse deinen Onkel frei.

OZMA: Glaub ihm nicht. Ich sehe, dass er lügt.

DOROTHY: Aber mein Onkel. 65

---

1 Äonen: Ewigkeiten

2 sedimentär: durch Ablagerung entstanden

(Aus: Spielplatz 8. Fünf Theaterstücke für Kinder. Hg. von Marion Victor. Verlag der Autoren, Frankfurt/M. 1995, S. 230 f.)

---

1 Setze die Szene aus dem letzten Akt des Theaterstückes fort und gestalte deine Fortsetzung so aus, dass Dorothy Felser vom Fels und Ozma von Oz davon zu überzeugen versucht, einen Kompromiss zu vereinbaren, der darin bestünde, dass Dorothy Ticktack, die Doppelfunktionszeitmaschine, so bedient, dass auch

Felser vom Fels und seine Gefährten zu bestimmten Zeiten im Schutze der Nacht an die Erdoberfläche gehen können. In deiner Szene sollte deutlich werden, welche Gegenargumente Ozma von Oz einerseits und Felser vom Fels andererseits gegen diesen Kompromiss vortragen könnten.

Mache deutlich, ob es wohl zu einem Kompromiss kommt oder nicht.

Entscheide zunächst, ob dein Theaterstück in eine Katastrophe oder ein Happy End münden soll.

Eventuell als **Zusatzleistung**, wenn die Arbeitszeit dafür reicht:

2   *Griselda hat die Gruppe heimlich mit einem Tarnkappen-Kopf verfolgt. Sie beobachtet alles, zeigt sich nur dem Publikum und kommentiert die Verhandlungen. Sie will natürlich, dass Ticktack abgestellt wird und es keine Zeit mehr gibt. Gestalte auch die Monologe, die Griselda während der Verhandlungen über Dorothys Kompromissvorschlag zum Publikum spricht.*

Erwartungshorizont:

1   *Die Schülerinnen und Schüler gestalten eine Szene kurz vor dem Happy End oder der Katastrophe. Die drei Figuren sollten stimmig über den Konfliktfall verhandeln, jeder Partei gewisse Tag- und Nachtzeiten zuzubilligen, damit aber Zeitlosigkeit auszuschließen. Dorothys Interessen, die der Fee und die des Zwergenkönigs müssen erkennbar werden. Es bleibt der Entscheidungsfreiheit der Schülerinnen und Schüler überlassen, ob die Fee, die unbedingte Herrschaft und Zeitlosigkeit, also den Urzustand auf Oz, anstrebt, und der Zwergenkönig, der ständige Nacht und damit Allmacht wünscht und der wichtige „Pfänder" besitzt, sich auf Grund bestimmter Einsichten – z. B. in den Sinn von Zeitlichkeit und den Vorteil von Kompromissbereitschaft – beweglich zeigen oder nicht.*

2   *Mit Griselda als Horcherin können die Schülerinnen und Schüler ihre Fähigkeit zeigen, szenische Vorgänge für das Publikum aus einer parteiischen Perspektive rezipierbar zu machen.*

Vorschlag 2:
Eine die Haupthandlung steigernde Szene nach Figureninteressen und Konfliktzuspitzung interpretieren und stimmig fortsetzen

Ad de Bont/Allan Zipson

Das besondere Leben der Hilletje Jans

„Das besondere Leben der Hilletje Jans" spielt um 1750. Das Stück handelt von dem sechsjährigen Waisenkind Hilletje, dessen Eltern gestorben sind und das nun von Utrecht nach Amsterdam zu seiner Tante Thérèse geschickt wird, die dort eine Gastwirtschaft betreibt. Kurz bevor Hilletje das Gasthaus erreicht, soll Roosje, die Tochter der Wirtin, einen Zechpreller aufhalten, der ihr aber bei seiner Flucht ins Messer läuft und stirbt. Hilletje betritt wenig später das Gasthaus.

GAST 2 *versucht zu fliehen.*
TANTE *zu Roosje:* Versperr ihm den Weg!
Roosje stellt sich ihm mit dem Messer in der Hand
   entgegen. Gast 2 läuft in das Messer hinein und
5   *fällt tot zu Boden.*

ROOSJE: Aber ich sollte ihm doch den Weg versperren, Mutter!
TANTE: Ist er tot?
GAST 1: Sein verdienter Lohn. Hier. *Er findet seine Börse.* So schnell setze ich keinen Fuß 10
mehr in diese Herberge. Arbeitshausgesindel! Ich gehe zum Schultheiß[1]. *Er geht ab.*
TANTE: Elendes Kind! Teuflische Metze! Vettel!
Sie schlägt Roosje. Ihr habt einen Mann in meiner Herberge ermordet. Habe ich mich dafür 15
mein ganzes Leben zu Tode geschuftet? Hexe! Ich klopfe Euch so platt wie eine Scholle!
Meine Tochter, eine Mörderin! Der Schult-

---

1 **Schultheiß:** Gemeindevorsteher, Bürgermeister mit Polizeigewalt

283

20 heiß soll Euch holen und ins Spinnhaus[2] einsperren! *Klopfen an der Tür.* Da ist er schon. Haltet das Messer hinter Eurem Rücken verborgen! Tretet ein, Herr Schultheiß! *Hilletje kommt herein; sie fällt in Ohnmacht, nach einer kurzen Weile richtet sie sich wieder auf.* Was
25 habt Ihr hier zu suchen, Rotznase?

HILLETJE: Ich bin von Utrecht hierher gelaufen.

TANTE: Und was habe ich damit zu tun?

HILLETJE: Mein Vater und meine Mutter sind
30 tot.

TANTE: Na und?

HILLETJE: Ihr seid meine Tante.

TANTE: Hä?

HILLETJE: Ich habe einen Brief.

35 TANTE: Ich kann nicht lesen.

HILLETJE: Wollt Ihr für mich sorgen? *Gerbrand, Roosje und die Tante lachen.* Ich will immer gehorsam sein. *Gelächter.* Ich will alles für Euch tun! *Gelächter.*

40 TANTE: Macht, dass Ihr wegkommt!

HILLETJE: Ja, aber Tante ...

TANTE *schlägt Hilletje:* Ach was, Tante! Mein ganzes Leben habe ich alleine dagestanden. Niemand aus der Familie hat sich blicken lassen,
45 auch nicht, als ich todkrank im Bett lag. Und nun soll ich auf einmal Eure Tante sein? Mich auch noch um so ein Hurenkind kümmern. Verschwindet. *Hilletje weint.* Ach, sie heult. Hört gut zu, Täubchen! Von Tränen
50 wirst du nicht satt. Aufhören mit dem Geheule!

HILLETJE: Wohin soll ich denn?

TANTE: Mir doch egal. Es laufen hier in der Stadt genauso viele Waisenkinder wie wilde Kat-
55 zen herum. Raus! *Hilletje geht. Roosje flüstert ihrer Mutter etwas ins Ohr.*

TANTE: Falsches Luder. Holt sie zurück!

ROOSJE *ruft:* He, Ihr könnt hier bleiben ... kommt schon! *Hilletje kommt zurück.*

2 **Spinnhaus:** Gefängnis und Arbeitshaus, in dem Frauen z. B. aus Schafswolle Fäden spinnen mussten

TANTE: Wie ist Euer Name? 60

HILLETJE: Hilletje, Hilletje Jans.

TANTE: Und Eure Eltern sind tot? Gut, Hilletje Jans. Ihr könnt hier wohnen. Und ich werde für Euch sorgen, Kind. Aber umsonst ist der Tod. Seht ihr den Mann dort? Er ist tot. Gleich 65 kommt der Schultheiß, und der will wissen, wer das getan hat. Dann sagt Ihr: Ich, Herr, aus Versehen. Ihr kommt an den Pranger[3] und danach ins Spinnhaus. Aber wenn Ihr wieder frei seid, könnt Ihr hier wohnen. 70 Nun, was haltet Ihr davon?

HILLETJE: Gut, Tante.

TANTE: Also, was sagt Ihr? *Zu Gerbrand.* Kümmert Euch um Eure eigenen Sachen! *Gerbrand geht ab.* 75

Also, was sagt Ihr, wenn der Schulheiß fragt: Wer hat das getan?

HILLETJE: Ich, Herr?

TANTE: Aus

HILLETJE: Aus 80

TANTE: Versehen

HILLETJE: Versehen

TANTE: Gut. Roosje, gebt Eurer neuen Schwester einen Kuss und das Messer. Macht schon, Kind! 85

SCHULTHEISS *hinter der Szene:* Im Namen des Gesetzes!

TANTE: Roosje, wischt Eure Hände ab. Ich komme, Herr Schultheiß!

Der Schultheiß tritt auf, er sieht die Leiche. 90

SCHULTHEISS: Wer hat das getan?

TANTE: Nun?

ROOSJE: Sie!

SCHULTHEISS: Haltet das Maul, Jungfer!

TANTE: Es ist wahr, Herr Schultheiß. Hilletje! 95

HILLETJE: Ich habe das nicht getan.

TANTE: Sie lügt.

(Aus: Spielplatz 2. Fünf Theaterstücke für Kinder. Hg. von Marion Victor. Verlag der Autoren, Frankfurt/M. 1989, S. 65–67)

3 **Pranger:** ein Schandpfahl, an den verurteilte Menschen gefesselt und so öffentlich ausgestellt und dem Spott der Vorübergehenden ausgesetzt wurden

---

1 *Erläutere zunächst mit Textbelegen, welche unterschiedlichen dramatischen Handlungen hier in einer Szene wirksam werden, und zeige auf, welche Absichten und Interessen die drei Hauptfiguren verfolgen.*

2 *Setze dann die Szene überzeugend bis zum Abgang des Schultheißen fort.*

Erwartungshorizont:

1 *Die Schülerinnen und Schüler erkennen, dass die unbeabsichtigte Tötung eines Wirtshausgastes Roosje, die Tochter der Wirtin, in Schwierigkeiten bringt und dass die Mutter ihren Schuldanteil – sie hat der Tochter befohlen, sich dem Gast in den Fluchtweg zu stellen – leugnen wird und alles auf die Tochter ab-wälzen will. Dass die Wirtshausbesitzerin, Tante Thérèse, äußerst hartherzig ist, zeigt sich beim Eintref-fen des kleinen Mädchens, welches sich als ihre Nichte ausgibt. Dieser zweite Handlungsstrang ist die Haupthandlungslinie des Theaterstückes, bei dem es darum geht, wie Hilletje Jans im Laufe ihres Lebens in Männerverkleidung zu einem berühmten seefahrenden Kapitän aufsteigt.*
Weil Roosje eine List einfällt, die sie ihrer Mutter ins Ohr flüstert, werden beide Handlungslinien mitein-ander verzahnt: Hilletje soll entgegen der ersten Ablehnung doch in den Haushalt der Tante aufgenom-men werden, wenn sie den Mord an dem Gast auf sich nimmt.

2 *Die Schüler können in begründeten Dialogreden mit dem Schultheiß sowohl zu der Lösung des Originals kommen, dass nämlich Hilletje als Täterin verhaftet wird, sie können aber auch zu einer Lösung gelan-gen, bei der die Wahrheit über die zufällige Tötung ans Licht gebracht wird. In beiden Fällen könnten sie die Figur des Gerbrand nutzen, der zunächst die Szene verlassen hat, aber zurückkehren könnte.*

Literaturhinweise

Ausprobieren, Proben, Spielen. Szenisches Spielen und Schülertheater in der Sekundarstufe I. Materialien. Hg. vom Kultusministerium Nordrhein-Westfalen, Düsseldorf 1992

Heft, Günter: Das Spielleiterhandbuch. Meyer & Meyer, Aachen 1992 (Reihe theaterspiel, Bd. 8)

Johnstone, Keith: Theaterspiele. Spontaneität, Improvisation und Theatersport. Berlin 1998

Kulturelle Praxis. Handreichungen zum Darstellenden Spiel. Hg. vom Hessischen Institut für Bil-dungsplanung und Schulentwicklung (HIBS). Bd. 1, Wiesbaden 1994.

Scheller, Ingo: Szenisches Spiel. Cornelsen Scriptor, Berlin 1998

Szenisch spielen und lernen: Stücke des Kinder- und Jugendtheaters im Deutschunterricht. vgr Verlagsge-sellschaft Ritterbach, Düsseldorf 1998

Waegner, Heinrich: Von innen nach außen – Über den Körper zum Spiel. Theaterwerkstatt. Kom-mentierte Wege vom Warm-up bis zur Spielvorlage. Klett, Stuttgart 1994

Wagner, Betty Jane: Das Leben erfassen und gestalten. Darstellendes Spiel im pädagogischen Raum mit Dorothy Heathcote. Verlag Die Blaue Eule, Essen 1998

Texte zum Thema Zeit und zum problematischen Umgang des Europäers mit der Zeit:

Der Papalagi. Die Reden des Südseehäuptlings Tuiavii aus Tiavea. Verlag Tanner & Staehelin, Adlis-wil/Zürich 1977.

Ende, Michael: Momo oder Die seltsame Geschichte von den Zeit-Dieben und von dem Kind, das den Menschen die gestohlene Zeit zurückbrachte. Thienemann, Stuttgart 1973

Wichtige Institution, die fördert, Überblick hat, weiterhilft:

Kinder- und Jugendtheaterzentrum in der Bundesrepublik Deutschland, Schützenstraße 12, 60311 Frankfurt/M., Tel. (0 69) 29 66 61, www.kjtz.de

14 Stars in den Medien – Sendungen, die Quote machen

Konzeption des Gesamtkapitels

In der heutigen Gesellschaft gewinnen Medien zunehmend Bedeutung nicht nur für die Unterhaltung und Informationsvermittlung, sondern auch für die Identitätsbildung von Jugendlichen. Die Identifikation mit oder die Abgrenzung von Stars aus Filmen und vor allem aus dem Fernsehen trägt – gewollt oder ungewollt – zu deren Identitätsfindung bei. Eine Herausforderung beim Umgang mit Medien besteht in der Auseinandersetzung mit der zunehmenden Tendenz zu einer Vermischung von Realität und Fiktion. Zur Ausbildung von Medienkompetenz gehört es daher, über die Inszenierung von Starkulten zu reflektieren und reale und fiktionale Elemente in Fernsehsendungen voneinander unterscheiden zu können. Das Kapitel geht von den Fernsehgewohnheiten der Schülerinnen und Schüler aus: Unterhaltungssendungen wie Talentshows oder Daily-Soaps bestimmen ihren Fernsehalltag, die Protagonisten dieser Serien sind ihre Stars. Durch eine intensivere Beschäftigung mit ausgewählten Sendungen soll erreicht werden, dass diese Sendeformate nicht bloß konsumiert werden, sondern dass die Schülerinnen und Schüler deren Wirkungsabsichten reflektieren. Über eine Untersuchung des Aufbaus der Sendungen und eine Analyse bestimmter Kameraeinstellungen und -perspektiven sowie ihrer Funktionen wird versucht, eine gesteigerte Wahrnehmungsfähigkeit zu erreichen.

Im ersten Teilkapitel (**„Zwischen Show und Realität – Ein Fernsehstar werden"**) steht die Beschäftigung mit den zwei unterschiedlichen Sendeformaten „Talentshow" und „Living-History" im Vordergrund. Überlegungen zum Aufbau einer Talentshow und zur Wirkung von Kameraeinstellungen und Kameraperspektiven an exemplarischen Standbildern führen die Schülerinnen und Schüler zum Nachdenken über die bewusste Zuschauerlenkung. Ausgehend von einer Untersuchung der unterschiedlichen Anforderungen an die Bewerber bei einem Casting für eine Talentshow und für ein Theaterstück, reflektieren sie über den Begriff „Star". An der Living-History-Serie „Schwarzwaldhaus" werden die gleichen Aspekte erarbeitet wie zuvor bei der Talentshow (Dramaturgie einer Sendung, Wirkung und Funktion bestimmter Kameraeinstellungen und -perspektiven, Inszenierung von „Stars"), um einen Vergleich dieser Sendeformate zu ermöglichen. Eine Vertiefung stellt die Frage nach dem Anteil von Fiktion bzw. Inszenierung und Realität in Fernsehsendungen dar.

Im zweiten Teilkapitel (**„Mediennutzung früher und heute – Recherchieren und Auswerten"**) schließt sich eine Untersuchung über Medienentwicklung und Mediennutzung an. Ausgehend von der Analyse einer vorgegebenen Medienbiografie, beschäftigen sich die Schülerinnen und Schüler mit ihrer eigenen Mediennutzung und schreiben selbst eine Medienbiografie. Nach Betrachtungen zur Geschichte des Fernsehens recherchieren sie über andere Medien und bereiten dazu Kurzvorträge vor. Die Auswertung von Diagrammen zur Fernseh- und Internetnutzung soll zu Diskussionen und zur Planung und Durchführung einer Umfrage über die gegenwärtige und zukünftige Mediennutzung anregen.

Das dritte Teilkapitel (**„Starkult – Werbekampagnen entwickeln"**) knüpft an die Ergebnisse des ersten Teilkapitels über Medienstars an. Nach einer Auseinandersetzung mit dem Begriff „Star" durch eine Begriffserklärung und die Erstellung einer „Starhitparade" untersuchen die Schülerinnen und Schüler den Werdegang einer bekannten Sängerin und Schauspielerin. Im handlungsorientierten Teil entwerfen sie eine Werbekampagne, in der sie ihre neu erworbenen Kenntnisse über die Anforderungen an Stars anwenden.

Inhalte	**Kompetenzen**
S. 261	**14.1 Zwischen Show und Realität – Ein Fernsehstar werden**	Die Schülerinnen und Schüler können
S. 261	**Talentshows im Fernsehen – Ein Publikumserfolg**	– Merkmale verschiedener Sendeformate beschreiben;

Inhalte

S. 261   **14.1 Zwischen Show und Realität – Ein Fernsehstar werden**

S. 261   **Talentshows im Fernsehen – Ein Publikumserfolg**

S. 263   **Casting – Erste Schritte zum Erfolg**

S. 267   **Living-History – Show oder Wirklichkeit?**

S. 267   Antje Hildebrandt
Nie mehr ohne Waschmaschine

S. 270   **14.2 Mediennutzung früher und heute – Recherchieren und Auswerten**

S. 270   Thomas Dennig
Ein dreißigjähriger Erzieher erzählt ...

S. 272   Barbara Garde
Schöne Bescherung: 50 Jahre Fernseh-Weihnacht

S. 275   **14.3 Starkult – Werbekampagnen entwickeln**

S. 275   **Was ist ein Star?**

S. 276   **Wie wird ein Star vermarktet?**

Kompetenzen

Die Schülerinnen und Schüler können
– Merkmale verschiedener Sendeformate beschreiben;
– Gründe für den Erfolg von Talentshows angeben;
– die Phasen der Talentshow „Deutschland sucht den Superstar" erkennen;
– die Funktion bestimmter Phasen deuten;
– erklären, wie ein Casting für eine Talentshow abläuft und was von den Kandidaten erwartet wird;
– die unterschiedliche Wirkung verschiedener Kameraperspektiven und Einstellungsgrößen beschreiben;
– die Anforderungen bei einem Casting für eine Talentshow mit denen für eine Theateraufführung vergleichen;
– einen Fragebogen bewerten;
– selbst einen Fragebogen erstellen;
– Ziele einer Living-History-Sendung angeben;
– Casting-Show und Living-History vergleichen;
– die Grenzen des Darstellbaren in Doku-Soap und Living-History beschreiben;
– die unterschiedliche Wirkung verschiedener Kameraperspektiven und Einstellungsgrößen beschreiben.

Die Schülerinnen und Schüler können
– eine Medienbiografie interpretieren;
– Über den Wandel der Mediennutzung reflektieren;
– Interviews zur Mediennutzung entwerfen und führen;
– eine eigene Medienbiografie verfassen;
– Eckdaten zur Geschichte des Fernsehens aus einem Sachtext entnehmen;
– Recherchen über die Geschichte anderer Medien anstellen und Kurzvorträge dazu halten;
– Diagramme zur Mediennutzung auswerten;
– eine Umfrage zur Internetnutzung durchführen.

Die Schülerinnen und Schüler können
– ein Brainstorming durchführen;
– in einem Lexikon recherchieren;
– den Begriff „Star" definieren;
– Karrierewege von Stars untersuchen;
– Imagebildung und Vermarktung von Stars beschreiben;
– eine Werbekampagne entwickeln.

14.1 Zwischen Show und Realität – Ein Fernsehstar werden

S. 261

Talentshows im Fernsehen – Ein Publikumserfolg

1 *Die Fotos aus einer Talentshow und aus Living-History-Sendungen dienen als Impuls für einen Einstieg in das Gespräch über diese Sendeformate. Die Aufnahmen stammen aus folgenden Sendungen: „Deutschland sucht den Superstar" (Foto oben); „Schwarzwaldhaus 1902" (unten links); „Gutshaus 1900" (unten rechts). Es ist zu erwarten, dass die Talentshows von allen Jugendlichen gerne gesehen werden. Living-History-Formate wie „Schwarzwaldhaus" finden oft eher weniger Interesse. Es kann darüber diskutiert werden, woran das liegt (z. B. Desinteresse an der Beschäftigung mit Geschichte; die Sendungen sind von der Dramaturgie her eher auf Langsamkeit angelegt, haben manchmal zeitdeckende Passagen).*

2 *a) Den meisten Schülerinnen und Schülern sind die Sendeformate so gut bekannt, dass sie von sich aus Merkmale benennen können:*

 – *Für **Talentshows** können sich Kandidaten – meistens Sänger oder Tänzer – bewerben. Nach einer festgelegten Anzahl von Sendefolgen, in denen jeweils bestimmte Aufgaben zu erfüllen sind (z. B. selbst ausgewählte Lieder singen, Lieder verschiedener Genres singen, Lieder im Duett oder mit Gruppen singen, mit Bigband singen, nach vorgeschriebener Choreografie tanzen, selbst eine Choreografie entwickeln), wird eine Einzelperson zum Sieger und somit zum Star erklärt oder eine Gruppe zusammengestellt.*

 – *Unter **Living-History**-Sendungen versteht man eine Sonderform von Doku-Soaps, bei denen die Mitwirkenden eine Rolle übernehmen und für einen bestimmten längeren Zeitraum fiktiv das Alltagsleben in einer anderen, historischen Zeit erproben. Über den ganzen Zeitraum werden sie dabei ständig gefilmt, wobei die Aufnahmen eher dokumentarisch wirken und keinen Spielfilmcharakter haben sollen.*

 b) Dramaturgie, Regienanweisungen und Kameraführung unterscheiden sich demnach bei den aufgeführten Sendeformaten.
 In einem weiteren Schritt kann – ausgehend von der Zusammenstellung der Merkmale in Teilaufgabe a) – eine Reflexion darüber beginnen, wie der Ablauf der Sendungen, die Regienanweisungen an die Mitwirkenden bzw. Darsteller und die Kameraführung in den unterschiedlichen Formaten aussehen müssen.

3 *a) Die Kandidaten von Talentshows sehen es zunächst schon als Chance an, ihr Talent einem Fernsehpublikum präsentieren zu können. Als Gewinner werden sie mit Auftrittsmöglichkeiten oder Plattenverträgen belohnt und oft zu Talkshows eingeladen, wodurch ihre Bekanntheit noch gesteigert wird. Alle Kandidaten haben sicher die Hoffnung, durch ihre Teilnahme an den Shows am Ende vielleicht sogar zum „Superstar" zu werden.*

 b) Zuschauer von Talentshows können in unterschiedlicher Weise angesprochen sein: Zum einen können sie sich mit den Kandidaten identifizieren, sich vorstellen, auch einmal auf so einer Bühne zu stehen, entdeckt zu werden. Zum anderen sind bei vielen Talentshows die Zuschauer auch direkt in den Sendungsablauf eingebunden, da sie als Juroren fungieren, per Telefon an Abstimmungen teilnehmen und ihre Stimme für den Kandidaten oder die Kandidatin ihrer Wahl abgeben können.

4 a) *Die Schülerinnen und Schüler können sich auch im Internet unter der Adresse http://deutschland-suchtdensuperstar.rtl.de über die Show „Deutschland sucht den Superstar" informieren. Für Talentshows finden zunächst Castings statt, durch die die Kandidaten für die Sendungen ausgewählt werden. Diese ausgewählten Kandidaten müssen in einer vorher festgelegten Anzahl von Sendungen nach genau festgelegten Regeln ihr Talent in Konkurrenz zu den anderen Beteiligten beweisen. Bei „Deutschland sucht den Superstar" gibt es in der Regel pro Sendung zwei Auftritte für jeden Kandidaten. Jeder Auftritt wird von einer Jury bewertet. In der letzten Phase werden die Zuschauer zur Abstimmung aufgefordert. Jeweils ein Kandidat scheidet in einer Sendefolge aus. Die Sendefolgen stehen meist unter einem bestimmten Motto (z. B. „Hits der 70er Jahre" oder „Swing") und es sind unterschiedliche Aufgaben zu erfüllen (z. B. Singen mit Tanzeinlage, Singen mit Bigband).*

b) *Die Schülermeinungen werden sich sicherlich sowohl im Hinblick auf die Beurteilung verschiedener Sendungen als auch im Hinblick auf den Eindruck vom Ablauf solcher Sendungen stark unterscheiden. So wird z. B. in „Deutschland sucht den Superstar" am Schluss ein einzelner Sänger oder eine einzelne Sängerin ausgewählt. Es kommt also darauf an, sich in allen Aspekten gegenüber der Konkurrenz durchzusetzen. Dagegen geht es in „Popstars – das Duell" darum, dass Kandidaten gesucht werden, mit denen eine neue Popband gegründet werden kann. Hierbei ist es also neben den Anforderungen an Gesangs- und Tanzleistungen auch wichtig, wie man mit den anderen harmoniert und sich dem (erst während der ersten Sendefolgen entwickelten) Konzept für die neue Gruppe anpasst. Der Musikstil der Talentshows ist ganz unterschiedlich („DSDS": eher Schlager, Dieter Bohlen schrieb mehrfach den Siegersong; „Popstars": wie der Name schon sagt: eher Pop, Hiphop, Funk).*

Am Ablauf der Sendung können unterschiedliche Aspekte wie z. B. die Beurteilung durch die Jury oder die spannungsgeladene Schlussphase kritisiert werden. Sicher sprechen sich viele Schülerinnen und Schüler gegen die Vorgehensweise der Jury oder der Coaches aus. (Besonders Dieter Bohlen hat sich in einigen Sendungen durch die herabwürdigende und ins Persönliche gehende Kritik an den Kandidaten hervorgetan. Detlef D. Soest zeigt einen autoritären Stil beim Tanztraining.)

5 a) *Zuordnung der Phasen zu den Fotos:*
   – *Phase 1: Vorstellung der Kandidaten, sie kommen einzeln auf die Bühne: Foto 5*
   – *Phase 2: Vorstellung der Jurymitglieder: Foto 3*
   – *Phase 3: einzelne Auftritte der Kandidaten: Foto 6*
   – *Phase 4: Beurteilung des Auftritts durch die Jurymitglieder: Foto 1*
   – *Phase 5: Abstimmung der Zuschauer zu Hause und per Telefon: Foto 4*
   – *Phase 6: Verkündigung der Abstimmungsergebnisse, Ausscheiden eines Kandidaten: Foto 2*

6 *Das Publikum wird in die Rolle von Schiedsrichtern versetzt. Dadurch wird die Spannung für die Zuschauer über die ganze Zeit der Sendung aufrechterhalten: Da sie entscheiden sollen, wer der „Superstar" wird und wer ausscheidet, müssen sie bei jedem Auftritt aufmerksam sein. Die Zuschauer haben das Gefühl, aktiv an der Sendung mitzuwirken. Sie fühlen sich wichtig und mitverantwortlich für den Ablauf der weiteren Sendefolgen. (Vgl. auch oben die Hinweise zu Aufgabe 3 b) und das Foto 4 auf S. 262 im Schülerband.)*

7 *Die Aufnahmen gehören zu Phase 6, der Verkündigung der Abstimmungsergebnisse. Die Schülerinnen und Schüler sollen die Fotos genau beschreiben und analysieren:*
   – *Beim linken Foto wird das Gesicht eines Kandidaten (erkennbar u. a. am Mikrofon) gezeigt. Die Mimik drückt Anspannung, Erwartung, Zweifel aus.*
   – *Die rechte Aufnahme zeigt den Abgang einer gescheiterten Kandatin (Phase 6).*

8   a) *Kameraperspektiven und -einstellungen:*
  – *Aufnahme 1: Nah, nur ganz leichte Untersicht*
  – *Aufnahme 2: Totale, Vogelperspektive*

  b) *Wirkungen, die damit erreicht werden sollen:*
  – *Aufnahme 1: Die Mimik des Kandidaten soll genau erkennbar sein. Die Zuschauer sollen in seinem Gesicht ablesen können, unter welcher Anspannung er in dieser Phase der Sendung steht. Seine Ängste sollen für die Zuschauer fühlbar werden, sie sollen mit „ihrem" Kandidaten mitfühlen.*
  – *Aufnahme 2: Die Einstellung in der Totale aus der Vogelperspektive hebt einerseits die Einsamkeit und Verlorenheit der Kandidatin in diesem Moment hervor, andererseits verdeutlicht sie: Die Show geht weiter.*

S. 263

Casting –
Erste Schritte zum Erfolg

S. 263

Björn Woll

Deutschland sucht den Superstar –
Casting

1   a) *Unter einem „Casting" versteht man die Rollenverteilung oder Rollenbesetzung im Theater und beim Film, im erweiterten Sinn die Auswahl von Kandidaten für eine Sendung. Das englische Wort „casting" (von „to cast" = „werfen") bezeichnet ursprünglich das Auswerfen einer Angel, meint dann in der Übertragung aber auch im Englischen die Rollenbesetzung.*

  b) *Für die Sendung „Deutschland sucht den Superstar" werden zunächst aus ca. 600 000 Bewerbern die Teilnehmer für die ersten Castings ausgesucht, die in verschiedenen Großstädten wie Berlin, Köln oder Leipzig stattfinden. Bei diesen Castings werden nach jeweils zwei Auftritten nur einige Kandidaten für das weitere Auswahlverfahren bestimmt (so genannte „Recalls"). In diesen weiteren Auswahlrunden müssen sie überzeugen, bevor sie eventuell tatsächlich in der ersten Fernsehsendung auftreten können. Der Zeitungsartikel berichtet von einem Casting in Köln.*

2   a) *Desmond und Steffi wissen, dass neben ihrem Gesang („stimmliche Präsentation", Z. 32) auch ihr Aussehen, ihre Kleidung (Z. 33) und ihr Auftreten (Z. 33), im Grunde ihre ganze Persönlichkeit für die Gesamtwertung wichtig sind. Desmond hat sich auf das Casting zwar nur „ein paar Tage" intensiv (Z. 48 f.) vorbereitet, aber er hat schon viel Erfahrung beim Singen. Steffi hat sich auf das Vorsingen mit der Hilfe eines Gesangslehrers vier Monate vorbereitet (Z. 64–68). Sowohl Desmond als auch Steffi haben zwei Lieder für den Auftritt ausgewählt. Es ist zunächst zu vermuten, dass Steffi mehr Erfolg haben wird, da sie sich sogar mit professioneller Hilfe vorbereitet hat. Den Schülerinnen und Schülern wird aber auch bewusst sein, dass das Urteil der Juroren nicht nur von der gesanglichen Leistung, sondern vom Auftritt insgesamt bestimmt wird. Es ist letztendlich auch wichtig, wer Bühnenpräsenz zeigt, sicher und selbstbewusst wirkt. Die Schülerinnen und Schüler, die die Sendung kennen, werden auch davon berichten können, dass oft ein ganz bestimmter Typ von den Juroren bevorzugt wird.*

290

b) Desmond ist „sichtlich zufrieden mit seiner Leistung" (Z. 55 f.), er war offensichtlich auch gar nicht aufgeregt und mit dem Feed-back der Jury einverstanden. Er versucht sogar noch, seine Mitstreiter zu beruhigen. Desmond gehört schließlich zu denjenigen, die weiterkommen und zu einer weiteren Auswahlrunde eingeladen werden.
Steffi ist offensichtlich aufgeregter, sie hat gar ihre Mutter zur Unterstützung mitgebracht (Z. 63 f.). Ihre Aufregung ist so groß, dass sie ihr auch äußerlich anzumerken gewesen sein muss (Z. 74–75: zitternde Beine, sie konnte sich kaum bewegen); auch nach dem Singen kann sie sich kaum beruhigen. Steffi gelangt nicht unter die Auserwählten und ist sehr enttäuscht (Z. 91–97).

3 Wichtig für einen Erfolg beim Casting sind Talent (hier: eine gute Stimme), gutes Aussehen, passendes Outfit, sorgfältige Auswahl bei den Songs, Selbstbewusstsein und gutes Auftreten.

4 a) Fremdwörter aus dem Englischen im Text:
   – Finalisten = Teilnehmer in einer Endrunde, von engl. „final(s)" = „Endrunde"
   – Single = Einzelaufnahme z. B. bei einer CD, auch Einzelner, im Sinne von Alleinlebender oder jemand, der alleine auftritt
   – Charts = Hitliste
   – Hype = (Reklame-)Rummel
   – Show = Aufführung, Schau
   – Outfit = Kleidung
   – Jury = im engeren Sinn die Geschworenen bei Gericht, hier die, die abstimmen und beurteilen
   – Song = Lied
   – Recall = eigentlich Rückruf, meint hier eine erneute Casting-Chance

   b) Vorschlag für ein Tafelbild:

> **Wörter rund ums Fernsehen, die aus dem Englischen kommen, z. B.:**
>
> - Anchorman/Anchorwoman = Moderator/Moderatorin
> - Band = Kapelle
> - News = Nachrichten
> - Screen = Bildschirm
> - Setting = (Dreh-)Ort
> - Shot = Schuss, Aufnahme
> - Soapopera = Seifenoper
> - Spot = Punkt, Ort, aber auch punktuelles Scheinwerferlicht
> - ...

   c) Die Fremdwörter aus dem Englischen werden wie Fachbegriffe benutzt, die international verstanden werden sollen (oder zumindest den Eindruck von Internationalität erwecken sollen). Einige Begriffe werden sicherlich auch verwendet, weil sie moderner wirken als die deutschen Übersetzungen. Manchmal sind die englischen Begriffe auch kürzer.
   Ergänzend kann darauf hingewiesen werden, dass es gerade im Medienbereich auch „Pseudoanglizismen" gibt, Wörter, die englisch klingen oder die aus englischen Wortbestandteilen zusammengesetzt wurden, die es aber so im Englischen gar nicht gibt, z. B. „Talkmaster", „Showmaster" oder „Shootingstar" (im Englischen eine Sternschnuppe).

S. 265

Ann-Kathrin Akalin

Die fremde, neue Welt entsteht erst im Kopf

5 a) *Das Casting im Theater unterscheidet sich auf mehreren Ebenen vom „Superstar"-Casting:*
   – *Es gibt viel weniger Bewerber (ca. 70).*
   – *Es gibt neben dem ersten Casting nur eine Schlussrunde für die endgültige Auswahl.*
   – *Für die 24 Kandidaten der Schlussrunde gibt es sieben Rollen, die doppelt besetzt werden.*
   – *Das Auswahlverfahren erscheint sehr viel anspruchsvoller: Beim ersten Casting muss der Text (Z. 25) nur überzeugend vorgelesen werden, in der Schlussrunde muss der Text auswendig gelernt und eine Szene vorgespielt werden (Z. 26–29).*
   – *Die Darsteller müssen während des Spiels auf kritische Anmerkungen und Anweisungen des Regisseurs reagieren.*

   b) *Folgende Anforderungen werden an die Darsteller im Theater gestellt:*
   – *Die Darsteller müssen überzeugend – also deutlich und mit Betonungen – vorlesen können;*
   – *sie müssen geduldig sein (Z. 2);*
   – *den Regisseur als Autorität akzeptieren (Z. 3–5);*
   – *einen Text auswendig lernen können (Z. 28);*
   – *einen Text überzeugend sprechen können (Z. 90 f.);*
   – *eine Szene spielen können (Z. 28–29);*
   – *sich auf der Bühne bewegen können (Z. 91 f.);*
   – *Fantasie entwickeln können (Z. 38);*
   – *improvisieren können;*
   – *die Motivation einer Figur erkennen können (Z. 89–90);*
   – *zuverlässig sein (Z. 92).*

   c) *Zunächst gibt es nur die Textvorlage mit den Sprechtexten (nur „Papier"). Erst überzeugendes Sprechen und Darstellen erfüllt den Text mit Leben. Die Darsteller fühlen sich ganz in eine Situation und eine Figur ein.*

6 *Bei dieser Aufgabenstellung sollten die Schülerinnen und Schüler die Ergebnisse, die sie zu Aufgabe 3, S. 264 im Schülerband (vgl. S. 291 in diesem Handbuch), und zu Aufgabe 5, S. 266 im Schülerband (s. o.), zusammengetragen haben, zusammenführen und bewerten. Während für die Kandidaten beim Casting für „Deutschland sucht den Superstar" das Outfit und das persönliche Auftreten eine große Rolle spielen, geht es beim Casting für das Theaterstück viel mehr darum, für eine bestimmte Rolle den bestmöglichen Darsteller zu finden. Mit den Bewerbern wird bereits gearbeitet, um festzustellen, inwieweit sie Anweisungen des Regisseurs umsetzen können.*

7 *Die beiden Testfragen stellen nur einen Auszug aus dem gesamten Fragebogen dar. Aus der Analyse der Testfragen und den Auswertungskriterien ergibt sich aber, dass zu einem Star mehr gehört als Talent: Man braucht auch Motivation, Ausdauer, Durchhaltevermögen, Disziplin, Fleiß und Interesse an den Fans. Die Schülerinnen und Schüler werden sicher andere Fragen (nach dem Talent, den künstlerischen Fähigkeiten, eventuell nach einer Ausbildung) vermissen. Aus ihren Kenntnissen über Starbiografien werden sie aber auch wissen, dass die mit den beiden Testfragen angesprochenen Eigenschaften unbedingt dazugehören, wenn jemand nicht nur für kurze Zeit, sondern länger Erfolg haben will.*

8 *Für die Fragen und die Auswertungskriterien können die Schülerinnen und Schüler die Ergebnisse aus den vorangegangenen Aufgaben nutzen (Erwartungen und Anforderungen an die Kandidaten von „Deutschland sucht den Superstar" und an die Darsteller im Theater).*

Living-History – Show oder Wirklichkeit?

S. 267

Antje Hildebrandt

S. 267

Nie mehr ohne Waschmaschine

1 a) *Der Begriff „Living-History" bedeutet wörtlich übersetzt „lebende Geschichte". Gemeint ist damit, dass eine historische Zeit nicht dokumentarisch vermittelt wird, sondern dass über die besondere Form der Darstellung ein Sich-Hineinversetzen in das Alltagsleben früherer Epochen versucht wird.*

b) *Die Sendungen sind so angelegt, dass die Darsteller für einen bestimmten Zeitraum leben müssen wie in der ausgewählten früheren Epoche. Alles wird historisch genau so eingerichtet, wie es damals war: die Häuser, die Einrichtung, die Kleidung, alle Alltagsgegenstände, Nahrung u. a. Die Darsteller sollen sich auch möglichst so benehmen, wie es in der damaligen Zeit üblich war. So darf man z. B. in der Sendung „Gutshaus" als Diener oder Küchenmagd selbstverständlich nicht den Herrschaften widersprechen und muss Anweisungen sofort Folge leisten. Man kann also aus den Sendungen viel über den Alltag und einiges über die Gesellschaft in einer bestimmten Zeit erfahren.*

2 a/b) *Als „Geschichte zum Anfassen" kann man dieses spezielle Sendeformat bezeichnen, weil den Zuschauern hier historischer Stoff besonders anschaulich vermittelt wird. Die Zuschauer können sich in einzelne Darsteller hineinversetzen, sich ein Stück weit mit ihnen identifizieren und sich vorstellen, an ihrer Stelle zu sein. Geschichtliche Informationen werden über das Sich-Hineinversetzen in die Zeit lebendig. Für die Mitwirkenden in der Sendung wird das Spiel in historisch eingerichteter Umgebung gar zu einem Stück Selbsterfahrung. „Living-History" vermittelt Einblicke in die Alltagsgeschichte, manchmal vielleicht auch in die Sozialgeschichte einer Zeit – sie macht aber nicht mit der politischen Geschichte vertraut.*

3 *Informationen über die Sendung „Schwarzwaldhaus 1902" findet man unter der Internetadresse http://www.swr.de/schwarzwaldhaus1902. Für die Sendung musste eine Familie einen Bauernhof unter den Bedingungen der vorletzten Jahrhundertwende bewirtschaften. Auch alle Geräte sowie die medizinische Versorgung und Ernährung entsprachen der damaligen Zeit.*
Ähnliche Sendungen folgten, wie z. B. „Gutshaus 1900". (Vgl. hierzu auch eine Unterrichtseinheit unter www.cornelsen.de, dort im Archiv des „Aktualitätendienstes" unter „Medien".)

Literaturhinweis:
Wolf, Fritz: Alles Doku – oder was? Über die Ausdifferenzierung des Dokumentarischen im Fernsehen. Düsseldorf 2003 (Landesanstalt für Medien-Dokumentation, Bd. 25)
Die Dokumentation des Adolf-Grimme-Instituts beschäftigt sich mit dem Boom und den zukünftigen Chancen der dokumentarischen Sendungen im Fernsehen. Eine Zusammenfassung der zentralen Ergebnisse findet sich unter www.grimme-institut.de (unter „Publikationen").

4 a) *Bei dem Casting für eine solche Sendung ist es wichtig zu verdeutlichen, dass der fiktive Alltag in einer anderen Epoche möglichst realitätsnah ablaufen sollte; die Darsteller sollten eine Zeit lang ganz in diesem fiktiven Alltag leben können. Für die Zuschauer sollte ohne erklärende Kommentare deutlich werden, wie man zu einer anderen Zeit lebte. Obwohl die äußere Situation, bestimmte vorgegebene Handlungselemente und Rollen einer solchen Sendung fiktiv sind, soll das alltägliche Geschehen so ablaufen, wie es realiter hätte sein können.*

b) *Für die Veranstalter der Sendung war es besonders wichtig, dass alles wie in der Realität aussieht. Daher mussten sich die Darsteller vollständig auf ihre Rolle, die Zeit und das Spiel einlassen. Dafür waren ganz ähnliche Eigenschaften gefordert wie bei Theaterschauspielern, nämlich hohe Motivation, Durchhaltevermögen, Disziplin und wahrscheinlich auch viel Neugier und ein wenig Abenteuerlust.*

5 a) *Gründe für den Wunsch, an einer solchen Sendung teilzunehmen, können zum Beispiel sein: Abenteuerlust, Neugier, historisches Interesse, Lust, in einer Fernsehsendung auftreten zu können.*
Gegen eine Teilnahme könnten folgende Gründe sprechen: Angst, sich bei bestimmten Tätigkeiten, die man ausüben muss, zu blamieren; Unvermögen, sich auf andere Zeitumstände einstellen zu können; Desinteresse an historischen Sendungen.

6 *Vergleich der beiden Aufnahmen:*
– *Die Aufnahme aus „Deutschland sucht den Superstar" zeigt eine Kandidatin, die „Superstar"-Gewinnerin Elli, in der Einstellungsgröße „Nah". Durch diese Kameraeinstellung wird sie als Star hervorgehoben, sie blickt direkt in die Kamera, steht absolut im Mittelpunkt, das Bild wirkt so, als habe sie Augenkontakt mit den Zuschauern.*
– *Die Aufnahme aus dem „Schwarzwaldhaus" zeigt, dass die Kamera das Geschehen möglichst nur dokumentieren soll. Die Darsteller werden bei ihrer Arbeit gezeigt, das Bild wirkt so, als bemerkten sie die Kamera gar nicht. Die Einstellungsgröße der Kamera ist die Totale, um die Darsteller in voller Größe und in ihrer unmittelbaren Umgebung zeigen zu können.*

7 a/b)   *Vorschlag für ein Tafelbild:*

	Deutschland sucht den Superstar	**Schwarzwaldhaus**
Worum geht es?	*Verschiedene Kandidaten treten in mehreren Runden in einem Gesangswettbewerb gegeneinander an.*	*Der Alltag in einer anderen Zeit wird als „gelebte Geschichte" gezeigt.*
Was ist Ziel der Sendung?	*Nach mehreren Shows soll die beste Sängerin oder der beste Sänger unter den Kandidaten ermittelt und zum „Star" gekürt werden.*	*Informationen über eine historische Zeit sollen unterhaltsam vermittelt werden.*
Wie werden die Hauptpersonen dargestellt?	*Die Kandidaten sind die Hauptpersonen. Sie werden oft in Nah- oder Großaufnahmen gezeigt und von der Kamera wie Stars in Szene gesetzt.*	*Die Darsteller werden bei ihrem täglichen Leben wie in einem Dokumentarfilm gefilmt. Es gibt keine Stars.*
In welcher Weise sind die Zuschauer beteiligt?	*Die Zuschauer sind an den Abstimmungen aktiv beteiligt.*	*Die Zuschauer sind an der Sendung gar nicht beteiligt.*
Was soll in den Zuschauern vorgehen?	*Die Zuschauer sollen sich möglichst mit einem Kandidaten oder einer Kandidatin identifizieren. Als Juroren sollen sie sich aber auch in ihrer eigenen Rolle wichtig fühlen.*	*Die Zuschauer sollen sich möglichst gut in die dargestellte Zeit versetzen können.*

8 *Aus den Sendefolgen werden sicher alle Szenen herausgeschnitten, in denen Darsteller aus der Rolle fallen. Das Material wird so zusammengefügt, dass die wichtigsten Ereignisse des Tages im Vordergrund stehen. Dabei werden lang andauernde Abläufe (z. B. Heuernte, Kartoffelschälen) natürlich nicht zeitgleich, sondern zeitraffend und nur in Ausschnitten beibehalten. Die Schnitte müssen aber so erfolgen, dass der Film insgesamt ruhig und eher dokumentarisch wirkt.*

Literaturhinweis:

Kaiser, Andrea: Die Billigen und die Willigen. Neue Fernsehsendungen fingieren die Wirklichkeit. Das Gefälschte ist vom Echten nicht mehr zu unterscheiden. In: Die Zeit 35/2003. (Der Zeitungsartikel untersucht den Aspekt, dass Fernsehsendungen – sowohl Casting-Shows als auch Living-History-Sendungen – oft versuchen, die Wirklichkeit zu fingieren.)

9 *a) Nicht gezeigt werden sollten ganz intime Situationen, z. B. im Bad oder auf der Toilette. Die Darsteller brauchen am Tag sicherlich auch „Schonräume" und sollten nicht dauernd gefilmt werden. So könnte man z. B. auch auf Aufnahmen während des Schlafens verzichten.*

b) Herausgeschnitten werden sollten Szenen, mit denen sich ein Darsteller bloßgestellt fühlen könnte. Wenn ein Darsteller krank wird, sich nicht mehr selbst beruhigen kann, mit bestimmten Situationen überhaupt nicht fertig wird, sollte der Regisseur eingreifen.

14.2 Mediennutzung früher und heute – Recherchieren und Auswerten

S. 270

Thomas Dennig

Ein dreißigjähriger Erzieher erzählt: In meiner Kindheit mochte ich gern ...

1 a) *Medien, die der Autor in seiner Kindheit benutzte: Plattenspieler, (Röhren-)Radio, Fernsehen.*

b) *Heute nutzen Jugendliche neben dem Radio als Begleitmedium und dem Fernsehen auch häufig MP3-Player, PCs, CD-Player und DVD-Rekorder. Plattenspieler gibt es kaum noch, auch Kassettenrekorder werden immer seltener. Es kommen ständig neue technische Geräte auf den Markt.*

2 *Die Medienbiografie weist allgemeine Merkmale von Erinnerungsstrukturen auf: Erinnerungen werden oft mit bestimmten Situationen oder Sinneseindrücken verknüpft. So erinnert sich der Verfasser noch ganz genau an bestimmte Plattentitel („Onkel Tucas Lieder", Märchenplatten wie „Die Bremer Stadtmusikanten", Wums Gesang). Er weiß aber auch noch, wie bestimmte Plattenhüllen aussahen und dass er Figuren auf den Plattenteller setzte. Die Erinnerung an bestimmte Medien verknüpft er mit bestimmten Situationen, z. B. das Bügeln der Mutter mit Schlagern aus dem Wunschkonzert. Bei manchen Erinnerungen werden sogar mehrere Sinne wie der Geruchs- und Geschmackssinn angesprochen.*

4 *Der Anfang der abgedruckten Medienbiografie soll nur als Anregung diesen. Die Schülerinnen und Schüler können ihre eigene Medienbiografie in einem ganz persönlichen Stil abfassen; hier sollten keine Vorgaben erfolgen. Es sollten allerdings verschiedene Lebensabschnitte berücksichtigt werden und möglichst anschaulich Erinnerungen erzählt werden, die mit Medien im Zusammenhang stehen.*

S. 272

Barbara Garde

Schöne Bescherung: 50 Jahre Fernseh-Weihnacht

1 *Die wichtigsten genannten Unterschiede zwischen dem Fernsehen früher und heute:*
Frühzeit des Fernsehens:
– *Es gab zunächst nur ganz wenig Fernsehbesitzer (1952 nur 4000).*
– *Fernsehgeräte waren sehr teuer.*
– *Zunächst gab es nur ein Fernsehprogramm.*
– *Es wurde nur drei Stunden täglich gesendet.*
– *Häufig versammelte sich die ganze Familie vor dem Fernseher.*
– *Erklärtes Ziel der Fernsehschaffenden war es damals noch, die Zuschauer zu erziehen.*
Heute:
– *Es gibt in vielen Familien mehrere Fernseher.*
– *Fernsehgeräte sind vergleichsweise billig geworden.*
– *Das Fernsehprogramm läuft rund um die Uhr.*
– *Es gibt immer mehr private und öffentlich-rechtliche Sender.*
– *Die Unterhaltungsformate nehmen einen sehr großen Raum ein.*
– *Es gibt aber auch mehr Nachrichtensendungen als damals und viele Informationssendungen.*

2 a) *Ein Zeitstrahl könnte etwa so aussehen:*

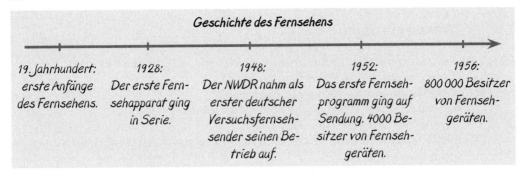

Geschichte des Fernsehens

| 19. Jahrhundert: erste Anfänge des Fernsehens. | 1928: Der erste Fernsehapparat ging in Serie. | 1948: Der NWDR nahm als erster deutscher Versuchsfernsehsender seinen Betrieb auf. | 1952: Das erste Fernsehprogramm ging auf Sendung. 4000 Besitzer von Fernsehgeräten. | 1956: 800 000 Besitzer von Fernsehgeräten. |

b) *Über die weitere Entwicklung des Fernsehens kann man sich zuverlässig und gut auf den im Schülerband zu der Aufgabe angegebenen Internetseiten informieren. Wichtige weitere Daten sind z. B.:*
1963: Entstehung des zweiten öffentlich-rechtlichen Senders ZDF;
1984: Beginn des kommerziellen Fernsehens in Deutschland.

4 a) *Überschriften zu den Säulendiagrammen:*
   – *Diagramm links: Sehdauer nach Geschlecht, Alter und Bildung 2004*
   – *Diagramm rechts: Sehdauerentwicklung 1992–2004*
   Über die neuesten Mediendaten kann man sich gut im Internet informieren, z. B. unter:
   – *www.ard.de/intern/ (unter dem Link „Medienbasisdaten")*
   – *www.br-online.de/br-intern/medienforschung/*

b) *Sehdauerentwicklung 1998–2001: Die durchschnittliche Sehdauer betrug 1998: 188 min, 1999: 185 min., 2000: 190 min., 2001: 192 min. 1999 lag damit die durchschnittliche Sehdauer etwas niedriger als im Vorjahr, danach stieg die Sehdauer wieder jährlich etwas an.*
2004 sahen 14- bis 29-Jährige täglich 142 Minuten fern.

c) *Die Schülerinnen und Schüler können die Diagramme noch weiter auswerten. So lassen sich z. B. folgende Aussagen treffen:*
   – *Mit zunehmendem Alter nimmt die durchschnittliche Sehdauer zu.*
   – *Am höchsten ist die durchschnittliche Sehdauer bei Menschen ab 65 Jahren.*
   – *Frauen sehen durchschnittlich mehr fern als Männer.*
   – *Menschen mit Volksschul- oder Hauptschulabschluss sehen mehr fern als Menschen mit Abitur.*

d) *Die Dauer der Fernsehnutzung hat durchgehend zugenommen. Hierfür kann es verschiedene Ursachen geben, die die Schülerinnen und Schüler diskutieren sollten. Mögliche Gründe könnten sein:*
   – *Das Fernsehangebot ist größer und besser geworden.*
   – *Es gibt rund um die Uhr Sendungen.*
   – *Die Menschen haben mehr Freizeit.*
   – *Die Menschen haben ein größeres Unterhaltungs- und Informationsbedürfnis.*
   – *Die Menschen kommunizieren weniger miteinander und sitzen lieber vor dem Fernseher.*

7 *Mögliche Diskussionsaspekte können sein: Auch das Internet bietet die Möglichkeit, Filme anzusehen und Musik zu hören. Der Zugang zum Internet wird immer billiger. Es werden zunehmend Geräte entwickelt, die multifunktional einsetzbar sind, so z. B. PCs, die als Multimedia-Center zu nutzen sind. Auf der anderen Seite werden auch Fernsehbildschirme immer mehr verbessert, sodass sich das Fernseh-Erlebnis immer mehr dem Kino-Erlebnis angleichen soll.*

14.3 Projekt: Starkult – Werbekampagnen entwickeln

Was ist ein Star?

S. 275

1 a) *Folgende Aussagen könnten den Schülerinnen und Schülern zum Begriff „Star" einfallen:*
- *ist oft im Fernsehen oder in Illustrierten zu sehen;*
- *wird von vielen bewundert oder sogar „angehimmelt";*
- *kann etwas, was viele andere auch gern beherrschen würden;*
- *hat etwas, was andere auch gerne hätten;*
- *wird von Plattenfirmen, Illustrierten und Fernsehsendungen mit hohen Einschaltquoten aufgebaut;*
- *verdient viel Geld;*
- *muss damit rechnen, dass sein Privatleben öffentlich wird;*
- *wird oft nach einigen Jahren vergessen, sein Ruhm verblasst.*

Als Alternative zu einem Brainstorming kann man auch einen Cluster zum Begriff „Star" erstellen lassen.

   c/d) *Begriffserklärung: Das Wort „Star" kommt von englisch „star" = „Stern".*
Erklärung im „Duden Fremdwörterbuch": „1. ‹Film, Mus., Theat.› gefeierter, berühmter Künstler 2. jmd., der auf einem bestimmten Gebiet Berühmtheit erlangt hat" (Aus: Duden. Das Fremdwörterbuch. 7. Auflage, Mannheim u. a. 2001).
Ein Star ist somit eine bekannte Persönlichkeit in Bereichen wie Film, Theater, Musik oder Sport, die von den Medien einem breiten (internationalen) Publikum bekannt gemacht worden ist, die über besondere Eigenschaften verfügt und die bei Auftritten viele Fans begeistert. Medien wie das Fernsehen oder Illustrierte steigern mit Hilfe von Stars ihre Einschaltquoten bzw. Auflagen. Etwa um 1920 begann die amerikanische Filmindustrie mit dem planmäßigen Aufbau eines Starkults mittels Werbung und Public Relations.

Literaturhinweis:
Stars. Wie aus Menschen Idole werden. Spiegel Kultur, Nr. 1/2004 (Das gesamte Heft widmet sich dem Thema; es bietet eine große Anzahl von Artikeln, die im Unterricht behandelt werden können.)

Zusatzaufgabe:
Als Differenzierungsangebot für lernstarke Schülerinnen und Schüler kann man auch den Begriff „Star" von den Begriffen „Vorbild" und „Idol" oder „Held" abgrenzen lassen. Einen guten Einstieg dazu kann man finden, indem man eine Reihe von Stars und Persönlichkeiten auflistet und sie von den Schülern den genannten Begriffen zuordnen lässt (z. B. Nicole Kidman = ein Star; Lance Amstrong = ein Idol; z. B. ein Lebensretter = Held; Peter Maffay mit seiner Tabaluga-Stiftung = ein Vorbild).

3 a) *Yvonne Catterfeld bereitete sich gründlich auf eine professionelle Karriere vor:*
- *Ausbildung in einer Musikschule (Gesangsunterricht) (Z. 4);*
- *zusätzlich Klavier- und Gitarrenunterricht (Z. 5–6);*
- *Sammeln von Bühnenerfahrung durch Auftritte mit Bands (Z. 6–7);*
- *nach dem Abitur ein Jahr Vorbereitungszeit für die Musikhochschule (Z. 8–10);*
- *nach bestandener Aufnahmeprüfung Studium der Jazz- und Popularmusik mit dem Hauptfach Gesang (Z. 10–12);*
- *Beginn der eigentlichen musikalischen Karriere mit der Verleihung des Preises „Stimme 2000" (Z. 15–18);*
- *Plattenaufnahmen, Auftritte mit Udo Lindenberg (Z. 18–24);*

— *Aufbau einer zweiten Karriere in einer weiteren künstlerischen Richtung: als Schauspielerin in einer Seifenoper und Moderatorin von Musiksendungen (Z. 24–38).*

b) *Den Schülerinnen und Schülern soll an dem exemplarisch behandelten Karriereweg Yvonne Catterfelds deutlich werden, dass der Erfolg von Stars, wenn er nicht nur kurzfristig sein soll, auf jahrelanger Arbeit und Vorbereitung beruht. Yvonne Catterfelds Erfolg fußt außer auf ihrem Talent und ihrer Vielseitigkeit auf der professionellen Vorbereitung auf eine Karriere. Für ihre Ausbildung einschließlich eines Hochschulstudiums brauchte sie Fleiß, Ausdauer und Disziplin. Ihrer Karriere war sicher auch dienlich, dass Stars wie Udo Lindenberg auf sie aufmerksam wurden und sie gefördert haben. Zu ihrem Erfolg im schauspielerischen Bereich und bei Moderationen tragen auch ihr attraktives Äußeres und ihr sympathisches Auftreten bei.*

4 a/b) *Die Schülerinnen und Schüler können in Zeitschriften, Zeitungen oder im Internet, z. B. auf den Homepages ihrer Lieblingsstars, recherchieren. Dabei sollten sie besonders darauf achten, ob auch davon die Rede ist, welche negativen Folgen das Starsein für das Privatleben der Stars haben kann und welchen Gefährdungen Stars ausgesetzt sind. So wird immer wieder davon berichtet, dass Stars den ständigen Stress schlecht aushalten, erkranken (Bulimie, Magersucht, Depressionen usw.), zu Drogen greifen, von Paparazzi und Stalkern belästigt werden. Ihre privaten Beziehungen leiden oft stark darunter, dass sie kaum eine Privatsphäre besitzen.*

Wie wird ein Star vermarktet?

S. 276

1 a) *Die Schülerinnen und Schüler sollten sich selbst Stars aussuchen, über die sie viel wissen oder über die sie Material besorgen können. Sie werden feststellen, dass es zum Starsein gehört, möglichst Präsenz in allen Medien (Zeitungen, Zeitschriften, Plakate, Fernsehserien, Talkshows, Filme, Werbespots u. a.) zu zeigen. Besonders bevorzugt werden von Stars Medien mit hoher Auflage bzw. hohen Einschaltquoten (Boulevardpresse, Talkshows, Werbung).*

b/c) *Stars werden „gemacht". Zum Star-Sein gehört ein ganz bestimmtes Image, mit dem der Star einer ganz bestimmten Zielgruppe gefallen will. So kann z. B. eine Sängerin als Vamp wirken wollen oder als „braves Mädchen", als Karrierefrau oder Familienmensch. Angesprochen werden mit einem Image die Zielgruppen, die sich entweder damit identifizieren oder die selbst so sein möchten, wie der Star wirkt.*

2 *Mit Werbekampagnen werden Stars berühmt gemacht, sie treiben den Verkauf von neuen CDs oder Büchern und den Besuch neuer Filme voran; durch Werbekampagnen bleiben Stars in Erinnerung, oder sie können damit ein Come-back einleiten. Nachteile solcher Kampagnen können sein: Bei den Zuschauern oder Hörern kann ein gewisser Gewohnheitseffekt eintreten („Schon wieder ist der bzw. die im Fernsehen"). Wenn ein Star sich zu sehr auf ein ganz bestimmtes Image festlegt, ist es schwierig, auch einmal andere Adressatengruppen ansprechen oder gar sein Image verändern zu wollen; besonders problematisch ist dies z. B. bei Kinderstars, die sich als Erwachsene ganz anders präsentieren möchten.*

3 *Ein Star muss versuchen, zu seinen Fans immer guten Kontakt zu halten. Die meisten Stars haben dafür heute Homepages im Internet. Wichtig ist es hierbei, dass die Homepages auch gut gepflegt und die Fans über ihren Star immer auf dem Laufenden gehalten werden. Die Stars nutzen dafür Fanclubs, die ihre Anhänger mit Informationen versorgen, Backstage-Stories liefern, Autogramme vermitteln. Nach Auftritten sollte sich ein Star Zeit für Autogrammstunden nehmen, und er sollte, wo immer es möglich ist, „seine" Fans auch persönlich ansprechen.*

Lernerfolgskontrolle/
Themen für Klassenarbeiten

**Einen Sachtext mit Hilfe von Fragen untersuchen/Sachlich beschreiben/
Stellung nehmen (je nach Schwerpunktsetzung)**

Rainer Tittelbach

Eimer schleppen, Holz hacken, Plumpsklo leeren

*Eine identifikationsreiche Zeitreise: Die Doku-Serie
„Abenteuer 1900 – Leben im Gutshaus" verspricht
sozialgeschichtliche Unterhaltung. Klassengesellschaft unter einem Dach*

„Das Schwarzwaldhaus" bescherte der ARD
vor zwei Jahren hohe Einschaltquoten und
den Grimme-Preis. Rund sechs Millionen Zuschauer wollten sehen, wie eine Familie den
5 Alltag auf einem Bauernhof überlebt, wo es
zuging wie vor 100 Jahren. Schnell war klar,
dass der Sender noch einmal Menschen auf
Zeitreise schicken würde. Diesmal sollte der
soziale Survival-Aspekt im Vordergrund ste-
10 hen. „Wir präsentieren eine Klassengesellschaft unter einem Dach", so Produzent Thomas Kufus. Was zwei Monate dauerte,
bekommt der Zuschauer in 16 mal 25 Minuten
im Vorabendprogramm präsentiert.
15 20 Teilnehmer wurden verteilt auf vier Stände:
die großbürgerliche Familie, der Mittelstand
mit Lehrer, Gouvernante und Mamsell, die Be-
diensteten und das Gesinde. „Wie bewältige
ich das Zusammenleben mit den verschie-
20 denen sozialen Gruppen?" Das sei die zentrale
Frage für jeden Einzelnen gewesen. „Wie gehe
ich beispielsweise damit um, dass ich als Küchenmädchen zwölf Stunden schuften muss,
während andere ein Festessen genießen?" Ei-
25 nige haben es sich wohl leichter vorgestellt.
„Es wird 'ne nette Zeit, bestimmt", orakelt noch
zu Beginn der gut gelaunte Sebastian, der als
Stallbursche wenig später vom Frust gepackt
wird. Auch Hausmädchen Svenja strahlt nicht
30 die ganze Zeit. Zwischendurch kullern Tränen,
die 18-jährige Schülerin dachte sogar ans Auf-

geben. „Aber dann dreht sie selbst die Geschichte, überredet sich, aus dem Tal herauszukommen, und steht auf, kraftvoll wie nie
zuvor", so Regisseur Volker Heise. Ein starker 35
Augenblick. Die Kamera kommt nicht in die
Verlegenheit, Voyeur zu sein – die Protagonistin ist einfach zu selbstbewusst. Auch die anderen aus den unteren Ständen sind sympathisch und sehr viel echter als das Personal 40
herkömmlicher Daily- und Doku-Soaps. Man
fühlt sehr schnell mit ihnen. Kufus: „Wir haben keine bizarren Typen ausgewählt, die nur
ins Fernsehen kommen wollten."
Nicht weniger gut gecastet sind die Vertreter 45
der oberen Stände – doch Serien-Lieblinge
werden diese steifen, vornehmen Herrschaften
wohl kaum. Ob es „die Momente der Wirklichkeit" (Heise) sind, die einen ins „Leben im
Gutshaus" hineinziehen, oder die Neugier, wer 50
es wie schafft, durch den Zeittunnel zu kommen – das wird sich weisen. Der Presse stand
bisher nur ein 90-minütiger, äußerst kurzwei-
liger Zusammenschnitt zur Verfügung.
Dass es sich die 4000 Bewerber nicht so 55
schlimm vorgestellt haben, im Gutshaus zu
dienen, beweist die Tatsache, dass sich die
meisten für die Knochenjobs Diener, Bursche,
Magd beworben haben. Zwei Monate ohne
Strom, Heizung und fließendes Wasser, ohne 60
Handy und Popmusik auszukommen, erwies
sich für die Zeitreisenden nicht als schwer. Vor
allem für die, die vor lauter Wassereimer-
Schleppen, Holzhacken und Plumpsklo-Lee-
ren nicht mehr zum Denken kamen. 65

(Aus: General-Anzeiger Bonn, 9. 11. 2004)

1 *a) Markiere im Text Hinweise auf Merkmale der Sendung „Leben im Gutshaus".*

  b) Schreibe eine kurze Presseinformation über die Sendung, in der das besondere Sendeformat deutlich wird.

2   a) Markiere im Text Stellen, an denen Anforderungen an die Mitwirkenden genannt werden.

      b) Verfasse einen Text für ein Zeitungsinserat, in dem Mitwirkende für die Sendung gesucht werden und die Anforderungen an sie benannt werden.

3   Nimm Stellung zu dem Satz von Produzent Kufus: „Wir präsentieren eine Klassengesellschaft unter einem Dach."

Erwartungshorizont/Lösungshinweise:

1   a) Textstellen, die auf Merkmale der Sendung „Leben im Gutshaus" hinweisen:
  - Der soziale Survival-Aspekt steht im Vordergrund (Z. 8–10);
  - Wir präsentieren eine Klassengesellschaft unter einem Dach (Z. 10 f.);
  - 16 mal 25 Minuten im Vorabendprogramm (Z. 13 f.);
  - 20 Teilnehmer, verteilt auf vier Stände (Z. 15);
  - wie bewältige ich das Zusammenleben mit den verschiedenen sozialen Gruppen? (Z. 18–20);
  - das Personal wirkt echter als bei herkömmlichen Daily- oder Doku-Soaps (Z. 40 f.);
  - keine bizarren Typen ausgewählt (Z. 42 f.);
  - gut gecastet (Z. 45 f.);
  - 4000 Bewerber (Z. 55).

      b) Eine kurze Presseinformation könnte etwa so aussehen:
  Der Sender ARD bietet seinen Zuschauern im Vorabendprogramm in 16 mal 25 Minuten die Möglichkeit, eine Zeitreise in die Gesellschaft um 1900 zu unternehmen. Aus 4000 Bewerbern wurden bei einem sorgfältigen Casting 20 Teilnehmer ausgewählt, die für die Sendung unter einem Dach in einem Gutshaus leben müssen. Dabei nehmen sie verschiedenen Rollen ein, die sich den damaligen vier Ständen zuordnen lassen. Gesucht wurden nicht Typen, die besonders bizarr wirken, sondern Personen, die sich auf die Spielregeln einlassen und möglichst natürlich wirken sollen. In der Sendung sollen sie zeigen, wie sich das Zusammenleben mit den verschiedenen sozialen Schichten bewältigen ließ.

2   (Vgl. auch die Hinweise zu Aufgabe 1.) Die Teilnehmer müssen sich mit ihrer Rolle identifizieren, sie müssen mit den Schwierigkeiten zurechtkommen können, die sich aus ihrer Rolle und dem zugeteilten Stand ergeben („... dass ich als Küchenmädchen zwölf Stunden schuften muss, während andere ein Festessen genießen", Z. 22–24); die Teilnehmer müssen über Durchhaltevermögen verfügen („vom Frust gepackt", Z. 28; „überredet sich, aus dem Tal herauszukommen", Z. 33 f.); sie müssen sich ganz in die Zeit um 1900 versetzen („zwei Monate ohne Strom, Heizung und fließendes Wasser ...", Z. 59 f.).

3   Diskutiert werden kann der Aspekt, ob die Darsteller und Zuschauer tatsächlich „Momente der Wirklichkeit" erleben, ob sie auf ihrer „identifikatorischen Zeitreise" mehr über die dargestellte Zeit erfahren als durch Dokumentationen o. Ä.

Bei allen Aufgaben können die Schüler ihre Kenntnisse über das Sendeformat „Living-History" einbeziehen.

Literaturhinweis

Schreier, Margrit/Appel, Markus: Realitäts-Fiktions-Unterscheidungen als Aspekt einer Kritisch-konstruktiven Mediennutzungskompetenz. In: Norbert Goeben/Bettina Hurrelmann (Hg.): Medienkompetenz. Voraussetzungen, Dimensionen, Funktionen. Juventa Verlag, Weinheim/München 2002, S. 231–254

15 Ein starkes Team –
Texte überarbeiten und präsentieren

Konzeption des Gesamtkapitels

Das Kapitel verknüpft verschiedene Schwerpunkte miteinander: Zentrales Anliegen ist es, Methoden und Strategien für eine effektive Arbeit in Gruppen zu vermitteln. Thematischer Schwerpunkt der Gruppenarbeiten ist das Überarbeiten von selbst verfassten Texten und deren Präsentation am Beispiel von Jugendzeitschriften. Die intensive Auseinandersetzung mit Jugendzeitschriften entspricht der Schülerrealität und bietet eine große Themenvielfalt an, was dazu führt, dass die Schülerinnen und Schüler sowohl in den Arbeitsphasen motiviert sind als auch großes Interesse an der Präsentation der Ergebnisse der anderen Arbeitsgruppen haben.

Im ersten Teilkapitel (**„Teams bilden – Gemeinsam arbeiten"**) steht die Strukturierung, Planung und Reflexion von Teamarbeit im Mittelpunkt. Zunächst werden verschiedene Möglichkeiten der Teamfindung vorgestellt, diskutiert und bewertet. Danach wird eine Gruppenarbeit zur Untersuchung von Zeitschriften angeleitet; sie gibt Arbeitsschritte vor, die eine konstruktive Zusammenarbeit befördern. Das eigene Handeln wird am Ende auf verschiedenen Ebenen reflektiert: Neben der Bewertung und Entwicklung von Regeln für eine sinnvolle und effektive Teamarbeit werden die Schülerinnen und Schüler mittels eines individuellen Bewertungsbogens dazu angehalten, über ihr eigenes Agieren in Gruppen nachzudenken.

Im zweiten Teilkapitel (**„Textüberarbeitung im Team"**) lernen die Schülerinnen und Schüler, am Beispiel der Zeitschrift „GEOlino" eine Rezension mit Hilfe eines Bewertungsbogens zu verfassen. Dabei werden sowohl der Aufbau wie auch der Inhalt einer Rezension thematisiert. Zugleich werden die Schüler mit den Verfahren der Schreibkonferenz und der Textlupe vertraut gemacht. Diese Verfahren geben ihnen die Möglichkeit, fremde und eigene Texte kritisch zu beleuchten; sie erleichtern zudem die Akzeptanz von Verbesserungsvorschlägen, da das Textverfassen als Prozess aufgefasst wird, der Verbesserungen vorsieht. Explizit eingeschlossen ist die Arbeit am Computer, dessen Textverarbeitungsprogramm eine einfache Möglichkeit der Textkorrektur auch durch Dritte vorsieht.

Das dritte Teilkapitel (**„Jetzt rede ich!" – Vor der Klasse sprechen"**) stellt die Erprobung freien Sprechens vor der Klasse in den Mittelpunkt. Die Übungen setzen beim Lampenfieber an und zeigen dann, wie man sich schrittweise „freireden" kann. Die Progression sieht vor, dass die Schüler zunächst ihre Wirkung auf die Gruppe bei nur wenigen gesprochenen Sätzen testen und ihre Stimme wahrnehmen lernen. Am Ende steht die Präsentation einer Jugendzeitschrift. Dieses Teilkapitel kann auch losgelöst von dem Gesamtkapitel unterrichtet werden, da für die Präsentation auch andere Themen gewählt werden können. Für die Beurteilung der Referate entwickeln die Schülerinnen und Schüler kriteriengeleitet einen Beobachtungsbogen.

Die in diesem Kapitel vorgestellten Methoden sind nicht auf eine bestimmte Abfolge festgelegt, sondern lassen sich auch getrennt voneinander in die Behandlung anderer Kapitel des „Deutschbuchs" integrieren und damit an verschiedenen Stellen des Deutschunterrichts einsetzen.

Weiteres Übungsmaterial zu diesem Kapitel

Übungsmaterial im **„Deutschbuch Arbeitsheft 7"**
– Arbeitstechniken und Methoden: S. 3–7

Inhalte

Kompetenzen

S. 277 **15.1 Teams bilden –
Gemeinsam arbeiten**

S. 278 **Eine Jugendzeitschrift
im Team untersuchen**

Die Schülerinnen und Schüler können
– Strategien zur Arbeit im Team entwickeln;
– die Verantwortung für ihr eigenes Agieren in der
Teamarbeit übernehmen;
– einen Arbeitsplan für Gruppenarbeit erstellen, in
dem sie selbstständig festlegen, wer was bis wann
tut;
– erfassen, dass sie auf verschiedene Charaktere unterschiedlich reagieren können, um diese sinnvoll
in die Teamarbeit einzubinden;
– ihr eigenes Handeln und das anderer Teammit-
glieder reflektieren.

S. 282 **15.2 Textüberarbeitung
im Team**

S. 282 **Zeitschriften rezensieren**

S. 284 **Schreibkonferenz mit der
Textlupe – Satz für Satz
verbessern**

S. 286 **Änderungen annehmen –
Texte am PC überarbeiten**

Die Schülerinnen und Schüler können
– sich kritisch mit Zeitschriften auseinandersetzen;
– mit Hilfe eines Bewertungsbogens eine Rezension
schreiben;
– das Verfahren der Textlupe im Rahmen der Schreibkonferenz in Grundzügen anwenden;
– das Textverfassen als Prozess begreifen, der konstruktive Kritik und Verbesserungen erfordert;
– Vor- und Nachteile des Textverarbeitungspro-
gramms am PC für die Verbesserung ihrer Texte erkennen.

S. 287 **15.3 „Jetzt rede ich!" –
Vor der Klasse sprechen**

S. 287 **Lampenfieber gehört dazu**

S. 288 **Sich warm reden**

S. 289 **Sicher stehen**

S. 289 **Genau zuhören
und beobachten**

S. 290 **Projekt: Jugendzeitschriften
vorstellen**

Die Schülerinnen und Schüler können
– Strategien entwickeln, um mit Lampenfieber umzugehen und angstfrei Referate zu halten;
– im geschützten Raum referieren;
– ihre Haltung bei Referaten reflektieren;
– einen Vortrag mittels Karteikarten gliedern;

– Beobachtungsbögen zur Beurteilung von Referaten
nutzen, die eine konstruktive und kriteriengeleitete Rückmeldung an die Vortragenden ermöglichen.

15.1   Teams bilden – Gemeinsam arbeiten

S. 277 **1** *Die vier Bilder stellen unterschiedlich gut organisierte Schülergruppen bei der Arbeit dar:*
– *Auf den Bildern links arbeiten die Schülerinnen und Schüler gemeinsam konzentriert an ihrem Projekt: Oben ordnen sie das Material gemeinsam an und kleben es auf, unten arbeiten sie paarweise, schreiben Ergänzungstexte und diskutieren miteinander.*
– *Auf den Bildern rechts sind die Schülerinnen und Schüler stark von der eigentlichen Aufgabe abgelenkt und mit anderen Aktivitäten befasst: Oben schminkt sich ein Mädchen, ein anderes telefoniert, ein drittes lehnt desinteressiert an der Wand; unten arbeiten vor allem zwei Schüler, die anderen beiden schauen lediglich interessiert zu.*

2 *a) Ein Meinungsbild mit der Klasse zu erstellen, wirkt sehr anregend für eine darauf folgende Diskussion, da jede Schülerin/jeder Schüler sich bereits zu der Fragestellung verhalten musste. Anstatt an der Tafel kann dieses Meinungsbild auch auf einem Poster festgehalten werden. Das hat den Vorteil, dass es auch am Ende der Unterrichtseinheit noch verfügbar ist und für eine abschließende Reflexion – wie in Aufgabe 2 d) vorgeschlagen – herangezogen werden kann.*

b) Die Schülerinnen und Schüler könnten u. a. folgende Argumente vortragen:

Vorteile einer Gruppenarbeit	*Nachteile einer Gruppenarbeit*
– *es macht Spaß, mit anderen zusammenzuarbeiten* – *gemeinsam hat man mehr Ideen* – *man kann eine umfangreiche Aufgabe aufteilen* – *bestimmte Aufgaben kann man besser in der Gruppe lösen*	– *man spricht über andere Themen statt über die Lösung der Aufgabe* – *man kann sich nicht einigen* – *eventuell muss man mit jemandem zusammenarbeiten, den man nicht mag* – *einige arbeiten viel, andere faulenzen und bekommen trotzdem die gleiche Note*

c) Die Schülerinnen und Schüler haben als Experten für ihre Probleme meistens auch gute Lösungsansätze parat – sie sind nur manchmal noch ungeübt in der Umsetzung der Lösungen.

d) Die Anregung, die Lösungen noch einmal im Anschluss an die Gruppenarbeit zu diskutieren, ist recht fruchtbar, denn auf Grund ihrer zwischenzeitlich gesammelten Erfahrungen können die Schülerinnen und Schüler ihre Lösungsvorschläge dann erneut diskutieren, reflektieren und kritisch bewerten. Erprobte Lösungsstrategien können sie nun bewusst in ihr Verhaltensrepertoire aufnehmen.

S. 278 ## Eine Jugendzeitschrift im Team untersuchen

1 *In den meisten Fällen ist es den Schülerinnen und Schülern am liebsten, wenn sie die Gruppe frei einteilen dürfen, da sie dann mit ihren Freundinnen und Freunden zusammenarbeiten können. Dass diese Wunscheinteilung nicht nur Vorteile hat, wissen sie aus eigener Erfahrung. Die Vorteile bei anderen Formen der Gruppenbildung bestehen in der Spannung, welches Los einen trifft, und in den immer wechselnden Konstellationen: Es gibt die Möglichkeit, auch mit den Klassenkameraden zusammenzuarbeiten, mit denen man nicht befreundet ist, und diese näher kennen zu lernen. Vermutlich sprechen die Gruppenmitglieder auch konzentrierter über die Arbeitsaufgabe, da sie sich nicht so viel Privates erzählen möchten. Im negativen Fall können diese Verfahren jedoch auch zu Streitigkeiten führen und zu Arbeitsblockaden.*

2 – **6** *Diese Aufgaben leiten eine längere Gruppenarbeitsphase ein, in der die Schülerinnen und Schüler in Gruppen Zeitschriften untersuchen.*

Tipp: Die Stiftung Lesen (www.stiftunglesen.de) bietet für Schulen den klassenweisen Bezug von Zeitschriftenpaketen über einen Zeitraum von vier Wochen an. Damit kann sich die Klasse einen guten Überblick über den für ihr Alter interessanten Zeitschriftenmarkt verschaffen und sich noch fundierter für eine Zeitschrift entscheiden. Ansonsten ist auch der Besuch eines Zeitschriftenkiosks hilfreich.

*Wichtig ist, dass die Schüler exemplarisch lernen, wie sie ihre Arbeit in einer Gruppe am besten organisieren und strukturieren. Sie folgen dabei der Leitfrage: „**Wer** erledigt **was** bis **wann**?"*
Die Gruppe wird zunächst angeleitet, gemeinsam darüber zu entscheiden, was genau sie erarbeiten möchte bzw. was allen besonders wichtig und interessant erscheint. Die Hierarchisierung der Aufgaben hilft ihnen auch zu entscheiden, auf welche Aspekte sie möglicherweise verzichten können oder aus Zeitmangel verzichten müssen.
Nach der Klärung des „Was" legt die Gruppe fest, wer welches Thema bis zu welchem Termin bearbeitet. Darüber hinaus ist es auch möglich, bestimmte Rollen innerhalb der Gruppe zu verteilen. Dadurch wird verhindert, dass sich Gruppenmitglieder der Arbeit entziehen.
Diese komplexe Struktur der Gruppenarbeit bietet sich nicht in allen Fällen an. Natürlich kann man auch einzelne Elemente oder Phasen der Methode herausgreifen. Zentral bleibt, dass die Schülerinnen und Schüler konkrete Lösungsmöglichkeiten bei Problemen in Gruppenarbeiten zumindest einmal exemplarisch durchgespielt haben sollten, sodass sie später darauf zurückgreifen können.

7 a) *Vergleich der beiden Schüler:*
  - **Stärke der Schülerin:** *Sie ist engagiert und versucht, die Arbeit voranzubringen.*
  - **Schwäche der Schülerin:** *Sie ist sehr dominant, die anderen haben wenig Chancen, sich einzubringen, sodass sie den Eindruck hat, sie mache die Arbeit allein.*
  - **Stärke des Schülers:** *Er ist friedliebend, zurückhaltend und kann gut zuhören. Er kann einen Streit schlichten.*
  - **Schwäche des Schülers:** *Er ist so schüchtern, dass er sich nur bedingt in die Gruppenarbeit einbringt und erst eingreift, wenn es schon chaotisch zugeht.*

  b) *Wenn man mit der Schülerin zusammenarbeitet, sollte man versuchen, in der Gruppe klare Rollen zuzuweisen und Verfahren anzuwenden, die alle einbeziehen, z. B.: Jeder notiert seine Idee auf einem Blatt und liest sie anschließend vor; bei Entscheidungen wird abgestimmt.*
  Wenn man mit dem Schüler zusammenarbeitet, sollte man versuchen, ihn stärker zu aktivieren, z. B. Aufgaben an ihn verteilen oder ihn explizit nach seinen Vorstellungen und Ideen fragen. Bei der Rollenverteilung könnte man ihm auch eine tragende Rolle zuteilen, z. B. die Teamleitung, sodass er aufgefordert ist, sich stärker einzubringen.

8 *Die Schülerinnen und Schüler können den vorgeschlagenen Bewertungsbogen verwenden, ihn ergänzen oder einen eigenen Bewertungsbogen entwickeln. – Interessant wird es, wenn die Schülerinnen und Schüler sich nicht nur selbst einschätzen, sondern auch von anderen Mitschülern (einem oder mehreren) eingeschätzt werden. Dabei sollte es sich allerdings in diesem Fall um Vertrauenspersonen handeln, die die Einschätzung vornehmen, da es um die Persönlichkeit geht. Selbst- und Fremdeinschätzung können zu anregenden Gesprächen führen, die möglicherweise einen Prozess der Selbstreflexion anstoßen.*

9 a–c) *Zur Lösung dieser Aufgabe können auch noch einmal die bereits genannten Lösungsstrategien zu Aufgabe 1 auf S. 277 im Schülerband herangezogen werden. Die Klasse kann nun klasseninterne Regeln für die Teamarbeit aufstellen, sie auf einem Plakat notieren und aushängen, sodass die Ideen bei den nächsten Gruppenarbeiten auch optisch präsent sind und wieder aufgegriffen werden können.*

15.2 Textüberarbeitung im Team

S. 282

Zeitschriften rezensieren

1 a) *Es ist denkbar, dass die Schülerinnen und Schüler bei der Lösung der Aufgabe leichte Schwierigkeiten haben, da der Text zunächst scheinbar neutral die Zeitschrift vorstellt. An einigen Stellen wird allerdings durchaus deutlich, dass es sich um einen Werbetext des Verlags handelt, im ersten Teil z. B.:*
- *Z. 1 f.: Es erscheint monatlich als Umsetzung des GEO-Konzepts.*
- *Z. 6–8: Texte, Fotografie, Illustrationen und Themenmix folgen den Qualitätsstandards von GEO.*
- *Z. 11 f.: Das GEOlino-Konzept setzt auf die Balance von Wissensvermittlung und Spaß.*
- *Z. 17 f.: Redaktionelle Aufbereitung, Lay-out und Vielfalt der Themen machen GEOlino im Markt der Kinder- und Jugendzeitschriften einzigartig.*

Im zweiten Teil kann man in jedem Satz Belege für einen Werbetext finden.

c) *Die Schülerinnen und Schüler sollten versuchen, die im Text angegebenen Fremdwörter in eigenen Worten zu erläutern. Unter anderem finden sich folgende Fremdwörter im Text:*
- *Magazin (Z. 1)*
- *Konzept (Z. 2 f.)*
- *logisch (Z. 3)*
- *General-Interest-Magazin (Z. 4 f.)*
- *Fotografie (Z. 6)*
- *Illustration (Z. 6)*
- *Themenmix (Z. 7)*
- *Qualitätsstandard (Z. 7)*
- *Tipp (Z. 9)*
- *Logelei (Z. 9)*
- *Aktion (Z. 10)*
- *Poster (Z. 10)*
- *Balance (Z. 11)*
- *Serie (Z. 14)*
- *Reportage (Z. 15)*
- *Lay-out (Z. 17)*
- *monothematisch (Z. 24 f.)*
- *Optik (Z. 26)*
- *Evolution (Z. 26)*
- *Grafik (Z. 28)*

2 – 4 *Alternativ zur Zeitschrift „GEOlino" können die Schülerinnen und Schüler sich auch weiterhin mit der von ihnen in Teilkapitel 15.1 ausgewählten Zeitschrift beschäftigen, einen Bewertungsbogen zu dieser Zeitschrift entwerfen und eine Rezension über sie verfassen.*

Informationen zu GEOlino:
- *Erscheinungsweise: monatlich*
- *Zielgruppe: Jungen und Mädchen zwischen 8 und 14 Jahren*
- *Themen: Menschen und ihre Lebenswelt, Natur, Tierwelt, Geschichte, Technik*
- *Preis: 3,00 Euro*

Bei dem Aufbau der Rezension können die Schülerinnen und Schüler dem Bewertungsbogen folgen, der bereits eine Struktur enthält (Einleitung, Hauptteil und Schluss sind gekennzeichnet). Im Hauptteil ist die Möglichkeit gegeben, Schwerpunkte individuell zu setzen, da es sich um eine kritische Bewertung handelt.

Es bietet sich an, die Schülerinnen und Schüler die Texte am PC verfassen zu lassen, da sie ihre eigenen Texte mit Hilfe des Textlupenverfahrens in der Schreibkonferenz überarbeiten sollen. Texte am PC zu schreiben, erspart den Schülern eine Abschrift und macht zudem Spaß.

Schreibkonferenz mit der Textlupe – Satz für Satz verbessern
S. 284

1 – 4 *Das Textlupenverfahren als Strategie zur Textüberarbeitung hilft den Schülerinnen und Schülern, Kritik zu akzeptieren und konstruktiv anzunehmen. Sie lernen dabei nicht nur, sich genau mit den Texten auseinanderzusetzen, sondern auch, dass es sinnvoll ist, eigene Texte als Prozess zu begreifen. Eine Schwierigkeit könnte eventuell sein, dass die Kommentare oft nicht sensibel genug verfasst sind. Es hilft in der Regel, die Schülerinnen und Schüler darauf hinzuweisen und mit ihnen faire Kritiken zu vereinbaren.*

Änderungen annehmen – Texte am PC überarbeiten
S. 286

1 / 2 *Wenn die Texte an schulinternen Rechnern verfügbar sind, können die Korrekturvorschläge direkt eingegeben werden. Dann müssen die Schülerinnen und Schüler im Rahmen der Textkorrektur lediglich entscheiden, ob sie dem Korrekturvorschlag folgen möchten oder nicht. Auch Kommentare, die sich auf den gesamten Text beziehen, sind innerhalb eines Korrekturverfahrens am PC möglich.*

15.3 „Jetzt rede ich!" – Vor der Klasse sprechen

S. 287

Lampenfieber gehört dazu

1 *a–c) Diese Situation ist den Schülerinnen und Schülern in der Regel vertraut, sodass sie dazu konkret Stellung nehmen können. Sollte es ihnen unangenehm oder peinlich sein, sich dazu zu äußern, können diese Fragen auch in Kleingruppen besprochen werden, oder die Lehrkraft kann bestimmte Gefühle nennen, um das Gespräch in Gang zu setzen, z. B. Angst, Panik, Hemmungen, Scham usw.*
Die Gründe für Lampenfieber sind damit eng verknüpft; oft steckt dahinter die Sorge zu versagen, Text oder Informationen zu vergessen oder nicht interessant genug vortragen zu können. Damit verbunden ist die Furcht, dass das Publikum möglicherweise lachen könnte. Wahrscheinlich werden die Schülerinnen und Schüler noch weitere Gründe nennen.

2 *a) Tipps für jemanden, der wie die Vortragende in der Karikatur unter Lampenfieber leidet: Stell dir vor, du hältst dein Referat vor nur einer dir vertrauten Person, z. B. deiner Mutter, deinem Vater oder einer guten Freundin/einem guten Freund, der/dem du alles mühelos erzählst. Du kannst auch einfach deinen Freund/deine Freundin in der Klasse ansehen, sodass du die anderen nicht wahrnimmst.*

b) Vorschlag für ein Tafelbild:

> **Einige Tipps bei Lampenfieber:**
>
> – sich gut vorbereiten
> – vor der Stunde das Referat noch einmal im Kopf durchgehen
> – sinnvolle Stichpunkte vorbereiten
> – mit beiden Füßen fest auf dem Boden stehen
> – vor Beginn kurz die Augen schließen und dreimal ruhig und tief durchatmen
> – den Lieblingspulli anziehen, in dem man sich besonders wohl fühlt
> – eventuell eine kleine Büroklammer in der Hand halten gegen die Nervosität
> – eventuell einen Talisman mitnehmen
> – ...

S. 288

Sich warm reden

1 – 3 *Bei diesen Aufgaben sollen die Schülerinnen und Schüler schrittweise und angstfrei üben, vor der Klasse frei zu reden. Deshalb geht es in der ersten Aufgabe nur darum, zwei bis drei Sätze vor einer Gruppe zu sagen und deren Wirkung abzuwarten und auszuhalten.*
Die Übungen steigern sich, die vor der Klasse gehaltenen Reden sollten – bei nur kurzer Vorbereitungszeit – immer länger werden. So wird den Schülerinnen und Schülern einerseits die Angst genommen, frei vor der Klasse zu sprechen, andererseits erfordert diese Form der Vorbereitung den Mut zur Lücke und zur Improvisation. Dabei wird man leicht feststellen, dass nicht jedes Wort, das man vor einer Gruppe vorträgt, geplant sein muss; wichtiger ist, dass einem insgesamt klar ist, was man zu sagen hat.

Sicher stehen

S. 289

4 a) *Fehler in den Haltungen der einzelnen Redner:*
- ***Figur A:** Man sollte bei einem Vortrag nicht die Hände in den Hosentaschen tragen, sondern sie besser locker und frei neben dem Körper halten – auch, um gegebenenfalls mit Gesten das Gesagte zu unterstreichen.*
- ***Figur B:** Man sollte bei einem Vortrag nicht den Rücken dem Publikum zuwenden: Das ist nicht nur unhöflich, auch die Akustik leidet stark darunter. Der Schüler sollte sich zum Publikum wenden oder halb schräg zur Tafel stehen, falls er dort irgendetwas demonstrieren möchte. Dasselbe gilt für die Arbeit mit anderen Medien, z. B. mit dem Overheadprojektor, einem Plakat oder einer PowerPoint-Präsentation.*
- ***Figur C:** Es entsteht der Eindruck, als würde sich die Schülerin hinter der Karteikarte verstecken. Karteikarten sollten zwar so gehalten werden, dass man sie gut lesen kann, die ideale Position ist aber etwas tiefer, etwa in Brust- oder Bauchnabelhöhe.*
- ***Figur D:** Durch die gekreuzten Beine und die Armhaltung wirkt die Schülerin sehr unsicher in ihrem Auftreten. Einen (selbst-)sicheren Eindruck macht es, wenn man mit beiden Füßen parallel fest auf dem Boden steht. Die Arme hält man besser locker neben oder etwas vor dem Körper, es sei denn, man verwendet Karteikarten (s. C).*

Genau zuhören und beobachten

S. 289

5 *a/b) Durch das genaue Zuhören stellen die Schülerinnen und Schüler schnell fest, wann ein Vortrag gelungen ist. Sie können – auch anhand des Beobachtungsbogens – als Experten kriteriengeleitet Tipps geben, die sie zudem selbstreflexiv auf ihre eigene Vortragsweise beziehen können.*

Projekt: Jugendzeitschriften vorstellen

S. 290

1 *Abschließend können die Schülerinnen und Schüler ein längeres Referat über eine Zeitschrift (oder gegebenenfalls zu einem anderen Thema) halten, mit dem sie sich intensiver auseinandergesetzt haben. Diese Aufgabe ist gut auf andere Themen übertragbar, sodass man sie auch losgelöst von den Teilkapiteln 15.1 und 15.2 bearbeiten kann. Auf den Karteikarten im Schülerband ist eine mögliche Gliederung vorgegeben, die bei der Ordnung und der Erstellung einer Übersicht hilfreich ist. Das Publikum kann für das kriteriengeleitete Feed-back den Beobachtungsbogen von S. 289 im Schülerband verwenden.*

Literaturhinweise

Duden. Lernen lernen. Referate, Vorträge, Facharbeiten. Duden Verlag, Mannheim 2003

Presler, Gerd: Referate schreiben – Referate halten. Wilhelm Fink Verlag, Paderborn 2004 (UTB Bd. 2343)

Verknüpfung von Kapiteln des „Deutschbuchs 7"
mit Übungen in der Software „Deutschbuch 7 interaktiv"

„Deutschbuch 7 interaktiv" ermöglicht das Testen und Üben der Kenntnisse in Rechtschreibung, Grammatik und Zeichensetzung am Computer. Außerdem sind Übungen zur Textarbeit in einer Detektivhandlung (Bereich „Aktion") integriert.

Die Übersicht über die Software-Übungen zeigt Ihnen Verknüpfungen mit einzelnen Kapiteln im „Deutschbuch 7 Neue Ausgabe". In der Spalte **Deutschbuch 7 Neue Ausgabe** finden Sie die entsprechenden Kapitelangaben, in der Spalte **Wegweiser** die Angaben zu den passenden Software-Übungen. Die Spalte **Schwierigkeitsstufe** gibt an, auf welchem Anspruchsniveau – leicht, mittel, schwer – die Übung angesiedelt ist, sodass eine Binnendifferenzierung möglich ist. In der Handreichung zur Software sind die Lösungen sämtlicher Übungen aufgeführt.

Deutschbuch 7 Neue Ausgabe	Wegweiser	Schwierigkeitsstufe
Kapitel 4 S. 65–68 Berichten	→ Aktion (Detektivhandlung): Was ist mit den verschwundenen Kindern passiert? In der Detektivhandlung enthalten sind Übungen zu Bericht und Textrecherche.	leicht/mittel/schwer
S. 73–77 Reportage	→ Training → „Such dir einen Job!"/ Reporter	mittel/schwer
Kapitel 5 S. 81–83 Fremdwörter	→ Training → „Schritt für Schritt"/Rechtschreibung → Fremdwörter	mittel/schwer
	→ Training → „Übung zur Klassenarbeit"/ Diktate → Diktat 4 (Fremdwörter)	mittel
	→ Test → Rechtschreibung	mittel/schwer
Kapitel 6 S. 97–114 Aktiv- und Passivformen	→ Training → „Schritt für Schritt"/Grammatik → Tempusformen	leicht/mittel/schwer
	→ Training → „Such dir einen Job!"/Redakteur	leicht/mittel/schwer
	→ Training → „Übung zur Klassenarbeit"/ Grammatik → Aktiv und Passiv	leicht/mittel/schwer
	→ Training → „Übung zur Klassenarbeit"/ Grammatik → Tempusformen	leicht/mittel/schwer
	→ Test → Grammatik	leicht/mittel/schwer

Kapitel 7 S. 115–131 Adverbialsätze	→ Training → „Schritt für Schritt"/Grammatik → Satzreihen und Satzgefüge	leicht/mittel
	→ Training → „Schritt für Schritt"/Grammatik → Satzgefüge	schwer
	→ Training → „Übung zur Klassenarbeit"/Grammatik → Adverbialsätze/Adverbiale Bestimmungen	schwer
Kapitel 8 S. 139–143, S. 157–158 Groß- und Kleinschreibung	→ Training → „Schritt für Schritt"/Rechtschreibung → Groß- und Kleinschreibung	leicht/mittel/schwer
	→ Training → „Übung zur Klassenarbeit"/Diktate → Diktat 5 → (Groß- und Kleinschreibung)	leicht/mittel
	→ Test → Rechtschreibung	leicht/mittel/schwer
S. 147–151 Getrennt- und Zusammenschreibung	→ Training → „Schritt für Schritt"/Rechtschreibung → Getrennt- und Zusammenschreibung	leicht/mittel/schwer
	→ Training → „Übung zur Klassenarbeit"/Diktate → Diktat 9 (Getrennt- und Zusammenschreibung)	leicht/mittel
	→ Test → Rechtschreibung	leicht/mittel/schwer
S. 159–160 Ähnliche Vokale/Umlaute	→ Training → „Schritt für Schritt"/Rechtschreibung → Umlaute	leicht/mittel
	→ Training → „Schritt für Schritt"/Rechtschreibung → Knifflige Fälle	schwer
	→ Training → „Übung zur Klassenarbeit"/Diktate → Diktat 10 (Umlaute)	leicht/mittel
	→ Test → Rechtschreibung	leicht/mittel/schwer
S. 160 Ähnliche Konsonanten	→ Training → „Schritt für Schritt"/Rechtschreibung → Knifflige Fälle	leicht/mittel/schwer
	→ Test → Rechtschreibung	leicht/mittel/schwer
S. 161–162 Fremdwörter	→ Training → „Schritt für Schritt"/Rechtschreibung → Fremdwörter	mittel/schwer
	→ Training → „Übung zur Klassenarbeit"/Diktate → Diktat 4 (Fremdwörter)	mittel
	→ Test → Rechtschreibung	mittel/schwer
Kapitel 11 S. 213–217 Reportage	→ Training → „Such dir einen Job"/Reporter	mittel/schwer

Weitere Bestandteile des Lehrwerks neben diesen Handreichungen für den Unterricht sind:
- der Schülerband (ISBN 978-3-464-68057-5),
- das Arbeitsheft mit Lösungen (ISBN 978-3-464-68063-6),
- eine begleitende Unterrichtssoftware „Deutschbuch 7 interaktiv"
  (für die Schülerarbeit zu Hause: ISBN 978-3-464-60768-8; für den Unterricht: ISBN 978-3-464-60759-6),
- das Hörbuch (ISBN 978-3-464-60378-9).

Redaktion: Christa Jordan, Eltville

Umschlagfoto: Thomas Schulz, Berlin
Illustrationen: Thomas Binder, Magdeburg; Volkhard Binder, Berlin
Gesamtgestaltung: Katharina Wolff
Technische Umsetzung: Uwe Rogal, Berlin

www.cornelsen.de

Die Internetadressen und -dateien, die in diesem Lehrwerk angegeben sind,
wurden vor Drucklegung geprüft. Der Verlag übernimmt keine Gewähr
für die Aktualität und den Inhalt dieser Adressen und Dateien
oder solcher, die mit ihnen verlinkt sind.

Das Werk berücksichtigt die Regeln der reformierten Rechtschreibung
und Zeichensetzung. Bei den mit Ⓡ gekennzeichneten Texten haben die
Rechteinhaber einer Anpassung widersprochen.

1. Auflage, 4. Druck 2009 / 06

Druck: CS-Druck CornelsenStürtz, Berlin

ISBN 978-3-464-68069-8

 Inhalt gedruckt auf säurefreiem Papier aus nachhaltiger Forstwirtschaft.